BIBLIOTHÈQUE UNIVERSELLE DES FAMILLES

OEUVRES

COMPLÈTES

DE MOLIÈRE

TOME PREMIER

PARIS.

PUBLIÉE PAR NAPOLÉON CHAIX,

IMPRIMEUR-ÉDITEUR.

1864.

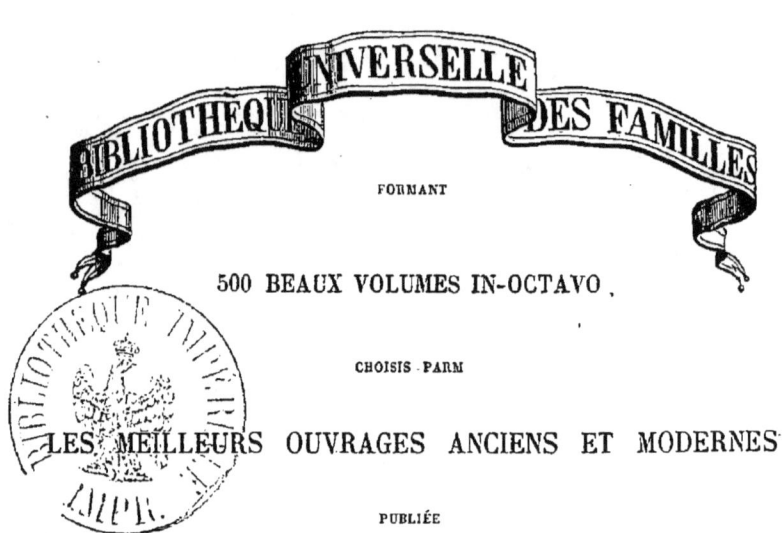

BIBLIOTHÈQUE UNIVERSELLE DES FAMILLES

FORMANT

500 BEAUX VOLUMES IN-OCTAVO

CHOISIS PARMI

LES MEILLEURS OUVRAGES ANCIENS ET MODERNES

PUBLIÉE

PAR NAPOLÉON CHAIX.

COLLECTION NAPOLÉON CHAIX.

ŒUVRES

COMPLÈTES

DE MOLIÈRE

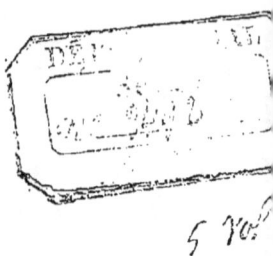

TOME PREMIER.

PARIS

CHEZ NAPOLÉON CHAIX ET Cie,

IMPRIMEURS-ÉDITEURS.

1864.
1865.

NOTICE SUR MOLIÈRE.

I.

Le spectacle que nous offre la première partie du règne de Louis XIV est unique dans notre histoire, et sans doute il ne se renouvellera jamais. Ce n'est pas que nous prétendions faire le procès de l'avenir : loin de nous cette pensée. Le génie humain n'a pas abdiqué; mais est-il permis d'espérer qu'à une autre époque encore toutes les grandeurs, toutes les gloires se confondront dans un mutuel essor pour s'élever en commun à la même prodigieuse hauteur, et faire du présent, non plus la suite du passé, si l'on peut ainsi parler, mais un état à part, confondant l'imagination par son degré inattendu d'universelle puissance?

Le XVIIe siècle avait mission de réorganiser la société, qui n'était pas encore remise des secousses que lui avait imprimées l'avénement de l'esprit philosophique. Tout avait été décomposé : tout devait être remis en ordre, non pas en refaisant le passé, mais en consolidant le présent sur des bases résistantes. La grande tâche consistait à ramener l'unité au sein de la nation. Aux guerres de religion avaient succédé les disputes théologiques : c'était un progrès; mais ces luttes-là devaient disparaître dans l'intérêt même de la religion. Port-Royal combattait l'école de Montaigne. Le scepticisme tombait sous le mépris public. L'école poétique du règne de Louis XIII, qui continuait la littérature des Valois en substituant le maniéré, le pédantesque à ce qu'elle avait de vraiment gaulois dans la forme, cette école sans valeur s'effaçait de plus en plus. La littérature, la poésie, la chaire, le théâtre, étaient en voie de transformation; sous leur action déjà puissante, les mœurs s'épuraient; il se formait un bon sens et un bon goût publics.

Les troubles de la Fronde ne furent qu'un accident. A la longue agitation qu'ils avaient causée, succéda une ère d'apaisement général et de réconciliation. La royauté, considérée comme la sauvegarde de la paix intérieure, fut entourée de toutes les forces de la nation. Les grands mirent autant de zèle à soutenir l'éclat du trône qu'on leur avait vu déployer d'activité fiévreuse dans des luttes stériles où les personnes avaient tenu plus de place que les principes, où la frivolité chevaleresque avait entraîné les courages et amolli les cœurs. Jamais on n'avait vu changement si brusque et si radical.

Le théâtre français, au commencement du xviie siècle, n'avait aucun caractère de nationalité; l'antiquité, le moyen âge, l'Espagne et l'Italie lui fournissaient le fond et la forme de ses pièces. C'était une confusion de tous les genres connus. Les sentiments n'y jouaient qu'un rôle accessoire; ils ne s'y montraient guère que dans leur exagération triviale ou grotesque : l'extravagance et le côté immoral des situations en assuraient le succès. Cependant une salutaire réaction se manifesta à la scène, mais lentement et principalement dans le genre sérieux qui, tout en conservant un culte excessif pour l'antiquité, se rapprocha de la nature et revêtit des formes plus françaises. Le style lui-même devint plus correct. Mairet et Racan étaient en progrès sur Garnier et Hardy.

La comédie ne pouvait rester stationnaire; elle marchait avec plus de lenteur encore. C'est que dans ce genre difficile l'art consiste à descendre dans le vif du cœur humain.

Rotrou, du Ryer, Boisrobert, Benserade, Scudéry, s'essayèrent dans le genre comique, et s'ils n'y laissèrent pas de traces durables, du moins ils y apportèrent quelques améliorations. Desmarets eut comme le sentiment de ce que devait être la grande comédie; dans ses *Visionnaires*, il s'attaqua aux travers de son temps. C'eût été un trait de génie de les représenter tels qu'ils étaient en réalité, et de les retourner contre eux-mêmes; il crut qu'il les rendrait plus sensibles en les caricaturant. La pièce avait l'appui de Richelieu, elle devait réussir dans sa médiocrité. Richelieu ne fut battu par l'opinion publique que lorsqu'il voulut condamner des chefs-d'œuvre.

Corneille, après s'être essayé dans le genre comique, où il avait introduit la pureté du langage, la sévérité des règles, la raison et la décence, avait enfin reconnu sa vocation et s'était tout entier confié à son génie. Il avait donné *le Cid*, *Horace*, *Cinna* et *Polyeucte*, quatre chefs-d'œuvre auxquels rien ne pouvait être comparé ni dans l'antiquité ni dans les temps modernes[1].

Le Cid fut à la fois une révolution et une révélation. La foule qui acclamait Rodrigue et Chimène saluait du même coup la grande école nationale que venait de fonder un homme de génie. Après s'être acquis l'immortalité dans le

---

[1] On conçoit que l'esprit national de l'Angleterre place Shakspeare au-dessus de Corneille; mais comment s'expliquer qu'en France même des hommes de valeur assignent le premier rang au tragique anglais, dont l'audacieux génie ne sut s'astreindre à aucune règle, et qui, s'il s'élève parfois au sublime, tombe le plus souvent dans des extravagances triviales et grotesques? Shakspeare fut un réaliste sans frein, se croyant plus près de la vérité en l'exagérant de quelque côté qu'il l'envisageât, qu'en atténuant ce qui peut choquer en elle. Corneille fit les hommes plus grands que nature; il fut enthousiaste des sentiments qui rapprochent l'homme de Dieu. Dans la peinture même des actions criminelles, il sut toujours respecter l'humanité, et, par d'habiles contrastes, la représenter se proposant tous les genres d'héroïsme, et se relevant par la force morale que Dieu a placée dans tous les cœurs comme la sauvegarde du libre arbitre.

genre tragique, Corneille fit un retour vers la comédie, et donna le Menteur. La France avait enfin un théâtre digne de sa gloire. Les temps étaient bien préparés pour Molière.

II.

Jean-Baptiste Poquelin est un enfant de Paris[1]. D'allure vive et joyeuse, il joignait à un esprit pénétrant, une parole hardie et facile.

Son père, Jean Poquelin, et sa mère Marie Cressé, appartenaient à cette petite bourgeoisie commerçante qui, négligeant tous les bruits de la ville, ne s'occupait que des affaires de la maison, et ne tendait à rien autre chose qu'à faire fructifier ses labeurs. Dans les deux souches paternelle et maternelle, la profession de marchand-tapissier était héréditaire, et, fortune inespérée ! l'aïeul du jeune Poquelin, qui avait obtenu le brevet de tapissier valet de chambre du roi, nourrissait l'espérance que la charge resterait dans sa famille. Toute l'ambition des Poquelin n'allait pas au delà. Ce n'est pas que cette charge rapportât beaucoup par elle-même, mais elle assurait une bonne clientèle, outre l'honneur qui en découlait.

Jean-Baptiste avait quinze ans quand la survivance lui en fut dévolue.

Le caractère très-résolu de l'enfant s'accommodait peu de cette destinée. Son goût pour l'étude s'était révélé de très-bonne heure, mais ses parents avaient dit : « A quoi bon lui fatiguer l'intelligence de tant de science inutile?

---

[1] Molière est né le 15 janvier 1622, dans une maison de la rue Saint-Honoré, au coin de la rue des Vieilles-Étuves. Cette maison fut démolie vers 1820.

Nous avons eu des ascendants *juges* et *consuls* de la ville de Paris, en ont-ils été plus heureux? Il saura ce que tout bon bourgeois doit savoir, et nous lui apprendrons la pratique du métier. Planter droit un clou, draper élégamment une ruelle, connaître le prix des étoffes et le doubler à la vente; parler aux grands avec modestie, saluer en gentilhomme, il ne lui faut rien de plus pour faire une bonne maison. » Le programme fut ponctuellement suivi. Jean-Baptiste, tout en maugréant, faisait sous les yeux paternels son apprentissage, mais il se disait: « Je ne veux pas être, je ne serai pas tapissier. »

Son grand-père, qui aimait la comédie, le mena à l'hôtel de Bourgogne. Bellerose y excellait dans le haut comique; à ses côtés luttaient dans la farce Gautier-Garguille, Gros-Guillaume et Turlupin. Les farces qu'ils jouaient avaient encore un grand succès sous la régence d'Anne d'Autriche, elles étaient plus goûtées que les compositions de longue haleine, sans en excepter les *Visionnaires* de Desmarets, et les premières comédies de Corneille.

Combien, au lendemain de ces brillantes soirées pendant lesquelles tout un monde s'était déroulé devant le jeune Poquelin, la boutique paternelle devait lui paraître étroite et sombre! Il voulut s'instruire pour ne pas être du côté des personnages qu'il voyait bafoués au théâtre. Son aïeul maternel, qui avait des idées plus larges que celles de la famille, approuva ce beau dessein. Poquelin père se laissa convaincre par les bons arguments qu'on lui donna, et ne trouva plus mauvais que son fils eût l'ambition d'être un homme lettré, à la condition pourtant que la science ne le détournerait pas de la carrière traditionnelle [1]. N'était pas tapissier qui

---

[1] Une opinion récente a gratuitement essayé de concéder à Poquelin père l'honneur d'avoir de lui-même élevé son fils comme un enfant de grande maison. Pourquoi s'écarter sans profit de la tradition et des écrits contemporains? Il est constant que jusqu'en 1637 le jeune Poquelin prit une part active aux travaux de son père.

voulait en ce temps de priviléges, et surtout tapissier valet de chambre du roi.

Le jeune Poquelin suivit comme externe les cours du collége de Clermont (aujourd'hui Louis-le-Grand), que dirigeaient les jésuites. Il mit de l'ardeur à ses études, les fit bien et rapidement. La cinquième année, il termina sa philosophie. Le prince de Conti, frère du grand Condé, fut l'un de ses condisciples et lui conserva une affection qui ne se démentit qu'au moment où il devint janséniste et puritain.

Chapelle fut aussi l'un de ses condisciples, et celui vers lequel il se sentit porté de toute la force de son cœur aimant.

Gassendi, qui complétait l'éducation de Chapelle, consentit à admettre au cours qu'il lui faisait, ses principaux camarades de collége. Poquelin y fut le premier reçu. Le fougueux adversaire d'Aristote eut pour élèves de joyeux compagnons ayant le parler net, l'esprit indépendant et la raillerie aux lèvres. S'il ne leur inculqua pas toute la science qu'il possédait, et l'on sait qu'il était à peu près universel, il les mit du moins en état de tout entendre et de tout comprendre. A des titres divers, ils lui firent honneur; il ne serait pas sans intérêt de savoir s'il pressentit la glorieuse destinée du jeune Poquelin, qui déjà traduisait le poëte latin Lucrèce, très-haut placé dans son estime. On a cru retrouver un fragment de ce travail dans la grande scène du deuxième acte du *Misanthrope*. La délicieuse boutade d'Éliante sur les illusions de l'amour peut avoir été inspirée par une réminiscence du quatrième livre de Lucrèce, mais il y a loin de là à une traduction littérale. Ce n'est même pas un à peu près. On peut affirmer que Molière n'avait sous les yeux ni le poëme, ni même la traduction qu'il en avait faite dans sa jeunesse, lorsqu'il plaça dans la bouche d'Éliante la leçon qu'elle adresse de sa douce voix à Alceste mathématiquement amoureux, et qui voudrait qu'il y eût des mathématiques jusque dans l'honnêteté.

Pendant qu'il se laissait pénétrer des doctrines de Gassendi et s'enthousiasmait pour l'ami d'Atticus, de Cicéron et de Catulle, pour ce poëte matérialiste qui fit un si déplorable usage de son génie, Corneille donnait les chefs-d'œuvre qui ont immortalisé son nom. Quelles furent les impressions du jeune Poquelin à l'audition de ces pièces où l'humanité se révèle dans toute son élévation, où l'on voit une grandeur qui émeut jusque dans sa faiblesse? Combien ne dut-il pas découvrir de beautés dans ce style si différent de celui des poëtes que Richelieu avait à ses gages, et qui s'intitulaient les maîtres de l'art! Quelque afféterie s'y montre encore en certains endroits, mais que deviennent ces taches dans ce majestueux ensemble de sentiments portés jusqu'au sublime, de raison éloquente, simple dans ses moyens, magique dans ses effets? Où trouver plus de mouvement, de pathétique, de respect de soi et de dignité humaine? « Corneille qui a jeté une si grande lumière sur la littérature du XVIIe siècle, dit M. Nisard, Corneille fit connaître le premier le plaisir de la raison, en présence de la vérité durable; le plaisir du cœur, averti de ses propres passions par des personnages vivants; le plaisir du goût, par la perfection de l'art d'écrire en vers. Quelle nouveauté en effet, même après Malherbe, que ces vers si pleins, si nerveux, où la rime fortifie le sens, et cette propriété, cette force, au milieu de la fadeur romanesque des poésies du temps! »

Le jeune traducteur de Lucrèce ne fut-il pas émerveillé, et n'est-ce pas alors que sa vocation se révéla et lui fit sentir toute sa violence? Il ne connaissait pas assez les hommes, il ne se connaissait pas assez lui-même pour comprendre qu'il serait leur juge et leur maître; mais que de perspectives éblouissantes dut avoir pour lui le théâtre! Avec sa sensibilité en excès et son imagination pleine de hardiesses, combien ne devait-il pas être sollicité par tout ce qui flattait ses penchants! Le génie de Corneille, qui agissait avec tant de puissance sur la foule des hommes, ne s'empara-t-il pas de lui sans réserve! On peut affirmer, sans se montrer téméraire, qu'à partir de ce moment il eut le sentiment de sa force personnelle. Il ne lui manquait plus que la pratique de la vie.

Le Périgourdin Cyrano de Bergerac, à qui l'ambition était déjà venue de faire du bruit dans le monde, ne voyait rien de comparable à la scène pour commencer une renommée. Au sortir des leçons de Gassendi, il s'essayait à une composition théâtrale. La gloire de Corneille le tentait, mais le genre tragique l'effrayait. Son esprit satirique se fût mal accommodé de la vive peinture des passions fortes. Il se renferma dans un cadre plus modeste et imagina *le Pédant joué*; mais pour conduire jusqu'au bout son intrigue, il eut recours à l'esprit d'invention et à la plume facile de son condisciple Poquelin. Ce dernier ne mit pas son nom sur la pièce, mais plus tard « il reprit son bien » quand il composa *les Fourberies de Scapin*.

Ses classes terminées, il lui fallut remplir les devoirs de sa charge. On a dit que son père l'y contraignit; mais il est plus raisonnable de supposer que le jeune Poquelin ne fut pas fâché de suivre le roi Louis XIII dans un long voyage, afin d'étudier à la fois la province et la cour. C'était en 1641. Du même coup il comblait de joie sa famille et se préparait un fonds pour la carrière vers laquelle il se sentait invinciblement entraîné.

III.

Le cardinal de Richelieu avait projeté de ravir à la couronne d'Espagne la Catalogne ou tout au moins le Roussillon. C'était hardi, mais les fautes du duc d'Olivarès, premier ministre de Sa Majesté Catholique, rendaient cette conquête facile. Louis se sentant transporté de plus d'ambition que d'ardeur guerrière, daigna pourtant se rendre sur la frontière pour stimuler le zèle de ses généraux. Le 12 janvier 1642, il quitta Paris, et dans les premiers jours d'avril il fit à Narbonne son entrée en grande pompe.

Laissant le cardinal dans cette ville, en proie aux souffrances que lui causait la maladie qui devait plus tard trancher ses jours, Louis XIII se dirigea sur Sijean, qui avait à cette époque une grande importance stratégique[1], et y arriva le 21 avril. Les maréchaux de la Meilleray, de Brézé, de Schomberg, de la Mothe-Houdancourt, le duc d'Enghien, qui déjà faisait pressentir le grand Condé, le duc de Mortemart, Cinq-Mars et de Thou, lui faisaient une royale escorte.

Sur un plan plus modeste venait le jeune Poquelin, valet de chambre du roi[2]. Il se faisait remarquer par sa bonne mine; se familiarisant avec ces scènes d'apparat, il ne perdait rien de ce qu'il voyait, étudiait ces grands seigneurs à loisir, cherchait l'homme sous le masque et sous la cuirasse. La province lui offrait aussi de curieux sujets d'observation. A 200 lieues de Paris il retrouvait, dans toute leur exagération, les ridicules que tempéraient dans la capitale une certaine coquetterie dans l'art de s'en servir et une aimable aisance.

Il assista au siége de Perpignan. Le 10 juin le roi revint

---

[1] Le bourg de Sijean, aujourd'hui fort ignoré, vit de grands événements s'accomplir sous ses murs, et ne cessa d'être un poste militaire qu'après l'annexion définitive du Roussillon à la France.

[2] Il n'est pas sans intérêt de connaître les fonctions d'un valet de chambre tapissier du roi, charge qui s'acquérait moyennant finance, et se transmettait de père en fils.

Le matin, le valet de chambre tapissier aidait le premier valet de chambre à faire le lit de Sa Majesté; c'était lui qui, le soir, découvrait la couche royale. Il était chargé, pendant les voyages, de la garde des meubles de campagne au service du roi. Il mangeait à la table du contrôleur de la bouche.

à Sijean, et Poquelin se lia avec son hôte, Dufort, un bon bourgeois de l'endroit, qui se tint pour fort honoré des prévenances affables de ce jeune homme « si haut placé, » n'ayant ni fierté ni morgue. Plus tard, Dufort retrouva le brillant valet de chambre du roi sous la casaque d'un comédien nomade, vivant à l'aventure. Après la surprise du premier moment, il lui offrit son amitié, et elle fut solide.

Si Poquelin fut témoin de brillants faits d'armes, il vit un roi pusillanime abdiquer l'autorité souveraine, et se faire le servile instrument des faiblesses, de la vanité et des inimitiés personnelles de son premier ministre. Que de curieuses révélations il aurait pu nous faire s'il avait écrit ses mémoires!

Au retour de ce voyage, Poquelin vint-il s'installer dans la boutique de son père? Sans doute celui-ci l'eût bien voulu retenir, mais il est à croire qu'il trouva son fils indocile. Tous les biographes se taisent sur ce point. On devine aisément ce qui se passa. «Vous ne voulez pas que je sois » comédien, j'obéirai; mais je ne serai pas tapissier et vous » ne contrarierez pas mon dessein. Les études que j'ai faites » peuvent jeter quelque honneur sur le nom que je porte, » laissez-moi devenir avocat, et nous verrons ensuite. » Les remontrances paternelles ne purent lui persuader qu'il était plus avantageux de suivre un bon commerce que de plaider pour des grands qui payaient mal, et pour des gens de sac et de corde qui ne payaient pas du tout. Il partit pour Orléans où s'enseignait alors le droit civil, et, en moins de deux années, se fit recevoir licencié. De retour à Paris, il se montra au Palais en quête de veuves et d'orphelins à défendre. Là encore un vaste champ d'observations s'ouvrait devant lui, mais on peut conjecturer qu'il ne se trouva pas le pied solide sur le terrain de la chicane. Avec ses libres allures de caractère et d'esprit, il se sentit à l'étroit dans le monde des clercs et des procureurs. L'air pur, le soleil, le chant des oiseaux l'attiraient; il cherchait de douces émotions, les demandait à tout ce dont il était entouré. Durant ses pénibles études de droit, il avait vécu pour ainsi dire des gais souvenirs de son excursion dans le Languedoc. Il se reportait sans cesse à ce voyage qui lui avait laissé tant de liberté, et se révoltait contre les exigences d'une position sociale qui ne disait rien à son cœur.

On ne sait s'il plaida. Il n'était pas homme à mendier des causes[1].

Il fréquenta le théâtre plus volontiers que le Palais; il visita plus souvent Scaramouche que les procureurs, et ne dédaigna pas de passer des heures entières devant les tréteaux du Pont-Neuf. Les parades grossières des bateleurs répugnaient à la finesse de son esprit, mais il appréciait le naturel de leurs interprètes.

Chapelle, qui avait commencé sa réputation de bel esprit, était très-lancé dans le monde; ses entretiens lui semblaient plus profitables qu'une victoire au criminel ou au civil. Si les deux amis dirigeaient leurs promenades du côté du Palais, c'est que sa fameuse galerie était le rendez-vous des bourgeoises à la mode : elles y faisaient leurs emplettes, et les jeunes désœuvrés y trouvaient à défaut d'intrigues amoureuses, quelques petits profits de sentiment. Qui oserait dire que Poquelin n'y rencontra pas pour la première fois Madeleine Béjart? Le *Théâtre des fils de famille*, où elle tenait les principaux emplois, n'était alors, ainsi que l'indique son nom, qu'une réunion d'amateurs s'essayant devant un public d'amis et presque en fa-

---

[1] Le Boulanger de Chalussay, dans sa comédie intitulée *Élomire hypocondre ou les Médecins vengés*, fait dire à Molière lui-même :

> Je suivis le barreau pendant cinq ou six mois,
> Où j'appris à plein fond l'ordonnance et les lois;
> Mais quelque temps après, me voyant sans pratique,
> Je quittai là Cujas, et je lui fis la nique.

Mais le Boulanger de Chalussay, qui n'est connu que par cette pièce pamphlétaire, ne doit inspirer aucune confiance.

mille à des destinées artistiques, et il n'est pas présumable que Poquelin, qui suivait assidûment les représentations de l'hôtel de Bourgogne, où se réunissaient les beaux esprits et les gens de qualité, eût découvert cette petite troupe dont on ne parlait pas encore. Il importe peu d'ailleurs de savoir au juste de quelle manière se fit la connaissance ; ce qui est certain, c'est que la fière Madeleine l'admit dans son intimité, bien qu'il ne fût pas gentilhomme. C'était presque un triomphe. Avant de jouer la comédie, elle avait joué le sentiment, plutôt par vanité que par calcul. Ses éphémères liaisons avaient eu pour excuse à ses yeux la qualité des gens qu'elle avait jugés dignes de ses charmes. Elle n'avait pas trouvé de grands seigneurs magnifiques.

A partir de ce moment, Poquelin consacra à Madeleine tous ses instants ; il lui donna tous ses soins et toutes ses pensées. Il lui enseigna l'esprit de ses rôles, corrigea sa déclamation emphatique. L'emphase au théâtre ressemble à la corde d'or de la lyre divine. Apollon, après avoir rompu une des cordes de sa lyre, y substitua un fil d'or : le dieu s'aperçut que la lyre n'y gagnait pas ; il y remit une corde vulgaire, et l'instrument redevint la lyre d'Apollon.

Poquelin, qui aimait d'un premier amour, communiqua à Madeleine quelque chose de son génie. Il se lia avec ses deux frères, Béjart aîné et Béjart cadet[1], honnêtes garçons, alliant la noblesse du caractère à l'élévation des sentiments. Leur jeune sœur, Armande-Grésinde-Claire-Élisabeth Béjart, qui fut dans la suite l'épouse du grand poëte, venait de naître[2]. Cette circonstance est d'un grand intérêt, car elle fait disparaître une abominable accusation que les ennemis de Molière ont essayé de faire peser sur sa mémoire.

Mais n'anticipons pas sur les événements.

---

[1] Béjart père était procureur au Châtelet. Il s'occupa peu de ses enfants qui tous prirent le parti du théâtre.
[2] En 1645.

Poquelin, tout entier à Madeleine et au théâtre qu'elle dirigeait, tourmenté d'ailleurs par sa propre vocation, s'associa à son entreprise et se fit comédien.

Singulier rapprochement : à l'amour, la France doit les deux grandes gloires de son théâtre. On sait quelle fut l'origine de *Mélite*. Il est permis de supposer que, malgré les appels de sa vocation, Poquelin n'eût pas du même coup brusquement rompu avec le barreau et avec sa famille, s'il n'avait été entraîné par la force du sentiment que lui avait inspiré Madeleine. Elle ne méritait pas qu'un honnête homme fît tant pour elle.

Le désespoir fut grand dans la famille de celui qu'on n'appelait plus que « le mauvais sujet; » elle ne lui pardonna jamais ce qu'elle considérait comme un déshonneur.

Ici Poquelin disparaît et fait place à Molière; en changeant d'état il prit le nom de guerre qu'il a immortalisé. C'était une satisfaction donnée à l'amour-propre des siens. Poquelin père ne se tenant pas pour battu, fit une dernière et suprême tentative auprès de son fils.

Un bon vieillard, qui lui avait donné ses premières leçons, lui fut dépêché pour le ramener sous le toit paternel et le remettre dans les voies du salut. Molière reçut avec bonté son ancien professeur, l'écouta sans s'émouvoir, et prenant la parole à son tour, plaida avec tant d'éloquence la cause du théâtre, qu'il opéra la conversion de celui qui une heure auparavant avait pleuré sur son sort et déclaré qu'il le tiendrait, s'il persistait, pour l'opprobre des siens et le mauvais génie de sa famille. La conversion fut si radicale que le vieux professeur enthousiasmé de ce qu'il venait d'entendre, se fit lui-même père noble.

Il y avait alors à Paris plusieurs sociétés de comédiens bourgeois. Le goût du théâtre, sous l'impulsion de Richelieu, s'était rapidement propagé : dans la classe moyenne, les jeunes gens se faisaient un point d'honneur de savoir jouer la comédie. Cette fièvre devait gagner bientôt Louis XIV en passant par-dessus la cour; celui qui fut le roi le plus absolu de la terre ne craignit pas d'opposer sa personne royale à la force d'un préjugé que nous ont apporté les conquérants de la Gaule, et qui subsistait encore il n'y a pas un demi-siècle[1].

Devant un public d'amis Molière fit ses premières armes; il eut un succès prodigieux. Jugeant ses compagnons en état de lutter avec les prétendus maîtres, il les décida à vivre résolûment de leur art et à faire payer à la porte. Ils le nommèrent directeur, et la *Société des Fils de famille* s'intitula *l'Illustre-Théâtre*. La troupe donnait ses représentations où elle pouvait, tantôt au port Saint-Paul, tantôt au jeu de paume de la Croix-Blanche, rue de Buci. Tous les genres lui étaient bons; les grandes pièces ne l'effrayaient pas, sans en excepter les chefs-d'œuvre de Corneille. Mais les exploits de Scaramouche à l'hôtel de Bourgogne lui faisaient une rude concurrence; elle ne voyait guère d'ailleurs que petits bourgeois et artisans. Pour retenir son public, Molière, qui avait la plume facile, écrivit dans le goût du temps de petites pièces grivoises, hautes en couleur, à situations risquées, où le genre comique débordait, et qui furent accueillies par des trépignements et des rires inextinguibles. C'étaient, à proprement parler, des canevas que lui et les siens remplissaient d'inspiration, le rideau levé, se poussant l'un l'autre, chacun renchérissant à qui mieux mieux sur l'esprit de son interlocuteur; parfois se tendant des embûches, mais ne s'abandonnant jamais et arrivant victorieusement au but. La même pièce offrait chaque soir des incidents nouveaux, absolument comme la parade du Pont-Neuf. C'était le même genre satirique, relevé, perfectionné, mais ne dépassant pas le niveau des intelligences appelées à le juger. Trop de délicatesse eût nui à l'effet et à la recette.

---

[1] La condition des comédiens était infâme chez les Romains et honorable chez les Grecs. Qu'est-elle chez nous? On pense d'eux comme les Romains, on vit avec eux comme les Grecs. (LA BRUYÈRE.)

Molière, directeur d'une troupe, avait charge d'âmes. Il ne songeait à écrire ni pour lui-même ni pour la postérité.

On riait, on applaudissait à tout rompre; mais les recettes étaient maigres.

Il fut décidé en conseil qu'on abandonnerait l'ingrate capitale, et qu'on irait chercher fortune dans les provinces.

IV.

En 1646, *l'Illustre-Théâtre* quitta Paris.

Les provinces étaient desservies par des troupes nomades qui, déployant plus de bonne volonté que de talent, trouvaient bien juste de quoi vivre et traînaient après soi la misère. Tout en a été dit dans *le Roman comique*. Scarron nous a initiés à cette vie d'imprévu et d'aventures; il a su allier la grâce, la jeunesse, l'espérance, ainsi que la délicatesse du cœur, dans le couple, si digne d'un meilleur sort, formé par le comédien Destin et Mlle de l'Étoile. On a fait des rapprochements : dans le portrait ébauché de Destin, on a cru trouver des traits se rapportant à Molière lui-même. Les situations ont paru identiques : Destin, chef de la troupe, débute dans l'art dramatique, et la Rancune dit, en parlant du jeune camarade, qu'on ne devient pas comédien « comme un champignon. » Tous deux étaient jeunes et avaient le sentiment de leur propre valeur; tous deux étaient observateurs; tous deux enfin aimaient une comédienne de la troupe et en étaient aimés. Mais quoi de concluant à cela? Destin n'était-il pas le personnage de prédilection de Scarron? Pour le rendre intéressant, il lui a donné la jeunesse, la grâce, l'invention et l'esprit. Il taillait d'ailleurs en pleine imagination. S'initia-t-il à ce point à la vie des comédiens de passage qu'il pût s'en faire le grotesque historiographe? « Sémillant abbé, héros des ruelles et des villas, » il menait joyeuse carrière, et si une existence licencieuse en a fait, comme il le dit lui-même, « un raccourci de la misère humaine, » ce n'est pas dans son canonicat du Mans qu'il eût été en état de mener joyeuse vie. Il n'y fut envoyé qu'en 1646, et depuis huit années il était perclus de tous ses membres[1]. Entre Madeleine Béjart et Mlle de l'Étoile, tout rapprochement d'ailleurs est impossible. Mais c'est trop longtemps nous occuper d'un détail qui ne s'élèvera jamais à la hauteur d'une question physiologique et biographique.

Molière, qui avait conservé un excellent souvenir du bas Languedoc, traça un itinéraire qui conduisait dans cette province.

De Nantes, l'une de ses principales stations, la troupe se rendit à Bordeaux. Molière, parfaitement accueilli du duc d'Épernon, gouverneur de la Guyenne, fut autorisé à donner des représentations. Mais, chose singulière, le poëte philosophe, qui avait choisi cette ville brillante pour berceau de sa renommée littéraire, y fit jouer une tragédie en cinq actes de sa composition, dans laquelle il remplissait le principal rôle. Il l'avait écrite avec toute la fougue de son imagination enthousiaste, pour se délasser de ses travaux de métier, de ces farces grivoises qui, dans les provinces plus encore qu'à Paris, jouissaient de toute la faveur du public. Hélas! ce prétendu chef-d'œuvre fut sifflé. Faut-il s'en plaindre? Non,

---

[1] Ce fut en 1638 que Scarron fut atteint de ce « mal inconnu » qui empoisonna son existence. Lui-même donne cette date :

> Et par maudite maladie,
> Dont ma face est tout enlaidie,
> Je suis persécuté dès lors
> Que, du très-adorable corps
> De notre reine, que tant j'aime,
> Sortit Louis le quatorzième.
>
> (Typhon, t. IV, chant 1, p. 5.)

Ainsi se trouve renversé le conte ridicule rapporté par la Baumelle et répété par tous les compilateurs d'anecdotes.

assurément. Le malheureux sort de *la Thébaïde* a détourné Molière du genre tragique, et c'est à cette chute que nous devons ses immortelles comédies.

Corneille ne se serait jamais imaginé, quand il écrivait *la Veuve* et *la Galerie du Palais*, qu'il serait le premier tragique français, et il n'a composé *le Cid* qu'à l'instigation d'une amitié clairvoyante et dévouée. Assurément Molière, qui ne voyait rien de supérieur à sa *Thébaïde*, avant la représentation, sans peut-être en excepter les chefs-d'œuvre du grand Corneille, aurait fort mal accueilli celui qui aurait osé lui dire que, se trompant de voie, il forçait son génie.

Ce rapprochement entre ces deux individualités hors ligne, qui n'ont eu au début d'autre guide que l'amour, fait voir combien l'imagination livrée à elle-même peut égarer l'intelligence la plus solide, et jusqu'à quel point les grandes destinées sont servies par les événements.

Molière reprit par nécessité sa plume badine.

Le séjour de Bordeaux ne pouvait lui être agréable ; à son échec personnel comme auteur, se joignaient de maigres recettes. Tous les esprits prenaient parti pour les frondeurs ; on s'y occupait plus de Mazarin, du coadjuteur et de Mme de Longueville, que du théâtre.

Molière quitta cette vie remuante et se rendit à Toulouse, la fière cité des Capitouls et de « la gaie science, » espérant y trouver meilleure fortune. Il ignorait évidemment que, dans des actes de fraîche date, les honorables magistrats municipaux de la capitale du Languedoc s'étaient refusés à autoriser l'ouverture d'un théâtre, « dans la crainte que ces représentations mondaines n'irritassent le ciel et ne fissent tomber la grêle sur les récoltes. » Il paraît que l'interdit était levé lorsque Molière y arriva, à la fin de l'automne 1649 [1]. La tradition rapporte néanmoins qu'il éprouva de grandes

---

[1] Par une erreur de date, les biographes et la tradition locale faisaient remonter à l'année 1646 le séjour de Molière à Toulouse. Cette erreur a été récemment relevée.

difficultés pour se faire agréer. Après avoir été ballotté de l'hôtel de ville au parlement, et du Capitole au palais, il obtint enfin l'autorisation de donner son spectacle au logis de *l'Écu*[1]. Il eut le bon esprit de laisser sa *Thébaïde* dormir d'un sommeil qui devait être éternel.

Les représentations furent peu fructueuses; il est permis de l'affirmer, car dans les derniers jours de cette même année Molière était à Narbonne. Ce fut dans cette ville que le bourgeois Dufort le reconnut. Par vanité, Molière se souvint qu'il n'avait pas cessé d'être valet de chambre du roi, et dans un acte public, il prit ce titre sans doute pour prouver aux petits esprits de Narbonne qu'il n'y avait aucun déshonneur attaché à la profession de comédien[2].

Eut-il des succès dans cette ville? Comment étaient composées ses représentations? Deux questions sur lesquelles la tradition est muette. On croit qu'il installa son théâtre à l'hôtel des *Trois Nourrices,* près de la *Porte d'Espagne.* C'était l'auberge la mieux achalandée du quartier Saint-Paul; sa réputation venait de loin. Rabelais y était descendu vers 1540. Si la chambre d'honneur fut offerte à Molière, et il y avait bien droit en sa qualité de directeur de troupe dramatique, nul doute que, par respect pour le vieux satirique, il n'ait relu, chaque soir, avant l'heure du sommeil, quelques pages

---

[1] Le logis de *l'Écu*, d'après les anciens plans de la ville, se trouvait dans la rue du *Poids-de-l'huile*, derrière le Capitole.

(EMMANUEL RAYMOND.)

[2] Cette précieuse indication est fournie par le livre de la paroisse de Saint-Paul de Narbonne, conservé à la mairie de la ville :

« L'an mil six cent cinquante, et le dixième janvier, par moi, curé
» soussigné, a été baptisé Jean, fils d'Anne, ne sachant le nom du père;
» le parrain est le sieur Jean-Baptiste Poquelin, valet de chambre du
» roi; et la marraine, demoiselle Catherine du Bosc; présents les sieurs
» Charles Dufresne et Julien Mélindre. »

Cet enfant illégitime était celui de l'une des actrices de la troupe.

de *Gargantua et Pantagruel,* et ne se soit ainsi consolé des mécomptes dont sa vie aventureuse était semée.

Au départ de Narbonne, Molière, las de la vie errante qu'il menait et qui lui rapportait plus de fatigues que d'argent, fit route sur Paris. Le moment était mal choisi pour rentrer dans la capitale. Tous les cerveaux étaient en fièvre ; la Fronde, cette guerre d'enfants[1], parvenue à son apogée, était la seule occupation des salons et des ruelles. On n'entendait que mousquetades et violons. Tout se faisait en l'honneur des belles, et comme Mme de Longueville avait entraîné la Rochefoucauld, tout frondeur avait sa dame. On changeait de parti pour un sourire ; on se faisait tuer pour moins encore. Le peuple de Paris, qui avait élevé des barricades pour un conseiller-clerc presque imbécile, fit des feux de joie lorsqu'on mena au donjon de Vincennes Condé, le défenseur et le héros de la France. Singulière révolution commencée dans le tumulte des places publiques, célébrée en railleries sanglantes sur le Pont-Neuf, et qui devait finir par des adorations muettes dans la grand'salle du château de Saint-Germain !

Pour la seconde fois il fallut quitter Paris. La troupe vint-elle à Lyon tout d'une traite ? Donna-t-elle des représentations en route ? Cette dernière supposition paraît la plus vraisemblable. Il faut rapporter à cette époque le séjour de Vienne en Dauphiné, que quelques biographes font remonter à une année antérieure. La *Biographie* de Pierre Boissat[2], écrite en latin par Chorier[3], l'indique suffisamment : « Jean-Baptiste Molière, y est-il dit, acteur

---

[1] Rouillac et Canillac venaient au même moment offrir leurs services au coadjuteur. Ils se rencontrent sur l'escalier. Canillac se retire en disant : « Il n'est pas juste que les deux plus grands fous du royaume soient du même parti ; je m'en vais à l'hôtel de Condé, » et il y alla.

[2] Membre de l'Académie française.

[3] Chorier était avocat à Vienne. Il a publié en latin une bonne histoire du Dauphiné.

» distingué et excellent auteur de comédies [1], était venu à
» Vienne. Boissat lui témoignait beaucoup d'estime. Il n'al-
» lait pas, comme certaines gens qui affectaient une sotte et
» orgueilleuse austérité, disant du mal de lui. Quelque pièce
» que Molière dût jouer, Boissat voulait se trouver au nombre
» des spectateurs. Il voulait aussi que cet homme distingué
» dans son art prît place à sa table. Il lui donnait d'excel-
» lents repas, et ne faisait pas comme font certains fana-
» tiques, ne le mettait pas au rang des impies et des scélé-
» rats, quoiqu'il fût excommunié. Cette affection pour Molière,
» cette passion pour les spectacles, finirent par susciter une
» querelle à Boissat. Il avait fait retenir plusieurs places au
» théâtre, parce qu'il devait conduire des femmes de distinc-
» tion et des jeunes personnes à une comédie que Molière
» avait composée. Deux ou trois de ces places avaient été
» par hasard louées à Jérôme Vachier de Robillar; Boissat
» néanmoins les obtint toutes sans difficulté, à cause de son
» mérite, de son crédit, et de la distinction des femmes
» qu'il devait amener. Vachier se plaignit qu'on lui eût fait
» cette injure, et il pensait qu'il y avait là préméditation.
» Cet homme joignait aux avantages extérieurs, un esprit
» vif et pénétrant, une grande force d'âme; tout était noble
» en lui, excepté la naissance. Il figurait parmi les familiers
» du duc Henri de Montmorency, dans le temps même où
» Boissat y figurait également et jouissait de toutes ses
» bonnes grâces. Supportant avec peine le chagrin qu'il res-
» sentait de l'affront qui lui avait été fait, il cherchait l'oc-
» casion d'amener Boissat à un combat singulier et de se
» venger ainsi. Moi, alors, devinant les intentions de Va-
» chier, car nous étions assez unis par une amitié qui avait
» existé déjà entre nos parents, j'avertis de tout les amis
» de Boissat, qui étaient nombreux et bien choisis; pen-

---

[1] Cette biographie a été écrite alors que Molière était en pleine possession de toute sa gloire.

» dant ce temps-là, je ne perdais pas de vue Boissat lui-
» même. A la fin, Georges de Musy, premier président de
» la Cour des aides, et Jacques Marchier, avocat général de
» la même Cour, interposant leur médiation, les deux par-
» ties se réconcilièrent, et la querelle s'apaisa. »

Quelle était cette comédie de Molière? Le laconisme ou le défaut de mémoire de Chorier est regrettable. Est-ce *l'Étourdi?* Les biographes affirment que cette pièce fut représentée pour la première fois à Lyon, en 1653; mais la date du séjour à Vienne est incertaine, et il y a lieu de croire que Molière avait fait de Lyon son quartier général lorsqu'il vint dans l'ancienne capitale des Allobroges. C'était son habitude de rayonner d'un point central sur les villes environnantes. Or, à cette époque, Molière n'avait encore écrit que son *Étourdi*, et ce n'est pas le *Médecin volant* ou quelque autre farce de ce genre qui aurait déterminé Boissat à mener au théâtre une société de femmes distinguées et de jeunes filles. Nous ne mentionnons pas *la Thébaïde*, essai malheureux d'un génie qui s'égare et qui ne devait pas revoir le jour.

La note de Chorier fait du bien. Elle nous montre Molière applaudi, respecté, recherché : histrion aux yeux des sots, qu'il ne ménageait pas du reste dans sa conversation vive, entraînante et toute remplie d'étincelles, il s'affirmait dans toute sa valeur morale aux yeux des hommes d'esprit et de mérite. Son nom se fait, sa réputation s'étend, il a le sentiment de sa force, et dès à présent il rêve aux chefs-d'œuvre qu'il écrira.

V.

En 1653, la comédie de *l'Étourdi* eut à Lyon un succès d'enthousiasme; ses interprètes furent acclamés avec transport, Molière surtout, en sa double qualité d'acteur et d'auteur. Un théâtre rival fut abandonné, et ses principaux artistes passèrent dans la troupe nouvelle, entre autres Mlles Duparc et Debrie.

Cette pièce, brodée sur un canevas léger, devait plaire; l'intrigue, bien qu'invraisemblable, est divertissante; on en suit les péripéties avec un intérêt toujours croissant. Le franc comique en déborde, et le style simple, coulant, naturel, est nerveux pourtant et « à pleines mains. » Il était impossible de faire parler un meilleur langage, en vers plus harmonieux, aux personnages que Molière a mis en scène. Et quel compagnon que ce Mascarille! Ne croyez pas qu'il soit emprunté au théâtre antique, à l'Italie ou à l'Espagne, ou même aux valets de comédie de l'ancien répertoire, qui n'étaient que de *plats coquins*; non, il s'appartient en propre. C'est un *coquin d'esprit*, il ne s'avilit pas à force de bassesses calculées et rebutantes; ses stratagèmes ont une couleur de franchise qui charme. Il vise plus à la gloire qu'à l'intérêt. Il veut réussir à tout et par tous les moyens; il ne connaît que ce point d'honneur, mais il y est bien fort.

En peu de temps parfois, on fait bien du chemin.

Et quel chemin on lui voit faire! Mais on rit, et le voilà presque absous. Bon diable au demeurant, mettant tout son esprit au service des amours de son maître, faisant des heureux autour de lui, et peut-être au dénoûment un peu trop aidé par la fortune.

Nous avons dit que Mascarille était une création originale, nous n'en rabattrons rien, bien que la pièce pour le fond soit imitée de *l'Inavertito* de l'Italien Barbieri. Ces imitations étaient à la mode. Corneille qui emprunta son *Cid* au romancero espagnol et *le Menteur* au théâtre d'Alarcon, n'en a pas moins fait deux pièces originales dont l'une est un chef-d'œuvre qui sera toujours vrai et toujours jeune. Molière est tout entier dans son *Étourdi*; il a écrit une pièce de fantaisie, ne se proposant d'autre but que d'amuser, mais on sent que le génie a conduit sa plume. Il prend d'autorité et du premier jet le pas sur tous les écrivains qui l'ont précédé dans la carrière comique, et ce début annonce un maître [1].

A partir de ce moment, Molière nous apparaît dans sa double incarnation de grand comédien et d'auteur de premier ordre.

Le répertoire épuisé, la troupe renforcée de deux femmes de mérite, parcourut successivement les villes les plus importantes du Forez, de la Bourgogne et du Dauphiné. Dijon, Grenoble, Montbrison, gardent encore le souvenir du passage de Molière dans leurs murs, mais rien n'a été découvert dans leurs archives pour éclairer sur ce point notre histoire théâtrale.

La guerre civile était terminée. La puissance de Mazarin ne connaissait plus de bornes. Après avoir obtenu la condamnation à mort de Condé, il mariait au prince de Conti l'une de ses nièces. C'était habile. Le prince de Conti, généralissime des troupes de la Fronde en Guyenne, avait tenu jusqu'au dernier moment contre Mazarin; du même coup il se l'attachait et protestait contre la condamnation de Condé, qu'il avait demandée uniquement pour l'exemple. Mais il y eut un intervalle entre la capitulation du prince et son mariage : ce fut le temps d'un court exil qu'il subit dans son château de la Grange-des-Prés, à Pézénas.

Une dame, qui lui tenait par un tendre lien, ne le laissa pas partir seul. Elle devint l'âme de sa petite cour. Mais tout y était triste. Les nouvelles de Paris et d'Espagne n'arrivaient pas au gré des esprits curieux et impatients. Que faisaient Condé, Coligny et Bouteville? Et Gaston d'Orléans, comment supportait-il son exil de Blois? Quant au cardinal de Retz, Conti, qui avait été son jouet au même titre que

[1] Molière était alors âgé de trente et un ans.

Gaston, oncle du roi, devait le tenir en médiocre estime. Que devenaient la princesse de Longueville et Marsillac, le duc de Beaufort et la duchesse de Montbazon? Et le Parlement, comment se comportait-il? Les dames de la Grand'-Chambre avec leurs grands airs et leurs petits ridicules, étaient-elles toujours aussi agressives pour la reine, et aussi sensibles aux tendres discours des coureurs de ruelles? Quels étaient les oracles du salon bleu de la duchesse de Montausier? Autant de graves questions en souffrance. Les courriers n'arrivaient pas, ou les lettres étaient uniquement des lettres d'intérêt et d'affaires. Mme de Calvimont s'ennuyait, Pézénas ne lui offrait aucune distraction : l'existence un peu sombre qu'elle menait commençait à lui faire amèrement sentir tout le poids de son sacrifice. Elle désira des comédiens, et le prince fit mander la troupe de « Molière et de la Béjart[1], » qui était en Languedoc. Mais au même temps une troupe rivale se présenta, et la lutte fut vive. Molière avait pour lui, d'abord son talent personnel, des camarades formés à son école et secondant à merveille le maître, enfin son *Étourdi*, qu'il ne garda certainement pas en portefeuille, sans compter les farces au moyen desquelles il enlevait l'assemblée. La troupe rivale le tint un instant en échec auprès de Mme de Calvimont. C'était caprice : le goût et la raison n'avaient rien à y voir.

Le Normand Sarrasin, un des beaux discoureurs de l'hôtel de Rambouillet et secrétaire du prince, vit en Molière un confrère en Apollon, et prit bravement parti pour lui. Comment la belle capricieuse, qui voulait paraître quelque chose du côté de l'esprit, aurait-elle osé se déclarer contre Sarrasin? Les triomphes tiennent souvent à des causes bien légères! Enfin Molière vit se dérider le visage de la souveraine, qui jusque-là n'avait pas voulu s'amuser à son spectacle, et à partir de ce moment, toute la faveur vint à lui.

---

[1] Mémoires de Daniel de Cosnac, archevêque d'Aix.

Il se fit reconnaître du prince, dont il avait été le condisciple, et en obtint la protection spéciale.

Pendant quelques mois, Molière et les siens menèrent grande vie au château. On a dit que l'appui de Sarrasin n'avait été ni spontané ni désintéressé, et que les attraits de Mlle Duparc lui avaient si agréablement charmé les yeux et le cœur qu'il avait voulu la retenir. Le fait se trouve rapporté de bien bonne foi par le trésorier du prince[1]. Nous aimons à croire qu'il a fait une supposition gratuite.

Après son mariage, le prince de Conti fut envoyé en Roussillon à la tête de l'armée, puis il alla présider les états du Languedoc. La session s'ouvrit à Montpellier, le 7 décembre 1654. Il avait retenu Molière et sa troupe pour récréer messieurs les députés et les rendre moins regardants en matière de finances[2]. Rien ne fut épargné pour leur faire d'agréables passe-temps, et Molière, aidé de Béjart, plus probablement Béjart aidé de Molière, composa pour la circonstance un ballet assez médiocre, mais parfaitement tracé, dans lequel, suivant l'usage, figurèrent la cour du prince et quelques-uns des gentilshommes des états. Ce fut un merveilleux spectacle, et toute la province en garda longtemps le souvenir[3]. Molière eut deux rôles dans ce divertissement : il parut en poëte et en harangère[4].

---

[1] Mémoires de Daniel de Cosnac.

[2] On a prétendu, d'après la Grange et Vinet, que le prince avait attaché Molière à sa personne. Cette assertion inexacte a été rectifiée.

[3] Ce ballet, intitulé *les Incompatibles*, a reçu les honneurs de l'impression, à Montpellier, en 1655.

[4] Voici comment Molière s'annonçait, vêtu en harangère :

> Je fais d'aussi beaux vers que ceux que je récite,
>   Et souvent leur vertu m'excite
> A donner à ma muse un glorieux emploi.
> Mon esprit de mes pas ne suit pas la cadence.
> Loin d'être *incompatible* avec cette éloquence,
> Tout ce qui n'en a pas l'est toujours avec moi.

Assurément ce détestable sixain est de Béjart, qui encensait à sa manière son ami et son directeur.

Le temps des états fut une saison de plaisirs, et une saison qui eut des ailes. Le prince se montra-t-il généreux? Il faut le croire. Il ne congédia pas Molière, mais l'ajourna aux états de 1655-1656, qu'il devait présider à Pézénas. La troupe partit en bel équipage, avec un voiturin et ses mules. C'était du luxe. Quand les finances étaient minces, on mettait en réquisition les chevaux de louage, et encore n'accordait-on aux femmes qu'une monture pour deux; les hommes étaient moins bien partagés, ils avaient un cheval pour trois. Seul, le directeur avait une monture qu'il ne partageait avec personne. La moitié de la route se faisait à pied. Un peu de fatigue ne gâtait point l'esprit, et la troupe en était riche. Ne nous semble-t-il pas voir la joyeuse caravane défiler sur la crête d'un coteau, dans un rayon de soleil. Aux bruyants éclats de voix, les oiseaux surpris se lèvent des champs d'oliviers et se croisent au-dessus de la tête des voyageurs, les vaches maigres les regardent passer de leurs grands yeux où la bonté respire. La paysanne s'arrête interdite, laisse tomber sa jupe et fait une respectueuse révérence à ces beaux seigneurs, à ces belles dames qu'elle croit tout au moins de la compagnie du gouverneur de la province. Le paysan retient son chien et lève son chapeau : « Pécaïré, Moussu! » Molière, qui marche en tête à vingt pas, comme un général d'armée, sourit, salue de la main en gentilhomme qui sait vivre. Il se porte en avant pour n'être point distrait par la gaieté communicative de ses compagnons de route. Il rêve, s'il ne cherche pas le plan d'une pièce, et rêver pour un homme intelligent et sensible c'est vivre avec bonheur, parce qu'en ces moments d'abandon de soi-même, on sent moins les aspérités de la vie. Ce bonheur-là n'est pas fait pour tout le monde.

VI.

Molière parcourut la région du Sud-Est, cherchant fortune dans les villes de ressource. Les faux dévots lui faisaient une rude guerre; il déployait pour se défendre une activité surhumaine, et dès qu'il était parvenu à ouvrir son théâtre, la population, rassurée et charmée de ce qu'elle avait vu, s'y portait en masse. Mais on payait peu, et la salle était étroite. Les affaires n'étaient point brillantes.

La ville de Lyon lui avait été de bonne hospitalité; il y revint non sans un battement de cœur : on ne revoit pas sans émotion le champ de bataille où l'on a cueilli ses premiers lauriers. Dans cette laborieuse cité, sa comédie de *l'Étourdi* avait été portée aux nues, et ce triomphe lui avait tracé la voie où depuis lors il trouvait la force et le courage. A Lyon, il fut reçu plutôt en poëte qu'en acteur : sa comédie fut représentée avec un nouveau succès; l'une des joyeuses *atellanes* qu'il a dans la maturité rejetées de ses œuvres suivait invariablement la pièce de résistance, à la grande joie de l'assemblée. Son séjour dura trois mois; ce fut une heureuse campagne. D'Assoucy[1] l'affirme; en tout cas, « la rencontre de Molière et de MM. les Béjart » fut pour lui un événement qui compta dans son existence.

Il s'arrêta ensuite à Avignon. Rien de particulier n'est resté sur les représentations données dans la ville papale. Il est assez probable qu'elles furent fructueuses.

---

[1] Charles Coypeau d'Assoucy, surnommé *le Singe de Scarron*, a traduit en vers burlesques *les Métamorphoses d'Ovide*, sous le titre d'*Ovide en belle humur*, et *l'Enlèvement de Proserpine* de Claudien; il a composé un assez grand nombre de poésies entièrement oubliées et son fameux livre intitulé : *les Aventures de d'Assoucy*.

Le séjour à Pézénas a été au contraire raconté dans ses moindres détails. Molière retrouva au château de la Grange la même hospitalité princière qui lui avait été précédemment offerte. Une partie des bâtiments fut affectée au service particulier des comédiens; le spectacle fut donné une ou deux fois par semaine dans l'hôtel même que le prince habitait à Pézénas [1]. Les jours inoccupés, Molière, autorisé par le prince, mettait en réquisition ses voitures de voyage, ses meilleurs chevaux, et allait en représentation dans les villes et les bourgs les plus rapprochés. C'est ce qui fit dire qu'il était spécialement attaché au service d'Armand de Conti. Cette opinion lui fit du bien. Ses entrées étaient triomphales. Les cabales, de quelque côté qu'elles vinssent, s'évanouissaient dès que paraissait le courrier lancé en avant-garde et s'annonçant au cliquetis du fouet. Les recettes étaient forcées. Mèze, Lunel, Gignac, Marseillan, Agde, Nissan, Montagnac, Béziers, etc., eurent successivement la visite de Molière, et nous ne saurions dire pendant combien de temps le souvenir de son spectacle resta gravé dans les esprits. Ces petites villes un peu mortes, même Béziers la fière et Gignac la railleuse, se ragaillardirent et se laissèrent aller à vivre tout en dehors : le contraste était si frappant qu'elles en devenaient méconnaissables. Gignac était du reste un sanctuaire d'érudition. Molière et sa troupe y arrivèrent quelques jours après l'inauguration d'une fontaine-abreuvoir. Rien ne manquait

---

[1] 9 novembre 1656. — Les évêques de Béziers, d'Uzès et de Saint-Pons, en rochet et camail; les barons de Castries, de Villeneuve et de Lonta, députés par les états pour complimenter S. A. R. le prince de Conti, se rendirent en l'hôtel de M. d'Alfonce, où logeait ledit seigneur. Le prince de Conti les reçut à la porte du vestibule qui regarde la cour, et, après les avoir fait entrer, leur dit qu'il était forcé de les recevoir en cet endroit, parce que sa chambre était en un extrême désordre, *à cause de la comédie;* sur ce les compliments furent faits. Après que les prélats eurent quitté le rochet et le camail, la députation se rendit auprès de Mme la princesse de Conti, qui, quoique au lit, l'accueillit avec beaucoup de civilité. » (Procès-verbaux de la session).

au monument, même l'inscription latine. Elle était courte, le poëte n'avait eu qu'un éclair d'inspiration. Les savants de l'endroit se querellaient sur le sens qu'il fallait donner à ce prétentieux pentamètre buriné sur la frise :

Quæ fuit ante fugax, arte perennis erit.

Molière, consulté, les mit tous d'accord en leur faisant connaître l'intention de l'auteur par ce distique improvisé :

Avide observateur qui voulez tout savoir,
Des ânes de Gignac, c'est ici l'abreuvoir.

On rit, et il fut convenu que le poëte latin était un grand homme.

Une fois, par exception, c'était à Marseillan, les représentations n'avaient pas été fructueuses : un deuil avait assombri la moitié de la population, et l'autre moitié, qui suivait la politique, gémissait de la nécessité où s'était trouvé le roi d'expulser de ses États Charles II et le duc d'York, petits-fils de Henri IV. Cromwel l'avait exigé : « On ne pouvait faire, a dit Voltaire, un plus grand sacrifice de l'honneur à la fortune. » Mazarin était à une grande distance de Richelieu et il n'avait pas l'âme de Louis XIV, qui, du reste, ne gouvernait pas encore. Il n'était pas juste que les comédiens et Molière à leur tête souffrissent de ce double événement : les notables s'imposèrent une cotisation personnelle pour les indemniser. La population de Marseillan avait le cœur bien placé.

Les aventures se multiplient. A Saint-Pons-de-Mauchiens, Molière perdit un jour sa valise, ou plutôt elle lui fut volée. Les filles de l'endroit n'avaient jamais vu « tant de trésors, tant de riches habits, tant de choses merveilleuses. » Elles se partagèrent le butin et se crurent en possession d'une fortune. Tout ce qui brille n'est pas or : leur erreur ne dura qu'un jour.

A Montagnac, on a conservé le souvenir de la vive passion

que ressentit pour lui une châtelaine des environs qui l'avait vu en Mascarille. Elle était malheureuse et romanesque, elle avait autant de beauté que de jeunesse. Il existe un magnétisme à distance dont elle n'avait pas encore connu les effets. Ce fut son inexpérience qui la perdit, non pas aux yeux des hommes, car Molière fut discret : il sauta par une fenêtre pour lui sauver l'honneur, sans être retenu par la pensée qu'il pouvait se rompre les os.

Un certain jour, les écuries du prince lui avaient fait défaut; le voiturin, pris à gages, l'avait laissé en route avec tout son personnel, ses machines et ses bagages. Il se plaignit. Que fit le prince? Il enjoignit aux populations de mettre dorénavant chevaux et charrettes, à titre gratuit, à la disposition du chef des comédiens[1]. Quelques municipalités rurales s'étant montrées récalcitrantes, Conti fit escorter la caravane par un détachement de force armée, qui, en maintes occasions, rançonna messieurs les municipaux campagnards. A partir de ce moment, on ne douta plus que Molière ne fît partie « des gens de la suite du prince. »

C'est principalement à Pézénas que le souvenir de Molière est resté vivant. La boutique du barbier Gély était le bureau d'esprit des petits bourgeois de la ville. Notre philosophe y restait volontiers des heures entières, et ne perdait pas son temps. Tous ces originaux qui lui passaient sous les yeux étaient loin de soupçonner qu'ils jouaient la comédie devant le grand comédien. Molière savait les mettre en verve ; ils se montraient sous tous leurs avantages, et c'est ainsi qu'il les voulait : il les forçait à se faire honneur de tout ce qu'ils avaient dans le cerveau et dans l'âme. Un grand effort d'imagination ne lui était pas nécessaire : il se bornait à donner

---

[1] Les archives municipales de Pézénas ont conservé jusqu'au commencement de ce siècle un de ces ordres de réquisition, signé d'Armand de Conti et scellé de ses armes.

de l'encens à leur vanité méridionale. En riant sous cape, il prenait ses notes[1].

Cette vie de plaisirs ne pouvait durer toujours. La session touchait à sa clôture. Messieurs les députés s'étaient fort divertis, grâce à la comédie. C'était bien le moins que la province se montrât reconnaissante. Le président des états donna à Molière une assignation de 5,000 livres sur le fonds des étapes du bas Languedoc. La somme était lourde, et messieurs de la session ne l'avaient pas votée; mais le prince tenait peu à cette formalité : sa volonté faisait loi. Cette gratification vint s'ajouter à ses libéralités personnelles et aux autres profits de la campagne.

L'assignation fut négociée quelques mois après à Narbonne par l'intermédiaire de Dufort[2].

De Pézénas, Molière se rendit à Narbonne. La population de cette ville, qui avait conservé un excellent souvenir de son spectacle, s'y porta avec assiduité. Le séjour dura trois mois.

A Carcassonne, la troupe reçut un bon accueil. Là notre poëte philosophe fit la rencontre des deux épicuriens, Chapelle et Bachaumont, qui lui firent fête et ne manquèrent pas une seule fois la comédie.

Les états avaient été convoqués de nouveau à Béziers. Molière vit dans cet événement une faveur de la fortune. Le prince de Conti allait lui manquer, mais était-il possible que messieurs les députés ne fussent pas heureux de le revoir, après les divertissements qu'il leur avait donnés? Il venait d'ailleurs de terminer une nouvelle comédie et leur en réservait les prémices. A Pézénas, messieurs des états avaient eu la comédie à leurs ordres; le prince et le fonds des étapes en avaient fait les frais; cette fois les billets allaient se vendre à la porte. Si, contre son attente, tout n'allait pas pour le mieux du côté des états, il comptait sur les bourgeois de la ville

---

[1] Le fauteuil sur lequel s'asseyait Molière chez le barbier de Pézénas a été conservé.

[2] La transaction eut lieu le 3 mai 1656.

et sur l'affluence du dehors pour garnir toutes ses banquettes.

Transportons-nous à Béziers. Une animation extraordinaire règne dans la petite ville. Avec messieurs les députés est venue la comédie. Tout le monde est aux fenêtres : c'est Mgr Louis de Cardillac de Lévy, comte de Bieule, lieutenant du roi et président des états, qui passe dans son carrosse à grands laquais galonnés; en sens inverse, Molière chemine le nez en l'air : il a, par ma foi! meilleure mine que la plupart des gentilshommes campagnards prêts à délibérer sur les affaires de la province : ils ont le pas lourd et le dos voûté; Molière tend le jarret et porte fièrement la tête. Beaucoup de dames ont suivi leurs maris; avec quelle joie elles ont quitté leurs sombres donjons, leurs tristes manoirs; elles se croient en paradis. Les bourgeoises les regardent de côté sans envier leur sort; il y a tant de bonne liberté par la ville! Mais qui sont ces trois étrangères à l'allure vive, si coquettement parées, sobres de rouge et de mouches, ayant le sourire aux lèvres, et dans les yeux un rayon de soleil? Ce sont les demoiselles de la comédie. Les vieilles femmes lèvent les yeux au ciel; les jeunes ouvrent tout grands les leurs : « Dieu qu'elles ont bon air! les magnifiques habits! Qu'elles sont donc belles! » La Béjart possède un visage fier et dédaigneux, une taille haute et bien prise; Mlle Debrie, légèrement dodue, a des mouvements de tête pleins de grâce; sans être belle, elle plaît par sa distinction. Quant à Mlle Duparc, c'est une incomparable beauté, et de plus elle a le port d'une reine. Demain, c'est à qui, parmi les femmes de la bourgeoisie, se placera une mouche près de l'œil gauche et copiera la démarche des comédiennes. Tous les beaux messieurs ont la tête tournée.

Malgré l'annonce d'une pièce nouvelle du directeur de la troupe, tout n'alla pas pour le mieux du côté des états et du côté de la ville. « Il y a une chose, a dit la Bruyère[1],

---

[1] *Les Caractères.* — *De la société et de la conversation.*

que l'on n'a point vue sous le ciel, et que, selon toutes les apparences, on ne verra jamais : c'est une petite ville qui n'est divisée en aucuns partis, où les familles sont unies, et où les cousins se voient avec confiance ; où un mariage n'engendre point une guerre civile ; où la querelle des rangs ne se réveille pas à tous moments par l'offrande, l'encens et le pain bénit, par les processions et par les obsèques ; d'où l'on a banni les *caquets*, le mensonge et la médisance ; où l'on voit parler ensemble le bailli et le président, les élus et les assesseurs ; où le doyen vit bien avec ses chanoines, où les chanoines ne dédaignent pas les chapelains, et où ceux-ci souffrent les chantres. » La comédie, ayant ses partisans, devait avoir ses détracteurs. Les esprits forts, les beaux esprits, vinrent applaudir au Dépit amoureux et rire aux farces qui accompagnaient la grande pièce, mais ils n'étaient pas en majorité. Combien de belles curieuses que n'auraient pas retenues la crainte de l'enfer, restèrent au logis sur l'ordre du chef de la communauté. En ce temps-là, à Béziers du moins, du côté de la barbe était la toute-puissance. C'était d'un bon exemple. Mais peut-être cette autocratie n'était-elle pas sans dangers.

En tout cas, les recettes en souffraient, et messieurs des états se faisaient tirer l'oreille pour payer de leurs deniers le plaisir de la comédie. Le lieutenant du roi qui les présidait n'étant pas à la hauteur du *dépit amoureux*, condamnait un divertissement « qui mettait en danger les âmes. » Les collets montés de la compagnie se faisaient fort de son opinion contre leurs collègues moins regardants en matière de piété qu'en achats de billets. Ceux-ci voulaient avoir, comme à Pézénas, leurs entrées franches, sauf à charger de quelques mille livres la dépense de la province, et Molière, qui ne trouvait rien à reprendre dans cet arrangement, mettait à leur disposition des places gratuites et réservées. Le président, instruit de cette manœuvre, provoqua immédiatement un vote qu'il n'est pas sans intérêt de reproduire à titre de curiosité historique.

« Sur les plaintes qui ont été portées aux états par plu-
» sieurs députés de l'assemblée, que la troupe des comédiens
» qui est dans la ville de Béziers a fait distribuer plusieurs
» billets aux députés de cette compagnie pour les faire entrer
» à la comédie sans rien payer, dans l'espérance de retirer
» quelques gratifications des états, a été arrêté qu'il sera
» notifié par Loyseau, archer des gardes du Roi, en la pré-
» vôté de l'hôtel, de retirer les billets qu'ils ont distribués,
» et de faire payer, si bon leur semble, les députés qui iront
» à la comédie : l'assemblée ayant résolu et arrêté qu'il n'y
» sera fait aucune considération ; défendant par exprès à
» messieurs du bureau des comptes de, directement ou indi-
» rectement, leur accorder aucune somme, ni au trésorier
» de la Bourse de payer, à peine de pure perte et d'en ré-
» pondre en son propre et privé nom [1]. »

L'argument était sans réplique. Il y a plus, la validité de l'assignation délivrée à Molière par le prince de Conti, lors de la précédente session, fut contestée.

L'un des frères Béjart, homme de ressource, et connaissant le cœur humain, avait commencé à Pézénas un *Armorial* consacré aux prélats et aux barons des états. Cette lettre de change tirée sur la vanité n'avait été prête qu'après la clôture de la session. A Béziers, elle venait comme un secours du ciel. Le clergé et la noblesse composaient le parti du président : la noblesse vaincue, tout irait au mieux [2] ; dans le conseil des comédiens, on y comptait du moins. Parmi les députés du tiers état, la comédie avait de nombreux adhérents. Le fameux *Armorial* fut donc tiré de son étui et

---

[1] Cet arrêt est du 6 décembre 1656. L'ouverture des états avait eu lieu le 17 novembre.

[2] Les états de Languedoc étaient composés de cent quatorze députés des trois ordres : vingt-trois membres du haut clergé ; — vingt-trois représentants de la noblesse ; — soixante-huit députés du tiers état appartenant à l'aristocratie bourgeoise et au corps des officiers municipaux.
Le tiers état ne disposait que de quarante-six voix.

offert en grande pompe à l'assemblée. Hélas! cette dernière espérance s'en alla en fumée. Toutes les sévérités furent maintenues; seulement, par un vote du 16 avril 1657, une gratification de 500 livres fut allouée à Béjart [1]. Il y avait loin de là aux 5,000 livres de la session de Pézénas [2].

Toute l'ambition de Molière était tournée vers Paris. Il traça un itinéraire qui l'en rapprocha. Avec ses deux comédies et les travaux qu'il avait en tête, il comptait bien prendre une place d'honneur parmi les auteurs dramatiques dont les succès faisaient le plus de bruit. D'un autre côté, il espérait que sa troupe lutterait victorieusement avec celles du Marais, et l'hôtel de Bourgogne.

Il donna des représentations à Montpellier, à Nîmes, à Avignon. La fortune lui redevint propice. Dans cette dernière ville, il se lia avec le peintre Mignard, qui lui fut un fidèle ami. Il fit un nouveau séjour à Lyon, alternant ses comédies avec les tragédies de Corneille, et offrant deux fois sa recette aux pauvres. Grenoble lui fut aussi une station fructueuse. Là il reçut des nouvelles de Paris favorables à ses desseins, et, d'une traite, il vint fixer à Rouen son quartier général. Il passa en Normandie l'été de 1658, attendant avec impatience le succès des démarches qui devaient du premier coup lui obtenir l'appui de la cour. Le prince de Conti, qui inclinait déjà vers les idées mystiques, s'employa pourtant en faveur de son condisciple. Le duc d'Anjou avait dix-huit ans : esprit timide et faible, il vivait de galanteries et de frivolités. Le prince lui persuada qu'il devait être, aussi lui, le protecteur des arts, et qu'il ajouterait à sa gloire en ayant à sa

---

[1] Ce vote ne passa pas sans conteste. Quatre députés du tiers s'y prêtèrent d'assez mauvaise grâce. L'assemblée déclara « qu'à l'avenir elle » n'accorderait aucune gratification pour de pareils ouvrages, à moins » qu'ils ne fussent expressément commandés. »

[2] Madeleine Béjart, femme de tête, se fit payer à son échéance la lettre de change qu'avait donnée Dufort pour solde de l'escompte de l'assignation, et laissa ce dernier se débattre avec les états de Languedoc. Il ne rentra dans son capital qu'après un quart de siècle de procédure.

solde une troupe de comédiens. Ainsi Molière fut admis à paraître avec les siens en représentation devant la cour ; il n'en demandait pas davantage, se fiant pour le reste à son génie [1].

VII.

Molière touche à sa grande époque, il va produire ses immenses chefs-d'œuvre. Nous l'allons voir bientôt, admis dans l'intimité de Louis XIV et l'aidant de sa plume si finement aiguisée, dans cette lutte contre les grands qu'il rappelait de leurs terres et ruinait avec tant d'habileté pour les mieux abattre.

En le suivant dans ses longues pérégrinations en province, qui ont exercé une influence si décisive sur sa destinée, nous aurions voulu le surprendre dans ses luttes avec lui-même, et découvrir les pentes qu'avait suivies son génie pour arriver à la perfection que déjà il avait su atteindre. Dans *le Dépit amoureux*, qui se ressent encore du goût dominant de l'époque, le novateur apparaît, et une étude de sentiment se développe sur le fond même de l'intrigue. De la grande pièce, on a tiré une petite pièce en deux actes qui est une merveille d'observation et de délicatesse.

Au milieu des agitations de la vie qu'il mène, il suffit à tout. Il ne perd pas de vue les intérêts de la caisse commune, et grossit le répertoire de pastiches taillés en étoffe à forte trame, et qui affriandent le populaire ; en même temps, il songe à fonder sa gloire sur la connaissance du cœur humain. Il médite son plan de réforme, et veut que le théâtre soit pour les passions des hommes ce qu'est un tableau réussi pour la nature qu'il représente. Il a compris

---

[1] Molière avait trente-six ans.

que la plume, de même que le pinceau, doit donner une beauté à tout ce qu'elle touche, mais en respectant la vérité. Entre les mains d'un peintre habile, la nature, sous ses aspects les moins favorisés, acquiert un charme qui émeut; il veut que les passions humaines soient traitées de la même manière à la scène. A l'art tragique qui l'a séduit au début de sa carrière, il abandonne la pompe, la déclamation, et ne conserve que l'observation, fruit de sa propre expérience. Avec son génie, que lui faut-il de plus? Si Corneille, ancien Romain dans la France du xviie siècle, y a pu établir une école de grandeur d'âme, lui, homme de son temps, veut y fonder une école de mœurs.

Et qui, mieux que Molière, pouvait y réussir! Il n'avait pas étudié les hommes dans les salons, dans la vie de parade; c'est en débattant avec eux les intérêts de sa troupe et les siens, c'est en les voyant à leurs fonctions, dans leurs travaux, à leurs affaires, dans toutes les situations en un mot où ils sont eux-mêmes, qu'il avait appris à les connaître. Il épiait surtout ces mouvements de l'âme qui nous échappent dans la surprise, et sont une si précieuse révélation du caractère. Ses relations avec le prince de Conti, ses démêlés avec messieurs des états, n'avaient pas peu contribué à lui faire un fonds d'observations solides. Toutes les classes de la société lui avaient donné le spectacle de leurs travers et de leurs faiblesses: il était donc préparé à paraître en grand comédien devant la cour, et à mettre en scène, non des héros de convention, mais des hommes.

Ces études sur nature n'étaient pas les seules auxquelles il se livrait dans les loisirs que lui laissait sa vie de comédien, d'auteur dramatique et de directeur de troupe. Dans les grands comiques de l'antiquité, il cherchait des règles et des leçons; personne ne connut mieux que lui les fragments trop courts qui nous restent de Ménandre; Plaute et Térence lui étaient familiers, il les lisait avec une attention si constante, qu'il s'en assimilait « le suc et la moelle » que l'on retrouve incorporés à ses chefs-d'œuvre. Il connaissait à fond notre vieille littérature et chaque jour y faisait de précieuses découvertes. Toutes les productions nouvelles, il les voulait lire, et ses jugements portaient le sceau d'une raison convaincue. Le théâtre italien et le théâtre espagnol, qui étaient alors en honneur, lui fournirent le sujet de ses deux premières comédies d'intrigue; mais il laissa si loin ses modèles, et mit tant de son propre fonds dans ses emprunts, que ceux-là mêmes qui l'avaient inspiré ne se seraient pas reconnus sous sa plume nerveuse, et l'auraient salué leur maître. Dans la suite de sa carrière, il imitera, il prendra partout et toujours; mais dans ses emprunts, dans ses imitations, il sera le plus original et le plus audacieux des créateurs. C'est la vérité qu'il cherchera, il la découvrira aussi bien dans les livres que dans la société des hommes, et son génie lui servira de brillant passeport.

Ces douze années de course vagabonde, loin d'avoir été un gaspillage de sa belle jeunesse, lui ouvrirent les merveilleux horizons où devait s'épanouir sa destinée. La direction d'une troupe ambulante l'assujettissait à une grande dépendance, mais il savait se créer un milieu de liberté et s'y réfugier pour se sentir vivre en pleine possession de lui-même et se livrer aux caprices de sa fiévreuse imagination. Pour lui, le loisir inoccupé était presque une science. Aujourd'hui il improvisait les admirables scènes de son *Dépit amoureux*, parce qu'hier il s'était reposé, et le lendemain il laissait carrière à sa pensée. Sa fécondité, il la trouvait dans les intervalles de repos qu'il savait se ménager et que remplissaient l'observation intime et la méditation. La pensée condamnée à une production continue s'abâtardit et cache son impuissance sous des banalités.

La vie de voyage sur les grandes routes, dans les chemins de traverse, en caravane, lui fournissait ses meilleurs délassements. La belle nature, les gais paysages, le soleil levant, la tombée du jour, lui étaient de magnifiques spectacles.

Chez lui toute sensation devenait sentiment. Le parfum des vergers, l'odeur pénétrante des vignes en fleur, le concert des fauvettes, le son des cloches, le bêlement de la génisse, la chanson du pâtre, ébranlaient doucement son âme : elle se sentait en quelque sorte renouvelée et pleine d'une admirable force d'expansion. L'âme est inséparable de l'imagination dans les productions du génie. Durant ces poétiques excursions à travers des pays nouveaux, Molière, à son insu, amassait de l'or pur pour ses prodigalités de l'avenir.

Et puis n'avait-il pas ses peines de cœur! Tout homme sensible est malheureux, et sans son malheur il ne pourrait vivre. En Madeleine Béjart il n'avait trouvé ni le dévouement, ni la poésie de l'amour, ni la confiance de l'amitié; mais l'amitié ne lui aurait pas suffi. C'était une femme de tête, ayant plus de raison positive que de cœur, ne rêvant jamais, calculant toujours. Cette triste compagne, trop au-dessous de l'idéal du poëte, n'avait apporté aucun rayon lumineux dans sa vie. Tant qu'il n'avait fait que l'entrevoir et la désirer, elle lui avait paru, à travers le nuage dont elle s'enveloppait, comme une éblouissante comète; le nuage vaporisé par le feu de son cœur à lui, il n'avait plus trouvé qu'une planète éteinte.

Sur Mlle Duparc s'étaient reportés toutes ses tendresses, tous ses rêves. Possédant un genre de beauté dont elle connaissait trop l'empire, elle ne fut ni surprise ni charmée des hommages de son jeune directeur; mais était-ce donc pour les gens de sa profession qu'était faite une si majestueuse personne? Quand elle connut mieux le cœur et le génie de l'amant dédaigné, elle fut émue et voulut se l'attacher. Il était trop tard. Molière s'était retiré dans la vie de ses rêves. Mlle Duparc d'ailleurs suivait une folle pente, et Molière avait trop de cœur pour se contenter d'une aumône. Il cherchait l'amour exclusif, fiévreux, enthousiaste, et lui préparait dans son cœur un trône de rubis, de saphir et d'éblouissant soleil.

Il versait ses tourments dans le sein de Mlle Debrie, qui lui fut toujours une amie tendre et dévouée. Quelle bonne fille c'était! Et que lui manquait-il pour être aimée? Elle avait l'entrain de la jeunesse, l'esprit lui venait naturellement aux lèvres, mais nulle étincelle d'enthousiasme n'illuminait son visage; elle était sensuelle et n'avait dans l'âme aucune flamme d'amour. L'excellence de son cœur était une excuse à ses faiblesses. Elle consolait Molière en l'aimant plus pour elle que pour lui. Ce n'est pas ainsi qu'il comprenait l'amour.

Singulière nature et curieux contraste! l'homme qui connut si bien le cœur humain et dont la raison positive concluait toujours sur des preuves, fut toute sa vie déçu par le cœur. Sa sensibilité entraîna sa raison, et sa chimère lui apparut sur l'aile dorée de l'espérance.

Chez lui l'amour commença toujours par l'amour. Si la Bruyère l'eût mieux connu il aurait fait une réserve quand il a dit : « L'on n'aime bien qu'une seule fois, c'est la première : les amours qui suivent sont moins involontaires. » Molière aima avec la même passion et aussi involontairement Mlle Duparc que Madeleine Béjart. L'amour le plus spontané et qui l'embrasa fut celui qu'il ressentit à *l'automne de sa vie* pour Armande, enfant encore; elle n'avait que dix-sept ans. Il l'épousa. Il ne se repentit pas de cette folie, et pourtant elle devint le grand tourment de son existence. Certes, il faut le plaindre, mais sans trop regretter qu'il l'ait commise, car nous lui devons indirectement ses chefs-d'œuvre.

VIII.

Enfin, Molière a pris pied à Paris. Le duc d'Anjou l'a accueilli avec bonté et l'a présenté lui-même au roi et à la reine mère. Il a reçu l'ordre de se tenir prêt à donner une représentation devant la cour; *Nicomède*, de Corneille, lui a été demandé à l'insu de Mazarin. L'influence du cardinal-ministre était toujours sourdement combattue, malgré les succès de sa politique et l'éclat dont venaient de se couvrir nos armes. Bien que Louis XIV se fût tendrement épris de la belle Mancini, l'une des nièces de Mazarin, la tutelle du cardinal lui pesait; il avait remarqué, lors de la reddition de Dunkerque, l'affectation de sa splendeur, quand lui, le roi, avait manqué du nécessaire, et combien l'autorité que s'était arrogée son ministre avait dépassé la sienne.

Certains passages de *Nicomède* avaient été vivement applaudis. On avait dirigé contre l'amour du roi ces vers qui sont si magnifiques :

..... Et que dois-je être? — Roi.
Reprenez hautement ce noble caractère.
Un véritable roi n'est ni mari ni père;
Il regarde son trône, et rien de plus. Régnez...

Régnez! Telle n'était pas l'opinion du cardinal-ministre qui, sans avoir le génie de Richelieu, en avait toute l'ambition.

Le grand jour arriva, magnifique assemblée, et quel honneur pour des comédiens de province! Ceux de l'hôtel de Bourgogne avaient obtenu la faveur de venir décrier leurs confrères. Leur supériorité était incontestable : ils le savaient,

Molière lui-même l'avait reconnu; mais il avait son idée. La tragédie achevée, il s'avance vers la loge du roi et prend la parole, ce qui était une grande audace. Sa brillante élocution et la convenance de son discours la lui firent pardonner. « Après avoir remercié Sa Majesté, en des termes très-modestes, de la bonté qu'elle avait eue d'excuser ses défauts et ceux de sa troupe, qui n'avait paru qu'en tremblant devant une assemblée si auguste, il lui dit que l'envie qu'ils avaient eue d'avoir l'honneur de divertir le plus grand roi du monde leur avait fait oublier que Sa Majesté avait à son service d'excellents originaux, dont ils n'étaient que de très-faibles copies; mais que, parce qu'elle avait bien voulu souffrir leurs manières de campagne, il la suppliait très-humblement d'avoir pour agréable qu'il lui donnât un de ces petits divertissements qui lui avaient acquis quelque réputation, et dont il régalait les provinces[1]. »

Comment résister à un compliment si bien tourné? *Le Docteur amoureux* fut joué avec une verve entraînante. Molière se surpassa; le roi rit aux larmes, l'assemblée ne put se contenir, il y eut des explosions de rires sur toutes les banquettes; il n'est pas jusqu'aux graves tragiques de l'hôtel de Bourgogne qui ne furent forcés de céder à l'impulsion. L'étiquette en souffrit un peu; mais Molière, qui remplissait le rôle du docteur, était seul coupable, et le roi était plus disposé à lui donner des marques de sa bienveillance, qu'à lui savoir mauvais gré de l'avoir tant diverti.

Le jour même, la jeune troupe prenait le titre de Troupe de Monsieur. Le lendemain, elle obtenait l'autorisation de donner ses représentations sur le théâtre du Petit-Bourbon, en alternant avec la troupe italienne.

Voilà Molière au comble de ses vœux; désormais, avec son génie, il est maître de sa fortune.

---

[1] La Grange et Vinot.

Cette salle du Petit-Bourbon[1] ferait triste figure même à côté de nos plus humbles théâtres d'aujourd'hui. Elle était de forme ovoïde, voûtée, peinte en bleu fleurdelisé; la scène, faisant face « au dais » de la famille royale, avait « six pieds de hauteur sur huit toises de largeur, et autant de profondeur. » Tel fut le glorieux berceau de la Comédie française.

Jusque-là, le genre tragique, que Corneille avait porté si haut, avait seul reçu le juste encens de la foule. La comédie, encore à l'état d'ébauche, n'avait pu marcher de pair avec la tragédie. Avec Molière arrivaient *l'Étourdi* et *le Dépit amoureux*, les deux premières comédies d'intrigue habilement conçues et de sentiments vrais puisés dans le vif du cœur humain. Molière n'était pas encore lui-même, mais il était supérieur à tous ses devanciers, et il avait compris quelle grande place il allait occuper en créant la comédie de mœurs.

Les troubles de la Fronde n'avaient pas soustrait les gens de la cour et du bel esprit à l'influence de l'hôtel de Rambouillet; cette influence, salutaire au début, était tombée dans les exagérations de l'afféterie. Molière fit tête à ce courant épidémique. Les romans de Mlle de Scudéry tournaient toutes les têtes. Qu'était devenue l'ancienne verve gauloise avec son naturel enjoué et ses franches saillies? Un langage de convention avait remplacé celui du bon sens, les mœurs avaient un code nouveau, le cœur lui-même était soumis à des lois tyranniques. Sans doute, la décence était respectée, mais il y avait une frontière sur laquelle le devoir s'affirmait avec une brutalité compromettante pour l'honnêteté. Ainsi la théorie de l'amour permettait le partage du cœur et accordait des réserves à l'épouse, en lui permettant d'être immatériellement infidèle. Il y a un mot de Saint-Évremond sur cette théorie quintessenciée, que nous ne saurions répéter ici, et qui a fait fortune. Les *précieuses* déguisaient

---

[1] Elle était située vis-à-vis du cloître Saint-Germain-l'Auxerrois, dans la rue des Poulies.

leurs intrigues en affectant de n'estimer plus que les rapports secrets de l'âme, et il fallait les croire sur parole. Un mari qui se serait permis de trouver mauvais que sa femme se laissât publiquement adorer par un familier, « commis en charge, » eût été considéré comme le plus mal appris des hommes. Ces pernicieux travers gagnaient jusqu'à la bourgeoisie. Une bourgeoise un peu huppée avait sa ruelle et son *soupirant* en titre. Il était temps que Molière vînt. Le bon sens, la famille, les mœurs réclamaient impérieusement une réforme, mais l'empire des *précieuses* était si bien établi qu'il fallait un certain courage pour oser l'attaquer de front. Les femmes les plus élevées par leur naissance étaient à la tête du *parti*, et tous les beaux esprits, soit entraînement, soit calcul, s'étaient rangés sous leur bannière.

L'annonce d'une nouvelle comédie sous ce titre : *les Précieuses ridicules*, au théâtre du Petit-Bourbon, eut plus de retentissement que le fameux coup de canon de Mlle de Montpensier et le mariage de Julie d'Angennes. Qui aurait pu croire à une pareille audace! On tint conseil à l'hôtel de Rambouillet. Il fut décidé qu'il fallait affronter à l'orage, et connaître dès le premier jour ce que cachait ce titre impertinent. La salle fut en partie retenue à l'avance et envahie. La duchesse de Montausier, Mme de Grignan, sa sœur, toutes les illustrations féminines de l'hôtel de Rambouillet, toute la pléiade des beaux esprits qui se disaient les maîtres du goût, s'y étaient donné rendez-vous. Déjà Scarron avait voulu rire aux dépens des oracles; l'abbé de Pure et Chapuzeau avaient osé les fronder; ils s'étaient retirés de la lice tout meurtris. Qui était ce Molière? Est-ce donc sur les chemins et dans les hôtelleries des petites villes qu'il s'était initié au langage et aux habitudes de la cour? Quelle autorité avait-il, et n'abusait-il pas des bontés du roi et de Monsieur en touchant, lui profane, à l'arche sainte! Que pouvait un inconnu contre la royauté des précieuses, devant laquelle s'inclinaient le futur évêque de Meaux, qui déjà fai-

sait parler de lui; le duc de la Rochefoucauld, et une foule
de grands seigneurs moins lettrés mais plus extravagants;
enfin le bataillon sacré des muses, où brillaient au premier
rang, Scudéri, la Calprenède, Gomberville, Benserade, Segrais, Chapelain, Godeau et Ménage. Si vives que fussent
les inquiétudes, elles laissaient une large place à l'espérance.
Tous ces amours-propres plus ou moins irrités comptaient
bien, au fond, que la comédie tournerait contre son auteur.
Mais l'élément bourgeois tenait sa place dans l'assemblée;
naturellement français, c'est-à-dire opposé aux grimaces et
aux doctrines du bel air, il ne dissimulait pas sa joie, et il
était aisé de voir qu'il attendait la déroute de la tyrannique
coterie.

La satire porta si bien que l'olympe des précieuses leur
tomba sur la tête. Les divinités, devenues de simples mortelles, cachaient tant bien que mal leur dépit, et leurs
grands prêtres, semblables aux augures de l'antiquité, ne
pouvaient se regarder sans rire. Adieu les Arthénice, les Artémise et les Roxalie; il fallait redevenir Catherine comme
devant, marquise, duchesse ou vicomtesse, marcher sur la
terre, se faire traîner dans de vrais carrosses, par de vrais
chevaux, parler comme tout le monde, et ne plus passer au
lit de Procuste la raison et le génie. Quant aux mœurs, elles
devaient aussi profiter de la réforme.

Le docte Ménage, l'un des fougueux de l'hôtel de Rambouillet, fut converti du premier coup comme par miracle [1].

Cependant il y eut quelque résistance. Le parti baffoué

---

[1] « La pièce, dit-il, fut jouée avec un applaudissement général; et j'en
fus si satisfait en mon particulier, que je vis dès lors l'effet qu'elle allait
produire. Au sortir de la comédie, prenant M. Chapelain par la main :
« Monsieur, lui dis-je, nous approuvions, vous et moi, toutes les sottises
» qui viennent d'être critiquées si finement et avec tant de bon sens;
» mais, pour me servir de ce que saint Remi dit à Clovis : Il nous faudra
» brûler ce que nous avons adoré et adorer ce que nous avons brûlé! »
Cela arriva comme je l'avais prédit; et, dès cette première représentation, on revint du galimatias et du style forcé. » (*Ménagiana.*)

réussit à faire défendre la pièce ; mais l'opinion publique s'éleva avec tant de vivacité contre cette mesure, que l'interdit fut promptement levé. Ce fut une fortune pour la jeune troupe. L'hôtel de Bourgogne fut délaissé pour le Petit-Bourbon. La salle ne désemplissait pas, bien que le prix des places eût été doublé, et la pièce fut jouée deux fois par jour [1].

Jamais victoire n'avait été plus complète.

Le jour de la reprise, seconde représentation, un vieillard, au comble de la joie et pressentant tout ce que ce début promettait pour l'avenir, s'écria du fond du parterre : « Courage ! courage, Molière ! voilà la bonne comédie. »

On venait de 20 lieues à Paris pour voir *les Précieuses ridicules*.

Le bruit de cette victoire alla jusqu'au pied des Pyrénées, où se trouvait la cour pour la négociation de la paix et le mariage du roi. La pièce fut demandée d'ordre exprès, et représentée devant Mazarin, Anne d'Autriche et Louis XIV.

---

[1] Le gazetier Loret consacra à ce succès d'enthousiasme les vers que voici :

> Ce n'est qu'un sujet chimérique,
> Mais si bouffon et si comique,
> Que jamais les pièces du Ryer,
> Qui fut si digne de laurier,
> Jamais l'*Œdipe* de Corneille,
> Que l'on tient pour une merveille,
> Le *Cassandre* de Boisrobert,
> Le *Néron* de monsieur Gilbert,
> *Alcibiade*, *Amalazonte*,
> Dont la cour a fait tant de compte,
> Ni le *Frédéric* de Boyer,
> Digne d'un immortel loyer,
> N'eurent une vogue si grande,
> Tant la pièce semble friande
> A plusieurs tant sages que fous !
> Pour moi j'y portai trente sous :
> Mais oyant leurs fines paroles,
> J'en ris pour plus de dix pistoles.
>
> (*Lettre du 6 décembre 1659.*)

L'influence de l'hôtel de Rambouillet, là encore, reçut un bruyant échec, et Molière fut porté aux nues. Quand la nouvelle lui en parvint, il se sentit fort, et se promit bien de marcher résolûment et sans crainte dans la voie lumineuse où il venait de s'engager[1].

L'hôtel de Rambouillet ne ferma pas ses portes, mais il ne fut plus un bureau d'esprit, un tribunal sans appel en faveur du mauvais goût; les héros de *Clélie* tombèrent peu à peu sous la risée publique, et *la Carte du Tendre* fut appelée l'itinéraire des Petites-Maisons. *Les Précieuses* devinrent *les Femmes savantes*, et elles inspirèrent à Molière un de ses chefs-d'œuvre.

Aux *Précieuses ridicules* succéda *Sganarelle, ou le Cocu imaginaire*, un acte en vers qui eut un grand succès. En ce temps de galanterie qui se prétendait *platonique*, un mari jaloux était perdu de ridicule. Molière respecte l'homme qui a sujet de ne pas trouver tout pour le mieux dans le meilleur des ménages, mais il prend à partie celui qui met toute son imagination à se persuader qu'il doit être ce qu'il n'est pas. C'était à la fois d'une grande habileté et d'un bon cœur. Il continue sa croisade contre la mauvaise éducation des femmes, et, si Gorgibus tombe dans des sévérités excessives, il le raille avec esprit et il lui met dans la bouche quelques-unes de ses propres pensées :

..... Que si la colère, une fois me transporte,
Je vous ferai chanter, hélas ! de belle sorte.
Voilà, voilà le fruit de ces emportements
Qu'on vous voit nuit et jour à lire les romans;
De quolibets d'amour votre tête est remplie,
Et vous parlez de Dieu bien moins que de *Clélie*[2].
Jetez-moi dans le feu tous ces méchants écrits,
Qui gâtent tous les jours tant de jeunes esprits[3].

---

[1] Molière avait trente-huit ans.
[2] La *Clélie* de Mlle de Scudéri.
[3] *Sganarelle*, scène I.

Qui oserait dire que ce Gorgibus, personnage très-secondaire, n'a pas du bon! Voilà de ces traits qui excitaient les applaudissements de l'assemblée.

Sganarelle n'est pas un type de création pour Molière; déjà il l'avait introduit dans *le Docteur volant*, l'une des deux *atellanes* qui nous sont restées. Il n'est donc pas exact de dire que Sganarelle succéda à Mascarille dans le théâtre de Molière. Le type de Sganarelle a été une reprise, une reprise heureuse à tous les points de vue, car Mascarille n'est qu'un type de convention imité de l'étranger, tandis qu'il faut voir dans Sganarelle l'incarnation du ridicule, des prétentions et des vices non d'une époque, mais de tous les temps. Le petit acte des *Précieuses ridicules* était une ébauche, une sorte d'improvisation : l'auteur spéculait au profit de son théâtre naissant sur un travers contre lequel s'élevait le bon sens public. *Sganarelle*, au contraire, est une pièce d'observation, écrite en beaux vers, pas le moins du monde déparée par une crudité toute gauloise, que les raffinements de la langue ont proscrite sans profit ni pour le style ni pour les mœurs.

L'auteur jouait Sganarelle; tous les témoignages du temps disent qu'il était inimitable.

IX.

La cour revint à Paris le 26 août, Louis XIV ramenant Marie-Thérèse, qui eut toutes les vertus de l'épouse délaissée, et dont l'existence fut un martyre. Il faut lire les oraisons funèbres que lui ont consacrées Bossuet et Fléchier pour bien connaître cette héroïne infortunée qui sut être reine en oubliant qu'elle était femme, et qui puisa toute sa force dans l'accomplissement du devoir.

Un coup de foudre fondit sur Molière : la salle du Petit-Bourbon, qui se trouvait dans l'alignement de la colonnade du Louvre, fut livrée aux démolisseurs. C'était la ruine de l'auteur comédien, s'il n'eût été déjà une individualité hors ligne. Un long chômage lui fut pourtant imposé, mais il fut admis à donner au Louvre des représentations pour la cour. La troupe fit merveille, et Mazarin mourant voulut avoir la comédie dans son palais. Tout chez cet ambitieux ministre était calcul : il espérait qu'au dehors le faste de ce spectacle ferait une diversion aux bruits sinistres qui couraient déjà sur son état d'épuisement[1]. Et quel triomphe sur ses ennemis (il fallait un bien grand courage pour s'attaquer à sa toute-puissance) s'il déterminait le roi et sa jeune épouse à lui faire l'honneur d'être de ce divertissement! Louis XIV subissait le joug et n'osait encore s'en affranchir; pour se courber, il se faisait violence et se promettait d'être roi le lendemain; le lendemain il hésitait et se courbait encore. Il a avoué lui-même que Mazarin, à qui il avait laissé le temps de s'éteindre, était mort à temps, et qu'un jour de plus, il ne sait ce qu'il aurait fait. Louis XIV eut, dans sa jeunesse, la vertu de la patience.

Il se rendit au désir du cardinal, seulement il voulut garder l'incognito : c'était une réserve de dignité aux yeux de la cour; mais le public n'était pas dans les secrets du roi. Il y a plus, Louis XIV se montra courtisan en cette circonstance : il se tint appuyé sur le dossier de la chaise longue dans laquelle était étendu Mazarin, et qui ressemblait à un lit de parade. Cette attitude affectée était une petite hypocrisie : il voulait masquer ses sentiments de lassitude et de révolte. Celui qui, plus tard, devait dire avec conviction : « l'État, c'est moi! » et se croire fermement une individualité exceptionnelle parmi les hommes, ne redoutait rien tant,

---

[1] Il ne mourut que deux ans après, le 9 mars 1661.

à cette époque de sa vie, que d'être découvert dans les secrets mouvements de son cœur.

La fête fut magnifique. Molière et sa troupe furent applaudis avec enthousiasme, et la pièce des *Précieuses* divertit si bien la cour et le cardinal, que 3,000 livres de gratification furent allouées aux comédiens, sur la cassette du roi [1].

Molière présenta au cardinal-ministre une requête dans laquelle était exposée la situation précaire de la troupe qu'il dirigeait, depuis que la salle du Petit-Bourbon lui avait été retirée pour être démolie, et il obtint immédiatement celle du Palais-Royal, qui fut réparée à la hâte.

Tant de faveur déchaîna contre lui l'envie. Au ressentiment des familiers de l'hôtel de Rambouillet se joignirent les clameurs malveillantes des écrivains beaux-esprits qu'il effaçait déjà, et les manœuvres de la troupe de l'hôtel de Bourgogne. Bien qu'il eût encensé messieurs les grands comédiens, lors de ses débuts au Louvre, ceux-ci n'avaient cessé d'user sans succès de tous les moyens pour affaiblir son crédit. Ils avaient des protecteurs haut placés et jouissaient de grands privilèges; Corneille leur donnait toutes ses tragédies : ils se croyaient les oracles du goût. L'appui de la cour dispensait Molière de tout ménagement, et, dans ses *Précieuses*, il s'était vengé [2]. Depuis lors, les

---

[1] A cette gratification, il faut ajouter le produit de plusieurs représentations données chez les grands seigneurs, ce qui porte, d'après les calculs de la Grange, les profits à 5,000 livres pendant le laps de temps où, faute de salle, les comédiens de Molière ne jouèrent plus pour le public. Le théâtre était si bien passé dans les mœurs que la comédie était considérée comme le divertissement du meilleur goût.

[2] CATHOS.
Hé! à quels comédiens la donnerez-vous ? (Votre comédie.)
MASCARILLE.
Belle demande! aux grands comédiens; il n'y a qu'eux qui soient capables de faire valoir les choses : les autres sont des ignorants qui récitent comme l'on parle; ils ne savent pas faire ronfler les vers et s'arrêter au

attaques s'étaient envenimées, et messieurs les grands comédiens s'étaient entendus avec les comédiens du Marais pour s'emparer du personnel de leur ennemi. Mais il était entouré de bons compagnons qui avaient autant de cœur que de dignité. Les offres les plus séduisantes n'ébranlèrent pas leurs bonnes résolutions. Quelle fierté railleuse dans leur refus! Passer au Marais, disaient-ils, ce serait descendre, et ils ne voulaient pas y enterrer leur gloire; entrer à l'hôtel de Bourgogne, ce serait monter dans les nuages, et il ne leur convenait pas de singer les demi-dieux que les simples mortels avaient cessé de comprendre. Hâtons-nous d'ajouter que l'opinion publique applaudissait à ce beau dévouement. Dès que la salle du Palais-Royal, qui avait été restaurée, fut en état de le recevoir, Molière en prit triomphalement possession à la tête de tout son personnel. Elle fut inaugurée le 20 janvier 1661 par *le Dépit amoureux* et *le Cocu imaginaire*.

Depuis quelque temps, Molière travaillait à une grande pièce. Cette fois, il dérogeait à son caractère; même en matière d'art, il se faisait courtisan. Le mariage du roi avait remis l'Espagne à la mode; il avait fait choix d'un sujet espagnol et le traitait à la manière des maîtres qui étaient en possession du théâtre de l'autre côté des Pyrénées. Il y avait aussi chez lui, dans cette tentative, pas mal de vanité d'auteur et de directeur de théâtre. Il voulait que les grands comédiens sussent bien qu'une tragi-comédie sortie de sa plume pouvait avoir un succès égal aux pièces qui faisaient leur fortune, sans en excepter celles du grand Corneille. D'un autre côté, il jugeait utile à ses intérêts d'avoir une œuvre de résistance. Dans *le Dépit amoureux* il avait un instant lu dans le cœur humain; dans *Don Garcie,* il revint aux

---

bel endroit; et le moyen de connaître où est le beau vers, si le comédien ne s'y arrête, et ne vous avertit par là qu'il faut faire le brouhaha?

(*Les Précieuses*, scène x.)

caractères de convention, il abandonna le naturel, le sentiment pour un genre bâtard dans lequel il avait échoué déjà. Ses beaux vers ne sauvèrent pas la pièce, et ses biographes affirment qu'il contribua lui-même à l'insuccès en représentant le rôle du héros amoureux. Ce double échec lui fut très-sensible. La joie éclata dans le camp de ses ennemis; les meneurs étaient venus cabaler contre la pièce, et cette fois l'opinion publique leur avait été favorable. A diverses reprises Molière voulut interjeter appel de cette condamnation, qu'il considérait comme un déni de justice [1]. Ce n'était pas entêtement, mais plutôt aveuglement : les hommes du plus grand mérite commettent souvent de ces erreurs qui reposant sur l'exagération d'un sentiment, et qui ont toute la force d'un caprice. A la longue, il ouvrit les yeux, et se consola si bien qu'il ne fit pas imprimer *Don Garcie*[2]; il en détacha tout ce qui put être intercalé dans ses autres ouvrages, et ces emprunts, loin de déparer ses chefs-d'œuvre, y font au contraire une excellente figure.

Molière s'était trompé en se faisant Espagnol pour se montrer courtisan. Il avait manqué de portée de vue. Le premier acte politique de Louis XIV fut de faire reconnaître par l'Espagne la préséance de l'ambassadeur français sur l'ambassadeur espagnol à Rome. L'esprit français profita de cet avertissement, il devint plus national. La langue espagnole, qui avait été si longtemps parlée à la cour, cessa d'y être en faveur. « Une politique malheureuse l'avait introduite en France, une grande politique l'en bannit[3]. »

---

[1] *Don Garcie de Navarre ou le Prince jaloux* ne put aller au-delà de cinq représentations. Molière fit jouer sa pièce devant le roi, le 29 septembre 1662, en octobre 1663 à Chantilly, et deux fois à Versailles. En novembre de la même année, il essaya de la reprendre sur le théâtre du Palais-Royal. Aucune de ces tentatives ne fut heureuse.

[2] Cette pièce parut pour la première fois dans l'édition de 1682.

[3] M. Nisard.

Mazarin venait de mourir ; le jeune monarque allait exercer le pouvoir dans toute son étendue ; déjà la cour prenait une vie nouvelle. La personnalité du roi s'imposait dans les relations : il donnait l'exemple de toutes les délicatesses de cœur et d'esprit. La ville se modelait sur la cour. Les femmes prenaient une plus grande place dans la société ; les gens de lettres quittaient le cabaret pour les salons. Le sentiment de la dignité personnelle se développait.

Louis XIV, gouverné par son premier ministre, avait encouragé Molière ; Mazarin, en haine de l'hôtel de Rambouillet, l'avait défendu ; le jeune roi, livré à lui-même, alla sans contrainte où son cœur le portait : il jeta les yeux sur Molière, devina quel homme il y avait en lui, et depuis lors il fut son juge, son protecteur, et même son ami.

Molière est tout près de sa fortune ; il s'écriera bientôt : « Je n'ai plus que faire d'étudier Plaute et Térence, et d'éplucher les fragments de Ménandre. Je n'ai qu'à étudier le monde ! » La cour va lui être ouverte ; le roi se servira du génie du poëte contre les travers du siècle et l'orgueil des grands. La comédie à laquelle il donne l'hospitalité dans ses palais, qui est de sa suite et de sa cour même dans ses voyages, deviendra, entre ses mains habiles, sinon un moyen de gouvernement, du moins une école de mœurs profitable à ses visées personnelles. Louis XIV, naturellement épris des nobles sentiments, de l'éclat que jettent les belles âmes, de tout ce qui élève la dignité humaine, était impitoyable aux passions mauvaises, aux bassesses, aux lâchetés. Nous le verrons non-seulement défendre Molière contre les plus puissants seigneurs, mais encore lui indiquer ceux de ses courtisans qu'il faut, sans y rien changer, transporter sur le théâtre pour corriger les autres et en améliorer l'espèce. L'entreprise était hardie de la part du souverain, pleine de périls pour le poëte. Dans la foule de ces ennemis puissants qu'il allait se créer, que fût devenu Molière si Louis XIV eût un instant détourné la tête pour s'éviter le regret de le voir sacrifié et perdu ?

C'est assez la manière des puissants de ce monde de se mettre la conscience en repos. Se servir des hommes et les désavouer ensuite, n'est-ce pas la règle? Non la règle d'une époque, tirée des mœurs, mais la règle de tous les temps, tirée du cœur. Il ne faut pas croire que tous les puissants ferment les yeux pour ne point voir ce qui venant d'eux pourrait alarmer leur conscience; rien n'est plus aisé ni plus naturel que de se faire une conscience ou selon ses désirs, ou selon ses intérêts. Louis XIV avait une conscience droite. Il fut pour Molière d'une loyauté qu'on ne saurait trop admirer. Au plus fort des tempêtes, l'auteur-comédien trouvait le roi souriant, et ce sourire qui voulait être vu de toute la cour, faisait tomber les colères, et rendait au poëte la confiance et l'audace, ces deux ailes du génie.

Molière et Louis XIV! l'association tacite de ces deux hommes hors ligne a enfanté la grande comédie, la comédie de mœurs. On peut hardiment affirmer que Molière doit à Louis XIV une grande partie de sa gloire.

X.

Avec *l'École des maris*[1] commencent les beaux temps de Molière.

Ses envieux s'agitèrent en vain; le public qui n'était aux ordres de personne le vengea, par des applaudissements, des sifflets donnés à *Don Garcie*. Ce fut un nouveau triomphe. La salle du Palais-Royal fut envahie.

Molière était revenu à l'étude du cœur humain. L'opposition entre Sganarelle et Ariste mettait en relief la noblesse

---

[1] 24 juin 1661.

des sentiments : l'égoïsme brutal, la vanité présomptueuse, recevaient une sévère leçon. C'était autant de gagné pour la morale. On a critiqué le personnage d'Isabelle, mais sans raison, ce nous semble. Elle n'a trompé Sganarelle en ne l'épousant pas, qu'afin de se pouvoir dire en toute confiance : « Je serai une honnête femme ! » Le stratagème qu'elle a mis en œuvre est bien hardi, et la décence le condamne, il est vrai; mais au xviie siècle les mœurs étaient moins réservées que de nos jours, et les jeunes filles avaient des « volontés un peu plus agissantes » qu'elles ne le sont aujourd'hui. L'éducation étant plus austère, le cercle des libertés était moins rétréci. Sganarelle est l'excuse d'Isabelle, et lui-même ne l'a-t-il pas bien justifiée en disant :

Ma foi, les filles sont ce que l'on les fait être.

La pièce eut tant de retentissement à la ville et à la cour que le surintendant Fouquet manda Molière et sa troupe pour en divertir le duc d'Orléans et sa jeune et charmante femme, Henriette d'Angleterre, à qui il offrait, sur sa terre de Vaux, une royale hospitalité.

Le roi avait eu la même envie que Fouquet, mais il s'était laissé devancer. Travaillant secrètement avec Colbert, il songeait moins à ses plaisirs qu'aux affaires de l'État. Le surintendant, connaissant la nature de ce travail, cherchait dans la famille royale des appuis contre Colbert et le Tellier. La fête donnée au frère du roi était calculée, de même que celle qu'il donna le mois suivant au roi lui-même. Mauvais calculs et qui hâtèrent sa perte. *L'École des maris* fut jouée à Fontainebleau, et elle reçut de la cour un accueil enthousiaste[1].

Louis XIV ayant accepté l'invitation de Fouquet, celui-ci chargea Molière d'écrire une nouvelle pièce voulant que

---

[1] Molière fit imprimer sa pièce, et la dédia au duc d'Orléans.

Louis XIV en eût la primeur sous son toit hospitalier. Elle devait être accompagnée de danses et de musique.

Le poëte n'avait que quinze jours devant lui. Il fut prêt et donna *les Fâcheux*. Ainsi fut composée cette peinture brillante et satirique des ridicules de la cour.

C'était de l'audace; Louis riait et nommait les masques, eux seuls ne se reconnaissaient pas. Probablement le roi avait suggéré à Molière ce sujet de comédie. Un type curieux avait été omis, il le lui indiqua sur place : c'était son grand veneur. Molière, qui ne connaissait aucun des termes de vénerie, alla à lui, le mit sur le terrain de ses exploits cynégétiques, sut adroitement le faire causer et en apprit tout ce qu'il voulait savoir. Le marquis de Soyecourt fut introduit sous le nom de Dorante dans la pièce, et lorsque, le 27 août, elle fut représentée à Fontainebleau, le roi se montra fort enchanté d'y trouver ce nouveau personnage.

Mais revenons aux fêtes de Vaux. L'imprudent Fouquet dévoilait lui-même son crime. Son palais avait été bâti deux fois, il avait fait entrer trois hameaux dans ses immenses jardins, et les eaux jaillissantes qui égayaient le paysage étaient pour le temps des prodiges. Dix-huit millions avaient payé tout ce faste [1]. Les palais royaux de Saint-Germain et de Fontainebleau n'étaient rien en comparaison de cette maison de plaisance d'un simple particulier. Ses armes étaient partout; c'était un écureuil avec ces paroles : *Quo non ascendam?* (Où ne monterai-je pas?) Fouquet était irrévocablement perdu. Le divertissement théâtral ne désarma pas Louis XIV. Tout y avait été combiné pour s'emparer de sa jeune imagination. Au lever du rideau, Molière, en habit de ville, s'adressa à Sa Majesté et feignit le désespoir : Il était seul, disait-il, et tout lui manquait pour donner un spectacle qui charmât les yeux et les oreilles du plus grand monarque de la terre. La scène représentait un jardin merveil-

---

[1] Cette somme représente près de soixante millions de notre époque.

leux avec cascades et jets d'eau. A peine Molière avait-il achevé sa feinte excuse qu'une coquille marine arrivait portée par les eaux ; elle s'ouvrait, et Armande Béjart, sous les traits d'une naïade, en sortait radieuse et inspirée. Il y eut un cri d'admiration. Elle était ravissante sous son costume mythologique ; la Fontaine ne l'a pas oubliée dans la description qu'il a donnée de la fête [1], et les chansonniers de l'époque se mirent en frais pour elle. Elle récita d'une voix harmonieuse le prologue qu'avait composé Pellisson. Jamais encore la flatterie n'avait été portée si haut. Il fallait que Fouquet fût bien coupable pour que le roi ne fût pas touché. Son plus grand crime n'était pas d'avoir dilapidé les finances de l'État ; peut-être Louis XIV, sur ce point, ne se fût pas montré inexorable ; mais il avait osé lever les yeux sur Mlle de la Vallière. N'étant plus d'âge à soupirer, et ne pouvant offrir qu'un cœur blasé, il avait eu l'audace d'y ajouter 200,000 livres. Certaines femmes de la cour et des plus hautaines l'avaient habitué à ces largesses. L'argent lui coûtait si peu qu'il ne comptait pas avec l'amour. Mlle de la Vallière, dont les faiblesses devaient avoir un si doux parfum de vertu, repoussa avec indignation la honte qui lui était proposée. Découvrant que le roi était son rival, Fouquet, effrayé, avait essayé de devenir le confident de celle qu'il n'avait pu acheter, sans doute pour que le jeune et galant monarque crût à l'efficacité de son officieuse et inqualifiable entremise. Il avait essuyé un nouvel échec. Louis XIV savait tout. Son cœur s'était révolté, et il ne voulait frapper le concussionnaire que pour atteindre le sujet insolent qui avait osé porter ses vues sensuelles sur une femme qu'il aimait de toute la force de son âme, et dont il était aimé, sans calcul de vanité et d'ambition, en secret et pour lui-même.

Les adulations de Pellisson furent sans effet sur l'esprit

---

[1] Lettre à M. de Maucroix, 22 août 1661.

du roi. Molière avait dit que ses comédiens lui faisaient défaut; la naïade s'écria :

> Ces termes marcheront, et, si Louis l'ordonne,
> Ces arbres parleront mieux que ceux de Dodone.
> Hôtesses de leurs troncs, moindres divinités,
> C'est Louis qui le veut, sortez, nymphes, sortez,
> Je vous montre l'exemple, il s'agit de lui plaire.
> Quittez pour quelque temps votre forme ordinaire,
> Et paraissons ensemble aux yeux des spectateurs,
> Pour ce nouveau théâtre, autant de vrais acteurs.

Les marbres, les arbres s'animent et le ballet commence. Jamais on n'avait vu de pareils enchantements. Les divinités disparaissent; la toile tombe et se relève pour *les Fâcheux*. Molière, qui jouait Éraste, eut un succès immense, et la pièce fut portée aux nues par ceux-là mêmes qui en avaient fourni les principaux personnages. Les gens sensés applaudirent à la scène du duel, dans laquelle Molière s'élève avec tant de verve et de solide raison contre le ridicule préjugé qui contraignait les hommes d'honneur à s'égorger pour les motifs les plus futiles. Quand les édits royaux avaient été impuissants à réprimer le duel, il avait le courage de l'attaquer par le ridicule. La leçon ne fut pas perdue, on se battit toujours, mais on se battit moins : voilà le bon côté du théâtre.

Le génie n'a pas toujours la volonté de faire le bien. Auguste, maître du monde, appela à sa cour les rois de l'éloquence; il sut intéresser à la gloire de son règne Horace, Virgile, Ovide et Tibulle; le goût du luxe et des plaisirs passa de leurs écrits dans les mœurs. Louis XIV encouragea les choses de l'esprit, parce qu'il savait les comprendre et les aimer; il protégea les écrivains, parce que la force de leur âme déposée dans leurs pensées, ennoblissait et fortifiait l'âme de la nation; il donna toute sa faveur à Molière, acteur, comédien et philosophe, parce qu'il découvrait tout le parti qu'il pouvait tirer de ce génie audacieux et honnête au profit de son gouvernement et des mœurs publiques.

L'arrestation de Fouquet, qui suivit de près la fête de Vaux, retarda la représentation des *Fâcheux* à Paris. Molière, par un sentiment de délicatesse qui lui fait honneur, ne voulut pas que cette pièce, composée pour être offerte au roi, chez un hôte pour qui la roche Tarpéienne avait été si près du Capitole, servît immédiatement aux plaisirs du peuple; il la donna à Paris le 4 novembre. La naissance du Dauphin avait détourné l'attention de la grande catastrophe, et *les Fâcheux* contribuèrent à l'éclat des réjouissances populaires sans éveiller d'amers souvenirs. Pour la première fois les ridicules de la cour étaient livrés au public : c'était hardi de la part du poëte; mais ce qui était plus hardi encore, c'était l'autorisation qui lui fut donnée par le jeune monarque de jouer la pièce à Paris. Elle eut quarante-quatre représentations consécutives. Molière la lui dédia : autre grande hardiesse, et Louis XIV se plaça résolûment au-dessus du préjugé en permettant que la dédicace fût imprimée[1]. En s'excusant de la liberté qu'il prenait, Molière attribuait au monarque le succès des *Fâcheux*. « Je le dois, Sire, disait-il, ce succès qui a passé mon attente, non-seulement à cette glorieuse approbation dont Votre Majesté honora d'abord la pièce, et qui a entraîné si hautement celle de tout le monde, mais encore à l'ordre qu'elle me donna d'y ajouter un caractère de fâcheux, dont elle eut la bonté de m'ouvrir les idées elle-même, et qui a été trouvé partout le plus beau morceau de l'ouvrage. » Cette révélation eut un grand retentissement. A une époque peu reculée, les beaux esprits avaient eu un premier ministre pour Mécène et pour maître; Molière, plus heureux, avait la liberté de déclarer hautement que Louis XIV avait été son collaborateur. La rancune des courtisans s'apaisait; mais l'envie n'en dis-

[1] Février 1662.

tillait qu'avec plus de persistante activité ses poisons.

Molière était au comble de la fortune. Il avait dépassé ses rivaux, et sa gloire de poëte lui était très-lucrative : avec ses parts cumulées d'acteur et d'auteur il se faisait 30,000 livres de revenus; cette somme représentait plus de 100,000 francs de notre époque. Il menait une somptueuse existence, traitait royalement ses amis, leur ouvrait sa bourse, et répandait à pleines mains ses libéralités. Il donnait sans ostentation, faisait le bien par entraînement de cœur : c'était sa joie de voir des heureux par lui, et il ne savait être heureux lui-même.

Sa sensibilité, sa soif d'aimer, ses faiblesses avaient déjà empoisonné sa vie.

Madeleine Béjart et Mlle Duparc ne vivaient pas en bonne intelligence. La première dirigeait son intérieur en despote; elle avait le droit d'être jalouse. Mlle Duparc, dans cet intérieur agité, s'arrogeait des droits et abusait des avantages que lui conféraient sa fière beauté et sa jeunesse. De son côté, Mlle Debrie, toujours bonne et compatissante, recevait les tristes confidences de son directeur qui, n'osant se déterminer à prendre un parti, avait grand besoin d'être consolé. En mettant tout son cœur à lui prodiguer ses tendresses, elle excitait la jalousie des deux autres : il ne lui manquait que d'être aimée. On ne sait si Molière se confia tout entier à elle. Il avait un grand amour et un grand projet, et il y a lieu de croire qu'il cachait l'un et l'autre.

XI.

Une charmante enfant avait, aux applaudissements du roi et de la cour, représenté la nymphe des eaux et récité le prologue des *Fâcheux* chez le surintendant. C'était Armande

Béjart, sœur de l'orgueilleuse Madeleine. Elle avait grandi sous les yeux de Molière, qui s'était plu à parer son esprit de toutes les grâces du sien, et lui avait donné, en outre, une éducation forte et solide. Elle était très-lettrée ; dans son enthousiasme pour les écrits de son maître il y avait autant de son âme que de son intelligence. Elle s'était prise à l'aimer, et Molière, qui avait quarante ans alors, n'avait pas eu assez d'empire sur lui-même pour résister aux séductions de l'enchanteresse. Il l'aimait aussi, lui, mais d'une folle passion. Il lui avait prodigué tous ses soins ; mais la sœur qui lui avait tenu lieu de mère lui avait donné les tristes exemples des irrégularités de sa propre vie. Ni par la tête, ni par le cœur, Madeleine n'avait été à la hauteur de cette mission maternelle. De plus, elle lui avait fait sentir l'inflexibilité de son caractère naturellement dominateur, jusqu'au moment où, enviant sa jeunesse et ses charmes, elle était devenue acerbe et presque haineuse. Le cœur de Molière avait été bien souvent le refuge de l'enfant en pleurs ; à la jeune fille, malheureuse et outragée, ce même cœur avait été ouvert, et la force de l'habitude l'y avait conduite. La reconnaissance et l'admiration avaient fait naître en elle l'amour ; peut-être un sentiment de coquetterie et d'ambition n'y était-il pas absolument étranger. Elle ne se serait pas contentée, comme Madeleine, d'une souveraineté illégitime, elle voulut les droits de l'épouse. La différence d'âge ne l'effraya pas. Qu'est-ce que l'avenir aux yeux de l'amour ? le présent couronné de roses éternelles. S'il calculait, il ne serait plus l'amour. Cette confiance absolue, cette poésie de la jeunesse, Molière, dans toute sa maturité d'âge, la ressentait peut-être autant qu'Armande ; son ami la Fontaine ne fut-il pas jeune toute sa vie ? Et Fontenelle ne donna-t-il pas ce bel exemple d'une jeunesse centenaire ? Certaines organisations d'élite ne sentent jamais par le cœur le poids des années. Ce sont les vrais heureux de la terre, quelque dure qu'ait été pour eux la vie. Quoi d'étonnant à cette faiblesse de Molière de croire qu'il avait enfin mis la main sur le véritable amour. Chapelle, un autre de ses amis, et celui-là le premier en date, à qui il s'était confié peut-être pour lui demander conseil, ne l'avait pas traité de visionnaire. La tentation était bien forte : quand le bonheur s'agenouillait devant lui, pouvait-il ne pas lui tendre les bras? Il est vrai qu'alors Armande ne lui avait pas dit : « Je suis le bonheur; » mais une douce ivresse lui avait révélé à lui ce qu'elle n'avait pas osé dire. Enfin, elle s'était déclarée, et Molière, dans un trouble inexprimable, s'était écrié : « Le passé n'était qu'une ombre, c'est toi seule que j'ai aimée. » Le plus difficile était fait; il ne se souvint pas de *l'École des maris*, et moins favorisé que Sganarelle il n'eut pas à ses côtés un Ariste; Armande voulut être Madame ou plutôt Mademoiselle Molière[1], comme on disait alors, et il en fit sa femme.

On a dit qu'en traçant les deux personnages de Léonor et d'Ariste de *l'École des maris*, il dut songer à sa propre situation vis-à-vis de la jeune fille qu'il allait bientôt épouser, parce qu'il créait volontiers des scènes où il pouvait répandre les sentiments de son cœur. Cela paraît assez vraisemblable. S'il se crut Ariste, et il en avait bien le droit, ne créa-t-il pas une Léonor trop au gré de son âme et pas assez dans la réalité? Écoutons plutôt cet aveu que laissent tomber ses lèvres qui ne savent pas mentir :

LÉONOR.

O l'étrange martyre !
Que tous ces jeunes fous me paraissent fâcheux !
Je me suis dérobée au bal pour l'amour d'eux.

LISETTE.

Chacun d'eux près de vous veut se rendre agréable.

---

[1] Dans la bourgeoisie on disait dame une telle. Les filles nées de parents nobles s'appelaient demoiselles même après le mariage. Entre ces deux qualifications, les actrices choisissaient la plus aristocratique.

LÉONOR.

Et moi, je n'ai rien vu de plus insupportable ;
Et je préférerais le plus simple entretien
A tous les contes bleus de ces diseurs de rien.
Ils croyent que tout cède à leur perruque blonde,
Et pensent avoir dit le meilleur mot du monde.
Lorsqu'ils viennent, d'un ton de mauvais goguenard,
Vous railler sottement sur l'amour d'un vieillard,
Et moi, d'un tel vieillard je prise plus le zèle
Que tous les beaux transports d'une jeune cervelle.

Léonor était convaincue, Armande l'était aussi. Mais il y a tant d'imprévu dans le cœur d'une jeune fille, et elles durent si peu les illusions de la belle jeunesse ! Que devint Léonor ? Molière ne l'a pas dit. Il ne sut que trop ce que fit Armande, cette Armande qu'il aima tant et si bien que, malheureux par elle, il n'eut même pas la volonté de la haïr.

Le mariage se fit en grande pompe. Madeleine Béjart en avait pris son parti, elle avait quarante-quatre ou quarante-cinq ans, et commençait à tourner aux duègnes. Malgré tout son despotisme, à l'école de Molière elle était bien devenue quelque peu philosophe. Il n'y eut aucun trouble dans la célébration de cet hymen, et l'époux heureux eut la satisfaction de voir son père lui rouvrir ses bras. Le vieillard, jusque-là boutonné dans sa vanité bourgeoise, n'avait pu se faire à l'idée d'avoir un fils comédien. La bienveillance du roi, la gloire du poëte et les 30,000 livres de revenu que lui rapportait cette gloire avaient enfin amené un rapprochement. Il est probable qu'en signant au contrat[1] le vertueux

---

[1] Le mariage de Molière et d'Armande Béjart fut célébré à l'église Saint-Germain l'Auxerrois, le lundi gras, 20 février 1662. Voici le relevé des registres de la paroisse :

« Jean-Baptiste Poquelin, fils du sieur Jean Poquelin et de feu Marie Cressé, d'une part, et Armande-Gresinde Béjart, fille de feu Joseph Béjart et de Marie Hervé, d'autre part, tous deux de cette paroisse, vis-à-

Poquelin eut un bon mouvement et s'écria en regardant tendrement son fils : « Merci, mon Dieu! d'avoir placé un grand homme dans ma famille! » On a vu de ces retours, et ils n'ont rien de surprenant. Le cœur humain est ainsi fait. Ne rions pas trop du vieux Poquelin; un homme qui connaît bien ses semblables l'a dit : « C'est une grande folie de vouloir être sage tout seul [1]. »

Molière, déjà malheureux par les coquetteries d'Armande et n'ayant plus même la ressource des illusions contre son malheur, c'était à la fin de l'année 1670, se sentait entraîné vers elle par toutes les forces ou plutôt par toutes les faiblesses de l'âme. Il l'aimait éperdument; hélas! il avait passé la cinquantaine. Qu'il eût été heureux de douter encore! Il en trace un délicieux portrait dans le Bourgeois gentilhomme, et nous ne pouvons résister au plaisir de le reproduire :

« — Cela est vrai, elle a les yeux petits; mais elle les a pleins de feu, les plus brillants, les plus perçants du monde, les plus touchants qu'on puisse voir.

» — Elle a la bouche grande.

» — Oui ; mais on y voit des grâces qu'on ne voit point aux autres bouches; et cette bouche, en la voyant, inspire des désirs, est la plus attrayante, la plus amoureuse du monde.

» — Pour sa taille, elle n'est pas grande.

» — Non ; mais elle est aisée et bien prise.

---

vis le Palais-Royal, fiancés et mariés tout ensemble, par permission de M. de Comtes, doyen de Notre-Dame et grand vicaire de Mgr le cardinal de Retz, archevêque de Paris, en présence dudit Jean Poquelin, père du marié, et de André Boudet, beau-frère du marié; de ladite Marie Hervé, mère de la mariée, de Louis Béjart et Madeleine Béjart, frère et sœur de ladite mariée. »

Ce document, retrouvé par M. Beffara, lave Molière d'une odieuse imputation répandue de son vivant par ses ennemis, et qu'un esprit érudit avait légèrement adoptée de nos jours.

[1] La Rochefoucauld.

» — Elle affecte une nonchalance dans son parler et dans ses actions.

» — Il est vrai ; mais elle a grâce à tout cela ; et ses manières engageantes ont je ne sais quel charme à s'insinuer dans les cœurs.

» — Pour de l'esprit...

» — Ah ! elle en a du plus fin et du plus délicat.

» — Sa conversation...

» — Sa conversation est charmante.

» — Elle est toujours sérieuse.

» — Veux-tu de ces enjouements épanouis, de ces joies toujours ouvertes ? et vois-tu rien de plus impertinent que des femmes qui rient à tout propos ?

» — Mais enfin, elle est capricieuse autant que personne du monde.

» — Oui, elle est capricieuse, j'en demeure d'accord ; mais tout sied bien aux belles ; on souffre tout des belles[1]. »

Ne voyez-vous point Armande ? Elle n'est pas précisément belle, mais quel genre de beauté l'emporterait sur ses yeux touchants, sa bouche amoureuse, ses grâces mutines, son esprit « du plus fin et du plus délicat, » sa conversation charmante, son visage sérieux à force de rêver, et jusqu'à ses caprices ? Il ne manquait qu'un trait pour en faire une perfection ; Molière l'a omis à dessein : hélas ! elle n'avait pas de cœur. Sous ce rapport, elle n'était pas digne de l'amour d'un honnête homme, et elle ne l'a que trop prouvé.

Dans ce poétique portrait, chaque mot représente un regret, une douleur, si ce n'est une larme de Molière.

Si peu que dura son bonheur, on peut douter qu'il fût complet. Il connaissait trop le cœur humain pour être rassuré sur les suites de sa faiblesse.

---

[1] *Le Bourgeois gentilhomme*, acte III, scène IX.

XII.

Dans le courant de l'été qui suivit son mariage, Molière fut mandé à Fontainebleau avec sa troupe, et pendant plusieurs semaines il donna spectacle à la cour.

Armande était très en relief depuis qu'elle s'appelait Mademoiselle de Molière. Avec tous ces jeunes seigneurs qui papillonnaient autour d'elle, elle fut coquette sans mauvaise intention, sans coupable pensée. La coquetterie qui commence a toujours des airs de vertu qui sont l'amorce du vice, et il ne manquait pas de vicieux à la cour. Molière surprit les petits manéges de sa femme, et comprit que le jeu lui plaisait. Une femme sensée, on la ramène en lui montrant le péril. Armande le traita de visionnaire. Elle croyait encore à sa vertu et avait la bonne intention de ne pas manquer à son mari. Molière voyait sa femme sur une pente où elle allait se perdre, et il l'aimait à ce point que cette affreuse perspective lui causait autant de tourments pour elle que pour lui. Qu'on juge s'il était à plaindre!

Ce fut dans cette situation d'esprit qu'il écrivit *l'École des femmes*.

> Les verrous et les grilles
> Ne font pas la vertu des femmes et des filles;
> C'est l'honneur qui les doit tenir dans le devoir.

Telle est la moralité de la pièce, et sans doute l'époux tourmenté y cherchait sa propre consolation.

Il y avait, du temps de Molière, plus d'Arnolphes que d'Agnès, et les Chrysaldes n'étaient pas rares. On ne trouve plus d'Arnolphes de nos jours, mais les Chrysaldes ont survécu. Quant aux Agnès, il n'en faut plus parler. Quelques oreilles très-délicates furent blessées les premiers jours, mais le franc rire de la foule, que partagea la cour, l'emporta sur les scrupules des gens scandalisés, et *l'École des femmes* eut un grand succès. La pièce ment à son titre : c'est une nouvelle *École des maris*. Si Chrysalde ne vaut pas Ariste, Arnolphe est un personnage plus vigoureusement tracé que celui de Sganarelle. Quant à la jeune Agnès, elle fait avec Isabelle un charmant contraste. Toutes deux n'étaient pas femmes encore; elles n'avaient aucun devoir à remplir envers le mariage, et elles allaient où va toute jeunesse : à l'amour; l'une, de premier jet, le connaissant par ce qui lui était apparu du monde extérieur; l'autre, par ricochet et par ce que lui enseignait son cœur qui avait trouvé son maître, malgré la séquestration où elle était tenue, et son ignorance de toute chose.

Cette pièce, qu'il n'écrivit pas sans songer à sa propre situation, était pleine d'enseignements pour lui-même. Armande avait aliéné sa liberté; et il lui avait donné sa vie. Ne s'était-elle pas méprise en le prenant pour sa concordance d'amour? Ses coquetteries ne révélaient-elles pas la légèreté de son caractère; et le devoir de l'épouse résisterait-il aux entraînements d'un cœur ardent, d'une nature passionnée? Terrible problème! S'il comptait peu sur l'amour, il rattachait son espérance à l'honneur de sa femme.

Molière s'élevait chaque jour davantage. Ses envieux ne surent se contenir; ils critiquèrent avec acharnement *l'École des femmes*. Mais Louis XIV lui disait : Courage! et Boileau, qui se déclarait hautement pour ce vaillant génie, lui adressait des stances dans lesquelles il acclamait sa gloire et foudroyait ses ennemis [1]. Molière voulut se défendre lui-même, ou plutôt il voulut faire rire aux dépens de ses détracteurs. Qu'avait-il besoin de se défendre? n'était-il pas suffisamment défendu par le bon sens public qui passait bien avant l'ap-

---

[1] Voir le *Boileau* de la collection, tome I, page 266.

pui de Louis XIV, et par les vers que lui avait adressés Boileau? Il fit *la Critique de l'École des femmes* et dédia la pièce à la reine mère.

Ce n'est, à bien prendre, qu'une porte ouverte sur un salon du xviie siècle. Une précieuse, un marquis ridicule, un poëte bel esprit, les trois types caractéristiques de la sottise importante et considérée, attaquent et déprécient la pièce de Molière : la précieuse, par hypocrisie de vertu; le marquis, par hypocrisie de bêtise; le poëte, par hypocrisie de métier. Dorante, Uranie et Élise représentent à la fois le bon sens, le véritable esprit et le persifflage. Il fallait tout le génie de Molière pour faire un acte d'une conversation chez une femme à la mode, un acte où le comique du dialogue tient lieu d'intrigue, et qui fit fortune. Et que l'on ne s'y trompe pas, ces types de la sottise n'appartiennent au xviie siècle que parce qu'ils en portent le costume ; de tout temps, il y aura des Climènes, des marquis *tarte à la crème*, et des Lysidas.

Dans le camp ennemi l'irritation ne connut plus de bornes. Boursault se vit joué dans Lysidas, et le duc de la Feuillade se crut mis en scène sous les traits du marquis ridicule. Les femmes du bel air jetèrent les hauts cris, le parti des petits collets fit cause commune avec elles; il insinuait que Molière était un monstre d'impiété; les comédiens de l'hôtel de Bourgogne attisaient adroitement toutes ces colères, et le vieux Corneille lui-même, affligé de voir ses tragédies délaissées pour le Palais-Royal, se rangeait du côté de la cabale. Le souvenir du *Cid* ne lui ouvrit pas les yeux. Le but était le même : c'était une persécution tramée contre le génie par la médiocrité impuissante. Le génie devait triompher, la lutte était inégale. Pamphlets, libelles, pièces de théâtre, abominables diffamations, tout passa, et leurs auteurs ne sont guère connus aujourd'hui que des curieux érudits. Molière resta dans toute sa gloire.

L'opinion publique ne l'abandonna pas, et Louis XIV prit

bravement son parti. Le duc de la Feuillade ayant outragé le poëte, le roi blâma hautement le plat courtisan, et exigea que Molière usât de représailles sur le théâtre même de la cour. Telle est l'origine de *l'Impromptu de Versailles,* qui fut composé, appris et joué en huit jours. C'est la comédie derrière le rideau. En montrant le côté plaisant des mœurs théâtrales et sa perplexité de directeur, Molière tançait de main de maître messieurs les comédiens de l'hôtel de Bourgogne, bafouait les la Feuillades ainsi que les sots courtisans : « Le marquis, disait un des personnages, est aujourd'hui le plaisant de la comédie; et, comme dans toutes nos pièces anciennes, on voit toujours un bouffon qui fait rire les auditeurs, de même, dans toutes nos pièces de maintenant, il faut toujours un marquis ridicule qui divertisse la compagnie[1]. » C'était vif. Le moyen de se fâcher quand le roi riait aux éclats. Dans cette comédie, en quelque sorte improvisée, Molière n'a mis de trop qu'un nom propre, celui du malheureux Boursault; il fallait qu'il eût bien à s'en plaindre : pour la première fois il manqua de générosité et ce fut la dernière. Tout autre que lui se fût heurté à cent écueils dans cette satire en action, mais son esprit lumineux lui éclairait la voie; sans que le roi le lui eût indiqué, il savait jusqu'où il pouvait aller en ménageant la susceptibilité de son auguste protecteur; et, en s'attaquant aux ridicules de la cour, il mettait de son côté ceux des courtisans qui, ayant le sens droit et le caractère élevé, n'avaient pas oublié qu'ils étaient hommes.

Du théâtre de la cour, où elle avait eu un succès de fou rire, la pièce fut portée sur celui du Palais-Royal, où elle fut applaudie à outrance. Il y eut des répliques. De Villiers, comédien de l'hôtel de Bourgogne, voulut venger les marquis et fit une platitude. Montfleuri[2] composa *l'Impromptu de*

---

[1] *L'Impromptu de Versailles,* scène I.

[2] Son père, comédien de peu de mérite, était l'une des colonnes de l'hôtel de Bourgogne.

Condé pour venger l'hôtel de Bourgogne. La victoire resta à Molière. Le vieux Montfleuri, qui ne pouvait se consoler d'avoir été livré à la risée de la cour et de la ville, alla plus loin que son fils : il commit une lâcheté. Dans une requête présentée à Louis XIV, il accusa Molière d'avoir épousé sa propre fille. Le roi connaissait trop bien le cœur du poëte pour ajouter foi à cette abominable calomnie. Au plus fort du bruit que causait cette perfidie, il lui fit l'insigne honneur de tenir sur les fonts de baptême son premier enfant. C'était prendre en main sa défense et le venger avec éclat; c'était secouer héroïquement en sa faveur le joug du préjugé et de l'étiquette.

L'acte de baptême [1] nous apprend que Molière exerçait sa charge de valet de chambre. Les courtisans, à qui il livrait une si rude guerre, auraient bien voulu, loin des regards du roi, le traiter en histrion et l'accabler de leurs mépris; mais ils subissaient à l'envi l'influence de sa supériorité morale. D'un autre côté, Louis XIV ne leur ménageait pas les leçons. Apprenant que Molière, blessé dans sa dignité par des propos malsonnants, tenus avec intention devant lui sur son état de comédien, ne paraissait plus à la table du contrôleur de la bouche, il le fit asseoir un matin à la sienne, après son petit lever, et donna l'ordre d'introduire les entrées familières, où se trouvait tout ce qu'il y avait de grand et de favorisé à la cour. « Vous me voyez, leur dit le roi, occupé de faire manger Molière, que mes officiers ne trouvent pas d'assez bonne compagnie pour eux. »

---

[1] « Du jeudi, 26 février 1664, fut baptisé Louis, fils de M. Jean-Baptiste Molière, valet de chambre du roi, et de damoiselle Armande-Grésinde Béjart, sa femme, vis-à-vis le Palais-Royal; le parrain, haut et puissant seigneur, messire Charles, duc de Créquy, premier gentilhomme de la chambre du roi, ambassadeur à Rome, tenant pour Louis quatorzième, roi de France et Navarre; la marraine, dame Colombe le Charron, épouse de messire César de Choiseul, maréchal du Plessy, tenante pour Madame Henriette d'Angleterre, duchesse d'Orléans. L'enfant est né le 19 janvier audit an. *Signé :* COLOMBET. »

L'attente de Louis XIV ne fut pas trompée; son protégé n'eut que faire des avances respectueuses de MM. les officiers de service, ses collègues; la table du contrôleur de la bouche ne lui fut plus nécessaire : il reçut des invitations pressantes des plus puissants seigneurs de la cour.

Tant que Louis XIV s'est appartenu, il a fait consister la grandeur à être soi et à se livrer sans contrainte à tous les nobles mouvements de son âme : rare et précieuse vertu chez un roi!

Molière se montrait reconnaissant; sa plume était aux ordres du monarque et faisait des miracles. Elle fournit aux divertissements de la cour *le Mariage forcé* et *la Princesse d'Élide*. Les trois premiers actes de *Tartuffe* furent aussi représentés, dans leur primeur, à Versailles, dans cette fête galante du mois de mai 1664, qui dura sept jours. Mlle de la Vallière en était la reine; loin d'afficher son triomphe, elle cachait son bonheur. Mais ce bonheur n'était un secret pour personne; moins elle voulait paraître, plus elle était entourée. Tous les regards l'importunaient; ils lui rappelaient ce qu'il y avait d'irrégulier dans son élévation, nous ne dirons pas d'impur dans son âme : l'amour, dégagé de tout calcul mondain, épure tout ce qu'il touche. Descendez au fond de la plupart des amours qui se croient eux-mêmes si véritables, et dites ce que vous y verrez d'intéressé : ici, la vanité, l'ambition; là, le corps plus encore que l'âme. Chez Mlle de la Vallière, l'amour était sans tache. Bossuet, depuis longtemps descendu de la chaire où sa parole avait flamboyé comme le glaive de l'archange, voulut y remonter pour la prise de voile de cette femme extraordinaire qui, ne pouvant se détacher de sa passion terrestre, se jetait dans les bras du maître éternel.

Les trois actes de *Tartuffe* furent vivement goûtés; on applaudit à cette verve courageuse qui s'attaquait à l'hypocrisie et osait lui arracher son masque.

Mais l'orage se préparait au dehors. Défense fut faite de

jouer la pièce en public. Tout le monde la voulut connaître, et un grand nombre de salons furent ouverts à Molière pour la représenter ou la lire [1]. Tant d'occupations n'entravèrent pas son génie; la légende espagnole de don Juan Tenorio lui avait inspiré le plan d'une comédie dans laquelle le merveilleux devait servir à son gré au développement d'une grande donnée philosophique. *Tartuffe* et *le Festin de Pierre* ont fait un bruit immense. On a dit que ces pièces étaient deux armes meurtrières dirigées contre le régime social. Cela est vrai. Mais Molière ne demandait rien de plus que des réformes; il voulait perfectionner l'homme moral. L'hypocrisie, telle qu'il la voyait pratiquée en grand sous tous les aspects, était à ses yeux une dégradation; et il trouvait en outre qu'un état de société qui laissait toute latitude à l'homme titré et grand seigneur pour faire le mal, était en complet désaccord avec la justice humaine, avec les lois divines. Don Juan, qui ne croit à rien, ou plutôt qui s'efforce de se persuader à lui-même qu'il ne croit à rien, qui renie Dieu en paroles et le sent au fond de son cœur, don Juan, fanfaron dans le crime, fait la rencontre d'un mendiant et lui offre un louis d'or à la condition qu'il blasphémera et reniera Dieu. Le mendiant effrayé repousse la pièce. La conscience du faux athée l'envahit tout entier, il se sent vaincu; ces paroles lui montent aux lèvres : « Va, va, je te le donne (le louis d'or) pour l'amour de *Dieu*. » Mais son *moi* terrestre fait un dernier effort, il ne veut pas s'avouer sa défaite, et se retranchant dans une dernière hypocrisie, il ne prononcera pas le nom de la divinité, il y substituera la nature humaine dans laquelle Dieu affirme sa toute-puissance. « Va, va, dit-il au mendiant, je te le donne pour l'amour de *l'humanité*. »

---

[1] Molière avec *Tartuffe* y doit jouer son rôle,

disait Boileau dans la satire III. Il mettait en note : « Le *Tartuffe*, en ce temps-là, avait été défendu, et tout le monde voulait avoir Molière pour le lui entendre réciter. »

Le Festin de Pierre ne fut pas compris du public. Les ennemis de l'auteur tirèrent parti de l'indifférence générale pour donner à la pièce une désastreuse portée qu'elle n'avait pas. Elle fut défendue. Louis XIV fit cette concession au jansénisme; il avait bien la main un peu forcée, et il voulut qu'on le sût à la ville aussi bien qu'à la cour : avec le caractère qu'on lui connaît, c'était de l'héroïsme. A Molière frappé, il dit : « Ne suis-je pas là, moi, le roi ! » Il exigea du duc d'Orléans la cession de ses comédiens : ils devinrent la *troupe du roi*, pensionnée de 7,000 livres.

XIII.

Comme par délassement, Molière mit en scène les médecins. D'où leur vint cet honneur ? Disons tout de suite qu'ils s'en seraient bien passé ! Leurs personnes, leur costume, leur langage, leur fausse science, leur vanité, tout était ridicule. Leurs querelles étaient grotesques. « Il n'y a qu'à voir ces messieurs, disait Mᵐᵉ de Sévigné, pour ne vouloir jamais les mettre en possession de son corps. »

Dans *l'Amour médecin*, la scène de la consultation est un trait de génie. Molière parodiait la dispute bouffonne qui avait eu lieu au chevet de Mazarin mourant. Les quatre docteurs étaient les mêmes : les noms tirés du grec qu'il leur avait donnés avec le secours de Boileau plus helléniste que lui, les désignaient par excès de précaution aux hommes érudits. Aussi la foule reconnut-elle les premiers médecins de la cour : Valot pour le roi, Guénaut pour la reine, Esprit pour la reine-mère et Desfougerais pour Madame.

Ils se plaignirent; Louis XIV se contenta de répondre : « Les médecins font assez souvent pleurer pour qu'ils fassent rire quelquefois. »

En revenant aux médecins, Molière inclinait vers un penchant de jeunesse. Dans ses *atellanes* il ne les avait guère épargnés[1] ; c'est qu'ils étaient plus ridicules, plus extravagants encore dans les provinces qu'à Paris. Il n'attaquait pas la science médicale ; il s'en prenait aux travers et à l'ignorance du « docte » corps qui l'exploitait. C'était son droit ; et peut-être en a-t-il abusé. En tout cas, ses leçons répétées n'ont pas été perdues.

Depuis longtemps un grand ouvrage occupait Molière. Il avait compté sur *Tartuffe* pour fonder sa gloire ; ne pouvant jouer cette pièce en public ni même la publier, il s'était remis au travail et achevait *le Misanthrope*. Boileau, qui recevait ses confidences, était émerveillé de cette vaste composition ; elle lui avait inspiré sa seconde satire, dans laquelle il exalte le mérite de son ami, en faisant justice des ajusteurs de mots et de rimes. Molière, parvenu à la fin de sa tâche, éprouvait une sorte de découragement ; il n'était pas rassuré sur l'accueil qu'allait faire à son œuvre le public qui n'avait pas compris *le Festin de Pierre*. Diverses perplexités du reste assombrissaient son esprit. Non-seulement, il était malheureux par les désordres de sa femme, mais encore il souffrait dans ses amitiés ; ainsi Racine venait de lui retirer sa tragédie d'*Alexandre* pour la porter à l'hôtel de Bourgogne, et Mlle Duparc, sa principale actrice, qui s'était surpassée dans le rôle d'Axiane, avait suivi la pièce sur le théâtre ennemi. Le procédé de Racine l'avait plus vivement affligé que la perte de sa meilleure actrice et d'une pièce qui avait réussi.

Le 4 juin 1666, il se décida à donner *le Misanthrope*.

---

[1] Deux de ces petites pièces nous ont été conservées : *le Médecin volant* et *la Jalousie du Barbouillé* ; de quelques autres, nous ne connaissons que le titre, et les disciples d'Hippocrate n'y sont pas oubliés : Molière avait écrit *le Docteur pédant*, *les Trois Docteurs rivaux*, *le Docteur amoureux*, qui ont eu le privilège de faire rire aux larmes. *Le Docteur amoureux* fut joué à Paris, et il paraît que ce n'était pas une farce vulgaire. Boileau, qui s'y connaissait, en déplora la perte.

Le genre en était trop grave, trop relevé, pour remuer un public frivole et peu discipliné encore aux grandes choses de l'esprit, malgré les chefs-d'œuvre de Corneille. Les hommes de goût en sentirent les beautés, et si quelques beaux esprits ne s'étaient trop hâtés d'applaudir au sonnet d'Oronte, le dépit de s'être vu jouer n'aurait pas refroidi leur enthousiasme. Ils accusèrent Molière de leur avoir tendu un piége, et par solidarité, toute la coterie lui tint rancune.

Sans doute, il y a plus de déclamation que de mouvement dans le Misanthrope, mais quelle profondeur de vues, quelle connaissance de l'homme, et quelle portée! Alceste est inflexible dans ses jugements, mais aussi l'humanité est inflexible dans sa logique. Quand il condamne, par excès de vertu, le monde dans lequel il se meut, elle lui rappelle son impuissance et lui répond : « Sois plus homme, si tu veux que ta vertu profite; descends de ton orgueil et fais que tes leçons soient plus humaines. »

Jamais la comédie n'était allée si loin ni si haut. Ce chef-d'œuvre est resté inimitable.

Pour ceux qui aiment dans Molière l'homme autant que le poëte, il y a dans le Misanthrope des scènes qu'ils ne peuvent lire sans une vive émotion. C'était lui qui représentait Alceste; Armande, sa femme, jouait Célimène; et elle y excellait. Bien que vivant sous le même toit, les deux époux étaient séparés. Que d'allusions à son propre martyre on retrouve dans cette pièce! Et comme il est touchant chaque fois qu'il prête à Alceste son cœur! Quand Célimène avoue sa coquetterie et autorise Alceste à la haïr, il ne voit qu'Armande, qu'il ne pouvait cesser d'aimer tout en ne l'estimant pas, et lui répond :

> Et le puis-je, traîtresse ?
> Puis-je ainsi triompher de toute ma tendresse ?
> Et quoique avec ardeur je veuille vous haïr,
> Trouvé-je un cœur en moi tout prêt à m'obéir !

Et ce qui augmentait encore sa douleur, c'est qu'Armande, dans ce rôle de Célimène, faisait tourner toutes les têtes.

Sa santé commençait à s'altérer ; une première atteinte du mal qui devait l'enlever l'avait tenu deux mois entiers dans son appartement. Une toux mauvaise persistait. Ses travaux immenses l'épuisaient moins que ses souffrances morales. Dans le courant d'octobre, il accola au *Misanthrope le Médecin malgré lui,* une farce à toute volée, pour ramener à la gaieté son public fidèle. Il y a lieu de penser que plus d'un grave bourgeois n'entendit *le Misanthrope* que grâce au *Médecin malgré lui*, qui le mettait de belle humeur pour une semaine. Encore une pièce où certaines habitudes de messieurs de la Faculté étaient plaisamment tournées en ridicule. Dans la même soirée, Molière jouait Alceste et Sganarelle.

Molière paya encore un large tribut aux fêtes de Versailles de 1666-67. Il composa et fit représenter *la Pastorale comique,* dont il brûla le manuscrit; *Mélicerte,* autre pastorale qu'il n'acheva pas, et *le Sicilien*. Une nouvelle crise de sa maladie l'éloigna pendant deux mois entiers de la scène.

Au printemps, Louis XIV, impatient de se signaler par des actions d'éclat, suivit Turenne en Flandre. Il s'agissait de la conquête de cette province. On eût dit d'une partie de plaisir sur une échelle immense. Toute la cour fut du voyage, sans en excepter les femmes. Elles se faisaient une joie d'assister aux triomphes du jeune monarque; leur attente ne fut pas trompée.

Molière crut qu'à la faveur de nos victoires et de l'allégresse publique, *Tartuffe,* interdit depuis trois années, passerait inaperçu avec un nouveau titre. Il l'appela *l'Imposteur*. Le principal personnage avait pris le nom de Panulphe. Le succès fut inouï. Mais M. le premier président Lamoignon avait les yeux ouverts, et le lendemain il fallut compter avec lui. Molière en écrivit au roi et dépêcha vers Sa Majesté, sous les murs de Lille, deux de ses comédiens. « Tout ce que j'ai pu faire en cette rencontre pour me sauver moi-même de l'éclat de cette tempête, disait-il dans sa requête, c'est de dire que Votre Majesté avait eu la bonté de m'en permettre la représentation, et que je n'avais pas cru qu'il fût besoin de demander cette permission à d'autres, puisqu'il n'y avait qu'Elle seule qui me l'eût défendue. »

Les ambassadeurs furent reçus au camp avec bonté, et Louis leur fit répondre qu'à son retour la pièce serait jouée après avoir été examinée de nouveau. Le roi revint et l'interdit ne fut pas levé. Mais Louis XIV encouragea Molière à la patience et lui donna l'espérance que son œuvre verrait le jour.

Pour faire diversion à ces nouveaux ennuis, Molière rouvrit Plaute et composa un *Amphitryon* de beaucoup supérieur à celui du comique latin. Cette comédie imitée de l'antique fut vivement applaudie.

A la suite de la campagne de 1668, qui se termina par le traité d'Aix-la-Chapelle, de grandes réjouissances eurent lieu à Versailles. Molière y fit représenter *George Dandin*. Angélique parut bien osée; quelques prudes personnes, rachetant de grands désordres par un excès de rigorisme, essayèrent de crier au scandale, mais Louis XIV leur ferma la bouche par un sourire qui voulait dire : « Je vous connais, beaux masques ! »

L'Avare vint deux mois après; grande pièce qui tient autant du drame que de la comédie. Cette guerre de famille, suscitée par un vice devenu une passion, et qui se déroule autour du chef que devraient entourer la tendresse et le respect, est, dans une certaine mesure, du domaine philosophique. Les emprunts que Molière, là encore, a faits au théâtre antique, à l'Italie, à ses contemporains mêmes, il se les est si bien assimilés qu'ils sont devenus son bien. J.-J. Rousseau s'est montré sévère pour cette composition dont le sens moral lui a échappé; mais le XIXe siècle a fait justice de son opinion erronée. Remarquons, en passant, que le philosophe de Genève, en critiquant ou plutôt en attaquant Molière, au point de vue des intérêts de la société et de la famille, a tiré de ses pièces des conclusions paradoxales qui sont la négation de la comédie.

Que devenait *Tartuffe?* Malgré les défenses, et plus probablement à cause des défenses, les plus grands seigneurs en voulaient avoir la lecture. Il y a plus, le prince de Condé le faisait représenter à Chantilly; le frère du roi, Henriette d'Angleterre et leur cour assistaient à ce spectacle. Molière reçut les plus chaleureuses félicitations. De toutes parts la pièce était promise au public.

Enfin elle fut annoncée, et l'événement fit autant de bruit que la mise en liberté des jansénistes. Grâce à Clément IX, les temps étaient redevenus tranquilles. Hélas! ce n'était qu'une trêve passagère; mais du moins elle eut cela de bon qu'elle permit à un merveilleux chef-d'œuvre de l'esprit humain de faire son chemin dans le monde de l'intelligence. Ce fut un triomphe sans précédent. Molière fut amplement dédommagé de la longue proscription qu'avait subie sa pièce: elle eut cinquante-quatre représentations consécutives. Elle est et sera toujours une des gloires de notre théâtre national.

La santé de l'illustre poëte allait s'affaiblissant de plus en plus; mais, toujours aux ordres du roi, il ne ménageait pour lui plaire ni son intelligence ni ses veilles. Pour les fêtes de Chambord (6 octobre 1669), il écrivit *Monsieur de Pourceaugnac*. Il joua le gentilhomme limousin, et, en contrefaisant le malade, il n'était que trop réellement dans l'esprit de son rôle.

Pour le roi et sur ses indications il écrivit encore la comédie-ballet intitulée : *les Amants magnifiques,* qui ne sortit pas du domaine des divertissements royaux.

Ce fut à Chambord qu'il donna la première représentation du *Bourgeois gentilhomme.* Encore une vive et gaillarde peinture des mœurs du xviie siècle. C'est de l'histoire sociale en déshabillé, et si bien prise non dans la situation d'une époque, mais dans l'essence même du cœur humain, qu'elle peut s'appliquer à tous les temps. Dans le monde de nos jours les Dorantes sont moins odieux ; ils ont des vices plus dorés. Quant aux Jourdains, on n'oserait les compter ; ils ont plus d'habileté que n'en possédait l'ascendant que leur a donné Molière, et ce n'est pas ce qui les rend plus excusables. La marquise Dorimène n'est vraie aujourd'hui que jusqu'au mariage exclusivement ; mais Mme Jourdain, vingt fois on la coudoie en une semaine.

Le Bourgeois gentilhomme fut vivement goûté de la cour. Plus d'un Dorante dut se mordre les lèvres. A la ville son succès égala celui de *Bérénice*, s'il ne le surpassa.

Louis XIV était insatiable. Pour inaugurer la salle qu'il avait fait construire aux Tuileries, il demanda à son poëte une grande pièce à machines. Le roman de la Fontaine sur la fable si délicieuse de Psyché était à la mode ; ce sujet fut adopté, et Molière, pris à l'improviste, s'adjoignit, pour collaborateurs, le grand Corneille et Quinault. Lulli fit la musique. Ce fut un spectacle magnifique. Transporté à la ville il attira la foule et fut très-suivi ; le jeu des machines et les danses étaient admirables.

Nous passerons rapidement sur *les Fourberies de Scapin*, qui procèdent de sa première époque, et sur *la Comtesse d'Escarbagnas*, comédie écrite à la hâte et sur l'ordre du roi pour les fêtes données à sa nouvelle belle-sœur, la princesse Palatine, qui ne fit jamais oublier la femme aimable dont elle venait prendre la place. Le roi, voulant l'éblouir, choisit lui-même les plus beaux endroits des divertissements qui avaient été représentés devant lui depuis plusieurs années, et chargea Molière de faire une comédie qui leur servît de cadre. Dans cette composition, que nous appellerions aujourd'hui une pièce de métier, l'inimitable comique trouva moyen de faire rire aux dépens de la province, qu'il avait si bien étudiée autrefois. Cette pièce vraie, très-vraie au XVIIe siècle, ne nous offre plus aujourd'hui que l'attrait de la couleur locale relevée par une verve rapide. Il y a lieu de croire que, dans la pensée de Molière, la comtesse d'Escarbagnas était appelée aux honneurs d'une comédie plus développée. S'il eût vécu, elle aurait eu le sort des *Précieuses ridicules,* qui devinrent *les Femmes savantes.* Leur jour est arrivé, nous y voici. Hélas! Molière, souverain de son art, n'avait pas de plus grand ennemi que lui-même. Le public de son temps voulait être amusé ou profondément remué au théâtre. S'il ne lui avait pas prodigué tant de compositions écrites au courant de la plume, et dans lesquelles déborde ce comique accentué qui fait rire aux larmes, il l'aurait plus promptement façonné à la haute comédie où se rencontrent la raison, l'art et le génie. Cette grande œuvre littéraire parut froide. Les femmes pédantes étaient moins en relief, dans le monde bourgeois, que ne l'avaient été les précieuses de la régence d'Anne d'Autriche; elles occupaient même moins de place à la cour. Le travers, moins général, n'était, à bien prendre, que l'exagération d'une qualité. Entre une femme instruite et une femme savante, la nuance était trop délicate pour le public que la comtesse d'Escarbagnas avait vu s'épanouir dans les éclats d'une gaieté bourgeoise. Qu'importe si ce chef-d'œuvre ne fut pas tout d'abord aussi goûté que *les Fourberies de Scapin!* les esprits délicats lui firent fête; il n'est pas jusqu'à Ménage lui-même, reconnu par tous dans le savant Vadius, qui n'allât de salon en salon faire le plus chaleureux éloge de la nouvelle comédie.

L'intérieur du bonhomme Chrysalde, à quelques nuances près, pourra s'appliquer à tous les temps. Les personnages qui s'y meuvent tiennent moins à la comédie composée pour eux et par eux, qu'à l'essence même de l'humanité. Ils seront toujours vivants.

Depuis Molière la pièce n'a fait que grandir; taillée dans l'étoffe de *Tartuffe* et du *Misanthrope,* elle forme avec ces deux chefs-d'œuvre un trio d'immortalité.

Molière s'épuisait; cherchant dans le travail l'oubli de ses souffrances, il abusait de ses forces, et marchait à grands pas vers sa fin. Il avait conscience de son état, et, loin d'en prendre du souci, il voulut jeter à la mort une dernière raillerie. Ce fut dans cette disposition d'esprit qu'il écrivit le *Malade imaginaire*. En se moquant de la mort au moment où il sentait la vie se retirer de lui, du moins ne fut-il pas pyrrhonien. Il avait l'âme trop élevée pour tomber dans l'hypocrisie de cette sorte d'esprits forts qui affectent de douter de tout et de ne croire à rien.

Faisons une exception pour les médecins : il ne croyait pas à leur science. Peut-être en avait-il le droit. Gui Patin en tout cas n'épargnait pas ses doctes confrères, qui le lui rendaient bien. Molière, dans son rôle d'Argan, parle de lui-même et s'attaque à plaisir à l'endroit des médecins pour mettre sa défense dans la bouche de Béralde.

« — Vous voilà bien en colère contre lui (Molière).

» — Oui. C'est un malavisé ; et, si les médecins sont sages, ils feront ce que je dis.

» — Il sera encore plus sage que vos médecins, car il ne leur demandera pas de secours.

» — Tant pis pour lui s'il n'a pas recours aux remèdes.

» — Il a ses raisons pour n'en point vouloir, et il soutient que cela n'est permis qu'aux gens vigoureux et robustes, et qui ont des forces de reste pour porter les remèdes avec la maladie, mais que, pour lui, il n'a justement de la force que pour porter son mal [1]. »

Ceci peut passer pour une profession de foi ou plutôt de non-foi.

Hélas! il y a une autre exception : Molière était bien forcé de ne plus croire à la vertu de sa femme, et pourtant il l'aimait encore. En ces derniers temps, ses amis étaient parvenus à les réconcilier. Armande, il faut lui rendre justice, s'était prêtée de bonne grâce à ce rapprochement. Elle avait trop compté sur sa volonté ; le cœur n'était pas de la partie.

---

[1] *Le Malade imaginaire*, acte III, scène III.

Pauvre Molière, il s'aperçut bien vite que le peu de tendresse qu'il obtenait lui était donné comme une aumône. Armande souffrait péniblement la contrainte qu'elle avait acceptée : il eut pitié d'elle, et pour ne pas la forcer à rompre la première, il lui rendit la liberté.

Il était à bout de ses forces. Ses amis le détournaient de monter sur le théâtre, en lui représentant qu'il compromettait sa vie. Il fut inébranlable dans sa résolution.

Le Malade imaginaire eut un succès d'enthousiasme. Quel spectacle c'était pour lui de voir ce public, qui veut être amusé, se tordre sur les banquettes dans un rire inextinguible; quand lui, aux prises avec un mal qui le tuait, jetait à la mort, en pleine connaissance de cause, les plus éclatants défis. Ce n'était pas une fanfaronnade : tout lui manquait, il ne tenait plus à rien. Son âme était plus malade encore que son corps.

En ce temps-là, dans son somptueux appartement de la rue Richelieu, il donnait l'hospitalité à deux religieuses, de celles qui venaient quêter à Paris pendant le carême. Ces saintes filles, sous ce toit paisible, trouvaient l'abondance, des soins touchants, et n'entendaient que d'édifiantes paroles.

Sa vie ne tenait plus qu'à un souffle, lorsque vint la quatrième représentation. Les prières de ses amis furent impuissantes, il voulut jouer. Il se contenta de faire avancer l'heure. Les spectateurs s'aperçurent qu'il n'était plus le même. Un sympathique intérêt détourna l'attention de la pièce. On ne voyait que Molière ; le comédien avait disparu. Lui-même, ne retrouvant plus son public accoutumé, n'en sentait que plus vivement son état, et se roidissait contre son impuissance. Dans la *cérémonie* il lui prit une convulsion en prononçant le *juro* sacramentel; il essaya de cacher son mal sous un éclat de rire. Il quitta le théâtre à 9 heures du soir. Une heure plus tard il rendait le dernier soupir entre les bras des deux sœurs de charité que Dieu lui avait envoyées, doux messagers de sa miséricorde.

Il avait demandé les secours de la religion. Un prêtre consentit à venir : il était trop tard... Mais deux anges du ciel pleuraient et priaient à son chevet.

Il n'eut pas la consolation de revoir son Armande, qu'il aimait toujours, et à qui il voulait donner un dernier pardon. Quand il la fit demander, elle accourut; mais ses yeux venaient de se fermer pour ne plus se rouvrir.

XIV.

Ainsi s'éteignit, à cinquante-trois ans, l'un des plus vaillants génies dont s'honore la France [1].

La perte était irréparable. L'affliction de ses amis ne peut se décrire. On connaît les vers magnifiques que lui ont consacrés Boileau et la Fontaine. Le père Bouhours pleura publiquement la mort de ce grand homme. Ses trois strophes firent sensation : c'est que dans ces vers harmonieux tout est vérité, chaleur d'âme et courage.

Des érudits qui ont raconté la vie de Molière et analysé son œuvre, se sont écriés maintes fois : « Qui sait ce qu'il eût encore donné à la scène, s'il eût vécu ? » Eh! mon Dieu, ne serait-il pas plus raisonnable de s'étonner de la fécondité de son génie, quand son existence n'a été qu'une suite d'agitations et de misères morales? Sans doute pour s'échapper à lui-même il se réfugiait dans le travail de la pensée avec une fiévreuse activité, et c'est à ses souffrances que nous devons ses chefs-d'œuvre; sans doute sa séve était encore bouillonnante et il avait d'intarissables réserves, fruit de ses observations et de ses études; mais cette liberté que lui avait

---

[1] De trois enfants, une fille lui survécut, qui mourut sans postérité.

jusque-là ménagée la volonté d'un roi, et qui était le stimulant de son génie, n'allait-elle pas lui faire promptement défaut? L'appui de Louis XIV n'avait pas détourné les orages; le ciel était resté noir à l'horizon. Le monarque n'aurait pas accepté la lutte pour son propre compte : l'histoire de son règne ne le prouve que trop. La cour avait subi à la scène trop d'humiliations pour qu'elle n'eût pas essayé de prendre une éclatante revanche.

Molière considérait la cour comme son bien : c'est là qu'il avait rencontré et coudoyé Tartuffe, don Juan, Alceste et les autres; c'est là qu'il avait pris sur nature Célimène, Armande et Henriette, dont il a fait des filles de la bourgeoisie, et jusqu'à la vertueuse Elmire; chez les grands qui le recherchaient, dans les salons de M. le Prince et du marquis de la Rochefoucauld, qui avaient la primeur de ses lectures, c'était la cour encore, dans ses éléments choisis, qu'il avait sous les yeux. Aux réunions d'intimité, où Boileau, la Fontaine, Chapelle, Racine, Mignard et l'abbé le Vayer, occupaient les premières places, quand les lettres et la philosophie n'étaient pas en question, n'était-ce pas la cour qui défrayait tous les esprits? Il l'avait constamment en spectacle, elle était devenue comme son propre domaine. En perdant la cour, Molière eût tout perdu. Louis XIV, le premier, lui aurait imposé silence. Les coups étaient portés... Il ne s'agissait plus que de laisser faire le temps.

Si de puissantes inimitiés ne respectèrent pas la tombe du poëte moraliste, quelles tempêtes, lui vivant, n'eussent pas éclaté sur sa tête!

C'est triste à dire, Molière est mort à son heure, non pour sa gloire (elle avait conquis son immortalité), mais pour sa sécurité personnelle et son repos.

D'ailleurs, n'avait-il pas assez souffert!

FIN DE LA NOTICE SUR MOLIÈRE.

L'ÉTOURDI

ou

LES CONTRE-TEMPS.

COMÉDIE EN CINQ ACTES.

1653.

PERSONNAGES.

LÉLIE, fils de Pandolfe.
CÉLIE, esclave de Trufaldin.
MASCARILLE, valet de Lélie.
HIPPOLYTE, fille d'Anselme.
ANSELME, père d'Hippolyte.
TRUFALDIN, vieillard.
PANDOLFE, père de Lélie.
LÉANDRE, fils de famille.
ANDRÈS, cru Égyptien.
ERGASTE, ami de Mascarille.
UN COURRIER.
DEUX TROUPES DE MASQUES.

Noms des acteurs qui ont joué d'original dans l'Étourdi :

LÉLIE.	La Grange.
CÉLIE.	Mlle Debrie.
MASCARILLE.	Molière.
HIPPOLYTE.	Mlle Duparc.
ANSELME.	Louis Béjart.
PANDOLFE.	Béjart aîné.

La scène est à Messine.

L'ÉTOURDI

OU LES CONTRE-TEMPS.

ACTE PREMIER.

SCÈNE I.

LÉLIE.

Hé bien! Léandre, hé bien! il faudra contester;
Nous verrons de nous deux qui pourra l'emporter;
Qui, dans nos soins communs pour ce jeune miracle,
Aux vœux de son rival portera plus d'obstacle.
Préparez vos efforts, et vous défendez bien,
Sûr que de mon côté je n'épargnerai rien.

SCÈNE II.

LÉLIE, MASCARILLE[1].

LÉLIE.

Ha! Mascarille!

---

[1] Le nom de Mascarille, sous lequel Molière figura dans ses trois premières comédies, est tiré de l'italien *maschera*, masque, ou de l'espagnol *mascara*, diminutif *mascarilla*, petit masque.

MASCARILLE.

Quoi?

LÉLIE.

Voici bien des affaires;
J'ai dans ma passion toutes choses contraires :
Léandre aime Célie, et, par un trait fatal,
Malgré mon changement, est toujours mon rival.

MASCARILLE.

Léandre aime Célie!

LÉLIE.

Il l'adore, te dis-je.

MASCARILLE.

Tant pis.

LÉLIE.

Hé, oui! tant pis; c'est là ce qui m'afflige.
Toutefois j'aurais tort de me désespérer;
Puisque j'ai ton secours, je puis me rassurer;
Je sais que ton esprit, en intrigues fertile,
N'a jamais rien trouvé qui lui fût difficile;
Qu'on te peut appeler le roi des serviteurs,
Et qu'en toute la terre...

MASCARILLE.

Hé! trêve de douceurs.
Quand nous faisons besoin, nous autres misérables,
Nous sommes les chéris et les incomparables;
Et dans un autre temps, dès le moindre courroux,
Nous sommes les coquins qu'il faut rouer de coups.

LÉLIE.

Ma foi! tu me fais tort avec cette invective.
Mais enfin discourons un peu de ma captive :
Dis si les plus cruels et plus durs sentiments
Ont rien d'impénétrable à des traits si charmants.
Pour moi, dans ses discours, comme dans son visage,
Je vois pour sa naissance un noble témoignage;

Et je crois que le ciel dedans un rang si bas
Cache son origine, et ne l'en tire pas.

MASCARILLE.

Vous êtes romanesque avecque vos chimères.
Mais que fera Pandolfe en toutes ces affaires?
C'est, monsieur, votre père, au moins à ce qu'il dit;
Vous savez que sa bile assez souvent s'aigrit,
Qu'il peste contre vous d'une belle manière
Quand vos déportements lui blessent la visière.
Il est avec Anselme en parole[1] pour vous
Que de son Hippolyte on vous fera l'époux,
S'imaginant que c'est dans le seul mariage
Qu'il pourra rencontrer de quoi vous faire sage :
Et s'il vient à savoir que, rebutant son choix,
D'un objet inconnu vous recevez les lois,
Que de ce fol amour la fatale puissance
Vous soustrait au devoir de votre obéissance,
Dieu sait quelle tempête alors éclatera,
Et de quels beaux sermons on vous régalera.

LÉLIE.

Ah! trêve, je vous prie, à votre rhétorique!

MASCARILLE.

Mais vous, trêve plutôt à votre politique!
Elle n'est pas fort bonne, et vous devriez tâcher...

LÉLIE.

Sais-tu qu'on n'acquiert rien de bon à me fâcher,
Que chez moi les avis ont de tristes salaires,
Qu'un valet conseiller y fait mal ses affaires?

MASCARILLE.

(A part.)   (Haut.)
Il se met en courroux. Tout ce que j'en ai dit
N'était rien que pour rire et vous sonder l'esprit.

---

[1] En pourparlers.

D'un censeur de plaisirs ai-je fort l'encolure?
Et Mascarille est-il ennemi de nature?
Vous savez le contraire et qu'il est très-certain
Qu'on ne peut me taxer que d'être trop humain.
Moquez-vous des sermons d'un vieux barbon de père;
Poussez votre bidet, vous dis-je, et laissez faire.
Ma foi! j'en suis d'avis, que ces penards[1] chagrins
Nous viennent étourdir de leurs contes badins,
Et, vertueux par force, espèrent par envie
Oter aux jeunes gens les plaisirs de la vie.
Vous savez mon talent, je m'offre à vous servir.

LÉLIE.

Ah! c'est par ces discours que tu peux me ravir.
Au reste mon amour, quand je l'ai fait paraître,
N'a point été mal vu des yeux qui l'ont fait naître;
Mais Léandre, à l'instant, vient de me déclarer
Qu'à me ravir Célie il se va préparer :
C'est pourquoi dépêchons, et cherche dans ta tête
Les moyens les plus prompts d'en faire ma conquête.
Trouve ruses, détours, fourbes, inventions,
Pour frustrer un rival de ses prétentions.

MASCARILLE.

Laissez-moi quelque temps rêver à cette affaire.
(A part.)
Que pourrais-je inventer pour ce coup nécessaire!

LÉLIE.

Hé bien! le stratagème?

MASCARILLE.

                Ah! comme vous courez!
Ma cervelle toujours marche à pas mesurés.
J'ai trouvé votre fait: il faut... Non, je m'abuse.
Mais si vous alliez...

---

[1] *Penard*, vieux libertin.

ACTE I. SCÈNE II.

LÉLIE.

Où?

MASCARILLE.

C'est une faible ruse.
J'en songeais une...

LÉLIE.

Et quelle?

MASCARILLE.

Elle n'irait pas bien.
Mais ne pourriez-vous pas?...

LÉLIE.

Quoi?

MASCARILLE.

Vous ne pourriez rien.
Parlez avec Anselme.

LÉLIE.

Et que lui puis-je dire?

MASCARILLE.

Il est vrai, c'est tomber d'un mal dedans un pire.
Il faut pourtant l'avoir. Allez chez Trufaldin.

LÉLIE.

Que faire?

MASCARILLE.

Je ne sais.

LÉLIE.

C'en est trop, à la fin,
Et tu me mets à bout par ces contes frivoles.

MASCARILLE.

Monsieur, si vous aviez en main force pistoles,
Nous n'aurions pas besoin maintenant de rêver
A chercher les biais que nous devons trouver,
Et pourrions, par un prompt achat de cette esclave,
Empêcher qu'un rival vous prévienne et vous brave.
De ces Égyptiens qui la mirent ici,
Trufaldin, qui la garde, est en quelque souci;

Et, trouvant son argent, qu'ils lui font trop attendre,
Je sais bien qu'il serait très-ravi de la vendre :
Car enfin en vrai ladre il a toujours vécu ;
Il se ferait fesser pour moins d'un quart d'écu,
Et l'argent est le dieu que surtout il révère :
Mais le mal, c'est...

LÉLIE.

Quoi ? c'est...

MASCARILLE.

Que monsieur votre père
Est un autre vilain, qui ne vous laisse pas,
Comme vous voudriez bien, manier ses ducats ;
Qu'il n'est point de ressort qui, pour votre ressource,
Pût faire maintenant ouvrir la moindre bourse.
Mais tâchons de parler à Célie un moment,
Pour savoir là-dessus quel est son sentiment ;
La fenêtre est ici.

LÉLIE.

Mais Trufaldin, pour elle,
Fait de nuit et de jour exacte sentinelle.
Prends garde.

MASCARILLE.

Dans ce coin demeurons en repos.
O bonheur ! la voilà qui paraît à propos.

SCÈNE III.

CÉLIE, LÉLIE, MASCARILLE.

LÉLIE.

Ah ! que le ciel m'oblige en offrant à ma vue
Les célestes attraits dont vous êtes pourvue !
Et, quelque mal cuisant que m'aient causé vos yeux,

Que je prends de plaisir à les voir en ces lieux !

CÉLIE.

Mon cœur, qu'avec raison votre discours étonne,
N'entend pas que mes yeux fassent mal à personne ;
Et si dans quelque chose il vous ont outragé,
Je puis vous assurer que c'est sans mon congé.

LÉLIE.

Ah ! leurs coups sont trop beaux pour me faire une injure !
Je mets toute ma gloire à chérir ma blessure,
Et...

MASCARILLE.

Vous le prenez là d'un ton un peu trop haut ;
Ce style maintenant n'est pas ce qu'il nous faut.
Profitons mieux du temps, et sachons vite d'elle
Ce que...

TRUFALDIN, dans sa maison.

Célie !

MASCARILLE, à Lélie.

Eh bien !

LÉLIE.

Ô rencontre cruelle !
Ce malheureux vieillard devait-il nous troubler ?

MASCARILLE.

Allez, retirez-vous ; je saurai lui parler.

SCÈNE IV.

TRUFALDIN, CÉLIE, LÉLIE, retiré dans un coin, MASCARILLE.

TRUFALDIN, à Célie.

Que faites-vous dehors ? et quel soin vous talonne,
Vous à qui je défends de parler à personne ?

CÉLIE.

Autrefois j'ai connu cet honnête garçon ;
Et vous n'avez pas lieu d'en prendre aucun soupçon.

MASCARILLE.

Est-ce là le seigneur Trufaldin?

CÉLIE.

Oui, lui-même.

MASCARILLE.

Monsieur, je suis tout vôtre, et ma joie est extrême
De pouvoir saluer en toute humilité
Un homme dont le nom est partout si vanté.

TRUFALDIN.

Très-humble serviteur.

MASCARILLE.

J'incommode peut-être ;
Mais je l'ai vue ailleurs, où m'ayant fait connaître
Les grands talents qu'elle a pour savoir l'avenir,
Je voulais sur un point un peu l'entretenir.

TRUFALDIN.

Quoi! te mêlerais-tu d'un peu de diablerie?

CÉLIE.

Non, tout ce que je sais n'est que blanche magie.

MASCARILLE.

Voici donc ce que c'est. Le maître que je sers
Languit pour un objet qui le tient dans ses fers ;
Il aurait bien voulu du feu qui le dévore
Pouvoir entretenir la beauté qu'il adore ;
Mais un dragon, veillant sur ce rare trésor,
N'a pu, quoi qu'il ait fait, le lui permettre encor ;
Et ce qui plus le gêne et le rend misérable,
Il vient de découvrir un rival redoutable ;
Si bien que, pour savoir si ses soins amoureux
Ont sujet d'espérer quelque succès heureux,
Je viens vous consulter, sûr que de votre bouche
Je puis apprendre au vrai le secret qui nous touche.

ACTE I. SCÈNE IV.

CÉLIE.

Sous quel astre ton maître a-t-il reçu le jour?

MASCARILLE.

Sous un astre à jamais ne changer son amour.

CÉLIE.

Sans me nommer l'objet pour qui son cœur soupire,
La science que j'ai m'en peut assez instruire.
Cette fille a du cœur, et dans l'adversité
Elle sait conserver une noble fierté;
Elle n'est pas d'humeur à trop faire connaître
Les secrets sentiments qu'en son cœur on fait naître :
Mais je les sais comme elle, et, d'un esprit plus doux,
Je vais en peu de mots vous les découvrir tous.

MASCARILLE.

O merveilleux pouvoir de la vertu magique!

CÉLIE.

Si ton maître en ce point de constance se pique,
Et que la vertu seule anime son dessein,
Qu'il n'appréhende pas de soupirer en vain;
Il a lieu d'espérer, et le fort qu'il veut prendre
N'est pas sourd aux traités, et voudra bien se rendre.

MASCARILLE.

C'est beaucoup; mais ce fort dépend d'un gouverneur
Difficile à gagner.

CÉLIE.

C'est là tout le malheur.

MASCARILLE, à part, regardant Lélie.

Au diable le fâcheux qui toujours nous éclaire[1]!

CÉLIE.

Je vais vous enseigner ce que vous devez faire.

LÉLIE, en les joignant.

Cessez, ô Trufaldin, de vous inquiéter;
C'est par mon ordre seul qu'il vous vient visiter,

---

[1] Nous espionne, nous surveille, découvre nos démarches.

Et je vous l'envoyais, ce serviteur fidèle,
Vous offrir mon service, et vous parler pour elle,
Dont je vous veux dans peu payer la liberté,
Pourvu qu'entre nous deux le prix soit arrêté.

MASCARILLE.

La peste soit la bête!

TRUFALDIN

Ho! ho! qui des deux croire?
Ce discours au premier est fort contradictoire.

MASCARILLE.

Monsieur, ce galant homme a le cerveau blessé :
Ne le savez-vous pas?

TRUFALDIN.

Je sais ce que je sai.
J'ai crainte ici dessous de quelque manigance.

(A Célie.)

Rentrez, et ne prenez jamais cette licence.
Et vous, filous fieffés, ou je me trompe fort,
Mettez, pour me jouer, vos flûtes mieux d'accord.

SCÈNE V.

LÉLIE, MASCARILLE.

MASCARILLE.

C'est bien fait. Je voudrais qu'encor, sans flatterie,
Il nous eût d'un bâton chargés de compagnie.
A quoi bon se montrer, et comme un étourdi,
Me venir démentir de tout ce que je di?

LÉLIE.

Je pensais faire bien.

MASCARILLE.

Oui, c'était fort l'entendre.

Mais quoi! cette action ne me doit point surprendre :
Vous êtes si fertile en pareils contre-temps,
Que vos écarts d'esprit n'étonnent plus les gens.

LÉLIE.

Ah, mon Dieu! pour un rien me voilà bien coupable!
Le mal est-il si grand qu'il soit irréparable?
Enfin, si tu ne mets Célie entre mes mains,
Songe au moins de Léandre à rompre les desseins;
Qu'il ne puisse acheter avant moi cette belle.
De peur que ma présence encor soit criminelle,
Je te laisse.

MASCARILLE, seul.

       Fort bien. A dire vrai, l'argent
Serait dans notre affaire un sûr et fort agent;
Mais ce ressort manquant, il faut user d'un autre.

SCÈNE VI.

ANSELME, MASCARILLE.

ANSELME.

Par mon chef, c'est un siècle étrange que le nôtre!
J'en suis confus. Jamais tant d'amour pour le bien,
Et jamais tant de peine à retirer le sien!
Les dettes aujourd'hui, quelque soin qu'on emploie,
Sont comme les enfants, que l'on conçoit en joie,
Et dont avecque peine on fait l'accouchement.
L'argent dans une bourse entre agréablement :
Mais, le terme venu que nous devons le rendre,
C'est lors que les douleurs commencent à nous prendre.
Baste! ce n'est pas peu que deux mille francs, dus
Depuis deux ans entiers, me soient enfin rendus;
Encore est-ce un bonheur.

MASCARILLE, à part les quatre premiers vers.

O Dieu! la belle proie
A tirer en volant! Chut, il faut que je voie
Si je pourrais un peu de près le caresser.
Je sais bien les discours dont il le faut bercer...
Je viens de voir, Anselme...

ANSELME.

Et qui?

MASCARILLE.

Votre Nérine.

ANSELME.

Que dit-elle de moi, cette gente assassine?

MASCARILLE.

Pour vous elle est de flamme.

ANSELME.

Elle?

MASCARILLE.

Et vous aime tant,
Que c'est grande pitié.

ANSELME.

Que tu me rends content!

MASCARILLE.

Peu s'en faut que d'amour la pauvrette ne meure.
« Anselme, mon mignon, crie-t-elle à toute heure,
Quand est-ce que l'hymen unira nos deux cœurs,
Et que tu daigneras éteindre mes ardeurs? »

ANSELME.

Mais pourquoi jusqu'ici me les avoir celées?
Les filles, par ma foi, sont bien dissimulées!
Mascarille, en effet, qu'en dis-tu? quoique vieux,
J'ai de la mine encore assez pour plaire aux yeux.

MASCARILLE.

Oui, vraiment, ce visage est encor fort mettable;
S'il n'est pas des plus beaux, il est des-agréable.

ACTE I. SCÈNE VI.

ANSELME.

Si bien donc?...

MASCARILLE veut prendre la bourse.

Si bien donc qu'elle est sotte de vous,
Ne vous regarde plus...

ANSELME.

Quoi?

MASCARILLE.

Que comme un époux ;
Et vous veut...

ANSELME.

Et me veut?...

MASCARILLE.

Et vous veut, quoi qu'il tienne,
Prendre la bourse...

ANSELME.

La?...

MASCARILLE prend la bourse et la laisse tomber.

La bouche avec la sienne.

ANSELME.

Ah! je t'entends. Viens çà : lorsque tu la verras,
Vante-lui mon mérite autant que tu pourras.

MASCARILLE.

Laissez-moi faire.

ANSELME.

Adieu.

MASCARILLE, à part.

Que le ciel te conduise!

ANSELME, revenant.

Ah, vraiment! je faisais une étrange sottise,
Et tu pouvais pour toi m'accuser de froideur.
Je t'engage à servir mon amoureuse ardeur,
Je reçois par ta bouche une bonne nouvelle,
Sans du moindre présent récompenser ton zèle!
Tiens, tu te souviendras...

MASCARILLE.

　　　　　Ah! non pas, s'il vous plaît.
ANSELME.

Laisse-moi...
MASCARILLE.

　　Point du tout. J'agis sans intérêt.
ANSELME.

Je le sais; mais pourtant...
MASCARILLE.

　　　　Non, Anselme, vous dis-je;
Je suis homme d'honneur, cela me désoblige.
ANSELME.

Adieu donc, Mascarille.
MASCARILLE, à part.

　　　O long discours!
ANSELME, revenant.

　　　　　　　　　　Je veux
Régaler par tes mains cet objet de mes vœux;
Et je vais te donner de quoi faire pour elle
L'achat de quelque bague, ou telle bagatelle
Que tu trouveras bon.
MASCARILLE.

　　　　　Non, laissez votre argent :
Sans vous mettre en souci, je ferai le présent;
Et l'on m'a mis en main une bague à la mode,
Qu'après vous payerez, si cela l'accommode.
ANSELME.

Soit; donne-la pour moi : mais surtout fais si bien
Qu'elle garde toujours l'ardeur de me voir sien.

SCÈNE VII.

LÉLIE, ANSELME, MASCARILLE.

LÉLIE, ramassant la bourse.

A qui la bourse?

ANSELME.

Ah, dieux! elle m'était tombée,
Et j'aurais, après, cru qu'on me l'eût dérobée!
Je vous suis bien tenu de ce soin obligeant,
Qui m'épargne un grand trouble et me rend mon argent.
Je vais m'en décharger au logis tout à l'heure.

SCÈNE VIII.

LÉLIE, MASCARILLE.

MASCARILLE.

C'est être officieux, et très-fort, ou je meure.

LÉLIE.

Ma foi! sans moi, l'argent était perdu pour lui.

MASCARILLE.

Certes, vous faites rage, et payez aujourd'hui
D'un jugement très-rare et d'un bonheur extrême;
Nous avancerons fort, continuez de même.

LÉLIE.

Qu'est-ce donc? Qu'ai-je fait?

MASCARILLE.

Le sot, en bon françois,
Puisque je puis le dire et qu'enfin je le dois.
Il sait bien l'impuissance où son père le laisse;
Qu'un rival qu'il doit craindre étrangement nous presse;
Cependant, quand je tente un coup pour l'obliger,
Dont je cours moi tout seul la honte et le danger...

LÉLIE.

Quoi! c'était?...

MASCARILLE.

Oui, bourreau, c'était pour la captive
Que j'attrapais l'argent dont votre soin nous prive.

LÉLIE.

S'il est ainsi, j'ai tort, mais qui l'eût deviné?

MASCARILLE.

Il fallait en effet être bien raffiné!

LÉLIE.

Tu me devais par signe avertir de l'affaire.

MASCARILLE.

Oui, je devais au dos avoir mon luminaire.
Au nom de Jupiter, laissez-nous en repos,
Et ne nous chantez plus d'impertinents propos.
Un autre, après cela, quitterait tout peut-être;
Mais j'avais médité tantôt un coup de maître,
Dont tout présentement je veux voir les effets;
A la charge que si...

LÉLIE.

Non, je te le promets,
De ne me mêler plus de rien dire ou rien faire.

MASCARILLE.

Allez donc; votre vue excite ma colère.

LÉLIE.

Mais surtout hâte-toi, de peur qu'en ce dessein...

MASCARILLE.

Allez, encore un coup; j'y vais mettre la main.

(Lélie sort.)

Menons bien ce projet : la fourbe sera fine,
S'il faut qu'elle succède¹ ainsi que j'imagine.
Allons voir... Bon, voici mon homme justement.

SCÈNE IX.

PANDOLFE, MASCARILLE.

PANDOLFE.

Mascarille!

MASCARILLE.

Monsieur?

PANDOLFE.

A parler franchement,
Je suis mal satisfait de mon fils.

MASCARILLE.

De mon maître?
Vous n'êtes pas le seul qui se plaigne de l'être :
Sa mauvaise conduite, insupportable en tout,
Met à chaque moment ma patience à bout.

PANDOLFE.

Je vous croyais pourtant assez d'intelligence
Ensemble.

MASCARILLE.

Moi? Monsieur, perdez cette croyance ;
Toujours de son devoir je tâche à l'avertir,
Et l'on nous voit sans cesse avoir maille à partir.
A l'heure même encor nous avons eu querelle
Sur l'hymen d'Hippolyte, où je le vois rebelle,
Où, par l'indignité d'un refus criminel,

---

¹ *Succéder*, avoir du succès.

Je le vois offenser le respect paternel.

PANDOLFE.

Querelle?

MASCARILLE.

Oui, querelle, et bien avant poussée.

PANDOLFE.

Je me trompais donc bien; car j'avais la pensée
Qu'à tout ce qu'il faisait tu donnais de l'appui.

MASCARILLE.

Moi? Voyez ce que c'est que du monde aujourd'hui,
Et comme l'innocence est toujours opprimée!
Si mon intégrité vous était confirmée,
Je suis auprès de lui gagé pour serviteur,
Vous me voudriez encor payer pour précepteur :
Oui, vous ne pourriez pas lui dire davantage
Que ce que je lui dis pour le faire être sage.
Monsieur, au nom de Dieu, lui fais-je assez souvent,
Cessez de vous laisser conduire au premier vent;
Réglez-vous; regardez l'honnête homme de père
Que vous avez du ciel, comme on le considère;
Cessez de lui vouloir donner la mort au cœur,
Et, comme lui, vivez en personne d'honneur.

PANDOLFE.

C'est parler comme il faut. Et que peut-il répondre?

MASCARILLE.

Répondre? Des chansons, dont il me vient confondre.
Ce n'est pas qu'en effet, dans le fond de son cœur,
Il ne tienne de vous des semences d'honneur;
Mais sa raison n'est pas maintenant la maîtresse.
Si je pouvais parler avecque hardiesse,
Vous le verriez dans peu soumis sans nul effort.

PANDOLFE.

Parle.

####### ACTE I. SCÈNE IX.

MASCARILLE.

C'est un secret qui m'importerait fort[1],
S'il était découvert; mais à votre prudence
Je le puis confier avec toute assurance.

PANDOLFE.

Tu dis bien.

MASCARILLE.

Sachez donc que vos vœux sont trahis
Par l'amour qu'une esclave imprime à votre fils.

PANDOLFE.

On m'en avait parlé; mais l'action me touche
De voir que je l'apprenne encore par ta bouche.

MASCARILLE.

Vous voyez si je suis le secret confident...

PANDOLFE.

Vraiment je suis ravi de cela.

MASCARILLE.

Cependant,
A son devoir, sans bruit, désirez-vous le rendre?
Il faut... J'ai toujours peur qu'on nous vienne surprendre;
Ce serait fait de moi s'il savait ce discours.
Il faut, dis-je, pour rompre à toute chose cours,
Acheter sourdement l'esclave idolâtrée,
Et la faire passer en une autre contrée.
Anselme a grand accès auprès de Trufaldin;
Qu'il aille l'acheter pour vous dès ce matin:
Après, si vous voulez en mes mains la remettre,
Je connais des marchands, et puis bien vous promettre
D'en retirer l'argent qu'elle pourra coûter,
Et, malgré votre fils, de la faire écarter;
Car enfin, si l'on veut qu'à l'hymen il se range,
A cet amour naissant il faut donner le change;

---

[1] Qui aurait pour moi des conséquences fâcheuses.

Et de plus, quand bien même il serait résolu,
Qu'il aurait pris le joug que vous avez voulu,
Cet autre objet, pouvant réveiller son caprice,
Au mariage encor peut porter préjudice.

PANDOLFE.

C'est très-bien raisonner; ce conseil me plaît fort...
Je vois Anselme; va, je m'en vais faire effort
Pour avoir promptement cette esclave funeste,
Et la mettre en tes mains pour achever le reste.

MASCARILLE, seul.

Bon; allons avertir mon maître de ceci.
Vive la fourberie, et les fourbes aussi!

SCÈNE X.

HIPPOLYTE, MASCARILLE.

HIPPOLYTE.

Oui, traître, c'est ainsi que tu me rends service!
Je viens de tout entendre, et voir ton artifice.
A moins que de cela, l'eussé-je soupçonné?
Tu couches d'imposture[1], et tu m'en as donné.
Tu m'avais promis, lâche, et j'avais lieu d'attendre
Qu'on te verrait servir mes ardeurs pour Léandre;
Que du choix de Lélie, où l'on veut m'obliger,
Ton adresse et tes soins sauraient me dégager;
Que tu m'affranchirais du projet de mon père;
Et cependant ici tu fais tout le contraire!
Mais tu t'abuseras : je sais un sûr moyen

---

[1] Cette manière de s'exprimer, vient du jeu. On disait : Couché de vingt pistoles, de trente pistoles, etc. *Tu couches d'imposture*, par extension tu payes d'imposture.

Pour rompre cet achat où tu pousses si bien ;
Et je vais de ce pas...

MASCARILLE.

Ah! que vous êtes prompte!
La mouche tout d'un coup à la tête vous monte,
Et, sans considérer s'il a raison ou non,
Votre esprit contre moi fait le petit démon.
J'ai tort, et je devrais, sans finir mon ouvrage,
Vous faire dire vrai, puisque ainsi l'on m'outrage.

HIPPOLYTE.

Par quelle illusion penses-tu m'éblouir?
Traître, peux-tu nier ce que je viens d'ouïr?

MASCARILLE.

Non. Mais il faut savoir que tout cet artifice
Ne va directement qu'à vous rendre service ;
Que ce conseil adroit, qui semble être sans fard,
Jette dans le panneau l'un et l'autre vieillard ;
Que mon soin par leurs mains ne veut avoir Célie,
Qu'à dessein de la mettre au pouvoir de Lélie ;
Et faire que, l'effet de cette invention
Dans le dernier excès portant sa passion,
Anselme, rebuté de son prétendu gendre,
Puisse tourner son choix du côté de Léandre.

HIPPOLYTE.

Quoi! tout ce grand projet, qui m'a mise en courroux,
Tu l'as formé pour moi, Mascarille?

MASCARILLE.

Oui, pour vous.
Mais, puisqu'on reconnaît si mal mes bons offices,
Qu'il me faut de la sorte essuyer vos caprices,
Et que, pour récompense, on s'en vient, de hauteur,
Me traiter de faquin, de lâche, d'imposteur,
Je m'en vais réparer l'erreur que j'ai commise,
Et, dès ce même pas, rompre mon entreprise.

HIPPOLYTE, l'arrêtant.

Hé! ne me traite pas si rigoureusement,
Et pardonne aux transports d'un premier mouvement.

MASCARILLE.

Non, non, laissez-moi faire; il est en ma puissance
De détourner le coup qui si fort vous offense.
Vous ne vous plaindrez point de mes soins désormais,
Oui, vous aurez mon maître, et je vous le promets.

HIPPOLYTE.

Hé! mon pauvre garçon, que ta colère cesse.
J'ai mal jugé de toi, j'ai tort, je le confesse.

(Tirant sa bourse.)

Mais je veux réparer ma faute avec ceci.
Pourrais-tu te résoudre à me quitter ainsi?

MASCARILLE.

Non, je ne le saurais, quelque effort que je fasse;
Mais votre promptitude est de mauvaise grâce.
Apprenez qu'il n'est rien qui blesse un noble cœur
Comme quand il peut voir qu'on le touche en l'honneur.

HIPPOLYTE.

Il est vrai, je t'ai dit de trop grosses injures;
Mais que ces deux louis guérissent tes blessures.

MASCARILLE.

Hé! tout cela n'est rien; je suis tendre à ces coups.
Mais déjà je commence à perdre mon courroux :
Il faut de ses amis endurer quelque chose.

HIPPOLYTE.

Pourras-tu mettre à fin ce que je me propose?
Et crois-tu que l'effet de tes desseins hardis
Produise à mon amour le succès que tu dis?

MASCARILLE.

N'ayez point pour ce fait l'esprit sur des épines.
J'ai des ressorts tout prêts pour diverses machines;
Et quand ce stratagème à nos vœux manquerait,

Ce qu'il ne ferait pas, un autre le ferait.
HIPPOLYTE.
Crois qu'Hippolyte au moins ne sera pas ingrate.
MASCARILLE.
L'espérance du gain n'est pas ce qui me flatte.
HIPPOLYTE.
Ton maître te fait signe, et veut parler à toi :
Je te quitte; mais songe à bien agir pour moi.

SCÈNE XI.

MASCARILLE, LÉLIE.

LÉLIE.
Que diable fais-tu là? tu me promets merveille;
Mais ta lenteur d'agir est pour moi sans pareille.
Sans que mon bon génie au devant m'a poussé,
Déjà tout mon bonheur eût été renversé;
C'était fait de mon bien, c'était fait de ma joie;
D'un regret éternel je devenais la proie;
Bref, si je ne me fusse en ces lieux rencontré,
Anselme avait l'esclave, et j'en étais frustré;
Il l'emmenait chez lui. Mais j'ai paré l'atteinte,
J'ai détourné le coup, et tant fait que, par crainte,
Le pauvre Trufaldin l'a retenue.
MASCARILLE.
                            Et trois;
Quand nous serons à dix nous ferons une croix.
C'était par mon adresse, ô cervelle incurable!
Qu'Anselme entreprenait cet achat favorable;
Entre mes propres mains on la devait livrer,
Et vos soins endiablés nous en viennent sevrer.
Et puis pour votre amour je m'emploierais encore!

J'aimerais mieux cent fois être grosse pécore,
Devenir cruche, chou, lanterne, loup-garou,
Et que monsieur Satan vous vînt tordre le cou.
LÉLIE, seul.
Il nous le faut mener en quelque hôtellerie,
Et faire sur les pots décharger sa furie.

FIN DU PREMIER ACTE.

ACTE DEUXIÈME.

SCÈNE I.

LÉLIE, MASCARILLE.

MASCARILLE.
A vos désirs enfin il a fallu se rendre :
Malgré tous mes serments, je n'ai pu m'en défendre,
Et pour vos intérêts, que je voulais laisser,
En de nouveaux périls viens de m'embarrasser.
Je suis ainsi facile; et si de Mascarille
Madame la nature avait fait une fille,
Je vous laisse à penser ce que ç'aurait été.
Toutefois, n'allez pas, sur cette sûreté,
Donner de vos revers au projet que je tente,
Me faire une bévue et rompre mon attente.
Auprès d'Anselme encor nous vous excuserons,
Pour en pouvoir tirer ce que nous désirons;
Mais si dorénavant votre imprudence éclate,
Adieu, vous dis, mes soins pour l'objet qui vous flatte.
LÉLIE.
Non, je serai prudent, te dis-je, ne crains rien :
Tu verras seulement...
MASCARILLE.
Souvenez-vous en bien;

J'ai commencé pour vous un hardi stratagème.
Votre père fait voir une paresse extrême
A rendre par sa mort tous vos désirs contents ;
Je viens de le tuer (de parole, j'entends) :
Je fais courir le bruit que d'une apoplexie
Le bonhomme surpris a quitté cette vie.
Mais avant, pour pouvoir mieux feindre ce trépas,
J'ai fait que vers sa grange il a porté ses pas ;
On est venu lui dire, et par mon artifice,
Que les ouvriers qui sont après son édifice,
Parmi les fondements qu'ils en jettent encor,
Avaient fait par hasard rencontre d'un trésor.
Il a volé d'abord ; et comme à la campagne
Tout son monde à présent, hors nous deux, l'accompagne,
Dans l'esprit d'un chacun, je le tue aujourd'hui,
Et produis un fantôme enseveli pour lui.
Enfin, je vous ai dit à quoi je vous engage :
Jouez bien votre rôle ; et pour mon personnage,
Si vous apercevez que j'y manque d'un mot,
Dites absolument que je ne suis qu'un sot.

SCÈNE II.

LÉLIE, seul.

Son esprit, il est vrai, trouve une étrange voie
Pour adresser mes vœux au comble de leur joie ;
Mais quand d'un bel objet on est bien amoureux,
Que ne ferait-on pas pour devenir heureux ?
Si l'amour est au crime une assez belle excuse,
Il en peut bien servir à la petite ruse
Que sa flamme aujourd'hui me force d'approuver,

Par la douceur du bien qui m'en doit arriver.
Juste ciel! qu'ils sont prompts! je les vois en parole[1].
Allons nous préparer à jouer notre rôle.

SCÈNE III.

ANSELME, MASCARILLE.

MASCARILLE.
La nouvelle a sujet de vous surprendre fort.

ANSELME.
Être mort de la sorte!

MASCARILLE.
Il a certes grand tort :
Je lui sais mauvais gré d'une telle incartade.

ANSELME.
N'avoir pas seulement le temps d'être malade!

MASCARILLE.
Non, jamais homme n'eut si hâte de mourir.

ANSELME.
Et Lélie?

MASCARILLE.
Il se bat, et ne peut rien souffrir;
Il s'est fait en maints lieux contusion et bosse,
Et veut accompagner son papa dans la fosse.
Enfin, pour achever, l'excès de son transport
M'a fait en grande hâte ensevelir le mort,
De peur que cet objet, qui le rend hypocondre,
A faire un vilain coup ne me l'allât semondre [2].

ANSELME.
N'importe, tu devais attendre jusqu'au soir;

---

[1] Causant ensemble.
[2] *Semondre*, pour exhorter, entraîner.

Outre qu'encore un coup j'aurais voulu le voir,
Qui tôt ensevelit bien souvent assassine,
Et tel est cru défunt, qui n'en a que la mine.
MASCARILLE.
Je vous le garantis trépassé comme il faut.
Au reste, pour venir au discours de tantôt,
Lélie (et l'action lui sera salutaire)
D'un bel enterrement veut régaler son père,
Et consoler un peu ce défunt de son sort,
Par le plaisir de voir faire honneur à sa mort.
Il hérite beaucoup; mais comme en ces affaires
Il se trouve assez neuf et ne voit encor guères;
Que son bien la plupart n'est point en ces quartiers,
Ou que ce qu'il y tient consiste en des papiers,
Il voudrait vous prier, ensuite de l'instance[1]
D'excuser de tantôt son trop de violence,
De lui prêter au moins pour ce dernier devoir...
ANSELME.
Tu me l'as déjà dit, et je m'en vais le voir.
MASCARILLE, seul.
Jusques ici du moins tout va le mieux du monde.
Tâchons à ce progrès que le reste réponde;
Et, de peur de trouver dans le port un écueil,
Conduisons le vaisseau de la main et de l'œil.

SCÈNE IV.

ANSELME, LÉLIE, MASCARILLE.

ANSELME.
Sortons; je ne saurais qu'avec douleur très-forte
Le voir empaqueté de cette étrange sorte.

---

[1] *Ensuite de l'instance*, pour : après vous avoir prié instamment.

Las! en si peu de temps! il vivait ce matin!
MASCARILLE.
En peu de temps parfois on fait bien du chemin.
LÉLIE, pleurant.
Ah!
ANSELME.
Mais quoi, cher Lélie! enfin il était homme.
On n'a point pour la mort de dispense de Rome.
LÉLIE.
Ah!
ANSELME.
Sans leur dire gare, elle abat les humains
Et contre eux de tout temps a de mauvais desseins.
LÉLIE.
Ah!
ANSELME.
Ce fier animal, pour toutes les prières,
Ne perdrait pas un coup de ses dents meurtrières.
Tout le monde y passe.
LÉLIE.
Ah!
MASCARILLE.
Vous avez beau prêcher,
Ce deuil enraciné ne se peut arracher.
ANSELME.
Si, malgré ces raisons, votre ennui persévère,
Mon cher Lélie, au moins, faites qu'il se modère.
LÉLIE.
Ah!
MASCARILLE.
Il n'en fera rien, je connais son humeur.
ANSELME.
Au reste, sur l'avis de votre serviteur,
J'apporte ici l'argent qui vous est nécessaire
Pour faire célébrer les obsèques d'un père.

LÉLIE.

Ah! ah!

MASCARILLE.

Comme à ce mot s'augmente sa douleur!
Il ne peut, sans mourir, songer à ce malheur.

ANSELME.

Je sais que vous verrez aux papiers du bonhomme
Que je suis débiteur d'une plus grande somme;
Mais quand par ces raisons je ne vous devrais rien,
Vous pourriez librement disposer de mon bien.
Tenez, je suis tout vôtre, et le ferai paraître.

LÉLIE, s'en allant.

Ah!

MASCARILLE.

Le grand déplaisir que sent monsieur mon maître!

ANSELME.

Mascarille, je crois qu'il serait à propos
Qu'il me fît de sa main un reçu de deux mots.

MASCARILLE.

Ah!

ANSELME.

Des événements l'incertitude est grande.

MASCARILLE.

Ah!

ANSELME.

Faisons-lui signer le mot que je demande.

MASCARILLE.

Las! en l'état qu'il est, comment vous contenter?
Donnez-lui le loisir de se désattrister;
Et quand ses déplaisirs prendront quelque allégeance,
J'aurai soin d'en tirer d'abord votre assurance.
Adieu. Je sens mon cœur qui se gonfle d'ennui,
Et m'en vais tout mon soûl pleurer avecque lui.
Ah!

ANSELME, seul.

Le monde est rempli de beaucoup de traverses;
Chaque homme tous les jours en ressent de diverses;
Et jamais ici-bas...

SCÈNE V.

PANDOLFE, ANSELME.

ANSELME.

Ah, bon Dieu! je frémi!
Pandolfe qui revient! Fût-il bien endormi!
Comme depuis sa mort sa face est amaigrie!
Las! ne m'approchez pas de plus près, je vous prie!
J'ai trop de répugnance à coudoyer un mort.

PANDOLFE.

D'où peut donc provenir ce bizarre transport?

ANSELME.

Dites-moi de bien loin quel sujet vous amène.
Si pour me dire adieu vous prenez tant de peine,
C'est trop de courtoisie, et véritablement
Je me serais passé de votre compliment.
Si votre âme est en peine et cherche des prières,
Las! je vous en promets, et ne m'effrayez guères!
Foi d'homme épouvanté, je vais faire à l'instant
Prier tant Dieu pour vous que vous serez content.

    Disparaissez donc, je vous prie,
    Et que le ciel, par sa bonté,
    Comble de joie et de santé
    Votre défunte seigneurie!

PANDOLFE, riant.

Malgré tout mon dépit, il m'y faut prendre part.

ANSELME.

Las! pour un trépassé vous êtes bien gaillard!

PANDOLFE.

Est-ce jeu, dites-nous, ou bien si c'est folie,
Qui traite de défunt une personne en vie?

ANSELME.

Hélas! vous êtes mort, et je viens de vous voir.

PANDOLFE.

Quoi! j'aurais trépassé sans m'en apercevoir?

ANSELME.

Sitôt que Mascarille en a dit la nouvelle,
J'en ai senti dans l'âme une douleur mortelle.

PANDOLFE.

Mais enfin, dormez-vous? êtes-vous éveillé?
Me connaissez-vous pas?

ANSELME.

Vous êtes habillé
D'un corps aérien qui contrefait le vôtre,
Mais qui dans un moment peut devenir tout autre.
Je crains fort de vous voir comme un géant grandir,
Et tout votre visage affreusement laidir.
Pour Dieu! ne prenez point de vilaine figure;
J'ai prou[1] de ma frayeur en cette conjoncture.

PANDOLFE.

En une autre saison cette naïveté
Dont vous accompagnez votre crédulité,
Anselme, me serait un charmant badinage,
Et j'en prolongerais le plaisir davantage;
Mais, avec cette mort, un trésor supposé,
Dont parmi les chemins on m'a désabusé,
Fomentent dans mon âme un soupçon légitime.
Mascarille est un fourbe, et fourbe fourbissime,
Sur qui ne peuvent rien la crainte et le remords,
Et qui pour ses desseins a d'étranges ressorts.

---

[1] Vieux mot qui signifiait beaucoup.

ANSELME.

M'aurait-on joué pièce et fait superchérie?
Ah, vraiment! ma raison, vous seriez fort jolie!
Touchons un peu pour voir : en effet, c'est bien lui.
Malepeste du sot que je suis aujourd'hui!
De grâce, n'allez pas divulguer un tel conte :
On en ferait jouer quelque farce à ma honte;
Mais, Pandolfe, aidez-moi vous-même à retirer
L'argent que j'ai donné pour vous faire enterrer.

PANDOLFE.

De l'argent! dites-vous? Ah! c'est donc l'enclouure!
Voilà le nœud secret de toute l'aventure.
A votre dam[1]. Pour moi, sans m'en mettre en souci,
Je vais faire informer de cette affaire ici
Contre ce Mascarille; et si l'on peut le prendre,
Quoi qu'il puisse coûter, je le veux faire pendre.

ANSELME, seul.

Et moi, la bonne dupe à trop croire un vaurien,
Il faut donc qu'aujourd'hui je perde et sens et bien!
Il me sied bien, ma foi, de porter tête grise
Et d'être encor si prompt à faire une sottise;
D'examiner si peu sur un premier rapport...
Mais je vois...

SCÈNE VI.

LÉLIE, ANSELME.

LÉLIE, sans voir Anselme.

Maintenant, avec ce passe-port,
Je puis à Trufaldin rendre aisément visite.

---

[1] *Dam*, du mot latin *damnum*, préjudice, dommage.

ANSELME.

A ce que je puis voir, votre douleur vous quitte ?

LÉLIE.

Que dites-vous ? Jamais elle ne quittera
Un cœur qui chèrement toujours la nourrira.

ANSELME.

Je reviens sur mes pas vous dire avec franchise
Que tantôt avec vous j'ai fait une méprise ;
Que parmi ces louis, quoiqu'ils semblent très-beaux,
J'en ai, sans y penser, mêlé que je tiens faux ;
Et j'apporte sur moi de quoi mettre en leur place.
De nos faux monnayeurs l'insupportable audace
Pullule en cet État d'une telle façon,
Qu'on ne reçoit plus rien qui soit hors de soupçon.
Mon Dieu, qu'on ferait bien de les faire tous pendre !

LÉLIE.

Vous me faites plaisir de les vouloir reprendre ;
Mais je n'en ai point vu de faux, comme je croi.

ANSELME.

Je les connaîtrai bien, montrez, montrez-les-moi.
Est-ce tout ?

LÉLIE.

Oui.

ANSELME.

Tant mieux. Enfin je vous raccroche,
Mon argent bien aimé ; rentrez dedans ma poche.
Et vous, mon brave escroc, vous ne tenez plus rien.
Vous tuez donc des gens qui se portent fort bien ?
Et qu'auriez vous donc fait sur moi, chétif beau-père ?
Ma foi ! je m'engendrais d'une belle manière [1],
Et j'allais prendre en vous un beau-fils fort discret !
Allez, allez mourir de honte et de regret.

---

[1] *S'engendrer*, pour se donner un gendre.

LÉLIE, seul.

Il faut dire : J'en tiens. Quelle surprise extrême !
D'où peut-il avoir su sitôt le stratagème ?

SCÈNE VII.

LÉLIE, MASCARILLE.

MASCARILLE.

Quoi ! vous étiez sorti ? Je vous cherchais partout.
Hé bien ! en sommes-nous enfin venus à bout ?
Je le donne en six coups au fourbe le plus brave.
Çà, donnez-moi, que j'aille acheter notre esclave ;
Votre rival après sera bien étonné.

LÉLIE.

Ah ! mon pauvre garçon, la chance a bien tourné !
Pourrais-tu de mon sort deviner l'injustice ?

MASCARILLE.

Quoi ? que serait-ce ?

LÉLIE.

Anselme, instruit de l'artifice,
M'a repris maintenant tout ce qu'il nous prêtait,
Sous couleur de changer de l'or que l'on doutait.

MASCARILLE.

Vous vous moquez peut-être ?

LÉLIE.

Il est trop véritable.

MASCARILLE.

Tout de bon ?

LÉLIE.

Tout de bon ; j'en suis inconsolable.

Tu te vas emporter d'un courroux sans égal.

MASCARILLE.

Moi, monsieur! Quelque sot : la colère fait mal,
Et je veux me choyer, quoi qu'enfin il arrive.
Que Célie, après tout, soit ou libre ou captive,
Que Léandre l'achète, ou qu'elle reste là,
Pour moi, je m'en soucie autant que de cela.

LÉLIE.

Ah! n'aye point pour moi si grande indifférence,
Et sois plus indulgent à ce peu d'imprudence!
Sans ce dernier malheur, ne m'avoueras-tu pas
Que j'avais fait merveille, et qu'en ce feint trépas
J'éludais un chacun d'un deuil si vraisemblable[1],
Que les plus clairvoyants l'auraient cru véritable?

MASCARILLE.

Vous avez en effet sujet de vous louer.

LÉLIE.

Hé bien! je suis coupable, et je veux l'avouer;
Mais si jamais mon bien te fut considérable,
Répare ce malheur, et me sois secourable.

MASCARILLE.

Je vous baise les mains; je n'ai pas le loisir.

LÉLIE.

Mascarille, mon fils!

MASCARILLE.

Point.

LÉLIE.

Fais-moi ce plaisir.

MASCARILLE.

Non, je n'en ferai rien.

---

[1] *J'éludais*, je trompais, je donnais le change, suivant le sens du mot latin *eludere*.

LÉLIE.
Si tu m'es inflexible,
Je m'en vais me tuer.

MASCARILLE.
Soit; il vous est loisible.

LÉLIE.
Je ne puis te fléchir?

MASCARILLE.
Non.

LÉLIE.
Vois-tu le fer prêt?

MASCARILLE.
Oui.

LÉLIE.
Je vais le pousser.

MASCARILLE.
Faites ce qu'il vous plaît.

LÉLIE.
Tu n'auras pas regret de m'arracher la vie?

MASCARILLE.
Non.

LÉLIE.
Adieu, Mascarille.

MASCARILLE.
Adieu, monsieur Lélie.

LÉLIE.
Quoi!

MASCARILLE.
Tuez-vous donc vite. Ah! que de longs devis[1]!

LÉLIE.
Tu voudrais bien, ma foi, pour avoir mes habits,
Que je fisse le sot, et que je me tuasse.

---

[1] *Devis*, discours, propos.

MASCARILLE.

Savais-je pas qu'enfin ce n'était que grimace;
Et, quoi que ces esprits jurent d'effectuer,
Qu'on n'est point aujourd'hui si prompt à se tuer.

SCÈNE VIII.

TRUFALDIN, LÉANDRE, LÉLIE, MASCARILLE.

(Trufaldin parle bas à l'oreille de Léandre.)

LÉLIE.

Que vois-je! mon rival et Trufaldin ensemble!
Il achète Célie : ah! de frayeur je tremble!

MASCARILLE.

Il ne faut point douter qu'il fera ce qu'il peut,
Et, s'il a de l'argent, qu'il pourra ce qu'il veut.
Pour moi, j'en suis ravi. Voilà la récompense
De vos brusques erreurs, de votre impatience.

LÉLIE.

Que dois-je faire? dis; veuille me conseiller.

MASCARILLE.

Je ne sais.

LÉLIE.

Laisse-moi, je vais le quereller.

MASCARILLE.

Qu'en arrivera-t-il?

LÉLIE.

Que veux-tu que je fasse
Pour empêcher ce coup?

MASCARILLE.

Allez, je vous fais grâce;
Je jette encore un œil pitoyable sur vous.
Laissez-moi l'observer; par des moyens plus doux

Je vais, comme je crois, savoir ce qu'il projette.
(Lélie sort.)

TRUFALDIN, à Léandre.

Quand on viendra tantôt, c'est une affaire faite.
(Trufaldin sort.)

MASCARILLE, à part, en s'en allant.

Il faut que je l'attrape, et que de ses desseins
Je sois le confident, pour mieux les rendre vains.

LÉANDRE, seul.

Grâces au ciel, voilà mon bonheur hors d'atteinte;
J'ai su me l'assurer, et je n'ai plus de crainte.
Quoi que désormais puisse entreprendre un rival,
Il n'est plus en pouvoir de me faire du mal.

SCÈNE IX.

LÉANDRE, MASCARILLE.

MASCARILLE dit ces deux vers dans la maison, et entre sur le théâtre.

Ahi! ahi! à l'aide! au meurtre! au secours! on m'assomme!
Ah! ah! ah! ah! ah! ah! O traître! ô bourreau d'homme!

LÉANDRE.

D'où procède cela? Qu'est-ce? que te fait-on?

MASCARILLE.

On vient de me donner deux cents coups de bâton.

LÉANDRE.

Qui?

MASCARILLE.

Lélie.

LÉANDRE.

Et pourquoi?

MASCARILLE.

Pour une bagatelle

Il me chasse, et me bat d'une façon cruelle.
LÉANDRE.
Ah! vraiment, il a tort.
MASCARILLE.
Mais, ou je ne pourrai,
Ou je jure bien fort que je m'en vengerai.
Oui, je te ferai voir, batteur que Dieu confonde,
Que ce n'est pas pour rien qu'il faut rouer le monde,
Que je suis un valet, mais fort homme d'honneur,
Et qu'après m'avoir eu quatre ans pour serviteur,
Il ne me fallait pas payer en coups de gaules,
Et me faire un affront si sensible aux épaules :
Je te le dis encor, je saurai m'en venger;
Une esclave te plaît, tu voulais m'engager
A la mettre en tes mains; et je veux faire en sorte
Qu'un autre te l'enlève, ou le diable m'emporte!
LÉANDRE.
Écoute, Mascarille, et quitte ce transport.
Tu m'as plu de tout temps, et je souhaitais fort
Qu'un garçon comme toi, plein d'esprit et fidèle,
A mon service un jour pût attacher son zèle :
Enfin, si le parti te semble bon pour toi,
Si tu veux me servir, je t'arrête avec moi.
MASCARILLE.
Oui, monsieur, d'autant mieux que le destin propice
M'offre à me bien venger en vous rendant service ;
Et que, dans mes efforts pour vos contentements,
Je puis à mon brutal trouver des châtiments :
De Célie, en un mot, par mon adresse extrême...
LÉANDRE.
Mon amour s'est rendu cet office lui-même.
Enflammé d'un objet qui n'a point de défaut,
Je viens de l'acheter moins encor qu'il ne vaut.
MASCARILLE.
Quoi! Célie est à vous?

LÉANDRE.

Tu la verrais paraître,
Si de mes actions j'étais tout à fait maître ;
Mais quoi ! mon père l'est : comme il a volonté,
Ainsi que je l'apprends d'un paquet apporté,
De me déterminer à l'hymen d'Hippolyte,
J'empêche qu'un rapport de tout ceci l'irrite.
Donc avec Trufaldin (car je sors de chez lui)
J'ai voulu tout exprès agir au nom d'autrui,
Et l'achat fait, ma bague est la marque choisie
Sur laquelle au premier [1] il doit livrer Célie.
Je songe auparavant à chercher les moyens
D'ôter aux yeux de tous ce qui charme les miens ;
A trouver promptement un endroit favorable
Où puisse être en secret cette captive aimable.

MASCARILLE.

Hors de la ville un peu, je puis avec raison
D'un vieux parent que j'ai vous offrir la maison ;
Là vous pourrez la mettre avec toute assurance,
Et de cette action nul n'aura connaissance.

LÉANDRE.

Oui, ma foi, tu me fais un plaisir souhaité.
Tiens donc, et va pour moi prendre cette beauté.
Dès que par Trufaldin ma bague sera vue,
Aussitôt en tes mains elle sera rendue,
Et dans cette maison tu me la conduiras,
Quand... Mais chut ! Hippolyte est ici sur nos pas.

---

[1] Qui se présentera.

SCÈNE X.

HIPPOLYTE, LÉANDRE, MASCARILLE.

HIPPOLYTE.

Je dois vous annoncer, Léandre, une nouvelle;
Mais la trouverez-vous agréable ou cruelle?
LÉANDRE.
Pour en pouvoir juger et répondre soudain,
Il faudrait la savoir.
HIPPOLYTE.
Donnez-moi donc la main
Jusqu'au temple; en marchant je pourrai vous l'apprendre.
LÉANDRE, à Mascarille.
Va, va-t'en me servir, sans davantage attendre.

SCÈNE XI.

MASCARILLE, seul.

Oui, je te vais servir d'un plat de ma façon.
Fut-il jamais au monde un plus heureux garçon?
Oh! que dans un moment Lélie aura de joie!
Sa maîtresse en nos mains tomber par cette voie!
Recevoir tout son bien d'où l'on attend le mal,
Et devenir heureux par la main d'un rival!
Après ce rare exploit, je veux que l'on s'apprête
A me peindre en héros, un laurier sur la tête,
Et qu'au bas du portrait on mette en lettres d'or:
Vivat Mascarillus, fourbum imperator!

SCÈNE XII.

TRUFALDIN, MASCARILLE.

MASCARILLE.
Holà !
TRUFALDIN.
Que voulez-vous ?
MASCARILLE.
Cette bague connue
Vous dira le sujet qui cause ma venue.
TRUFALDIN.
Oui, je reconnais bien la bague que voilà.
Je vais quérir l'esclave, arrêtez un peu là.

SCÈNE XIII.

LE COURRIER, TRUFALDIN, MASCARILLE.

LE COURRIER, à Trufaldin.
Seigneur, obligez-moi de m'enseigner un homme...
TRUFALDIN.
Et qui ?
LE COURRIER.
Je crois que c'est Trufaldin qu'il se nomme.
TRUFALDIN.
Et que lui voulez-vous ? Vous le voyez ici.
LE COURRIER.
Lui rendre seulement la lettre que voici.
TRUFALDIN lit.
« Le ciel, dont la bonté prend souci de ma vie,

» Vient de me faire ouïr, par un bruit assez doux,
» Que ma fille, à quatre ans par des voleurs ravie,
» Sous le nom de Célie est esclave chez vous.

» Si vous sûtes jamais ce que c'est qu'être père,
» Et vous trouvez sensible aux tendresses du sang,
» Conservez-moi chez vous cette fille si chère,
» Comme si de la vôtre elle tenait le rang.

» Pour l'aller retirer je pars d'ici moi-même,
» Et vous vais de vos soins récompenser si bien,
» Que par votre bonheur, que je veux rendre extrême,
» Vous bénirez le jour où vous causez le mien.
    » De Madrid.   » DON PEDRO DE GUSMAN,
                    » *Marquis de Montalcane.* »

(Il continue.)
Quoiqu'à leur nation bien peu de foi soit due [1],
Ils me l'avaient bien dit, ceux qui me l'ont vendue.
Que je verrais dans peu quelqu'un la retirer,
Et que je n'aurais pas sujet d'en murmurer;
Et cependant j'allais, dans mon impatience,
Perdre aujourd'hui les fruits d'une haute espérance.
    (Au courrier.)
Un seul moment plus tard tous vos pas étaient vains,
J'allais mettre à l'instant cette fille en ses mains.
Mais suffit; j'en aurai tout le soin qu'on désire.
    (A Mascarille.)   (Le courrier sort.)
Vous-même vous voyez ce que je viens de lire.
Vous direz à celui qui vous a fait venir
Que je ne lui saurais ma parole tenir;
Qu'il vienne retirer son argent.
          MASCARILLE.
                    Mais l'outrage

---

[1] Ce sont des Égyptiens qui ont vendu Célie à Trufaldin.

Que vous lui faites...

TRUFALDIN.

Va, sans causer davantage.

MASCARILLE, seul.

Ah! le fâcheux paquet que nous venons d'avoir!
Le sort a bien donné la baie [1] à mon espoir;
Et bien à la male heure est-il venu d'Espagne
Ce courrier, que la foudre ou la grêle accompagne!
Jamais certes, jamais plus beau commencement
N'eut en si peu de temps plus triste événement.

SCÈNE XIV.

LÉLIE, riant; MASCARILLE.

MASCARILLE.

Quel beau transport de joie à présent vous inspire?

LÉLIE.

Laisse-m'en rire encore avant que te le dire.

MASCARILLE.

Çà, rions donc bien fort, nous en avons sujet.

LÉLIE.

Ah! je ne serai plus de tes plaintes l'objet.
Tu ne me diras plus, toi qui toujours me cries,
Que je gâte en brouillon toutes tes fourberies.
J'ai bien joué moi-même un tour des plus adroits.
Il est vrai, je suis prompt, et m'emporte parfois;
Mais pourtant, quand je veux, j'ai l'imaginative
Aussi bonne, en effet, que personne qui vive,
Et toi-même avoueras que ce que j'ai fait, part
D'une pointe d'esprit où peu de monde a part.

---

[1] *Baie,* mensonge, fausse promesse.

MASCARILLE.

Sachons donc ce qu'a fait cette imaginative.

LÉLIE.

Tantôt, l'esprit ému d'une frayeur bien vive
D'avoir vu Trufaldin avecque mon rival,
Je songeais à trouver un remède à ce mal,
Lorsque, me ramassant tout entier en moi-même,
J'ai conçu, digéré, produit un stratagème
Devant qui tous les tiens, dont tu fais tant de cas,
Doivent sans contredit mettre pavillon bas.

MASCARILLE.

Mais qu'est-ce?

LÉLIE.

Ah! s'il te plaît, donne-toi patience.
J'ai donc feint une lettre avecque diligence,
Comme d'un grand seigneur écrite à Trufaldin,
Qui mande qu'ayant su, par un heureux destin,
Qu'une esclave qu'il tient sous le nom de Célie
Est sa fille, autrefois par des voleurs ravie,
Il veut la venir prendre, et le conjure au moins
De la garder toujours, de lui rendre ses soins;
Qu'à ce sujet il part d'Espagne, et doit pour elle
Par de si grands présents reconnaître son zèle,
Qu'il n'aura point regret de causer son bonheur.

MASCARILLE.

Fort bien.

LÉLIE.

Écoute donc, voici bien le meilleur.
La lettre que je dis a donc été remise;
Mais sais-tu bien comment? En saison si bien prise,
Que le porteur m'a dit que, sans ce trait falot [1],
Un homme l'emmenait, qui s'est trouvé fort sot.

---

[1] *Falot,* plaisant et gai.

MASCARILLE.
Vous avez fait ce coup sans vous donner au diable?
LÉLIE.
Oui. D'un tour si subtil m'aurais-tu cru capable?
Loue au moins mon adresse et la dextérité
Dont je romps d'un rival le dessein concerté.
MASCARILLE.
A vous pouvoir louer selon votre mérite,
Je manque d'éloquence, et ma force est petite.
Oui, pour bien étaler cet effort relevé,
Ce bel exploit de guerre à nos yeux achevé,
Ce grand et rare effet d'une imaginative
Qui ne cède en vigueur à personne qui vive,
Ma langue est impuissante, et je voudrais avoir
Celle de tous les gens du plus exquis savoir,
Pour vous dire en beaux vers, ou bien en docte prose,
Que vous serez toujours, quoi que l'on se propose,
Tout ce que vous avez été durant vos jours;
C'est-à-dire un esprit chaussé tout à rebours,
Une raison malade et toujours en débauche,
Un envers du bon sens, un jugement à gauche,
Un brouillon, une bête, un brusque, un étourdi,
Que sais-je? un... cent fois plus encor que je ne di
C'est faire en abrégé votre panégyrique.
LÉLIE.
Apprends-moi le sujet qui contre moi te pique;
Ai-je fait quelque chose? Éclaircis-moi ce point.
MASCARILLE.
Non, vous n'avez rien fait; mais ne me suivez point.
LÉLIE.
Je te suivrai partout, pour savoir ce mystère.
MASCARILLE.
Oui? Sus donc, préparez vos jambes à bien faire;

Car je vais vous fournir de quoi les exercer.

LÉLIE, seul.

Il m'échappe. O malheur qui ne se peut forcer !
Au discours qu'il m'a fait que saurais-je comprendre ?
Et quel mauvais office aurais-je pu me rendre ?

FIN DU DEUXIÈME ACTE.

ACTE TROISIÈME.

SCÈNE I.

MASCARILLE, seul.

Taisez-vous, ma bonté, cessez votre entretien,
Vous êtes une sotte, et je n'en ferai rien.
Oui, vous avez raison, mon courroux, je l'avoue;
Relier tant de fois ce qu'un brouillon dénoue,
C'est trop de patience; et je dois en sortir,
Après de si beaux coups qu'il a su divertir[1].
Mais aussi raisonnons un peu sans violence.
Si je suis maintenant ma juste impatience,
On dira que je cède à la difficulté,
Que je me trouve à bout de ma subtilité;
Et que deviendra lors cette publique estime,
Qui te vante partout pour un fourbe sublime,
Et que tu t'es acquise en tant d'occasions,
A ne t'être jamais vu court d'inventions?
L'honneur, ô Mascarille, est une belle chose.
A tes nobles travaux ne fais aucune pause;
Et, quoi qu'un maître ait fait pour te faire enrager,
Achève pour ta gloire, et non pour l'obliger.

---

[1] *Divertir*, détourner, suivant l'étymologie latine *divertere*.

Mais quoi! que feras-tu, que de l'eau toute claire?
Traversé sans repos par ce démon contraire,
Tu vois qu'à chaque instant il te fait déchanter,
Et que c'est battre l'eau de prétendre arrêter
Ce torrent effréné, qui de tes artifices
Renverse en un moment les plus beaux édifices.
Hé bien! pour toute grâce, encore un coup du moins,
Au hasard du succès sacrifions des soins;
Et s'il poursuit encore à rompre notre chance,
J'y consens, ôtons-lui toute notre assistance.
Cependant notre affaire encor n'irait pas mal
Si par là nous pouvions perdre notre rival,
Et que Léandre enfin, lassé de sa poursuite,
Nous laissât jour entier pour ce que je médite.
Oui, je roule en ma tête un trait ingénieux,
Dont je promettrais bien un succès glorieux
Si je puis n'avoir plus cet obstacle à combattre.
Bon! voyons si son feu se rend opiniâtre.

SCÈNE II.

LÉANDRE, MASCARILLE.

MASCARILLE.

Monsieur, j'ai perdu temps, votre homme se dédit.

LÉANDRE.

De la chose lui-même il m'a fait un récit;
Mais c'est bien plus; j'ai su que tout ce beau mystère
D'un rapt d'Égyptiens, d'un grand seigneur pour père,
Qui doit partir d'Espagne et venir en ces lieux,
N'est qu'un pur stratagème, un trait facétieux,
Une histoire à plaisir, un conte dont Lélie
A voulu détourner notre achat de Célie.

MASCARILLE.

Voyez un peu la fourbe !

LÉANDRE.

Et pourtant Trufaldin
Est si bien imprimé de ce conte badin,
Mord si bien à l'appât de cette faible ruse,
Qu'il ne veut point souffrir que l'on le désabuse.

MASCARILLE.

C'est pourquoi désormais il la gardera bien,
Et je ne vois pas lieu d'y prétendre plus rien.

LÉANDRE.

Si d'abord à mes yeux elle parut aimable,
Je viens de la trouver tout à fait adorable;
Et je suis en suspens si pour me l'acquérir
Aux extrêmes moyens je ne dois point courir,
Par le don de ma foi rompre sa destinée
Et changer ses liens en ceux de l'hyménée.

MASCARILLE.

Vous pourriez l'épouser ?

LÉANDRE.

Je ne sais; mais enfin,
Si quelque obscurité se trouve en son destin,
Sa grâce et sa vertu sont de douces amorces,
Qui pour tirer les cœurs ont d'incroyables forces.

MASCARILLE.

Sa vertu, dites-vous ?

LÉANDRE.

Quoi ? que murmures-tu ?
Achève, explique-toi sur ce mot de vertu.

MASCARILLE.

Monsieur, votre visage en un moment s'altère,
Et je ferai bien mieux peut-être de me taire.

LÉANDRE.

Non, non, parle.

MASCARILLE.

Hé bien donc, très-charitablement
Je vous veux retirer de votre aveuglement.
Cette fille...

LÉANDRE.

Poursuis.

MASCARILLE.

N'est rien moins qu'inhumaine;
Dans le particulier elle oblige sans peine,
Et son cœur, croyez-moi, n'est point roche, après tout,
A quiconque la sait prendre par le bon bout.
Elle fait la sucrée, et veut passer pour prude,
Mais je puis en parler avecque certitude :
Vous savez que je suis quelque peu du métier
A me devoir connaître en un pareil gibier.

LÉANDRE.

Célie...

MASCARILLE.

Oui, sa pudeur n'est que franche grimace,
Qu'une ombre de vertu qui garde mal la place,
Et qui s'évanouit, comme l'on peut savoir,
Aux rayons du soleil qu'une bourse fait voir.

LÉANDRE.

Las! que dis-tu? Croirai-je un discours de la sorte?

MASCARILLE.

Monsieur, les volontés sont libres; que m'importe?
Non, ne me croyez pas, suivez votre dessein :
Prenez cette matoise, et lui donnez la main;
Toute la ville en corps reconnaîtra ce zèle,
Et vous épouserez le bien public en elle.

LÉANDRE.

Quelle surprise étrange!

MASCARILLE, à part.

Il a pris l'hameçon.

Courage! s'il se peut enferrer tout de bon,
Nous nous ôtons du pied une fâcheuse épine.
LÉANDRE.
Oui, d'un coup étonnant ce discours m'assassine.
MASCARILLE.
Quoi! vous pourriez...
LÉANDRE.
Va-t'en jusqu'à la poste, et voi
Je ne sais quel paquet qui doit venir pour moi.
(Seul, après avoir rêvé.)
Qui ne s'y fût trompé? Jamais l'air d'un visage,
Si ce qu'il dit est vrai, n'imposa davantage.

SCÈNE III.

LÉLIE, LÉANDRE.

LÉLIE.
Du chagrin qui vous tient quel peut être l'objet?
LÉANDRE.
Moi?
LÉLIE.
Vous-même.
LÉANDRE.
Pourtant je n'en ai point sujet.
LÉLIE.
Je vois bien ce que c'est, Célie en est la cause.
LÉANDRE.
Mon esprit ne court pas après si peu de chose.
LÉLIE.
Pour elle vous aviez pourtant de grands desseins;
Mais il faut dire ainsi, lorsqu'ils se trouvent vains.

LÉANDRE.

Si j'étais assez sot pour chérir ses caresses,
Je me moquerais bien de toutes vos finesses.

LÉLIE.

Quelles finesses donc?

LÉANDRE.

Mon Dieu! nous savons tout.

LÉLIE.

Quoi?

LÉANDRE.

Votre procédé de l'un à l'autre bout.

LÉLIE.

C'est de l'hébreu pour moi, je n'y puis rien comprendre.

LÉANDRE.

Feignez, si vous voulez, de ne me pas entendre;
Mais, croyez-moi, cessez de craindre pour un bien
Où je serais fâché de vous disputer rien.
J'aime fort la beauté qui n'est point profanée,
Et ne veux point brûler pour une abandonnée.

LÉLIE.

Tout beau, tout beau, Léandre!

LÉANDRE.

Ah! que vous êtes bon!
Allez, vous dis-je encor, servez-la sans soupçon;
Vous pourrez vous nommer homme à bonnes fortunes.
Il est vrai, sa beauté n'est pas des plus communes;
Mais en revanche aussi le reste est fort commun.

LÉLIE.

Léandre, arrêtons là ce discours importun.
Contre moi, tant d'efforts qu'il vous plaira pour elle[1];
Mais surtout retenez cette atteinte mortelle.
Sachez que je m'impute à trop de lâcheté

---

[1] Sous-entendu : faites.

D'entendre mal parler de ma divinité;
Et que j'aurai toujours bien moins de répugnance
A souffrir votre amour qu'un discours qui l'offense.
LÉANDRE.
Ce que j'avance ici me vient de bonne part.
LÉLIE.
Quiconque vous l'a dit est un lâche, un pendard.
On ne peut imposer de tache à cette fille,
Je connais bien son cœur.
LÉANDRE.
Mais, enfin, Mascarille
D'un semblable procès est juge compétent;
C'est lui qui la condamne.
LÉLIE.
Oui!
LÉANDRE.
Lui-même.
LÉLIE.
Il prétend
D'une fille d'honneur insolemment médire,
Et que peut-être encor je n'en ferai que rire!
Gage qu'il se dédit.
LÉANDRE.
Et moi, gage que non.
LÉLIE.
Parbleu! je le ferais mourir sous le bâton,
S'il m'avait soutenu des faussetés pareilles.
LÉANDRE.
Moi, je lui couperais sur-le-champ les oreilles,
S'il n'était pas garant de tout ce qu'il m'a dit.

SCÈNE IV.

LÉLIE, LÉANDRE, MASCARILLE.

LÉLIE.

Ah! bon, bon, le voilà; venez çà, chien maudit.

MASCARILLE.

Quoi ?

LÉLIE.

Langue de serpent, fertile en impostures,
Vous osez sur Célie attacher vos morsures,
Et lui calomnier la plus rare vertu
Qui puisse faire éclat sous un sort abattu?

MASCARILLE, bas à Lélie.

Doucement, ce discours est de mon industrie.

LÉLIE.

Non, non, point de clin d'œil et point de raillerie;
Je suis aveugle à tout, sourd à quoi que ce soit;
Fût-ce mon propre frère, il me la payerait,
Et sur ce que j'adore oser porter le blâme,
C'est me faire une plaie au plus tendre de l'âme.
Tous ces signes sont vains. Quels discours as-tu faits?

MASCARILLE.

Mon Dieu! ne cherchons point querelle, ou je m'en vais.

LÉLIE.

Tu n'échapperas pas.

MASCARILLE.

Ahi!

LÉLIE.

Parle donc, confesse.

ACTE III. SCÈNE IV.

MASCARILLE, bas à Lélie.

Laissez-moi, je vous dis que c'est un tour d'adresse.

LÉLIE.

Dépêche; qu'as-tu dit? Vide entre nous ce point.

MASCARILLE, bas à Lélie.

J'ai dit ce que j'ai dit : ne vous emportez point.

LÉLIE, mettant l'épée à la main.

Ah! je vous ferai bien parler d'une autre sorte !

LÉANDRE, l'arrêtant.

Halte un peu, retenez l'ardeur qui vous emporte.

MASCARILLE, à part.

Fut-il jamais au monde un esprit moins sensé?

LÉLIE

Laissez-moi contenter mon courage offensé.

LÉANDRE.

C'est trop que de vouloir le battre en ma présence.

LÉLIE.

Quoi! châtier mes gens n'est pas en ma puissance?

LÉANDRE.

Comment! vos gens?

MASCARILLE, à part.

Encore! Il va tout découvrir.

LÉLIE.

Quand j'aurais volonté de le battre à mourir.
Hé bien! c'est mon valet.

LÉANDRE.

C'est maintenant le nôtre.

LÉLIE.

Le trait est admirable! Et comment donc le vôtre?

LÉANDRE.

Sans doute.

MASCARILLE, bas à Lélie.

Doucement.

LÉLIE.

Hem! que veux-tu conter?

MASCARILLE, à part.

Ah! le double bourreau, qui me va tout gâter,
Et qui ne comprend rien, quelque signe qu'on donne!

LÉLIE.

Vous rêvez bien, Léandre, et me la baillez bonne.
Il n'est pas mon valet?

LÉANDRE.

Pour quelque mal commis,
Hors de votre service il n'a pas été mis?

LÉLIE.

Je ne sais ce que c'est.

LÉANDRE.

Et, plein de violence,
Vous n'avez pas chargé son dos avec outrance?

LÉLIE.

Point du tout. Moi, l'avoir chassé, roué de coups!
Vous vous moquez de moi, Léandre, ou lui de vous.

MASCARILLE, à part.

Pousse, pousse, bourreau; tu fais bien tes affaires.

LÉANDRE, à Mascarille.

Donc les coups de bâton ne sont qu'imaginaires?

MASCARILLE.

Il ne sait ce qu'il dit; sa mémoire...

LÉANDRE.

Non, non!
Tous ces signes pour toi ne disent rien de bon.
Oui, d'un tour délicat mon esprit te soupçonne;
Mais pour l'invention, va, je te le pardonne.
C'est bien assez pour moi qu'il m'a désabusé,
De voir par quels motifs tu m'avais imposé,

Et que m'étant commis à ton zèle hypocrite,
A si bon compte encor je m'en sois trouvé quitte.
Ceci doit s'appeler un *avis au lecteur*.
Adieu, Lélie, adieu ; très-humble serviteur.

SCÈNE V.

LÉLIE, MASCARILLE.

MASCARILLE.

Courage, mon garçon ! tout heur nous accompagne :
Mettons flamberge au vent et bravoure en campagne ;
Faisons *l'Olibrius, l'occiseur d'innocents*.

LÉLIE.
Il t'avait accusé de discours médisants
Contre...

MASCARILLE.
    Et vous ne pouviez souffrir mon artifice,
Lui laisser son erreur, qui vous rendait service,
Et par qui son amour s'en était presque allé ?
Non, il a l'esprit franc, et point dissimulé.
Enfin chez son rival je m'ancre avec adresse,
Cette fourbe en mes mains va mettre sa maîtresse,
Il me la fait manquer avec de faux rapports ;
Je veux de son rival alentir les transports,
Mon brave incontinent vient qui le désabuse ;
J'ai beau lui faire signe, et montrer que c'est ruse ;
Point d'affaire ; il poursuit sa pointe jusqu'au bout,
Et n'est point satisfait qu'il n'ait découvert tout.
Grand et sublime effort d'une imaginative
Qui ne le cède point à personne qui vive !

C'est une rare pièce, et digne, sur ma foi,
Qu'on en fasse présent au cabinet d'un roi.

LÉLIE.

Je ne m'étonne pas si je romps tes attentes ;
A moins d'être informé des choses que tu tentes,
J'en ferais encor cent de la sorte.

MASCARILLE.

Tant pis.

LÉLIE.

Au moins, pour t'emporter à de justes dépits,
Fais-moi dans tes desseins entrer de quelque chose.
Mais que de leurs ressorts[1] la porte me soit close,
C'est ce qui fait toujours que je suis pris sans vert.

MASCARILLE.

Je crois que vous seriez un maître d'arme expert :
Vous savez à merveille, en toutes aventures,
Prendre les contre-temps et rompre les mesures.

LÉLIE.

Puisque la chose est faite, il n'y faut plus penser.
Mon rival, en tout cas, ne peut me traverser ;
Et pourvu que tes soins, en qui je me repose...

MASCARILLE.

Laissons là ce discours, et parlons d'autre chose.
Je ne m'apaise pas, non, si facilement ;
Je suis trop en colère. Il faut premièrement
Me rendre un bon office, et nous verrons ensuite
Si je dois de vos feux reprendre la conduite.

LÉLIE.

S'il ne tient qu'à cela, je n'y résiste pas.
As-tu besoin, dis-moi, de mon sang, de mes bras ?

MASCARILLE.

De quelle vision sa cervelle est frappée !

---

[1] *Ressorts*, pour intrigues, machinations.

ACTE III. SCÈNE V.

Vous êtes de l'humeur de ces amis d'épée
Que l'on trouve toujours plus prompts à dégaîner
Qu'à tirer un teston[1], s'il fallait le donner.

LÉLIE.

Que puis-je donc pour toi?

MASCARILLE.

C'est que de votre père
Il faut absolument apaiser la colère.

LÉLIE.

Nous avons fait la paix.

MASCARILLE.

Oui; mais non pas pour nous.
Je l'ai fait, ce matin, mort pour l'amour de vous;
La vision le choque, et de pareilles feintes
Aux vieillards comme lui sont de dures atteintes,
Qui sur l'état prochain de leur condition
Leur font faire à regret triste réflexion.
Le bonhomme, tout vieux, chérit fort la lumière,
Et ne veut point de jeu dessus cette matière;
Il craint le pronostic, et, contre moi fâché,
On m'a dit qu'en justice il m'avait recherché.
J'ai peur, si le logis du roi[2] fait ma demeure,
De m'y trouver si bien dès le premier quart d'heure,
Que j'aye peine aussi d'en sortir par après.
Contre moi dès longtemps l'on a force décrets;
Car enfin la vertu n'est jamais sans envie,
Et dans ce maudit siècle est toujours poursuivie.
Allez donc le fléchir.

LÉLIE.

Oui, nous le fléchirons :

---

[1] Le teston était une vieille monnaie valant dix sous tournois.
[2] *Le logis du roi*, la prison.

Mais aussi tu promets...

MASCARILLE.

Ah! mon Dieu, nous verrons.
(Lélie sort.)

Ma foi, prenons haleine après tant de fatigues.
Cessons pour quelque temps le cours de nos intrigues
Et de nous tourmenter de même qu'un lutin.
Léandre pour nous nuire est hors de garde enfin,
Et Célie arrêtée avecque l'artifice...

SCÈNE VI.

ERGASTE, MASCARILLE.

ERGASTE.

Je te cherchais partout pour te rendre un service,
Pour te donner avis d'un secret important.

MASCARILLE.

Quoi donc?

ERGASTE.

N'avons-nous point ici quelque écoutant?

MASCARILLE.

Non.

ERGASTE.

Nous sommes amis autant qu'on le peut être :
Je sais bien tes desseins et l'amour de ton maître;
Songez à vous tantôt. Léandre fait parti[1]
Pour enlever Célie; et je suis averti
Qu'il a mis ordre à tout, et qu'il se persuade

---

[1] *Fait parti*, monte un coup, forme un complot.

ACTE III. SCÈNE VII.

D'entrer chez Trufaldin par une mascarade,
Ayant su qu'en ce temps, assez souvent le soir,
Des femmes du quartier en masque l'allaient voir.

MASCARILLE.

Oui? Suffit; il n'est pas au comble de sa joie :
Je pourrai bien tantôt lui souffler cette proie;
Et contre cet assaut je sais un coup fourré
Par qui je veux qu'il soit de lui-même enferré.
Il ne sait pas les dons dont mon âme est pourvue.
Adieu; nous boirons pinte à la première vue.

SCÈNE VII.

MASCARILLE, seul.

Il faut, il faut tirer à nous ce que d'heureux
Pourrait avoir en soi ce projet amoureux,
Et par une surprise adroite et non commune,
Sans courir le danger, en tenter la fortune.
Si je vais me masquer pour devancer ses pas,
Léandre assurément ne nous bravera pas;
Et là, premier que lui[1], si nous faisons la prise,
Il aura fait pour nous les frais de l'entreprise,
Puisque par son dessein, déjà presque éventé,
Le soupçon tombera toujours de son côté,
Et que nous, à couvert de toutes ses poursuites,
De ce coup hasardeux ne craindrons point les suites.
C'est ne se point commettre à faire de l'éclat
Et tirer les marrons de la patte du chat.
Allons donc nous masquer avec quelques bons frères;

---

[1] *Premier que lui*, pour : avant lui.

Pour prévenir nos gens il ne faut tarder guères.
Je sais où gît le lièvre, et me puis, sans travail,
Fournir en un moment d'hommes et d'attirail.
Croyez que je mets bien mon adresse en usage :
Si j'ai reçu du ciel les fourbes en partage,
Je ne suis point au rang de ces esprits mal nés
Qui cachent les talents que Dieu leur a donnés.

SCÈNE VIII.

LÉLIE, ERGASTE.

LÉLIE.

Il prétend l'enlever avec sa mascarade?

ERGASTE.

Il n'est rien plus certain. Quelqu'un de sa brigade
M'ayant de ce dessein instruit, sans m'arrêter
A Mascarille lors j'ai couru tout conter,
Qui s'en va, m'a-t-il dit, rompre cette partie
Par une invention dessus-le-champ bâtie;
Et comme je vous ai rencontré par hasard,
J'ai cru que je devais de tout vous faire part.

LÉLIE.

Tu m'obliges par trop avec cette nouvelle :
Va, je reconnaîtrai ce service fidèle.

SCÈNE IX.

LÉLIE, seul.

Mon drôle assurément leur jouera quelque trait;
Mais je veux de ma part seconder son projet.
Il ne sera pas dit qu'en un fait qui me touche

Je ne me sois non plus remué qu'une souche.
Voici l'heure, ils seront surpris à mon aspect.
Foin! que n'ai-je avec moi pris mon porte-respect[1]!
Mais vienne qui voudra contre notre personne,
J'ai deux bons pistolets, et mon épée est bonne.
Holà! quelqu'un, un mot!

SCÈNE X.

TRUFALDIN, à sa fenêtre; LÉLIE.

TRUFALDIN.

Qu'est-ce? qui me vient voir?

LÉLIE.

Fermez soigneusement votre porte ce soir.

TRUFALDIN.

Pourquoi?

LÉLIE.

Certaines gens font une mascarade
Pour vous venir donner une fâcheuse aubade;
Ils veulent enlever votre Célie.

TRUFALDIN.

O dieux!

LÉLIE.

Et sans doute bientôt ils viennent en ces lieux.
Demeurez; vous pourrez voir tout de la fenêtre.
Eh bien! qu'avais-je dit? Les voyez-vous paraître?
Chut! je veux à vos yeux leur en faire l'affront.
Nous allons voir beau jeu, si la corde ne rompt[2].

---

[1] Un bâton.
[2] Métaphore populaire, allusion aux danseurs de corde.

SCÈNE XI.

LÉLIE, TRUFALDIN, MASCARILLE et sa suite masqués.

TRUFALDIN.

Oh! les plaisants robins[1], qui pensent me surprendre!

LÉLIE.

Masques, où courez-vous? Le pourrait-on apprendre?
Trufaldin, ouvrez-leur pour jouer un momon[2].

(A Mascarille, déguisé en femme.)

Bon Dieu! qu'elle est jolie, et qu'elle a l'air mignon!
Eh quoi! vous murmurez? mais, sans vous faire outrage,
Peut-on lever le masque, et voir votre visage?

TRUFALDIN.

Allez, fourbes méchants, retirez-vous d'ici,
Canaille; et vous, seigneur, bonsoir et grand merci.

SCÈNE XII.

LÉLIE, MASCARILLE.

LÉLIE, après avoir démasqué Mascarille.

Mascarille, est-ce toi?

MASCARILLE.

Nenni dà, c'est quelque autre.

LÉLIE.

Hélas! quelle surprise! et quel sort est le nôtre!

---

[1] Gens portant robe.
[2] Espèce de pari que les masques faisaient entre eux sur un coup de dé.

ACTE III. SCÈNE XIII.

L'aurais-je deviné, n'étant point averti
Des secrètes raisons qui l'avaient travesti !
Malheureux que je suis d'avoir, dessous ce masque,
Été, sans y penser, te faire cette frasque !
Il me prendrait envie, en ce juste courroux,
De me battre moi-même et me donner cent coups.

MASCARILLE.

Adieu, sublime esprit, rare imaginative.

LÉLIE.

Las ! si de ton secours ta colère me prive,
A quel saint me vouerai-je ?

MASCARILLE.

                      Au grand diable d'enfer.

LÉLIE.

Ah ! si ton cœur pour moi n'est de bronze ou de fer,
Qu'encore un coup du moins mon imprudence ait grâce !
S'il faut pour l'obtenir que tes genoux j'embrasse,
Vois-moi...

MASCARILLE.

      Tarare ! Allons, camarades, allons :
J'entends venir des gens qui sont sur nos talons.

SCÈNE XIII.

LÉANDRE et sa suite, masqués ; TRUFALDIN, à sa fenêtre.

LÉANDRE.

Sans bruit ; ne faisons rien que de la bonne sorte.

TRUFALDIN.

Quoi ! masques toute nuit assiégeront ma porte !
Messieurs, ne gagnez point de rhumes à plaisir ;
Tout cerveau qui le fait est certes de loisir.
Il est un peu trop tard pour enlever Célie ;

Dispensez-l'en ce soir, elle vous en supplie;
La belle est dans le lit, et ne peut vous parler;
J'en suis fâché pour vous. Mais, pour vous régaler[1]
Du souci qui pour elle ici vous inquiète,
Elle vous fait présent de cette cassolette.

LÉANDRE.

Fi! cela sent mauvais, et je suis tout gâté;
Nous sommes découverts, tirons de ce côté.

FIN DU TROISIÈME ACTE.

[1] *Régaler*, indemniser, récompenser.

ACTE QUATRIÈME.

SCÈNE I.

LÉLIE, déguisé en Arménien; MASCARILLE.

MASCARILLE.
Vous voilà fagoté d'une plaisante sorte.

LÉLIE.
Tu ranimes par là mon espérance morte.

MASCARILLE.
Toujours de ma colère on me voit revenir;
J'ai beau jurer, pester, je ne m'en puis tenir.

LÉLIE.
Aussi crois, si jamais je suis dans la puissance,
Que tu seras content de ma reconnaissance,
Et que, quand je n'aurais qu'un seul morceau de pain...

MASCARILLE.
Baste, songez à vous dans ce nouveau dessein.
Au moins, si l'on vous voit commettre une sottise,
Vous n'imputerez plus l'erreur à la surprise,
Votre rôle en ce jeu par cœur doit être su.

LÉLIE.
Mais comment Trufaldin chez lui t'a-t-il reçu?

MASCARILLE.

D'un zèle simulé j'ai bridé le bon sire ;
Avec empressement je suis venu lui dire,
S'il ne songeait à lui, que l'on le surprendrait;
Que l'on couchait en joue, et de plus d'un endroit,
Celle dont il a vu qu'une lettre en avance
Avait si faussement divulgué la naissance ;
Qu'on avait bien voulu m'y mêler quelque peu;
Mais que j'avais tiré mon épingle du jeu,
Et que, touché d'ardeur pour ce qui le regarde,
Je venais l'avertir de se donner de garde.
De là, moralisant, j'ai fait de grands discours
Sur les fourbes qu'on voit ici-bas tous les jours;
Que, pour moi, las du monde et de sa vie infâme,
Je voulais travailler au salut de mon âme,
A m'éloigner du trouble, et pouvoir longuement
Près de quelque honnête homme être paisiblement;
Que, s'il le trouvait bon, je n'aurais d'autre envie
Que de passer chez lui le reste de ma vie ;
Et que même à tel point il m'avait su ravir,
Que, sans lui demander gages pour le servir,
Je mettrais en ses mains, que je tenais certaines,
Quelque bien de mon père et le fruit de mes peines,
Dont, avenant que Dieu de ce monde m'ôtât,
J'entendais tout de bon que lui seul héritât.
C'était le vrai moyen d'acquérir sa tendresse.
Et comme, pour résoudre avec votre maîtresse
Des biais qu'on doit prendre à terminer vos vœux,
Je voulais en secret vous aboucher tous deux,
Lui-même a su m'ouvrir une voie assez belle
De pouvoir hautement vous loger avec elle,
Venant m'entretenir d'un fils privé du jour,
Dont, cette nuit, en songe il a vu le retour.
A ce propos voici l'histoire qu'il m'a dite,
Et sur qui j'ai tantôt notre fourbe construite.

LÉLIE.
C'est assez, je sais tout : tu me l'as dit deux fois.
MASCARILLE.
Oui, oui; mais quand j'aurais passé jusques à trois,
Peut-être encor qu'avec toute sa suffisance
Votre esprit manquera dans quelque circonstance.
LÉLIE.
Mais à tant différer je me fais de l'effort.
MASCARILLE.
Ah! de peur de tomber, ne courons pas si fort!
Voyez-vous? vous avez la caboche un peu dure.
Rendez-vous affermi dessus cette aventure.
Autrefois Trufaldin de Naples est sorti,
Et s'appelait alors Zanobio Ruberti;
Un parti qui causa quelque émeute civile,
Dont il fut seulement soupçonné dans sa ville
(De fait il n'est pas homme à troubler un État),
L'obligea d'en sortir une nuit sans éclat.
Une fille fort jeune et sa femme laissées,
A quelque temps de là se trouvant trépassées,
Il en eut la nouvelle, et, dans ce grand ennui,
Voulant dans quelque ville emmener avec lui,
Outre ses biens, l'espoir qui restait de sa race,
Un sien fils, écolier, qui se nommait Horace,
Il écrit à Bologne, où, pour mieux être instruit,
Un certain maître Albert, jeune l'avait conduit;
Mais, pour se joindre tous, le rendez-vous qu'il donne
Durant deux ans entiers ne lui fit voir personne :
Si bien que, les jugeant morts après ce temps-là,
Il vint en cette ville, et prit le nom qu'il a,
Sans que de cet Albert, ni de ce fils Horace,
Douze ans aient découvert jamais la moindre trace.
Voilà l'histoire en gros, redite seulement
Afin de vous servir ici de fondement.
Maintenant vous serez un marchand d'Arménie,

Qui les aurez vus sains l'un et l'autre en Turquie.
Si j'ai, plus tôt qu'aucun, un tel moyen trouvé
Pour les ressusciter sur ce qu'il a rêvé,
C'est qu'en fait d'aventure il est très-ordinaire
De voir gens pris sur mer par quelque Turc corsaire,
Puis être à leur famille à point nommé rendus,
Après quinze ou vingt ans qu'on les a crus perdus.
Pour moi, j'ai vu déjà cent contes de la sorte.
Sans nous alambiquer, servons-nous-en ; qu'importe ?
Vous leur aurez ouï leur disgrâce conter,
Et leur aurez fourni de quoi se racheter ;
Mais[1] que, parti plus tôt pour chose nécessaire,
Horace vous chargea de voir ici son père
Dont il a su le sort, et chez qui vous devez
Attendre quelques jours qu'ils seraient arrivés.
Je vous ai fait tantôt des leçons étendues.

LÉLIE.
Ces répétitions ne sont que superflues :
Dès l'abord mon esprit a compris tout le fait.

MASCARILLE.
Je m'en vais là dedans donner le premier trait.

LÉLIE.
Écoute, Mascarille, un seul point me chagrine :
S'il allait de son fils me demander la mine ?

MASCARILLE.
Belle difficulté ! Devez-vous pas savoir
Qu'il était fort petit alors qu'il l'a pu voir ?
Et puis, outre cela, le temps et l'esclavage
Pourraient-ils pas avoir changé tout son visage ?

LÉLIE.
Il est vrai. Mais dis-moi, s'il connaît qu'il m'a vu,
Que faire ?

---

[1] Mais vous ajouterez que...

MASCARILLE.

De mémoire êtes-vous dépourvu?
Nous avons dit tantôt qu'outre que votre image
N'avait dans son esprit pu faire qu'un passage
Pour ne vous avoir vu que durant un moment,
Et le poil et l'habit déguisaient grandement.

LÉLIE.

Fort bien. Mais à propos, cet endroit de Turquie?...

MASCARILLE.

Tout, vous dis-je, est égal, Turquie ou Barbarie.

LÉLIE.

Mais le nom de la ville où j'aurai pu les voir?

MASCARILLE.

Tunis. Il me tiendra, je crois, jusques au soir.
La répétition, dit-il, est inutile,
Et j'ai déjà nommé douze fois cette ville.

LÉLIE.

Va, va-t'en commencer; il ne me faut plus rien.

MASCARILLE.

Au moins soyez prudent, et vous conduisez bien:
Ne donnez point ici de l'imaginative.

LÉLIE.

Laisse-moi gouverner. Que ton âme est craintive!

MASCARILLE.

Horace dans Bologne écolier, Trufaldin
Zanobio Ruberti dans Naples citadin,
Le précepteur Albert...

LÉLIE.

Ah! c'est me faire honte
Que de me tant prêcher! Suis-je un sot, à ton compte?

MASCARILLE.

Non, pas du tout: mais bien quelque chose approchant.

SCÈNE II.

LÉLIE, seul.

Quand il m'est inutile, il fait le chien couchant;
Mais, parce qu'il sent bien le secours qu'il me donne,
Sa familiarité jusque-là s'abandonne.
Je vais être de près éclairé des beaux yeux
Dont la force m'impose un joug si précieux;
Je m'en vais sans obstacle, avec des traits de flamme,
Peindre à cette beauté les tourments de mon âme :
Je saurai quel arrêt je dois... Mais les voici.

SCÈNE III.

TRUFALDIN, LÉLIE, MASCARILLE.

TRUFALDIN.
Sois béni, juste ciel, de mon sort adouci !
MASCARILLE.
C'est à vous de rêver et de faire des songes,
Puisqu'en vous il est faux que songes sont mensonges.
TRUFALDIN, à Lélie.
Quelle grâce, quels biens vous rendrai-je, seigneur,
Vous que je dois nommer l'ange de mon bonheur ?
LÉLIE.
Ce sont soins superflus, et je vous en dispense.
TRUFALDIN, à Mascarille.
J'ai, je ne sais pas où, vu quelque ressemblance
De cet Arménien.

ACTE IV. SCÈNE III.

MASCARILLE.

C'est ce que je disois ;
Mais on voit des rapports admirables parfois.

TRUFALDIN.

Vous avez vu ce fils où mon espoir se fonde ?

LÉLIE.

Oui, seigneur Trufaldin, le plus gaillard du monde.

TRUFALDIN.

Il vous a dit sa vie, et parlé fort de moi ?

LÉLIE.

Plus de dix mille fois.

MASCARILLE.

Quelque peu moins, je croi.

LÉLIE.

Il vous a dépeint tel que je vous vois paraître,
Le visage, le port...

TRUFALDIN.

Cela pourrait-il être,
Si, lorsqu'il m'a pu voir, il n'avait que sept ans,
Et si son précepteur même, depuis ce temps,
Aurait peine à pouvoir connaître mon visage ?

MASCARILLE.

Le sang, bien autrement, conserve cette image ;
Par des traits si profonds ce portrait est tracé,
Que mon père...

TRUFALDIN.

Suffit. Où l'avez-vous laissé ?

LÉLIE.

En Turquie, à Turin.

TRUFALDIN.

Turin ? Mais cette ville
Est, je pense en Piémont.

MASCARILLE, à part.

O cerveau malhabile !

(A Trufaldin).
Vous ne l'entendez pas, il veut dire Tunis,

Et c'est en effet là qu'il laissa votre fils;
Mais les Arméniens ont tous, par habitude,
Certain vice de langue à nous autres fort rude :
C'est que dans tous les mots ils changent *nis* en *rin*,
Et pour dire Tunis, ils prononcent Turin.

TRUFALDIN.

Il fallait, pour l'entendre, avoir cette lumière.
Quel moyen vous dit-il de rencontrer son père?

MASCARILLE.
(A part.) (A Trufaldin, après s'être escrimé.)

Voyez s'il répondra. Je repassais un peu
Quelque leçon d'escrime : autrefois en ce jeu
Il n'était point d'adresse à mon adresse égale,
Et j'ai battu le fer en mainte et mainte salle.

TRUFALDIN, à Mascarille.

Ce n'est pas maintenant ce que je veux savoir.
(A Lélie.)
Quel autre nom dit-il que je devais avoir?

MASCARILLE.

Ah! seigneur Zanobio Ruberti, quelle joie
Est celle maintenant que le ciel vous envoie!

LÉLIE.

C'est là votre vrai nom, et l'autre est emprunté.

TRUFALDIN.

Mais où vous a-t-il dit qu'il reçut la clarté?

MASCARILLE.

Naples est un séjour qui paraît agréable;
Mais pour vous ce doit être un lieu fort haïssable.

TRUFALDIN.

Ne peux-tu, sans parler, souffrir notre discours?

LÉLIE.

Dans Naples son destin a commencé son cours.

TRUFALDIN.

Où l'envoyai-je jeune, et sous quelle conduite?

ACTE IV. SCÈNE III.

MASCARILLE.

Ce pauvre maître Albert a beaucoup de mérite
D'avoir depuis Bologne accompagné ce fils,
Qu'à sa discrétion vos soins avaient commis!

TRUFALDIN.

Ah!

MASCARILLE, à part.

Nous sommes perdus si cet entretien dure.

TRUFALDIN.

Je voudrais bien savoir de vous leur aventure,
Sur quel vaisseau le sort, qui m'a su travailler...

MASCARILLE.

Je ne sais ce que c'est, je ne fais que bâiller;
Mais, seigneur Trufaldin, songez-vous que peut-être
Ce monsieur l'étranger a besoin de repaître,
Et qu'il est tard aussi?

LÉLIE.

Pour moi, point de repas.

MASCARILLE.

Ah! vous avez plus faim que vous ne pensez pas.

TRUFALDIN.

Entrez donc.

LÉLIE.

Après vous.

MASCARILLE, à Trufaldin.

Monsieur, en Arménie
Les maîtres du logis sont sans cérémonie.
(A Lélie après que Trufaldin est entré dans sa maison.)
Pauvre esprit! pas deux mots!

LÉLIE.

D'abord il m'a surpris;
Mais n'appréhende plus, je reprends mes esprits,
Et m'en vais débiter avecque hardiesse...

MASCARILLE.

Voici notre rival, qui ne sait pas la pièce.
(Ils entrent dans la maison de Trufaldin.)

SCÈNE IV.

ANSELME, LÉANDRE.

ANSELME.

Arrêtez-vous, Léandre, et souffrez un discours
Qui cherche le repos et l'honneur de vos jours.
Je ne vous parle point en père de ma fille,
En homme intéressé pour ma propre famille,
Mais comme votre père ému pour votre bien,
Sans vouloir vous flatter et vous déguiser rien;
Bref, comme je voudrais, d'une âme franche et pure,
Que l'on fît à mon sang en pareille aventure.
Savez-vous de quel œil chacun voit cet amour,
Qui dedans une nuit vient d'éclater au jour?
A combien de discours et de traits de risée
Votre entreprise d'hier est partout exposée?
Quel jugement on fait du choix capricieux
Qui pour femme, dit-on, vous désigne en ces lieux
Un rebut de l'Égypte, une fille coureuse,
De qui le noble emploi n'est qu'un métier de gueuse?
J'en ai rougi pour vous encor plus que pour moi,
Qui me trouve compris dans l'éclat que je voi :
Moi, dis-je, dont la fille à vos ardeurs promise,
Ne peut, sans quelque affront, souffrir qu'on la méprise.
Ah! Léandre, sortez de cet abaissement!
Ouvrez un peu les yeux sur votre aveuglement.
Si notre esprit n'est pas sage à toutes les heures,
Les plus courtes erreurs sont toujours les meilleures.
Quand on ne prend en dot que la seule beauté,
Le remords est bien près de la solennité,
Et la plus belle femme a très-peu de défense

Contre cette tiédeur qui suit la jouissance.
Je vous le dis encor, ces bouillants mouvements,
Ces ardeurs de jeunesse et ces emportements
Nous font trouver d'abord quelques nuits agréables;
Mais ces félicités ne sont guère durables,
Et notre passion, alentissant son cours,
Après ces bonnes nuits donne de mauvais jours :
De là viennent les soins, les soucis, les misères,
Les fils déshérités par le courroux des pères.

LÉANDRE.

Dans tout votre discours je n'ai rien écouté
Que mon esprit déjà ne m'ait représenté.
Je sais combien je dois à cet honneur insigne
Que vous me voulez faire, et dont je suis indigne;
Et vois, malgré l'effort dont je suis combattu,
Ce que vaut votre fille et quelle est sa vertu :
Aussi veux-je tâcher...

ANSELME.

On ouvre cette porte :
Retirons-nous plus loin, de crainte qu'il n'en sorte
Quelque secret poison dont vous seriez surpris.

SCÈNE V.

LÉLIE, MASCARILLE.

MASCARILLE.

Bientôt de notre fourbe on verra le débris,
Si vous continuez des sottises si grandes.

LÉLIE.

Dois-je éternellement ouïr tes réprimandes?
De quoi te peux-tu plaindre? Ai-je pas réussi
En tout ce que j'ai dit depuis?

MASCARILLE.
Couci-couci.
Témoin les Turcs par vous appelés hérétiques,
Et que vous assurez, par serments authentiques,
Adorer pour leurs dieux la lune et le soleil.
Passe. Ce qui me donne un dépit nonpareil,
C'est qu'ici votre amour étrangement s'oublie ;
Près de Célie, il est ainsi que la bouillie,
Qui par un trop grand feu s'enfle, croît jusqu'aux bords,
Et de tous les côtés se répand au dehors.
LÉLIE.
Pourrait-on se forcer à plus de retenue ?
Je ne l'ai presque point encore entretenue.
MASCARILLE.
Oui, mais ce n'est pas tout que de ne parler pas ;
Par vos gestes, durant un moment de repas,
Vous avez aux soupçons donné plus de matière
Que d'autres ne feraient dans une année entière.
LÉLIE.
Et comment donc ?
MASCARILLE.
Comment ? Chacun a pu le voir.
A table, où Trufaldin l'oblige de se seoir,
Vous n'avez toujours fait qu'avoir les yeux sur elle.
Rouge, tout interdit, jouant de la prunelle,
Sans prendre jamais garde à ce qu'on vous servait,
Vous n'aviez point de soif qu'alors qu'elle buvait ;
Et dans ses propres mains vous saisissant du verre,
Sans le vouloir rincer, sans rien jeter à terre,
Vous buviez sur son reste, et montriez d'affecter
Le côté qu'à sa bouche elle avait su porter.
Sur les morceaux touchés de sa main délicate,
Ou mordus de ses dents, vous étendiez la patte
Plus brusquement qu'un chat dessus une souris,
Et les avaliez tout ainsi que des pois gris ;

Puis, outre tout cela, vous faisiez sous la table
Un bruit, un triquetrac de pieds insupportable,
Dont Trufaldin, heurté de deux coups trop pressants,
A puni par deux fois deux chiens très-innocents,
Qui, s'ils eussent osé, vous eussent fait querelle.
Et puis après cela votre conduite est belle?
Pour moi, j'en ai souffert la gêne sur mon corps;
Malgré le froid, je sue encor de mes efforts.
Attaché dessus vous comme un joueur de boule
Après le mouvement de la sienne qui roule,
Je pensais retenir toutes vos actions,
En faisant de mon corps mille contorsions.

LÉLIE.

Mon Dieu! qu'il t'est aisé de condamner des choses,
Dont tu ne ressens point les agréables causes!
Je veux bien néanmoins, pour te plaire une fois,
Faire force à l'amour qui m'impose des lois.
Désormais...

SCÈNE VI.

TRUFALDIN, LÉLIE, MASCARILLE.

MASCARILLE.
Nous parlions des fortunes d'Horace[1].

TRUFALDIN.
(A Lélie.)

C'est bien fait. Cependant me feriez-vous la grâce
Que je puisse lui dire un seul mot en secret?

LÉLIE.
Il faudrait autrement être fort indiscret.

(Lélie entre dans la maison de Trufaldin.)

---

[1] *Des fortunes,* des aventures.

SCÈNE VII.

TRUFALDIN, MASCARILLE.

TRUFALDIN.
Écoute : sais-tu bien ce que je viens de faire?
MASCARILLE.
Non ; mais si vous voulez, je ne tarderai guère
Sans doute à le savoir.
TRUFALDIN.
D'un chêne grand et fort,
Dont près de deux cents ans ont fait déjà le sort,
Je viens de détacher une branche admirable,
Choisie expressément de grosseur raisonnable,
Dont j'ai fait sur-le-champ, avec beaucoup d'ardeur,
(Il montre son bras.)
Un bâton à peu près... oui, de cette grandeur,
Moins gros par l'un des bouts, mais, plus que trente gaules,
Propre, comme je pense, à rosser les épaules;
Car il est bien en main, vert, noueux et massif.
MASCARILLE.
Mais pour qui, je vous prie, un tel préparatif? -
TRUFALDIN.
Pour toi, premièrement; puis pour ce bon apôtre
Qui veut m'en donner d'une et m'en jouer d'une autre,
Pour cet Arménien, ce marchand déguisé,
Introduit sous l'appât d'un conte supposé.
MASCARILLE.
Quoi! vous ne croyez pas...
TRUFALDIN.
Ne cherche point d'excuse :
Lui-même heureusement a découvert sa ruse;

Et disant à Célie, en lui serrant la main,
Que pour elle il venait sous ce prétexte vain,
Il n'a pas aperçu Jeannette, ma fillole[1],
Laquelle a tout ouï, parole pour parole.
Et je ne doute point, quoiqu'il n'en ait rien dit,
Que tu ne sois de tout le complice maudit.

MASCARILLE.

Ah! vous me faites tort. S'il faut qu'on vous affronte,
Croyez qu'il m'a trompé le premier à ce conte.

TRUFALDIN.

Veux-tu me faire voir que tu dis vérité?
Qu'à le chasser mon bras soit du tien assisté;
Donnons-en à ce fourbe et du long et du large,
Et de tout crime après mon esprit te décharge.

MASCARILLE.

Oui-da, très-volontiers, je l'épousterai[2] bien,
Et par là vous verrez que je n'y trempe en rien.
(A part.)
Ah! vous serez rossé, monsieur de l'Arménie,
Qui toujours gâtez tout!

SCÈNE VIII.

LÉLIE, TRUFALDIN, MASCARILLE.

TRUFALDIN, à Lélie, après avoir heurté à sa porte.

Un mot, je vous supplie.
Donc, monsieur l'imposteur, vous osez aujourd'hui
Duper un honnête homme, et vous jouer de lui?

---

[1] *Fillole* pour filleule. Les deux formes s'employaient du temps de Molière.

[2] Il faudrait épousetterai. Molière a contracté le mot par licence.

MASCARILLE.

Feindre avoir vu son fils en une autre contrée,
Pour vous donner chez lui plus aisément entrée!

TRUFALDIN bat Lélie.

Vidons¹, vidons sur l'heure.

LÉLIE à Mascarille, qui le bat aussi.

Ah! coquin!

MASCARILLE.

C'est ainsi
Que les fourbes...

LÉLIE.

Bourreau!

MASCARILLE.

Sont ajustés ici.
Gardez-moi bien cela.

LÉLIE.

Quoi donc! je serais homme...

MASCARILLE, le battant toujours et le chassant.

Tirez, tirez², vous dis-je, ou bien je vous assomme.

TRUFALDIN.

Voilà qui me plaît fort; rentre, je suis content.

(Mascarille suit Trufaldin, qui rentre dans sa maison.

LÉLIE, revenant.

A moi, par un valet, cet affront éclatant!
L'aurait-on pu prévoir l'action de ce traître,
Qui vient insolemment de maltraiter son maître?

MASCARILLE, à la fenêtre de Trufaldin.

Peut-on vous demander comme va votre dos?

LÉLIE.

Quoi! tu m'oses encor tenir un tel propos?

MASCARILLE.

Voilà, voilà que c'est de ne voir pas Jeannette,

---

¹ *Vidons*, sous-entendu : la place.
² *Tirez, tirez*, dans le sens de : fuyez, partez au plus vite.

ACTE IV. SCÈNE VIII.

Et d'avoir en tout temps une langue indiscrète.
Mais, pour cette fois-ci, je n'ai point de courroux.
Je cesse d'éclater, de pester contre vous;
Quoique de l'action l'imprudence soit haute,
Ma main sur votre échine a lavé votre faute.

LÉLIE.

Ah! je me vengerai de ce trait déloyal!

MASCARILLE.

Vous vous êtes causé vous-même tout le mal.

LÉLIE.

Moi?

MASCARILLE.

Si vous n'étiez pas une cervelle folle,
Quand vous avez parlé naguère à votre idole,
Vous auriez aperçu Jeannette sur vos pas,
Dont l'oreille subtile a découvert le cas.

LÉLIE.

On aurait pu surprendre un mot dit à Célie?

MASCARILLE.

Et d'où doncques viendrait cette prompte sortie?
Oui, vous n'êtes dehors que par votre caquet.
Je ne sais si souvent vous jouez au piquet,
Mais au moins faites-vous des écarts admirables.

LÉLIE.

O le plus malheureux de tous les misérables!
Mais encore, pourquoi me voir chassé par toi?

MASCARILLE.

Je ne fis jamais mieux que d'en prendre l'emploi;
Par là, j'empêche au moins que de cet artifice
Je ne sois soupçonné d'être auteur ou complice.

LÉLIE.

Tu devais donc, pour toi, frapper plus doucement.

MASCARILLE.

Quelque sot. Trufaldin lorgnait exactement:
Et puis, je vous dirai, sous ce prétexte utile

Je n'étais point fâché d'évaporer ma bile.
Enfin la chose est faite; et si j'ai votre foi
Qu'on ne vous verra point vouloir venger sur moi,
Soit ou directement, ou par quelque autre voie,
Les coups sur votre râble assénés avec joie,
Je vous promets, aidé par le poste où je suis,
De contenter vos vœux avant qu'il soit deux nuits.

LÉLIE.

Quoique ton traitement ait eu trop de rudesse,
Qu'est-ce que dessus moi ne peut cette promesse?

MASCARILLE.

Vous le promettez donc?

LÉLIE.

Oui, je te le promets.

MASCARILLE.

Ce n'est pas encor tout. Promettez que jamais
Vous ne vous mêlerez dans quoi que j'entreprenne.

LÉLIE.

Soit.

MASCARILLE.

Si vous y manquez, votre fièvre quartaine[1] !

LÉLIE.

Mais tiens-moi donc parole, et songe à mon repos.

MASCARILLE.

Allez quitter l'habit, et graisser votre dos.

LÉLIE, seul.

Faut-il que le malheur qui me suit à la trace
Me fasse voir toujours disgrâce sur disgrâce !

MASCARILLE, sortant de chez Trufaldin.

Quoi vous n'êtes pas loin? Sortez vite d'ici;
Mais surtout gardez-vous de prendre aucun souci :

---

[1] Sorte d'imprécation fort en usage anciennement; elle signifiait : la fièvre quarte vous prenne, vous serre!

Puisque je fais pour vous¹, que cela vous suffise ;
N'aidez point mon projet de la moindre entreprise ;
Demeurez en repos.

LÉLIE, en sortant.

Oui, va, je m'y tiendrai.

MASCARILLE, seul.

Il faut voir maintenant quel biais je prendrai.

SCÈNE IX.

ERGASTE, MASCARILLE.

ERGASTE.

Mascarille, je viens te dire une nouvelle
Qui donne à tes desseins une atteinte cruelle.
A l'heure que je parle, un jeune Égyptien,
Qui n'est pas noir pourtant et sent assez son bien²,
Arrive, accompagné d'une vieille fort hâve,
Et vient chez Trufaldin racheter cette esclave
Que vous vouliez ; pour elle il paraît fort zélé.

MASCARILLE.

Sans doute c'est l'amant dont Célie a parlé.
Fut-il jamais destin plus brouillé que le nôtre !
Sortant d'un embarras, nous entrons dans un autre.
En vain nous apprenons que Léandre est au point
De quitter la partie et ne nous troubler point ;
Que son père, arrivé contre toute espérance,
Du côté d'Hippolyte emporte la balance,
Qu'il a tout fait changer par son autorité,

---

¹ *Faire*, tenir la partie ; expression empruntée à la langue du jeu.
² *Sentir son bien*, sentir son homme bien né, sa bonne maison.

Et va dès aujourd'hui conclure le traité ;
Lorsqu'un rival s'éloigne, un autre plus funeste
S'en vient nous enlever tout l'espoir qui nous reste.
Toutefois, par un trait merveilleux de mon art,
Je crois que je pourrai retarder leur départ,
Et me donner le temps qui sera nécessaire
Pour tâcher de finir cette fameuse affaire.
Il s'est fait un grand vol; par qui? l'on n'en sait rien.
Eux autres rarement passent pour gens de bien[1] ;
Je veux adroitement, sur un soupçon frivole,
Faire pour quelques jours emprisonner ce drôle.
Je sais des officiers de justice altérés,
Qui sont pour de tels coups de vrais délibérés ;
Dessus l'avide espoir de quelque paraguante[2],
Il n'est rien que leur art aveuglément ne tente;
Et du plus innocent, toujours à leur profit
La bourse est criminelle, et paye son délit.

FIN DU QUATRIÈME ACTE.

[1] Les Égyptiens ou Bohémiens.
[2] *Paraguante*, de l'espagnol *para guantes*, pour les gants. Gratification que l'on donne à ceux dont on a reçu ou dont on attend quelques services.

ACTE CINQUIÈME.

SCÈNE I.

MASCARILLE, ERGASTE.

MASCARILLE.
Ah! chien! ah! double chien! mâtine de cervelle!
Ta persécution sera-t-elle éternelle?
ERGASTE.
Par les soins vigilants de l'exempt Balafré,
Ton affaire allait bien, le drôle était coffré,
Si ton maître au moment ne fût venu lui-même,
En vrai désespéré, rompre ton stratagème :
« Je ne saurais souffrir, a-t-il dit hautement,
Qu'un honnête homme soit traîné honteusement;
J'en réponds sur sa mine, et je le cautionne. »
Et, comme on résistait à lâcher sa personne,
D'abord il a chargé si bien sur les recors,
Qui sont gens d'ordinaire à craindre pour leur corps,
Qu'à l'heure que je parle ils sont encore en fuite,
Et pensent tous avoir un Lélie à leur suite.
MASCARILLE.
Le traître ne sait pas que cet Égyptien
Est déjà là dedans pour lui ravir son bien.
ERGASTE.
Adieu. Certaine affaire à te quitter m'oblige.

SCÈNE II.

MASCARILLE, seul.

Oui, je suis stupéfait de ce dernier prodige.
On dirait (et pour moi j'en suis persuadé)
Que ce démon brouillon dont il est possédé
Se plaise à me braver, et me l'aille conduire
Partout où sa présence est capable de nuire.
Pourtant je veux poursuivre, et, malgré tous ces coups,
Voir qui l'emportera de ce diable ou de nous.
Célie est quelque peu de notre intelligence,
Et ne voit son départ qu'avecque répugnance.
Je tâche à profiter de cette occasion.
Mais ils viennent, songeons à l'exécution.
Cette maison meublée est en ma bienséance,
Je puis en disposer avec grande licence :
Si le sort nous en dit, tout sera bien réglé ;
Nul que moi ne s'y tient, et j'en garde la clé.
O Dieu! qu'en peu de temps on a vu d'aventures,
Et qu'un fourbe est contraint de prendre de figures !

SCÈNE III.

CÉLIE, ANDRÈS.

ANDRÈS.

Vous le savez, Célie, il n'est rien que mon cœur
N'ait fait pour vous prouver l'excès de son ardeur.
Chez les Vénitiens, dès un assez jeune âge,
La guerre en quelque estime avait mis mon courage,

Et j'y pouvais un jour, sans trop croire de moi,
Prétendre, en les servant, un honorable emploi,
Lorsqu'on me vit pour vous oublier toute chose,
Et que le prompt effet d'une métamorphose,
Qui suivit de mon cœur le soudain changement,
Parmi vos compagnons sut ranger votre amant,
Sans que mille accidents, ni votre indifférence
Aient pu me détacher de ma persévérance.
Depuis, par un hasard d'avec vous séparé
Pour beaucoup plus de temps que je n'eusse auguré,
Je n'ai pour vous rejoindre épargné temps ni peine :
Enfin, ayant trouvé la vieille Égyptienne,
Et plein d'impatience apprenant votre sort,
Que pour certain argent qui leur importait fort,
Et qui de tous vos gens détourna le naufrage,
Vous aviez en ces lieux été mise en otage,
J'accours vite y briser ces chaînes d'intérêt,
Et recevoir de vous les ordres qu'il vous plaît :
Cependant on vous voit une morne tristesse,
Alors que dans vos yeux doit briller l'allégresse.
Si pour vous la retraite avait quelques appas,
Venise, du butin fait parmi les combats,
Me garde pour tous deux de quoi pouvoir y vivre ;
Que si, comme devant, il vous faut encor suivre,
J'y consens, et mon cœur n'ambitionnera
Que d'être auprès de vous tout ce qu'il vous plaira.

CÉLIE.

Votre zèle pour moi visiblement éclate :
Pour en paraître triste, il faudrait être ingrate ;
Et mon visage aussi, par son émotion,
N'explique point mon cœur en cette occasion.
Une douleur de tête y peint sa violence ;
Et, si j'avais sur vous quelque peu de puissance,
Notre voyage, au moins pour trois ou quatre jours
Attendrait que ce mal eût pris un autre cours.

####### ANDRÈS.

Autant que vous voudrez, faites qu'il se diffère.
Toutes mes volontés ne butent qu'à vous plaire[1].
Cherchons une maison à vous mettre en repos.
L'écriteau que voici s'offre tout à propos.

SCÈNE IV.

CÉLIE, ANDRÈS, MASCARILLE, déguisé en Suisse.

####### ANDRÈS.

Seigneur Suisse, êtes-vous de ce logis le maître?

####### MASCARILLE.

Moi pour serfir à fous.

####### ANDRÈS.

Pourrons-nous y bien être?

####### MASCARILLE.

Oui; moi pour d'étrancher chappon champre garni;
Mais ché non point locher te gent te méchant vi.

####### ANDRÈS.

Je crois votre maison franche de tout ombrage.

####### MASCARILLE.

Fous nouviau dans sti fil, moi foir à la fissage.

####### ANDRÈS.

Oui.

####### MASCARILLE.

La matame est-il mariage al monsieur?

####### ANDRÈS.

Quoi?

####### MASCARILLE.

S'il être son fame, ou s'il être son sœur?

---

[1] Ne visent qu'à vous plaire.

ANDRÈS.

Non.

MASCARILLE.

Mon foi, pien choli. Finir pour marchandisse,
Ou pien pour temanter à la palais choustice?
La procès il faut rien; il coûter tant t'archant!
La procurair larron, l'afocat pien méchant.

ANDRÈS.

Ce n'est pas pour cela.

MASCARILLE.

Fous tonc mener sti file
Pour fenir pourmener et recarter la file?

ANDRÈS.
(A Célie.)

Il n'importe. Je suis à vous dans un moment.
Je vais faire venir la vieille promptement,
Contremander aussi notre voiture prête.

MASCARILLE.

Li ne porte pas pien?

ANDRÈS.

Elle a mal à la tête.

MASCARILLE.

Moi chavoir te bon fin et te fromage pon.
Entre fous, entre fous tans mon petit maisson.

(Célie, Andrès et Mascarille entrent dans la maison.)

SCÈNE V.

LÉLIE, seul.

Quel que soit le transport d'une âme impatiente,
Ma parole m'engage à rester en attente,
A laisser faire un autre et voir, sans rien oser,
Comme de mes destins le ciel veut disposer.

SCÈNE VI.

ANDRÈS, LÉLIE.

LÉLIE, à Andrès qui sort de la maison.

Demandiez-vous quelqu'un dedans cette demeure?

ANDRÈS.

C'est un logis garni que j'ai pris tout à l'heure.

LÉLIE.

A mon père pourtant la maison appartient,
Et mon valet la nuit pour la garder s'y tient.

ANDRÈS.

Je ne sais; l'écriteau marque au moins qu'on la loue;
Lisez.

LÉLIE.

Certes, ceci me surprend, je l'avoue.
Qui diantre l'aurait mis? et par quel intérêt?...
Ah! ma foi, je devine à peu près ce que c'est!
Cela ne peut venir que de ce que j'augure.

ANDRÈS.

Peut-on vous demander quelle est cette aventure?

LÉLIE.

Je voudrais à tout autre en faire un grand secret;
Mais pour vous il n'importe, et vous serez discret.
Sans doute l'écriteau que vous voyez paraître,
Comme je conjecture au moins, ne saurait être
Que quelque invention du valet que je di,
Que quelque nœud subtil qu'il doit avoir ourdi
Pour mettre en mon pouvoir certaine Égyptienne
Dont j'ai l'âme piquée, et qu'il faut que j'obtienne.
Je l'ai déjà manquée, et même plusieurs coups.

ANDRÈS.

Vous l'appelez?

LÉLIE.

Célie.

ANDRÈS.

Hé! que ne disiez-vous?
Vous n'aviez qu'à parler, je vous aurais sans doute
Épargné tous les soins que ce projet vous coûte.

LÉLIE.

Quoi! vous la connaissez?

ANDRÈS.

C'est moi qui maintenant
Viens de la racheter.

LÉLIE.

O discours surprenant!

ANDRÈS.

Sa santé de partir ne nous pouvant permettre,
Au logis que voilà je venais de la mettre;
Et je suis très-ravi, dans cette occasion,
Que vous m'ayez instruit de votre intention.

LÉLIE.

Quoi! j'obtiendrais de vous le bonheur que j'espère?
Vous pourriez?...

ANDRÈS, *allant frapper à la porte.*

Tout à l'heure on va vous satisfaire.

LÉLIE.

Que pourrais-je vous dire? Et quel remercîment?...

ANDRÈS.

Non, ne m'en faites point, je n'en veux nullement.

SCÈNE VII.

LÉLIE, ANDRÈS, MASCARILLE.

MASCARILLE, à part.

Hé bien! ne voilà pas mon enragé de maître!
Il nous va faire encor quelque nouveau bissêtre [1].

LÉLIE.

Sous ce grotesque habit qui l'aurait reconnu?
Approche, Mascarille, et sois le bienvenu.

MASCARILLE.

Moi souis ein chant t'honneur, moi non point Maquerile :
Chai point fentre chamais le fame ni le file.

LÉLIE.

Le plaisant baragouin! il est bon, sur ma foi!

MASCARILLE.

Allez fous pourmener, sans toi rire te moi.

LÉLIE.

Va, va, lève le masque, et reconnais ton maître.

MASCARILLE.

Partieu, tiaple, mon foi, chamais toi chai connaître.

LÉLIE.

Tout est accommodé, ne te déguise point.

MASCARILLE.

Si toi point t'en aller, che paille ein coup te poing.

LÉLIE.

Ton jargon allemand est superflu, te dis-je;
Car nous sommes d'accord, et sa bonté m'oblige.

---

[1] *Bissêtre*, malheur inévitable, fatalité qu'on ne peut écarter. — Le mot primitif est *bissexte*.

J'ai tout ce que mes vœux lui peuvent demander,
Et tu n'as pas sujet de rien appréhender.

MASCARILLE.

Si vous êtes d'accord par un bonheur extrême,
Je me dessuisse donc, et redeviens moi-même.

ANDRÈS.

Ce valet vous servait avec beaucoup de feu :
Mais je reviens à vous, demeurez quelque peu.

SCÈNE VIII.

LÉLIE, MASCARILLE.

LÉLIE.

Hé bien! que diras-tu?

MASCARILLE.

Que j'ai l'âme ravie
De voir d'un beau succès notre peine suivie.

LÉLIE.

Tu feignais[1] à sortir de ton déguisement,
Et ne pouvais me croire en cet événement.

MASCARILLE.

Comme je vous connais, j'étais dans l'épouvante,
Et trouve l'aventure aussi fort surprenante.

LÉLIE.

Mais confesse qu'enfin c'est avoir fait beaucoup.
Au moins j'ai réparé mes fautes à ce coup,
Et j'aurai cet honneur d'avoir fini l'ouvrage.

MASCARILLE.

Soit; vous aurez été bien plus heureux que sage.

---

[1] Tu hésitais, tu tardais. *Feindre* était souvent employé dans ce sens.

SCÈNE IX.

CÉLIE, ANDRÈS, LÉLIE, MASCARILLE.

ANDRÈS.
N'est-ce pas là l'objet dont vous m'avez parlé?
LÉLIE.
Ah! quel bonheur au mien pourrait être égalé!
ANDRÈS.
Il est vrai, d'un bienfait je vous suis redevable;
Si je ne l'avouais, je serais condamnable :
Mais enfin ce bienfait aurait trop de rigueur,
S'il fallait le payer aux dépens de mon cœur.
Jugez, dans le transport où sa beauté me jette,
Si je dois à ce prix vous acquitter ma dette;
Vous êtes généreux, vous ne le voudriez pas :
Adieu. Pour quelques jours retournons sur nos pas.

(Il emmène Célie.)

SCÈNE X.

LÉLIE, MASCARILLE.

MASCARILLE, chantant.
Je ris, et toutefois je n'en ai guère envie.
Vous voilà bien d'accord, il vous donne Célie;
Et... vous m'entendez bien.
LÉLIE.
C'est trop; je ne veux plus
Te demander pour moi de secours superflus.

Je suis un chien, un traître, un bourreau détestable,
Indigne d'aucun soin, de rien faire incapable.
Va, cesse tes efforts pour un malencontreux
Qui ne saurait souffrir que l'on le rende heureux.
Après tant de malheurs, après mon imprudence,
Le trépas me doit seul prêter son assistance.

SCÈNE XI.

MASCARILLE, seul.

Voilà le vrai moyen d'achever son destin ;
Il ne lui manque plus que de mourir enfin
Pour le couronnement de toutes ses sottises.
Mais en vain son dépit pour ses fautes commises
Lui fait licencier mes soins et mon appui,
Je veux, quoi qu'il en soit, le servir malgré lui,
Et dessus son lutin obtenir la victoire.
Plus l'obstacle est puissant, plus on reçoit de gloire ;
Et les difficultés dont on est combattu
Sont les dames d'atour qui parent la vertu.

SCÈNE XII.

CÉLIE, MASCARILLE.

CÉLIE, à Mascarille qui lui a parlé bas.
Quoi que tu veuilles dire, et que l'on se propose,
De ce retardement j'attends fort peu de chose.
Ce qu'on voit de succès peut bien persuader
Qu'ils ne sont pas encor fort près de s'accorder ;

Et je t'ai déjà dit qu'un cœur comme le nôtre
Ne voudrait pas pour l'un faire injustice à l'autre,
Et que très-fortement, par de différents nœuds,
Je me trouve attachée au parti de tous deux.
Si Lélie a pour lui l'amour et sa puissance,
Andrès pour son partage a la reconnaissance,
Qui ne souffrira point que mes pensers secrets
Consultent jamais rien contre ses intérêts.
Oui, s'il ne peut avoir plus de place en mon âme,
Si le don de mon cœur ne couronne sa flamme,
Au moins dois-je le prix à ce qu'il fait pour moi
De n'en choisir point d'autre; au mépris de sa foi,
Et de faire à mes vœux autant de violence
Que j'en fais aux désirs qu'il met en évidence.
Sur ces difficultés qu'oppose mon devoir,
Juge ce que tu peux te permettre d'espoir.

MASCARILLE.

Ce sont, à dire vrai, de très-fâcheux obstacles,
Et je ne sais point l'art de faire des miracles;
Mais je vais employer mes efforts plus puissants,
Remuer terre et ciel, m'y prendre de tout sens
Pour tâcher de trouver un biais salutaire,
Et vous dirai bientôt ce qui se pourra faire.

SCÈNE XIII.

HIPPOLYTE, CÉLIE.

HIPPOLYTE.

Depuis votre séjour, les dames de ces lieux
Se plaignent justement des larcins de vos yeux,
Si vous leur dérobez leurs conquêtes plus belles,
Et de tous leurs amants faites des infidèles :

Il n'est guère de cœurs qui puissent échapper
Aux traits dont à l'abord vous savez les frapper ;
Et mille libertés, à vos chaînes offertes,
Semblent vous enrichir chaque jour de nos pertes.
Quant à moi, toutefois, je ne me plaindrais pas
Du pouvoir absolu de vos rares appas,
Si, lorsque mes amants sont devenus les vôtres,
Un seul m'eût consolé de la perte des autres.
Mais qu'inhumainement vous me les ôtiez tous,
C'est un dur procédé dont je me plains à vous.

CÉLIE.

Voilà d'un air galant faire une raillerie ;
Mais épargnez un peu celle qui vous en prie.
Vos yeux, vos propres yeux se connaissent trop bien,
Pour pouvoir de ma part redouter jamais rien ;
Ils sont fort assurés du pouvoir de leurs charmes,
Et ne prendront jamais de pareilles alarmes.

HIPPOLYTE.

Pourtant en ce discours je n'ai rien avancé
Qui dans tous les esprits ne soit déjà passé ;
Et, sans parler du reste, on sait bien que Célie
A causé des désirs à Léandre et Lélie.

CÉLIE.

Je crois qu'étant tombés dans cet aveuglement,
Vous vous consoleriez de leur perte aisément,
Et trouveriez pour vous l'amant peu souhaitable
Qui d'un si mauvais choix se trouverait capable.

HIPPOLYTE.

Au contraire j'agis d'un air tout différent,
Et trouve en vos beautés un mérite si grand,
J'y vois tant de raisons capables de défendre
L'inconstance de ceux qui s'en laissent surprendre,
Que je ne puis blâmer la nouveauté des feux

Dont envers moi Léandre a parjuré ses vœux,
Et le vais voir tantôt, sans haine et sans colère,
Ramené sous mes lois par le pouvoir d'un père.

SCÈNE XIV.

CÉLIE, HIPPOLYTE, MASCARILLE.

MASCARILLE.

Grande, grande nouvelle, et succès surprenant,
Que ma bouche vous vient annoncer maintenant!

CÉLIE.

Qu'est-ce donc?

MASCARILLE.

Écoutez, voici, sans flatterie...

CÉLIE.

Quoi?

MASCARILLE.

La fin d'une vraie et pure comédie.
La vieille Égyptienne, à l'heure même...

CÉLIE.

Hé bien?

MASCARILLE.

Passait dedans la place, et ne songeait à rien,
Alors qu'une autre vieille, assez défigurée,
L'ayant de près au nez longtemps considérée,
Par un bruit enroué de mots injurieux,
A donné le signal d'un combat furieux,
Qui pour armes pourtant, mousquets, dagues ou flèches,
Ne faisait voir en l'air que quatre griffes sèches,
Dont ces deux combattants s'efforçaient d'arracher
Ce peu que sur leurs os les ans laissent de chair.

ACTE V, SCÈNE XIV.

On n'entend que ces mots : chienne! louve! bagasse[1]!
D'abord leurs scoffions[2] ont volé par la place;
Et, laissant voir à nu deux têtes sans cheveux,
Ont rendu le combat risiblement affreux.
Andrès et Trufaldin, à l'éclat du murmure,
Ainsi que force monde, accourus d'aventure,
Ont à les décharpir[3] eu de la peine assez,
Tant leurs esprits étaient par la fureur poussés!
Cependant que chacune, après cette tempête,
Songe à cacher aux yeux la honte de sa tête,
Et que l'on veut savoir qui causait cette humeur,
Celle qui la première avait fait la rumeur,
Malgré la passion dont elle était émue,
Ayant sur Trufaldin tenu longtemps la vue :
« C'est vous, si quelque erreur n'abuse ici mes yeux,
Qu'on m'a dit qui vivez inconnu dans ces lieux,
A-t-elle dit tout haut; ô rencontre opportune!
Oui, seigneur Zanobio Ruberti, la fortune
Me fait vous reconnaître, et dans le même instant
Que pour votre intérêt je me tourmentais tant.
Lorsque Naples vous vit quitter votre famille,
J'avais, vous le savez, en mes mains votre fille,
Dont j'élevais l'enfance, et qui, par mille traits,
Faisait voir dès quatre ans sa grâce et ses attraits.
Celle que vous voyez, cette infâme sorcière,
Dedans notre maison se rendant familière,
Me vola ce trésor. Hélas! de ce malheur
Votre femme, je crois, conçut tant de douleur
Que cela servit fort pour avancer sa vie.
Si bien qu'entre mes mains cette fille ravie

---

[1] *Bagasse*, mot qui n'est plus en usage que parmi le peuple du Midi, et qui s'appliquait aux femmes de mauvaise vie.
[2] *Scoffions* ou escoffions, vieux mot qui désignait une sorte de coiffe de femme et qu'on retrouve dans les patois du nord de la France.
[3] Séparer avec effort.

Me faisant redouter un reproche fâcheux,
Je vous fis annoncer la mort de toutes deux ;
Mais il faut maintenant, puisque je l'ai connue,
Qu'elle fasse savoir ce qu'elle est devenue. »
Au nom de Zanobio Ruberti, que sa voix,
Pendant tout ce récit, répétait plusieurs fois,
Andrès, ayant changé quelque temps de visage,
A Trufaldin surpris a tenu ce langage :
« Quoi donc ! le ciel me fait trouver heureusement
Celui que jusqu'ici j'ai cherché vainement,
Et que j'avais pu voir, sans pourtant reconnaître
La source de mon sang et l'auteur de mon être !
Oui, mon père, je suis Horace votre fils.
D'Albert, qui me gardait, les jours étant finis,
Me sentant naître au cœur d'autres inquiétudes,
Je sortis de Bologne, et, quittant mes études,
Portai durant six ans mes pas en divers lieux,
Selon que me poussait un désir curieux :
Pourtant, après ce temps, une secrète envie
Me pressa de revoir les miens et ma patrie ;
Mais dans Naples, hélas ! je ne vous trouvai plus,
Et n'y sus votre sort que par des bruits confus :
Si bien qu'à votre quête[1] ayant perdu mes peines,
Venise pour un temps borna mes courses vaines ;
Et j'ai vécu depuis, sans que de ma maison
J'eusse d'autres clartés que d'en savoir le nom. »
Je vous laisse à juger si, pendant ces affaires,
Trufaldin ressentait des transports ordinaires.
Enfin, pour retrancher ce que plus à loisir
Vous aurez le moyen de vous faire éclaircir,
Par la confession de votre Égyptienne,
Trufaldin maintenant vous reconnaît pour sienne ;
Andrès est votre frère ; et comme de sa sœur

---

[1] *Quête*, recherche.

Il ne peut plus songer à se voir possesseur,
Une obligation qu'il prétend reconnaître
A fait qu'il vous obtient pour épouse à mon maître,
Dont le père, témoin de tout l'événement,
Donne à cet hyménée un plein consentement,
Et, pour mettre une joie entière en sa famille,
Pour le nouvel Horace a proposé sa fille.
Voyez que d'incidents à la fois enfantés !

CÉLIE.

Je demeure immobile à tant de nouveautés.

MASCARILLE.

Tous viennent sur mes pas, hors les deux championnes,
Qui du combat encor remettent leurs personnes.
Léandre est de la troupe, et votre père aussi.
Moi, je vais avertir mon maître de ceci,
Et que, lorsqu'à ses vœux on croit le plus d'obstacle,
Le ciel en sa faveur produit comme un miracle.

(Mascarille sort.)

HIPPOLYTE.

Un tel ravissement rend mes esprits confus,
Que pour mon propre sort je n'en aurais pas plus.
Mais les voici venir.

SCÈNE XV.

TRUFALDIN, ANSELME, PANDOLFE, CÉLIE,
HIPPOLYTE, LÉANDRE, ANDRÈS.

TRUFALDIN.

Ah ! ma fille !

CÉLIE.

Ah ! mon père !

TRUFALDIN.

Sais-tu déjà comment le ciel nous est prospère ?

CÉLIE.

Je viens d'entendre ici ce succès merveilleux.

HIPPOLYTE, à Léandre.

En vain vous parleriez pour excuser vos feux,
Si j'ai devant les yeux ce que vous pouvez dire.

LÉANDRE.

Un généreux pardon est ce que je désire :
Mais j'atteste les cieux qu'en ce retour soudain
Mon père fait bien moins que mon propre dessein.

ANDRÈS, à Célie.

Qui l'aurait jamais cru, que cette ardeur si pure
Pût être condamnée un jour par la nature !
Toutefois tant d'honneur la sut toujours régir,
Qu'en y changeant fort peu je puis la retenir.

CÉLIE.

Pour moi, je me blâmais, et croyais faire faute,
Quand je n'avais pour vous qu'une estime très-haute.
Je ne pouvais savoir quel obstacle puissant
M'arrêtait sur un pas si doux et si glissant,
Et détournait mon cœur de l'aveu d'une flamme
Que mes sens s'efforçaient d'introduire en mon âme.

TRUFALDIN, à Célie.

Mais en te recouvrant, que diras-tu de moi,
Si je songe aussitôt à me priver de toi,
Et t'engage à son fils sous les lois d'hyménée?

CÉLIE.

Que de vous maintenant dépend ma destinée.

SCÈNE XVI.

TRUFALDIN, ANSELME, PANDOLFE, CÉLIE, HIPPOLYTE, LÉLIE, LÉANDRE, ANDRÈS, MASCARILLE.

MASCARILLE, à Lélie.

Voyons si votre diable aura bien le pouvoir
De détruire à ce coup un si solide espoir;
Et si, contre l'excès du bien qui nous arrive,
Vous armerez encor votre imaginative.
Par un coup imprévu des destins les plus doux,
Vos vœux sont couronnés, et Célie est à vous.

LÉLIE.

Croirai-je que du ciel la puissance absolue...

TRUFALDIN.

Oui, mon gendre, il est vrai.

PANDOLFE.

La chose est résolue.

ANDRÈS, à Lélie.

Je m'acquitte par là de ce que je vous dois.

LÉLIE, à Mascarille

Il faut que je t'embrasse et mille et mille fois
Dans cette joie...

MASCARILLE.

Ahi! ahi! doucement, je vous prie.
Il m'a presque étouffé. Je crains fort pour Célie,
Si vous la caressez avec tant de transport.
De vos embrassements on se passerait fort.

TRUFALDIN, à Lélie.

Vous savez le bonheur que le ciel me renvoie;
Mais puisqu'un même jour nous met tous dans la joie,

Ne nous séparons point qu'il ne soit terminé ;
Et que son père aussi nous soit vite amené.

MASCARILLE.

Vous voilà tous pourvus. N'est-il point quelque fille
Qui pût accommoder le pauvre Mascarille?
A voir chacun se joindre à sa chacune ici,
J'ai des démangeaisons de mariage aussi.

ANSELME.

J'ai ton fait.

MASCARILLE.

Allons donc; et que les cieux prospères
Nous donnent des enfants dont nous soyons les pères.

FIN DE L'ÉTOURDI.

LE

DÉPIT AMOUREUX.

COMÉDIE EN CINQ ACTES.

1656.

PERSONNAGES.

ÉRASTE, amant de Lucile.
ALBERT, père de Lucile et d'Ascagne.
GROS-RENÉ, valet d'Éraste.
VALÈRE, fils de Polidore.
LUCILE, fille d'Albert.
MARINETTE, suivante de Lucile.
POLIDORE, père de Valère.
FROSINE, confidente d'Ascagne.
ASCAGNE, fille d'Albert, déguisée en homme.
MASCARILLE, valet de Valère.
MÉTAPHRASTE, pédant.
LA RAPIÈRE, bretteur.

Noms des acteurs qui ont joué d'original dans *le Dépit amoureux*.

ÉRASTE.	Béjart aîné.
ALBERT.	Molière.
GROS-RENÉ.	Duparc.
VALÈRE.	Béjart jeune.
LUCILE.	Mlle Debrie.
MARINETTE.	Madeleine Béjart.
MÉTAPHRASTE.	Du Croisy.
LA RAPIÈRE.	Debrie.

[1] Le lieu de la scène n'est indiqué dans aucune des éditions de 1663 à 1682. Le théâtre représente la place publique de convention où chacun peut se rencontrer sans que la vraisemblance en souffre trop.

LE DÉPIT AMOUREUX.

ACTE PREMIER.

SCÈNE I.

ÉRASTE, GROS-RENÉ.

ÉRASTE.

Veux-tu que je te die? une atteinte secrète
Ne laisse point mon âme en une bonne assiette.
Oui, quoi qu'à mon amour tu puisses repartir,
Il craint d'être la dupe, à ne te point mentir;
Qu'en faveur d'un rival ta foi ne se corrompe,
Ou du moins qu'avec moi toi-même on ne te trompe.

GROS-RENÉ.

Pour moi, me soupçonner de quelque mauvais tour,
Je dirai, n'en déplaise à monsieur votre amour,
Que c'est injustement blesser ma prud'homie,
Et se connaître mal en physionomie.
Les gens de mon minois ne sont point accusés
D'être, grâces à Dieu, ni fourbes, ni rusés.
Cet honneur qu'on nous fait, je ne le démens guères,
Et suis homme fort rond de toutes les manières.
Pour que l'on me trompât, cela se pourrait bien,

Le doute est mieux fondé, pourtant je n'en crois rien.
Je ne vois point encor, ou je suis une bête,
Sur quoi vous avez pu prendre martel en tête.
Lucile, à mon avis, vous montre assez d'amour ;
Elle vous voit, vous parle à toute heure du jour ;
Et Valère, après tout, qui cause votre crainte,
Semble n'être à présent souffert que par contrainte.

ÉRASTE.

Souvent d'un faux espoir un amant est nourri :
Le mieux reçu toujours n'est pas le plus chéri ;
Et tout ce que d'ardeur font paraître les femmes
Parfois n'est qu'un beau voile à couvrir d'autres flammes.
Valère enfin, pour être un amant rebuté,
Montre depuis un temps trop de tranquillité ;
Et ce qu'à ces faveurs, dont tu crois l'apparence,
Il témoigne de joie ou bien d'indifférence,
M'empoisonne à tous coups leurs plus charmants appas,
Me donne ce chagrin que tu ne comprends pas,
Tient mon bonheur en doute, et me rend difficile
Une entière croyance aux propos de Lucile.
Je voudrais, pour trouver un tel destin plus doux,
Y voir entrer un peu de son transport jaloux,
Et, sur ses déplaisirs et son impatience,
Mon âme prendrait lors une pleine assurance.
Toi-même penses-tu qu'on puisse, comme il fait,
Voir chérir un rival d'un esprit satisfait ?
Et, si tu n'en crois rien, dis-moi, je t'en conjure,
Si j'ai lieu de rêver dessus cette aventure.

GROS-RENÉ.

Peut-être que son cœur a changé de désirs,
Connaissant qu'il poussait d'inutiles soupirs.

ÉRASTE.

Lorsque par les rebuts une âme est détachée,
Elle veut fuir l'objet dont elle fut touchée,
Et ne rompt point sa chaîne avec si peu d'éclat

Qu'elle puisse rester en un paisible état.
De ce qu'on a chéri la fatale présence
Ne nous laisse jamais dedans l'indifférence ;
Et, si de cette vue on n'accroît son dédain,
Notre amour est bien près de nous rentrer au sein :
Enfin, crois-moi, si bien qu'on éteigne une flamme,
Un peu de jalousie occupe encore une âme ;
Et l'on ne saurait voir, sans en être piqué,
Posséder par un autre un cœur qu'on a manqué.

GROS-RENÉ.

Pour moi, je ne sais point tant de philosophie :
Ce que voyent mes yeux, franchement je m'y fie ;
Et ne suis point de moi si mortel ennemi,
Que je m'aille affliger sans sujet ni demi.
Pourquoi subtiliser, et faire le capable
A chercher des raisons pour être misérable ?
Sur des soupçons en l'air je m'irais alarmer !
Laissons venir la fête avant que la chômer.
Le chagrin me paraît une incommode chose ;
Je n'en prends point pour moi sans bonne et juste cause,
Et mêmes à mes yeux cent sujets d'en avoir
S'offrent le plus souvent que je ne veux pas voir.
Avec vous en amour je cours même fortune ;
Celle que vous aurez me doit être commune ;
La maîtresse ne peut abuser votre foi,
A moins que la suivante en fasse autant pour moi :
Mais j'en fuis la pensée avec un soin extrême.
Je veux croire les gens, quand on me dit : Je t'aime ;
Et ne vais point chercher, pour m'estimer heureux,
Si Mascarille ou non s'arrache les cheveux.
Que tantôt Marinette endure qu'à son aise
Jodelet par plaisir la caresse et la baise,
Et que ce beau rival en rie ainsi qu'un fou ;
A son exemple aussi j'en rirai tout mon soûl,
Et l'on verra qui rit avec meilleure grâce.

ÉRASTE.

Voilà de tes discours.

GROS-RENÉ.

Mais je la vois qui passe.

SCÈNE II.

ÉRASTE, MARINETTE, GROS-RENÉ.

GROS-RENÉ.

St, Marinette!

MARINETTE.

Ho! ho! Que fais-tu là?

GROS-RENÉ.

Ma foi,
Demande; nous étions tout à l'heure sur toi.

MARINETTE.

Vous êtes aussi là, monsieur! Depuis une heure
Vous m'avez fait trotter comme un Basque, je meure.

ÉRASTE.

Comment?

MARINETTE.

Pour vous chercher j'ai fait dix mille pas.
Et vous promets, ma foi...

ÉRASTE.

Quoi?

MARINETTE.

Que vous n'êtes pas
Au temple, au cours, chez vous, ni dans la grande place.

GROS-RENÉ.

Il fallait en jurer.

ÉRASTE.

Apprends-moi donc, de grâce,
Qui te fait me chercher.

MARINETTE.

Quelqu'un, en vérité,
Qui pour vous n'a pas trop mauvaise volonté;
Ma maîtresse, en un mot.

ÉRASTE.

Ah! chère Marinette,
Ton discours de son cœur est-il bien l'interprète?
Ne me déguise point un mystère fatal;
Je ne t'en voudrai pas pour cela plus de mal.
Au nom des dieux, dis-moi si ta belle maîtresse
N'abuse point mes vœux d'une fausse tendresse.

MARINETTE.

Hé! hé! d'où vous vient donc ce plaisant mouvement?
Elle ne fait pas voir assez son sentiment?
Quel garant est-ce encor que votre amour demande?
Que lui faut-il?

GROS-RENÉ.

A moins que Valère se pende,
Bagatelle! son cœur ne s'assurera point[1].

MARINETTE.

Comment?

GROS-RENÉ.

Il est jaloux jusques en un tel point.

MARINETTE.

De Valère? Ah! vraiment la pensée est bien belle!
Elle peut seulement naître en votre cervelle?
Je vous croyais du sens, et jusqu'à ce moment

---

[1] On dit aujourd'hui : se rassurer.

J'avais de votre esprit quelque bon sentiment,
Mais, à ce que je vois, je m'étais fort trompée.
Ta tête de ce mal est-elle aussi frappée?

GROS-RENÉ.

Moi, jaloux? Dieu m'en garde, et d'être assez badin [1]
Pour m'aller emmaigrir avec un tel chagrin!
Outre que de ton cœur ta foi me cautionne,
L'opinion que j'ai de moi-même est trop bonne
Pour croire auprès de moi que quelque autre te plût.
Où diantre pourrais-tu trouver qui me valût?

MARINETTE.

En effet, tu dis bien; voilà comme il faut être!
Jamais de ces soupçons qu'un jaloux fait paraître.
Tout le fruit qu'on en cueille est de se mettre mal,
Et d'avancer par là les desseins d'un rival :
Au mérite souvent de qui l'éclat vous blesse
Vos chagrins font ouvrir les yeux d'une maîtresse;
Et j'en sais tel, qui doit son destin le plus doux
Aux soins trop inquiets de son rival jaloux.
Enfin, quoi qu'il en soit, témoigner de l'ombrage,
C'est jouer en amour un mauvais personnage,
Et se rendre, après tout, misérable à crédit.
Cela, seigneur Éraste, en passant vous soit dit.

ÉRASTE.

Hé bien! n'en parlons plus. Que venais-tu m'apprendre?

MARINETTE.

Vous mériteriez bien que l'on vous fît attendre,
Qu'afin de vous punir je vous tinsse caché
Le grand secret pourquoi je vous ai tant cherché.
Tenez, voyez ce mot, et sortez hors de doute;
Lisez-le donc tout haut, personne ici n'écoute.

---

[1] *Badin* signifiait non-seulement folâtre, qui aime à rire, mais encore niais, qui s'amuse à des niaiseries.

ÉRASTE lit.

« Vous m'avez dit que votre amour
» Était capable de tout faire ;
» Il se couronnera lui-même dans ce jour,
» S'il peut avoir l'aveu d'un père.

» Faites parler les droits qu'on a dessus mon cœur,
» Je vous en donne la licence ;
» Et, si c'est en votre faveur,
» Je vous réponds de mon obéissance. »

Ah! quel bonheur! O toi qui me l'as apporté,
Je te dois regarder comme une déité!

GROS-RENÉ.

Je vous le disais bien contre votre croyance,
Je ne me trompe guère aux choses que je pense.

ÉRASTE relit.

« Faites parler les droits qu'on a dessus mon cœur,
» Je vous en donne la licence ;
» Et, si c'est en votre faveur,
» Je vous réponds de mon obéissance.

MARINETTE.

Si je lui rapportais vos faiblesses d'esprit,
Elle désavouerait bientôt un tel écrit.

ÉRASTE.

Ah! cache-lui, de grâce, une peur passagère,
Où mon âme a cru voir quelque peu de lumière ;
Ou, si tu la lui dis, ajoute que ma mort
Est prête d'expier l'erreur de ce transport ;
Que je vais à ses pieds, si j'ai pu lui déplaire,
Sacrifier ma vie à sa juste colère.

MARINETTE.

Ne parlons point de mort, ce n'en est pas le temps.

ÉRASTE.

Au reste, je te dois beaucoup, et je prétends
Reconnaître dans peu, de la bonne manière,
Les soins d'une si noble et si belle courrière.

MARINETTE.

A propos, savez-vous où je vous ai cherché
Tantôt encore ?

ÉRASTE.

Hé bien ?

MARINETTE.

Tout proche du marché,
Où vous savez.

ÉRASTE.

Où donc ?

MARINETTE.

Là... dans cette boutique
Où, dès le mois passé, votre cœur magnifique
Me promit, de sa grâce, une bague.

ÉRASTE.

Ah ! j'entends.

GROS-RENÉ.

La matoise !

ÉRASTE.

Il est vrai, j'ai tardé trop longtemps
A m'acquitter vers toi d'une telle promesse,
Mais...

MARINETTE.

Ce que j'en ai dit n'est pas que je vous presse.

GROS-RENÉ.

Ho ! que non !

ÉRASTE lui donne sa bague.

Celle-ci peut-être aura de quoi
Te plaire ; accepte-la pour celle que je dois.

MARINETTE.

Monsieur, vous vous moquez, j'aurais honte à la prendre.

GROS-RENÉ.

Pauvre honteuse, prends sans davantage attendre;
Refuser ce qu'on donne est bon à faire aux fous.

MARINETTE.

Ce sera pour garder quelque chose de vous.

ÉRASTE.

Quand puis-je rendre grâce à cet ange adorable?

MARINETTE.

Travaillez à vous rendre un père favorable.

ÉRASTE.

Mais, s'il me rebutait, dois-je?...

MARINETTE.

Alors comme alors;
Pour vous on emploiera toutes sortes d'efforts.
D'une façon ou d'autre il faut qu'elle soit vôtre :
Faites votre pouvoir et nous ferons le nôtre.

ÉRASTE.

Adieu, nous en saurons le succès dans ce jour.

(Éraste relit la lettre tout bas.)

MARINETTE, à Gros-René.

Et nous, que dirons-nous aussi de notre amour?
Tu ne m'en parles point.

GROS-RENÉ.

Un hymen qu'on souhaite
Entre gens comme nous est chose bientôt faite.
Je te veux : me veux-tu de même?

MARINETTE.

Avec plaisir.

GROS-RENÉ.

Touche, il suffit.

MARINETTE.

Adieu, Gros-René, mon désir.

GROS-RENÉ.

Adieu, mon astre.

MARINETTE.

Adieu, beau tison de ma flamme.

GROS-RENÉ.

Adieu, chère comète, arc-en-ciel de mon âme.

(Marinette sort.)

Le bon Dieu soit loué, nos affaires vont bien ;
Albert n'est pas un homme à vous refuser rien.

ÉRASTE.

Valère vient à nous.

GROS-RENÉ.

Je plains le pauvre hère,
Sachant ce qui se passe.

SCÈNE III.

VALÈRE, ÉRASTE, GROS-RENÉ.

ÉRASTE.

Hé bien ! seigneur Valère?

VALÈRE.

Hé bien ! seigneur Éraste ?

ÉRASTE.

En quel état l'amour?

VALÈRE.

En quel état vos feux ?

ÉRASTE.

Plus forts de jour en jour.

VALÈRE.

Et mon amour plus fort.

ACTE I. SCÈNE III.

ÉRASTE.

Pour Lucile ?

VALÈRE.

Pour elle.

ÉRASTE.

Certes, je l'avouerai, vous êtes le modèle
D'une rare constance.

VALÈRE.

Et votre fermeté
Doit être un rare exemple à la postérité.

ÉRASTE.

Pour moi, je suis peu fait à cet amour austère
Qui, dans les seuls regards, trouve à se satisfaire ;
Et je ne forme point d'assez beaux sentiments
Pour souffrir constamment les mauvais traitements :
Enfin, quand j'aime bien, j'aime fort que l'on m'aime.

VALÈRE.

Il est très-naturel, et j'en suis bien de même.
Le plus parfait objet dont je serais charmé
N'aurait pas mes tributs, n'en étant point aimé.

ÉRASTE.

Lucile cependant...

VALÈRE.

Lucile, dans son âme,
Rend tout ce que je veux qu'elle rende à ma flamme.

ÉRASTE.

Vous êtes donc facile à contenter ?

VALÈRE.

Pas tant
Que vous pourriez penser.

ÉRASTE.

Je puis croire pourtant,
Sans trop de vanité, que je suis en sa grâce.

VALÈRE.

Moi, je sais que j'y tiens une assez bonne place.

ÉRASTE.

Ne vous abusez point, croyez-moi.

VALÈRE.

Croyez-moi,
Ne laissez point duper vos yeux à trop de foi.

ÉRASTE.

Si j'osais vous montrer une preuve assurée
Que son cœur... Non, votre âme en serait altérée.

VALÈRE.

Si je vous osais, moi, découvrir en secret...
Mais je vous fâcherais, et veux être discret.

ÉRASTE.

Vraiment, vous me poussez, et, contre mon envie,
Votre présomption veut que je l'humilie.
Lisez.

VALÈRE, après avoir lu.

Ces mots sont doux.

ÉRASTE.

Vous connaissez la main?

VALÈRE.

Oui, de Lucile.

ÉRASTE.

Hé bien! cet espoir si certain?...

VALÈRE, riant et s'en allant.

Adieu, seigneur Éraste.

GROS-RENÉ.

Il est fou, le bon sire.
Où vient-il donc pour lui de voir le mot pour rire?

ÉRASTE.

Certes, il me surprend, et j'ignore, entre nous,
Quel diable de mystère est caché là-dessous.

GROS-RENÉ.

Son valet vient, je pense.

ÉRASTE.

Oui, je le vois paraître.
Feignons, pour le jeter sur l'amour de son maître.

SCÈNE IV.

ÉRASTE, MASCARILLE, GROS-RENÉ.

MASCARILLE, à part.

Non, je ne trouve point d'état plus malheureux
Que d'avoir un patron jeune et fort amoureux.

GROS-RENÉ.

Bonjour.

MASCARILLE.

Bonjour.

GROS-RENÉ.

Où tend Mascarille à cette heure?
Que fait-il? revient-il? va-t-il? ou s'il demeure?

MASCARILLE.

Non, je ne reviens pas, car je n'ai pas été;
Je ne vais pas aussi, car je suis arrêté;
Et ne demeure point, car, tout de ce pas même,
Je prétends m'en aller.

ÉRASTE.

La rigueur est extrême.
Doucement, Mascarille.

MASCARILLE.

Ah! monsieur, serviteur.

ÉRASTE

Vous nous fuyez bien vite! hé quoi! vous fais-je peur?

MASCARILLE.

Je ne crois pas cela de votre courtoisie.

ÉRASTE.

Touche; nous n'avons plus sujet de jalousie,
Nous devenons amis, et mes feux, que j'éteins,
Laissent la place libre à vos heureux desseins.

MASCARILLE.

Plût à Dieu!

ÉRASTE.

Gros-René sait qu'ailleurs je me jette.

GROS-RENÉ.

Sans doute ; et je te cède aussi la Marinette.

MASCARILLE.

Passons sur ce point là; notre rivalité
N'est pas pour en venir à grande extrémité :
Mais est-ce un coup bien sûr que votre seigneurie
Soit désenamourée, ou si c'est raillerie?

ÉRASTE.

J'ai su qu'en ses amours ton maître était trop bien ;
Et je serais un fou de prétendre plus rien
Aux étroites faveurs qu'il a de cette belle.

MASCARILLE.

Certes, vous me plaisez avec cette nouvelle.
Outre qu'en nos projets je vous craignais un peu,
Vous tirez sagement votre épingle du jeu.
Oui, vous avez bien fait de quitter une place
Où l'on vous caressait pour la seule grimace.
Et mille fois, sachant tout ce qui se passait,
J'ai plaint le faux espoir dont on vous repaissait :
On offense un brave homme alors que l'on l'abuse.
Mais d'où diantre, après tout, avez-vous su la ruse?
Car cet engagement mutuel de leur foi
N'eut pour témoins, la nuit, que deux autres et moi;
Et l'on croit jusqu'ici la chaîne fort secrète,

ACTE I. SCÈNE IV.

Qui rend de nos amants la flamme satisfaite.

ÉRASTE.

Hé! que dis-tu?

MASCARILLE.

Je dis que je suis interdit,
Et ne sais pas, monsieur, qui peut vous avoir dit
Que sous ce faux semblant, qui trompe tout le monde
En vous trompant aussi, leur ardeur sans seconde
D'un secret mariage a serré le lien.

ÉRASTE.

Vous en avez menti.

MASCARILLE.

Monsieur, je le veux bien.

ÉRASTE.

Vous êtes un coquin.

MASCARILLE.

D'accord.

ÉRASTE.

Et cette audace
Mériterait cent coups de bâton sur la place.

MASCARILLE.

Vous avez tout pouvoir.

ÉRASTE.

Ah! Gros-René!

GROS-RENÉ.

Monsieur.

ÉRASTE.

Je démens un discours dont je n'ai que trop peur.
(A Mascarille.)
Tu penses fuir.

MASCARILLE.

Nenni.

ÉRASTE.

Quoi! Lucile est la femme?...

MASCARILLE.

Non, monsieur, je raillais.

ÉRASTE.

Ah! vous railliez, infâme!

MASCARILLE.

Non, je ne raillais point.

ÉRASTE.

Il est donc vrai?

MASCARILLE.

Non pas.
Je ne dis pas cela.

ÉRASTE.

Que dis-tu donc?

MASCARILLE.

Hélas!
Je ne dis rien, de peur de mal parler.

ÉRASTE.

Assure
Ou si c'est chose vraie, ou si c'est imposture.

MASCARILLE.

C'est ce qu'il vous plaira : je ne suis pas ici
Pour vous rien contester.

ÉRASTE, tirant son épée.

Veux-tu dire? Voici,
Sans marchander, de quoi te délier la langue.

MASCARILLE.

Elle ira faire encor quelque sotte harangue.
Hé! de grâce, plutôt, si vous le trouvez bon,
Donnez-moi vitement quelques coups de bâton,
Et me laissez tirer mes chausses sans murmure.

ÉRASTE.

Tu mourras, ou je veux que la vérité pure
S'exprime par ta bouche.

MASCARILLE.

Hélas! je la dirai :

Mais peut-être, monsieur, que je vous fâcherai.
ÉRASTE.
Parle : mais prends bien garde à ce que tu vas faire.
A ma juste fureur rien ne te peut soustraire,
Si tu mens d'un seul mot en ce que tu diras.
MASCARILLE.
J'y consens, rompez-moi les jambes et les bras,
Faites-moi pis encor, tuez-moi, si j'impose,
En tout ce que j'ai dit ici, la moindre chose.
ÉRASTE.
Ce mariage est vrai ?
MASCARILLE.
Ma langue, en cet endroit,
A fait un pas de clerc dont elle s'aperçoit.
Mais enfin cette affaire est comme vous la dites.
Et c'est après cinq jours de nocturnes visites,
Tandis que vous serviez à mieux couvrir leur jeu,
Que depuis avant-hier ils sont joints de ce nœud ;
Et Lucile depuis fait encor moins paraître
La violente amour qu'elle porte à mon maître,
Et veut absolument que tout ce qu'il verra,
Et qu'en votre faveur son cœur témoignera,
Il l'impute à l'effet d'une haute prudence,
Qui veut de leurs secrets ôter la connaissance.
Si, malgré mes serments, vous doutez de ma foi,
Gros-René peut venir une nuit avec moi,
Et je lui ferai voir, étant en sentinelle,
Que nous avons dans l'ombre un libre accès chez elle.
ÉRASTE.
Ote-toi de mes yeux, maraud !
MASCARILLE.
Et de grand cœur
C'est ce que je demande.

SCÈNE V.

ÉRASTE, GROS-RENÉ.

ÉRASTE.
Hé bien ?
GROS-RENÉ.
Hé bien ! monsieur,
Nous en tenons tous deux, si l'autre est véritable.
ÉRASTE.
Las ! il ne l'est que trop, le bourreau détestable !
Je vois trop d'apparence à tout ce qu'il a dit ;
Et ce qu'a fait Valère, en voyant cet écrit,
Marque bien leur concert, et que c'est une baie[1]
Qui sert, sans doute, aux feux dont l'ingrate le paie.

SCÈNE VI.

ÉRASTE, MARINETTE, GROS-RENÉ.

MARINETTE.
Je viens vous avertir que tantôt, sur le soir,
Ma maîtresse au jardin vous permet de la voir.
ÉRASTE.
Oses-tu me parler ? âme double et traîtresse ?
Va, sors de ma présence ; et dis à ta maîtresse
Qu'avecque ses écrits elle me laisse en paix,

---

[1] *Baie*, tromperie, mensonge.

Et que voilà l'état, infâme, que j'en fais !

(Il déchire la lettre et sort.)

MARINETTE.

Gros-René, dis-moi donc quelle mouche le pique.

GROS-RENÉ.

M'oses-tu bien encor parler ? femelle inique,
Crocodile trompeur, de qui le cœur félon
Est pire qu'un satrape, ou bien qu'un Lestrigon[1] !
Va, va rendre réponse à ta bonne maîtresse,
Et dis-lui bien et beau que, malgré sa souplesse,
Nous ne sommes plus sots, ni mon maître ni moi,
Et désormais qu'elle aille au diable avecque toi.

MARINETTE, seule.

Ma pauvre Marinette, es-tu bien éveillée ?
De quel démon est donc leur âme travaillée ?
Quoi ! faire un tel accueil à nos soins obligeants !
Oh ! que ceci chez nous va surprendre les gens !

FIN DU PREMIER ACTE.

---

[1] *Lestrigons*, peuple de la Sicile dont les poëtes anciens ont fait des anthropophages.

ACTE DEUXIÈME.

SCÈNE I.

ASCAGNE, FROSINE.

FROSINE.
Ascagne, je suis fille à secret, Dieu merci.
ASCAGNE.
Mais, pour un tel discours, sommes-nous bien ici ?
Prenons garde qu'aucun ne nous vienne surprendre,
Ou que de quelque endroit on ne nous puisse entendre.
FROSINE.
Nous serions au logis beaucoup moins sûrement :
Ici de tous côtés on découvre aisément ;
Et nous pouvons parler avec toute assurance.
ASCAGNE.
Hélas ! que j'ai de peine à rompre mon silence !
FROSINE.
Ouais ! ceci doit donc être un important secret ?
ASCAGNE.
Trop, puisque je le fie à vous-même à regret,
Et que, si je pouvais le cacher davantage,
Vous ne le sauriez point.
FROSINE.
                        Ah ! c'est me faire outrage !

Feindre¹ à s'ouvrir à moi, dont vous avez connu
Dans tous vos intérêts l'esprit si retenu !
Moi, nourrie avec vous, et qui tiens sous silence
Des choses qui vous sont de si grande importance !
Qui sais...

ASCAGNE.

Oui, vous savez la secrète raison
Qui cache aux yeux de tous mon sexe et ma maison ;
Vous savez que dans celle où passa mon bas âge
Je suis pour y pouvoir retenir l'héritage
Que relâchait ailleurs le jeune Ascagne mort,
Dont mon déguisement fait revivre le sort ;
Et c'est aussi pourquoi ma bouche se dispense²
A vous ouvrir mon cœur avec plus d'assurance.
Mais avant que passer, Frosine, à ce discours,
Éclaircissez un doute où je tombe toujours :
Se pourrait-il qu'Albert ne sût rien du mystère
Qui masque ainsi mon sexe, et l'a rendu mon père ?

FROSINE.

En bonne foi, ce point sur quoi vous me pressez
Est une affaire aussi qui m'embarrasse assez :
Le fond de cette intrigue est pour moi lettre close,
Et ma mère ne put m'éclaircir mieux la chose.
Quand il mourut, ce fils, l'objet de tant d'amour,
Au destin de qui même, avant qu'il vînt au jour,
Le testament d'un oncle abondant en richesses
D'un soin particulier avait fait des largesses ;
Et que sa mère fit un secret de sa mort,
De son époux absent redoutant le transport,
S'il voyait chez un autre aller tout l'héritage
Dont sa maison tirait un si grand avantage ;

---

¹ *Feindre*, hésiter.
² *Se dispense*, c'est-à-dire se permet... prend la liberté et le courage de... se laisse aller à... C'est la signification primitive de ce mot.

Quand, dis-je, pour cacher un tel événement,
La supposition fut de son sentiment,
Et qu'on vous prit chez nous, où vous étiez nourrie
(Votre mère d'accord de cette tromperie
Qui remplaçait ce fils à sa garde commis),
En faveur des présents le secret fut promis.
Albert ne l'a point su de nous; et pour sa femme,
L'ayant plus de douze ans conservé dans son âme,
Comme le mal fut prompt dont on la vit mourir,
Son trépas imprévu ne put rien découvrir;
Mais cependant je vois qu'il garde intelligence
Avec celle de qui vous tenez la naissance.
J'ai su qu'en secret même il lui faisait du bien,
Et peut-être cela ne se fait pas pour rien.
D'autre part, il vous veut porter au mariage;
Et, comme il le prétend, c'est un mauvais langage[1].
Je ne sais s'il saurait la supposition
Sans le déguisement. Mais la digression
Tout insensiblement pourrait trop loin s'étendre;
Revenons au secret que je brûle d'apprendre.

ASCAGNE.

Sachez donc que l'Amour ne sait point s'abuser,
Que mon sexe à ses yeux n'a pu se déguiser,
Et que ses traits subtils, sous l'habit que je porte,
Ont su trouver le cœur d'une fille peu forte.
J'aime enfin.

FROSINE.

  Vous aimez!

ASCAGNE.

    Frosine, doucement.
N'entrez pas tout à fait dedans l'étonnement;
Il n'est pas temps encore; et ce cœur qui soupire

---

[1] C'est-à-dire : comme il prétend vous marier à une fille, il emploie mal ses paroles.

A bien, pour vous surprendre, autre chose à vous dire.
FROSINE.
Et quoi?
ASCAGNE.
J'aime Valère.
FROSINE.
Ah! vous aviez raison.
L'objet de votre amour, lui, dont à la maison
Votre imposture enlève un puissant héritage,
Et qui, de votre sexe ayant le moindre ombrage,
Verrait incontinent ce bien lui retourner!
C'est encore un plus grand sujet de s'étonner.
ASCAGNE.
J'ai de quoi toutefois surprendre plus votre âme :
Je suis sa femme.
FROSINE.
O dieux! sa femme!
ASCAGNE.
Oui, sa femme.
FROSINE.
Ah! certes celui-là l'emporte, et vient à bout
De toute ma raison!
ASCAGNE.
Ce n'est pas encor tout.
FROSINE.
Encore?
ASCAGNE.
Je la suis, dis-je, sans qu'il le pense,
Ni qu'il ait de mon sort la moindre connaissance.
FROSINE.
Ho! poussez; je le quitte[1], et ne raisonne plus,
Tant mes sens coup sur coup se trouvent confondus.
A ces énigmes-là je ne puis rien comprendre.

[1] Je quitte la partie.

ASCAGNE.

Je vais vous l'expliquer si vous voulez m'entendre.
Valère, dans les fers de ma sœur arrêté,
Me semblait un amant digne d'être écouté,
Et je ne pouvais voir qu'on rebutât sa flamme,
Sans qu'un peu d'intérêt touchât pour lui mon âme ;
Je voulais que Lucile aimât son entretien ;
Je blâmais ses rigueurs, et les blâmai si bien,
Que moi-même j'entrai, sans pouvoir m'en défendre,
Dans tous les sentiments qu'elle ne pouvait prendre.
C'était, en lui parlant, moi qu'il persuadait ;
Je me laissais gagner aux soupirs qu'il perdait ;
Et ses vœux, rejetés de l'objet qui l'enflamme,
Étaient, comme vainqueurs, reçus dedans mon âme.
Ainsi mon cœur, Frosine, un peu trop faible, hélas !
Se rendit à des soins qu'on ne lui rendait pas,
Par un coup réfléchi reçut une blessure,
Et paya pour un autre avec beaucoup d'usure.
Enfin, ma chère, enfin, l'amour que j'eus pour lui
Se voulut expliquer, mais sous le nom d'autrui.
Dans ma bouche[1], une nuit, cet amant trop aimable
Crut rencontrer Lucile à ses vœux favorable ;
Et je sus ménager si bien cet entretien,
Que du déguisement il ne reconnut rien.
Sous ce voile trompeur, qui flattait sa pensée,
Je lui dis que pour lui mon âme était blessée,
Mais que, voyant mon père en d'autres sentiments,
Je devais une feinte à ses commandements ;
Qu'ainsi de notre amour nous ferions un mystère
Dont la nuit seulement serait dépositaire ;
Et qu'entre nous, de jour, de peur de rien gâter,
Tout entretien secret se devait éviter,
Qu'il me verrait alors la même indifférence

---

[1] *Dans ma bouche*, en m'entendant parler.

Qu'avant que nous eussions aucune intelligence ;
Et que de son côté, de même que du mien,
Geste, parole, écrit ne m'en dît jamais rien.
Enfin, sans m'arrêter sur toute l'industrie
Dont j'ai conduit le fil de cette tromperie,
J'ai poussé jusqu'au bout un projet si hardi,
Et me suis assuré l'époux que je vous di.

FROSINE.

Peste ! les grands talents que votre esprit possède !
Dirait-on qu'elle y touche avec sa mine froide[1] ?
Cependant vous avez été bien vite ici ;
Car je veux que la chose ait d'abord réussi,
Ne jugez-vous pas bien, à regarder l'issue,
Qu'elle ne peut longtemps éviter d'être sue ?

ASCAGNE.

Quand l'amour est bien fort, rien ne peut l'arrêter ;
Ses projets seulement vont à se contenter :
Et, pourvu qu'il arrive au but qu'il se propose,
Il croit que tout le reste après est peu de chose.
Mais enfin aujourd'hui je me découvre à vous,
Afin que vos conseils... Mais voici cet époux.

SCÈNE II.

VALÈRE, ASCAGNE, FROSINE.

VALÈRE.

Si vous êtes tous deux en quelque conférence
Où je vous fasse tort de mêler ma présence,
Je me retirerai.

---

[1] *Froide* se prononçait : frède.

ASCAGNE.

Non, non, vous pouvez bien,
Puisque vous le faisiez, rompre notre entretien.

VALÈRE.

Moi !

ASCAGNE.

Vous-même.

VALÈRE.

Et comment?

ASCAGNE.

Je disais que Valère
Aurait, si j'étais fille, un peu trop su me plaire;
Et que, si je faisais tous les vœux de son cœur,
Je ne tarderais guère à faire son bonheur.

VALÈRE.

Ces protestations ne coûtent pas grand'chose,
Alors qu'à leur effet un pareil *si* s'oppose;
Mais vous seriez bien pris, si quelque événement
Allait mettre à l'épreuve un si doux compliment.

ASCAGNE.

Point du tout; je vous dis que, régnant dans votre âme,
Je voudrais de bon cœur couronner votre flamme.

VALÈRE.

Et si c'était quelqu'une[1] où, par votre secours,
Vous pussiez être utile au bonheur de mes jours?

ASCAGNE.

Je pourrais assez mal répondre à votre attente.

VALÈRE.

Cette confession n'est pas fort obligeante.

ASCAGNE.

Hé quoi! vous voudriez, Valère, injustement,
Qu'étant fille, et mon cœur vous aimant tendrement,

---

[1] C'est-à-dire : quelque flamme.

Je m'allasse engager avec une promesse
De servir vos ardeurs pour quelque autre maîtresse?
Un si pénible effort pour moi m'est interdit.

VALÈRE.

Mais cela n'étant pas?

ASCAGNE.

Ce que je vous ai dit,
Je l'ai dit comme fille, et vous le devez prendre
Tout de même.

VALÈRE.

Ainsi donc il ne faut rien prétendre,
Ascagne, à des bontés que vous auriez pour nous,
A moins que le ciel fasse un grand miracle en vous;
Bref, si vous n'êtes fille, adieu votre tendresse,
Il ne vous reste rien qui pour nous s'intéresse.

ASCAGNE.

J'ai l'esprit délicat plus qu'on ne peut penser,
Et le moindre scrupule a de quoi m'offenser
Quand il s'agit d'aimer. Enfin je suis sincère;
Je ne m'engage point à vous servir, Valère,
Si vous ne m'assurez au moins absolument
Que vous gardez pour moi le même sentiment,
Que pareille chaleur d'amitié vous transporte,
Et que, si j'étais fille, une flamme plus forte
N'outragerait point celle où je vivrais pour vous.

VALÈRE.

Je n'avais jamais vu ce scrupule jaloux!
Mais, tout nouveau qu'il est, ce mouvement m'oblige,
Et je vous fais ici tout l'aveu qu'il exige.

ASCAGNE.

Mais sans fard?

VALÈRE.

Oui, sans fard.

ASCAGNE.

S'il est vrai, désormais
Vos intérêts seront les miens, je vous promets.

VALÈRE.

J'ai bientôt à vous dire un important mystère
Où l'effet de ces mots me sera nécessaire.

ASCAGNE.

Et j'ai quelque secret de même à vous ouvrir,
Où votre cœur pour moi se pourra découvrir.

VALÈRE.

Hé! de quelle façon cela pourrait-il être?

ASCAGNE.

C'est que j'ai de l'amour qui n'oserait paraître;
Et vous pourriez avoir sur l'objet de mes vœux
Un empire à pouvoir rendre mon sort heureux.

VALÈRE.

Expliquez-vous, Ascagne; et croyez, par avance,
Que votre heur est certain, s'il est en ma puissance.

ASCAGNE.

Vous promettez ici plus que vous ne croyez.

VALÈRE.

Non, non; dites l'objet pour qui vous m'employez.

ASCAGNE.

Il n'est pas encore temps; mais c'est une personne
Qui vous touche de près.

VALÈRE.

Votre discours m'étonne;
Plût à Dieu que ma sœur!...

ASCAGNE.

Ce n'est pas la saison
De m'expliquer, vous dis-je.

VALÈRE.

Et pourquoi?

ASCAGNE.

Pour raison.
Vous saurez mon secret quand je saurai le vôtre.

VALÈRE.

J'ai besoin pour cela de l'aveu de quelque autre.

ASCAGNE.

Ayez-le donc ; et lors, nous expliquant nos vœux,
Nous verrons qui tiendra mieux parole des deux.

VALÈRE.

Adieu, j'en suis content.

ASCAGNE.

Et moi content, Valère.

(Valère sort.)

FROSINE.

Il croit trouver en vous l'assistance d'un frère.

SCÈNE III.

LUCILE, ASCAGNE, FROSINE, MARINETTE.

LUCILE, à Marinette, les trois premiers vers.

C'en est fait ; c'est ainsi que je puis me venger ;
Et si cette action a de quoi l'affliger,
C'est toute la douceur que mon cœur s'y propose.
Mon frère, vous voyez une métamorphose.
Je veux chérir Valère après tant de fierté,
Et mes vœux maintenant tournent de son côté.

ASCAGNE.

Que dites-vous, ma sœur? Comment! coürir au change [1] !
Cette inégalité me semble trop étrange.

[1] *Courir au change* se disait pour : changer tout à coup, être brusquement inconstant.

LUCILE.

La vôtre me surprend avec plus de sujet.
De vos soins autrefois Valère était l'objet;
Je vous ai vu pour lui m'accuser de caprice,
D'aveugle cruauté, d'orgueil et d'injustice;
Et, quand je veux l'aimer, mon dessein vous déplaît !
Et je vous vois parler contre son intérêt !

ASCAGNE.

Je le quitte, ma sœur, pour embrasser le vôtre.
Je sais qu'il est rangé dessous les lois d'une autre,
Et ce serait un trait honteux à vos appas,
Si vous le rappeliez et qu'il ne revînt pas.

LUCILE.

Si ce n'est que cela, j'aurai soin de ma gloire,
Et je sais, pour son cœur, tout ce que j'en dois croire;
Il s'explique à mes yeux intelligiblement;
Ainsi découvrez-lui sans peur mon sentiment;
Ou, si vous refusez de le faire, ma bouche
Lui va faire savoir que son ardeur me touche.
Quoi ! mon frère, à ces mots vous restez interdit !

ASCAGNE.

Ah ! ma sœur ! si sur vous je puis avoir crédit,
Si vous êtes sensible aux prières d'un frère,
Quittez un tel dessein, et n'ôtez point Valère
Aux vœux d'un jeune objet dont l'intérêt m'est cher,
Et qui, sur ma parole, a droit de vous toucher.
La pauvre infortunée aime avec violence;
A moi seul de ses feux elle fait confidence,
Et je vois dans son cœur de tendres mouvements
A dompter la fierté des plus durs sentiments.
Oui, vous auriez pitié de l'état de son âme,
Connaissant de quel coup vous menacez sa flamme;
Et je ressens si bien la douleur qu'elle aura,
Que je suis assuré, ma sœur, qu'elle en mourra,
Si vous lui dérobez l'amant qui peut lui plaire.

Éraste est un parti qui doit vous satisfaire ;
Et des feux mutuels...

LUCILE.

Mon frère, c'est assez.
Je ne sais point pour qui vous vous intéressez,
Mais, de grâce, cessons ce discours, je vous prie,
Et me laissez un peu dans quelque rêverie.

ASCAGNE.

Allez, cruelle sœur, vous me désespérez,
Si vous effectuez vos desseins déclarés.

SCÈNE IV.

LUCILE, MARINETTE.

MARINETTE.

La résolution, madame, est assez prompte.

LUCILE.

Un cœur ne pèse rien [1] alors que l'on l'affronte ;
Il court à sa vengeance, et saisit promptement
Tout ce qu'il croit servir à son ressentiment.
Le traître ! faire voir cette insolence extrême !

MARINETTE.

Vous m'en voyez encor toute hors de moi-même ;
Et quoique là-dessus je rumine sans fin,
L'aventure me passe, et j'y perds mon latin.
Car enfin, aux transports d'une bonne nouvelle
Jamais cœur ne s'ouvrit d'une façon plus belle ;
De l'écrit obligeant le sien tout transporté
Ne me donnait pas moins que de la déité ;
Et cependant jamais, à cet autre message,

[1] N'examine rien.

Fille ne fut traitée avecque tant d'outrage.
Je ne sais, pour causer de si grands changements,
Ce qui s'est pu passer entre ces courts moments.

LUCILE.

Rien ne s'est pu passer dont il faille être en peine,
Puisque rien ne le doit défendre de ma haine.
Quoi ! tu voudrais chercher hors de sa lâcheté
La secrète raison de cette indignité?
Cet écrit malheureux, dont mon âme s'accuse,
Peut-il à son transport souffrir la moindre excuse?

MARINETTE.

En effet, je comprends que vous avez raison,
Et que cette querelle est pure trahison.
Nous en tenons, madame : et puis, prêtons l'oreille
Aux bons chiens de pendards qui nous chantent merveille;
Qui, pour nous accrocher, feignent tant de langueur;
Laissons à leurs beaux mots fondre notre rigueur;
Rendons-nous à leurs vœux, trop faibles que nous sommes !
Foin de notre sottise, et peste soit des hommes !

LUCILE.

Hé bien ! bien ! qu'il s'en vante et rie à nos dépens,
Il n'aura pas sujet d'en triompher longtemps;
Et je lui ferai voir qu'en une âme bien faite
Le mépris suit de près la faveur qu'on rejette.

MARINETTE.

Au moins, en pareil cas, est-ce un bonheur bien doux,
Quand on sait qu'on n'a point d'avantage sur vous.
Marinette eut bon nez, quoi qu'on en puisse dire,
De ne permettre rien un soir qu'on voulait rire.
Quelque autre, sous espoir de *matrimonion* [1],
Aurait ouvert l'oreille à la tentation;
Mais moi, *nescio vos* [2].

---

[1] *Matrimonion*, pour *matrimonium*, mariage.

[2] Ces deux mots latins signifiant : je ne vous connais pas, formaient un dicton populaire.

LUCILE.

Que tu dis de folies,
Et choisis mal ton temps pour de telles saillies!
Enfin je suis touchée au cœur sensiblement;
Et si jamais celui de ce perfide amant,
Par un coup de bonheur, dont j'aurais tort, je pense,
De vouloir à présent concevoir l'espérance
(Car le ciel a trop pris plaisir à m'affliger,
Pour me donner celui de me pouvoir venger);
Quand, dis-je, par un sort à mes désirs propice,
Il reviendrait m'offrir sa vie en sacrifice,
Détester à mes pieds l'action d'aujourd'hui,
Je te défends, surtout, de me parler pour lui.
Au contraire, je veux que ton zèle s'exprime
A me bien mettre aux yeux la grandeur de son crime;
Et même si mon cœur était pour lui tenté
De descendre jamais à quelque lâcheté,
Que ton affection me soit alors sévère,
Et tienne comme il faut la main à ma colère.

MARINETTE.

Vraiment n'ayez point peur, et laissez faire à nous;
J'ai pour le moins autant de colère que vous;
Et je serais plutôt fille toute ma vie,
Que mon gros traître aussi me redonnât envie.
S'il vient...

SCÈNE V.

ALBERT, LUCILE, MARINETTE

ALBERT.

Rentrez, Lucile, et me faites venir
Le précepteur; je veux un peu l'entretenir,

Et m'informer de lui, qui me gouverne Ascagne,
S'il sait point quel ennui depuis peu l'accompagne.

SCÈNE VI.

ALBERT, seul.

En quel gouffre de soins et de perplexité
Nous jette une action faite sans équité !
D'un enfant supposé par mon trop d'avarice
Mon cœur depuis longtemps souffre bien le supplice ;
Et quand je vois les maux où je me suis plongé,
Je voudrais à ce bien n'avoir jamais songé.
Tantôt je crains de voir, par la fourbe éventée,
Ma famille en opprobre et misère jetée ;
Tantôt pour ce fils-là, qu'il me faut conserver,
Je crains cent accidents qui peuvent arriver.
S'il advient que dehors quelque affaire m'appelle,
J'appréhende au retour cette triste nouvelle :
Las ! vous ne savez pas ? Vous l'a-t-on annoncé ?
Votre fils a la fièvre, ou jambe, ou bras cassé ;
Enfin, à tous moments, sur quoi que je m'arrête,
Cent sortes de chagrins me roulent par la tête.
Ah !

SCÈNE VII.

ALBERT, MÉTAPHRASTE.

MÉTAPHRASTE.

Mandatum tuum caro diligenter [1].

---

[1] « J'obéis avec diligence à votre commandement. »

ALBERT.

Maître, j'ai voulu...

MÉTAPHRASTE.

Maître est dit *a magis ter;*
C'est comme qui dirait trois fois plus grand[1].

ALBERT.

Je meure,
Si je savais cela. Mais, soit, à la bonne heure.
Maître, donc...

MÉTAPHRASTE.

Poursuivez.

ALBERT.

Je veux poursuivre aussi :
Mais ne poursuivez point, vous, d'interrompre ainsi.
Donc, encore une fois, maître, c'est la troisième,
Mon fils me rend chagrin : vous savez que je l'aime,
Et que soigneusement je l'ai toujours nourri.

MÉTAPHRASTE.

Il est vrai : *Filio non potest præferri*
Nisi filius[2].

ALBERT.

Maître, en discourant ensemble,
Ce jargon n'est pas fort nécessaire, me semble;
Je vous crois grand latin[3] et grand docteur juré,
Je m'en rapporte à ceux qui m'en ont assuré :
Mais, dans un entretien qu'avec vous je destine[4],
N'allez point déployer toute votre doctrine,
Faire le pédagogue, et cent mots me cracher,
Comme si vous étiez en chaire pour prêcher.

---

[1] Molière a emprunté cette plaisante étymologie à une comedie italienne *le Pédant*, de Bruno Nolano.

[2] « A un fils on ne peut préférer qu'un fils. »

[3] On dit qu'un homme est bon latin, pour dire qu'il sait bien le latin.

[4] *Je destine*, pour j'ai dessein d'avoir.

Mon père, quoiqu'il eût la tête des meilleures,
Ne m'a jamais rien fait apprendre que mes Heures,
Qui, depuis cinquante ans, dites journellement,
Ne sont encor pour moi que du haut allemand.
Laissez donc en repos votre science auguste,
Et que votre langage à mon faible s'ajuste.

MÉTAPHRASTE.

Soit.

ALBERT.

A mon fils, l'hymen semble lui faire peur;
Et sur quelque parti que je sonde son cœur,
Pour un pareil lien il est froid, et recule.

MÉTAPHRASTE.

Peut-être a-t-il l'humeur du frère de Marc-Tulle,
Dont avec Atticus le même fait sermon,
Et comme aussi les Grecs disent *Atanaton*[1]...

ALBERT.

Mon Dieu! maître éternel, laissez là, je vous prie,
Les Grecs, les Albanais, avec l'Esclavonie,
Et tous ces autres gens dont vous venez parler;
Eux et mon fils n'ont rien ensemble à démêler.

MÉTAPHRASTE.

Hé bien donc, votre fils?

ALBERT.

Je ne sais si dans l'âme
Il ne sentirait point une secrète flamme :
Quelque chose le trouble, ou je suis fort déçu;
Et je l'aperçus hier, sans en être aperçu,
Dans un recoin du bois, où nul ne se retire.

MÉTAPHRASTE.

Dans un lieu reculé du bois, voulez-vous dire,
Un endroit écarté, *latine secessus*;

---

[1] *Atanaton* est un mot grec qui signifie : *immortel*. Commencement d'une citation grecque interrompue par l'impatience d'Albert.

Virgile l'a dit : *Est in secessu locus*[1]...
ALBERT.
Comment aurait-il pu l'avoir dit, ce Virgile,
Puisque je suis certain que, dans ce lieu tranquille,
Ame du monde enfin n'était lors que nous deux?
MÉTAPHRASTE.
Virgile est nommé là comme un auteur fameux
D'un terme plus choisi que le mot que vous dites,
Et non comme témoin de ce qu'hier vous vîtes.
ALBERT.
Et moi, je vous dis, moi, que je n'ai pas besoin
De terme plus choisi, d'auteur ni de témoin,
Et qu'il suffit ici de mon seul témoignage.
MÉTAPHRASTE.
Il faut choisir pourtant les mots mis en usage
Par les meilleurs auteurs. *Tu vivendo bonos,*
Comme on dit, *scribendo sequare peritos*[2].
ALBERT.
Homme ou démon, veux-tu m'entendre sans conteste?
MÉTAPHRASTE.
Quintilien en fait le précepte.
ALBERT.
La peste
Soit du causeur !
MÉTAPHRASTE.
Et dit là-dessus doctement
Un mot que vous serez bien aise assurément
D'entendre.
ALBERT.
Je serai le diable qui t'emporte,
Chien d'homme! Oh! que je suis tenté d'étrange sorte

---

[1] « Dans un enfoncement il est un endroit abrité. »

[2] « Dans ta manière de vivre, imite les gens de bien; dans tes écrits, es gens de goût. »

De faire sur ce mufle une application!

MÉTAPHRASTE.

Mais qui cause, seigneur, votre inflammation?
Que voulez-vous de moi?

ALBERT.

Je veux que l'on m'écoute,
Vous ai-je dit vingt fois, quand je parle.

MÉTAPHRASTE.

Ah! sans doute;
Vous serez satisfait s'il ne tient qu'à cela;
Je me tais.

ALBERT.

Vous ferez sagement.

MÉTAPHRASTE.

Me voilà
Tout prêt de vous ouïr.

ALBERT.

Tant mieux.

MÉTAPHRASTE.

Que je trépasse,
Si je dis plus mot.

ALBERT.

Dieu vous en fasse la grâce!

MÉTAPHRASTE.

Vous n'accuserez point mon caquet désormais.

ALBERT.

Ainsi soit-il!

MÉTAPHRASTE.

Parlez quand vous voudrez.

ALBERT.

J'y vais.

MÉTAPHRASTE.

Et n'appréhendez plus l'interruption nôtre.

ALBERT.

C'est assez dit.

MÉTAPHRASTE.

Je suis exact plus qu'aucun autre.

ALBERT.

Je le crois.

MÉTAPHRASTE.

J'ai promis que je ne dirai rien.

ALBERT.

Suffit.

MÉTAPHRASTE.

Dès à présent je suis muet.

ALBERT.

Fort bien.

MÉTAPHRASTE.

Parlez; courage; au moins je vous donne audience.
Vous ne vous plaindrez pas de mon peu de silence :
Je ne desserre pas la bouche seulement.

ALBERT, à part.

Le traître !

MÉTAPHRASTE.

Mais, de grâce, achevez vitement :
Depuis longtemps j'écoute; il est bien raisonnable
Que je parle à mon tour.

ALBERT.

Donc, bourreau détestable...

MÉTAPHRASTE.

Hé ! bon Dieu ! voulez-vous que j'écoute à jamais ?
Partageons le parler au moins, ou je m'en vais.

ALBERT.

Ma patience est bien...

MÉTAPHRASTE.

Quoi ! voulez-vous poursuivre ?
Ce n'est pas encore fait ? *Per Jovem* [1] ! je suis ivre [2] !

---

[1] « Par Jupiter. »
[2] Je suis étourdi.

ALBERT.

Je n'ai pas dit...

MÉTAPHRASTE.

Encor? Bon Dieu! que de discours!
Rien n'est-il suffisant d'en arrêter le cours[1]?

ALBERT.

J'enrage.

MÉTAPHRASTE.

Derechef! O l'étrange torture!
Hé! laissez-moi parler un peu, je vous conjure.
Un sot qui ne dit mot ne se distingue pas
D'un savant qui se tait.

ALBERT.

Parbleu! tu te tairas.

SCÈNE VIII.

MÉTAPHRASTE, seul.

D'où vient fort à propos cette sentence expresse
D'un philosophe : Parle, afin qu'on te connaisse.
Doncques, si de parler le pouvoir m'est ôté,
Pour moi, j'aime autant perdre aussi l'humanité,
Et changer mon essence en celle d'une bête.
Me voilà pour huit jours avec un mal de tête.
Oh! que les grands parleurs sont par moi détestés!
Mais quoi! si les savants ne sont point écoutés,
Si l'on veut que toujours ils aient la bouche close,
Il faut donc renverser l'ordre de chaque chose,
Que les poules dans peu dévorent les renards;
Que les jeunes enfants remontrent aux vieillards;

---

[1] Suffisant pour en arrêter le cours.

Qu'à poursuivre les loups les agnelets s'ébattent;
Qu'un fou fasse les lois; que les femmes combattent;
Que par les criminels les juges soient jugés,
Et par les écoliers les maîtres fustigés :
Que le malade au sain présente le remède;
Que le lièvre craintif...

SCÈNE IX.

ALBERT, MÉTAPHRASTE.
(Albert lui vient sonner aux oreilles une cloche qui le fait fuir.)

MÉTAPHRASTE, fuyant.
Miséricorde! à l'aide!

FIN DU DEUXIÈME ACTE.

ACTE TROISIÈME.

SCÈNE I.

MASCARILLE, seul.

Le ciel parfois seconde un dessein téméraire,
Et l'on sort comme on peut d'une méchante affaire.
Pour moi, qu'une imprudence a trop fait discourir,
Le remède plus prompt où j'ai su recourir,
C'est de pousser ma pointe et dire en diligence
A notre vieux patron toute la manigance.
Son fils, qui m'embarrasse, est un évaporé :
L'autre, diable! disant ce que j'ai déclaré,
Gare une irruption sur notre friperie!
Au moins, avant qu'on puisse échauffer sa furie,
Quelque chose de bon nous pourra succéder,
Et les vieillards entre eux se pourront accorder :
C'est ce qu'on va tenter ; et, de la part du nôtre,
Sans perdre un seul moment, je m'en vais trouver l'autre.

(Il frappe à la porte d'Albert.)

SCÈNE II.

ALBERT, MASCARILLE.

ALBERT.

Qui frappe?

MASCARILLE.

Amis.

ALBERT.

Oh! oh! qui te peut amener, Mascarille?

MASCARILLE.

Je viens, monsieur, pour vous donner
Le bonjour.

ALBERT.

Ah! vraiment, tu prends beaucoup de peine :
De tout mon cœur, bonjour.

(Il s'en va.)

MASCARILLE

La réplique est soudaine.
Quel homme brusque!

(Il heurte.)

ALBERT.

Encor?

MASCARILLE.

Vous n'avez pas ouï, Monsieur.

ALBERT.

Ne m'as-tu pas donné le bonjour?

MASCARILLE.

Oui.

ALBERT.

Hé bien! bonjour, te dis-je.
(Il s'en va, Mascarille l'arrête).

MASCARILLE.

Oui; mais je viens encore
Vous saluer au nom du seigneur Polidore.

ALBERT.

Ah! c'est un autre fait. Ton maître t'a chargé
De me saluer?

MASCARILLE.

Oui.

ALBERT.

Je lui suis obligé.
Va[1], que je lui souhaite une joie infinie.
(Il s'en va.)

MASCARILLE.

Cet homme est ennemi de la cérémonie.
(Il heurte.)
Je n'ai pas achevé, monsieur, son compliment :
Il voudrait vous prier d'une chose instamment.

ALBERT.

Hé bien! quand il voudra, je suis à son service.

MASCARILLE, l'arrêtant.

Attendez, et souffrez qu'en deux mots je finisse.
Il souhaite un moment pour vous entretenir
D'une affaire importante, et doit ici venir.

ALBERT.

Hé! quelle est-elle encor l'affaire qui l'oblige
A me vouloir parler?

MASCARILLE.

Un grand secret, vous dis-je,
Qu'il vient de découvrir en ce même moment,
Et qui, sans doute, importe à tous deux grandement.
Voilà mon ambassade.

---

[1] Sous-entendu : dis-lui.

SCÈNE III.

ALBERT, seul.

O juste ciel! je tremble :
Car enfin nous avons peu de commerce ensemble.
Quelque tempête va renverser mes desseins,
Et ce secret, sans doute, est celui que je crains.
L'espoir de l'intérêt m'a fait quelque infidèle,
Et voilà sur ma vie une tache éternelle.
Ma fourbe est découverte. Oh! que la vérité
Se peut cacher longtemps avec difficulté!
Et qu'il eût mieux valu pour moi, pour mon estime,
Suivre les mouvements d'une peur légitime,
Par qui je me suis vu tenté plus de vingt fois
De rendre à Polidore un bien que je lui dois,
De prévenir l'éclat où ce coup-ci m'expose,
Et faire qu'en douceur passât toute la chose!
Mais, hélas! c'en est fait, il n'est plus de saison;
Et ce bien, par la fraude entré dans ma maison,
N'en sera point tiré, que dans cette sortie
Il n'entraîne du mien la meilleure partie.

SCÈNE IV.

ALBERT, POLIDORE.

POLIDORE, les quatre premiers vers sans voir Albert.
S'être ainsi marié sans qu'on en ait su rien!
Puisse cette action se terminer à bien!

Je ne sais qu'en attendre, et je crains fort du père
Et la grande richesse, et la juste colère.
Mais je l'aperçois seul.

ALBERT.

Dieu! Polidore vient!

POLIDORE.

Je tremble à l'aborder.

ALBERT.

La crainte me retient.

POLIDORE.

Par où lui débuter?

ALBERT.

Quel sera mon langage?

POLIDORE.

Son âme est tout émue.

ALBERT.

Il change de visage.

POLIDORE.

Je vois, seigneur Albert, au trouble de vos yeux,
Que vous savez déjà qui m'amène en ces lieux.

ALBERT.

Hélas! oui.

POLIDORE.

La nouvelle a droit de vous surprendre,
Et je n'eusse pas cru ce que je viens d'apprendre.

ALBERT.

J'en dois rougir de honte et de confusion.

POLIDORE.

Je trouve condamnable une telle action,
Et je ne prétends point excuser le coupable.

ALBERT.

Dieu fait miséricorde au pécheur misérable.

POLIDORE.

C'est ce qui doit par vous être considéré.

ALBERT.

Il faut être chrétien.

POLIDORE.

Il est très-assuré.

ALBERT.

Grâce, au nom de Dieu! grâce, ô seigneur Polidore!

POLIDORE.

Hé! c'est moi qui de vous présentement l'implore.

ALBERT.

Afin de l'obtenir je me jette à genoux.

POLIDORE.

Je dois en cet état être plutôt que vous[1].

ALBERT.

Prenez quelque pitié de ma triste aventure.

POLIDORE.

Je suis le suppliant dans une telle injure.

ALBERT.

Vous me fendez le cœur avec cette bonté.

POLIDORE.

Vous me rendez confus de tant d'humilité.

ALBERT.

Pardon, encore un coup!

POLIDORE.

Hélas! pardon vous-même!

ALBERT.

J'ai de cette action une douleur extrême.

POLIDORE.

Et moi, j'en suis touché de même au dernier point.

ALBERT.

J'ose vous convier qu'elle n'éclate point.

POLIDORE.

Hélas! seigneur Albert, je ne veux autre chose.

---

[1] Les deux vieillards se mettent ici à genoux l'un devant l'autre.

ALBERT.
Conservons mon honneur.
POLIDORE.
Hé! oui, je m'y dispose.
ALBERT.
Quant au bien qu'il faudra, vous-même en résoudrez.
POLIDORE.
Je ne veux de vos biens que ce que vous voudrez;
De tous ces intérêts je vous ferai le maître,
Et je suis trop content si vous le pouvez être.
ALBERT.
Ah! quel homme de Dieu! quel excès de douceur!
POLIDORE.
Quelle douceur, vous-même, après un tel malheur!
ALBERT.
Que puissiez-vous avoir toutes choses prospères!
POLIDORE.
Le bon Dieu vous maintienne!
ALBERT.
Embrassons-nous en frères.
POLIDORE.
J'y consens de grand cœur, et me réjouis fort
Que tout soit terminé par un heureux accord.
ALBERT.
J'en rends grâces au ciel.
POLIDORE.
Il ne vous faut rien feindre,
Votre ressentiment me donnait lieu de craindre;
Et Lucile tombée en faute avec mon fils,
Comme on vous voit puissant et de biens et d'amis...
ALBERT.
Heu! que parlez-vous là de faute et de Lucile?
POLIDORE.
Soit, ne commençons point un discours inutile.

Je veux bien que mon fils y trempe grandement :
Même, si cela fait à votre allégement,
J'avouerai qu'à lui seul en est toute la faute :
Que votre fille avait une vertu trop haute
Pour avoir jamais fait ce pas contre l'honneur,
Sans l'incitation d'un méchant suborneur ;
Que le traître a séduit sa pudeur innocente,
Et de votre conduite ainsi détruit l'attente.
Puisque la chose est faite, et que, selon mes vœux,
Un esprit de douceur nous met d'accord tous deux,
Ne ramentevons rien, et réparons l'offense
Par la solennité d'une heureuse alliance.

ALBERT, à part.

O Dieu ! quelle méprise ! et qu'est-ce qu'il m'apprend ?
Je rentre ici d'un trouble en un autre aussi grand.
Dans ces divers transports je ne sais que répondre,
Et, si je dis un mot, j'ai peur de me confondre.

POLIDORE.

A quoi pensez-vous là, seigneur Albert ?

ALBERT.

A rien.

Remettons, je vous prie, à tantôt l'entretien.
Un mal subit me prend, qui veut que je vous laisse.

SCÈNE V.

POLIDORE, seul.

Je lis dedans son âme, et vois ce qui le presse.
A quoi que sa raison l'eût déjà disposé,
Son déplaisir n'est pas encor tout apaisé.
L'image de l'affront lui revient, et sa fuite
Tâche à me déguiser le trouble qui l'agite.

Je prends part à sa honte, et son deuil m'attendrit.
Il faut qu'un peu de temps remette son esprit :
La douleur trop contrainte aisément se redouble.
Voici mon jeune fou d'où nous vient tout ce trouble.

SCÈNE VI.

POLIDORE, VALÈRE.

POLIDORE.

Enfin, le beau mignon, vos beaux déportements
Troubleront les vieux jours d'un père à tous moments ;
Tous les jours vous ferez de nouvelles merveilles,
Et nous n'aurons jamais autre chose aux oreilles.

VALÈRE.

Que fais-je tous les jours qui soit si criminel ?
En quoi mériter tant le courroux paternel ?

POLIDORE.

Je suis un étrange homme, et d'une humeur terrible,
D'accuser un enfant si sage et si paisible !
Las ! il vit comme un saint ; et dedans la maison
Du matin jusqu'au soir il est en oraison !
Dire qu'il pervertit l'ordre de la nature,
Et fait du jour la nuit : ô la grande imposture !
Qu'il n'a considéré père ni parenté
En vingt occasions : horrible fausseté !
Que de fraîche mémoire un furtif hyménée
A la fille d'Albert a joint sa destinée,
Sans craindre de la suite un désordre puissant :
On le prend pour un autre, et le pauvre innocent
Ne sait pas seulement ce que je lui veux dire.
Ah ! chien, que j'ai reçu du ciel pour mon martyre !
Te croiras-tu toujours ? et ne pourrai-je pas

Te voir être une fois sage avant mon trépas?

VALÈRE, seul, et rêvant.

D'où peut venir ce coup? Mon âme embarrassée
Ne voit que Mascarille où jeter sa pensée.
Il ne sera pas homme à m'en faire un aveu.
Il faut user d'adresse et me contraindre un peu
Dans ce juste courroux.

SCÈNE VII.

VALÈRE, MASCARILLE.

VALÈRE.

Mascarille, mon père,
Que je viens de trouver, sait toute notre affaire.

MASCARILLE.

Il la sait?

VALÈRE.

Oui.

MASCARILLE.

D'où, diantre, a-t-il pu la savoir?

VALÈRE.

Je ne sais point sur qui ma conjecture asseoir;
Mais enfin d'un succès cette affaire est suivie,
Dont j'ai tous les sujets d'avoir l'âme ravie.
Il ne m'en a pas dit un mot qui fût fâcheux;
Il excuse ma faute, il approuve mes feux;
Et je voudrais savoir qui peut être capable
D'avoir pu rendre ainsi son esprit si traitable.
Je ne puis t'exprimer l'aise que j'en reçoi.

MASCARILLE.

Et que me diriez-vous, monsieur, si c'était moi
Qui vous eût procuré cette heureuse fortune?

VALÈRE.

Bon! bon! tu voudrais bien ici m'en donner d'une.
MASCARILLE.
C'est moi, vous dis-je, moi, dont le patron le sait,
Et qui vous ai produit ce favorable effet.
VALÈRE.
Mais, là, sans te railler?
MASCARILLE.
Que le diable m'emporte
Si je fais raillerie et s'il n'est de la sorte!
VALÈRE, mettant l'épée à la main.
Et qu'il m'entraîne, moi, si tout présentement
Tu n'en vas recevoir le juste payement!
MASCARILLE.
Ah! monsieur, qu'est ceci? Je défends la surprise.
VALÈRE.
C'est la fidélité que tu m'avais promise?
Sans ma feinte, jamais tu n'eusses avoué
Le trait que j'ai bien cru que tu m'avais joué.
Traître de qui la langue à causer trop habile
D'un père contre moi vient d'échauffer la bile,
Qui me perds tout à fait, il faut, sans discourir,
Que tu meures.
MASCARILLE.
Tout beau. Mon âme, pour mourir,
N'est pas en bon état. Daignez, je vous conjure,
Attendre le succès qu'aura cette aventure.
J'ai de fortes raisons qui m'ont fait révéler
Un hymen que vous-même aviez peine à celer,
C'était un coup d'État, et vous verrez l'issue
Condamner la fureur que vous avez conçue.
De quoi vous fâchez-vous, pourvu que vos souhaits
Se trouvent par mes soins pleinement satisfaits,

ACTE III. SCÈNE VIII.

Et voyent mettre à fin la contrainte où vous êtes?
VALÈRE.
Et si tous ces discours ne sont que des sornettes?
MASCARILLE.
Toujours serez-vous lors à temps pour me tuer.
Mais enfin mes projets pourront s'effectuer.
Dieu fera pour les siens, et, content dans la suite,
Vous me remercierez de ma rare conduite.
VALÈRE.
Nous verrons. Mais Lucile...
MASCARILLE.
Halte! son père sort.

SCÈNE VIII.

ALBERT, VALÈRE, MASCARILLE.

ALBERT, les cinq premiers vers sans voir Valère.
Plus je reviens du trouble où j'ai donné d'abord,
Plus je me sens piqué de ce discours étrange,
Sur qui ma peur prenait un si dangereux change :
Car Lucile soutient que c'est une chanson,
Et m'a parlé d'un air à m'ôter tout soupçon.
Ha! monsieur, est-ce vous de qui l'audace insigne
Met en jeu mon honneur et fait ce conte indigne?
MASCARILLE.
Seigneur Albert, prenez un ton un peu plus doux,
Et contre votre gendre ayez moins de courroux.
ALBERT.
Comment! gendre? coquin, tu portes bien la mine
De pousser les ressorts d'une telle machine
Et d'en avoir été le premier inventeur.

MASCARILLE.

Je ne vois ici rien à vous mettre en fureur.

ALBERT.

Trouves-tu beau, dis-moi, de diffamer ma fille
Et faire un tel scandale à toute une famille ?

MASCARILLE.

Le voilà prêt de faire en tout vos volontés.

ALBERT.

Que voudrais-je, sinon qu'il dît des vérités?
Si quelque intention le pressait pour Lucile,
La recherche en pouvait être honnête et civile;
Il fallait l'attaquer du côté du devoir,
Il fallait de son père implorer le pouvoir,
Et non pas recourir à cette lâche feinte,
Qui porte à la pudeur une sensible atteinte.

MASCARILLE.

Quoi! Lucile n'est pas, sous des liens secrets,
A mon maître ?

ALBERT.

Non, traître, et n'y sera jamais.

MASCARILLE.

Tout doux : et s'il est vrai que ce soit chose faite,
Voulez-vous l'approuver, cette chaîne secrète ?

ALBERT.

Et s'il est constant, toi, que cela ne soit pas,
Veux-tu te voir casser les jambes et les bras ?

VALÈRE.

Monsieur, il est aisé de vous faire paraître
Qu'il dit vrai.

ALBERT.

Bon! voilà l'autre encor, digne maître
D'un semblable valet! Oh! les menteurs hardis!

MASCARILLE.

D'homme d'honneur, il est ainsi que je le dis.

VALÈRE.

Quel serait notre but de vous en faire accroire?

ALBERT.

Ils s'entendent tous deux comme larrons en foire.

MASCARILLE.

Mais venons à la preuve; et, sans nous quereller,
Faites sortir Lucile, et la laissez parler.

ALBERT.

Et si le démenti par elle vous en reste?

MASCARILLE.

Elle n'en fera rien, monsieur, je vous proteste.
Promettez à leurs vœux votre consentement,
Et je veux m'exposer au plus dur châtiment,
Si de sa propre bouche elle ne vous confesse
Et la foi qui l'engage et l'ardeur qui la presse.

ALBERT.

Il faut voir cette affaire.

(Il va frapper à sa porte.)

MASCARILLE, à Valère.

Allez, tout ira bien.

ALBERT.

Holà! Lucile, un mot.

VALÈRE, à Mascarille.

Je crains...

MASCARILLE.

Ne craignez rien.

SCÈNE IX.

LUCILE, ALBERT, VALÈRE, MASCARILLE.

MASCARILLE.

Seigneur Albert, au moins, silence. Enfin, madame,
Toute chose conspire au bonheur de votre âme;
Et monsieur votre père, averti de vos feux,
Vous laisse votre époux et confirme vos vœux.
Pourvu que, bannissant toutes craintes frivoles,
Deux mots de votre aveu confirment nos paroles.

LUCILE.

Que me vient donc conter ce coquin assuré?

MASCARILLE.

Bon! me voilà déjà d'un beau titre honoré.

LUCILE.

Sachons un peu, monsieur, quelle belle saillie
Fait ce conte galant qu'aujourd'hui l'on publie.

VALÈRE.

Pardon, charmant objet : un valet a parlé,
Et j'ai vu, malgré moi, notre hymen révélé.

LUCILE.

Notre hymen?

VALÈRE.

On sait tout, adorable Lucile;
Et vouloir déguiser est un soin inutile.

LUCILE.

Quoi! l'ardeur de mes feux vous a fait mon époux?

VALÈRE.

C'est un bien qui me doit faire mille jaloux :
Mais j'impute bien moins ce bonheur de ma flamme
A l'ardeur de vos feux qu'aux bontés de votre âme.

Je sais que vous avez sujet de vous fâcher,
Que c'était un secret que vous vouliez cacher;
Et j'ai de mes transports forcé la violence
A ne point violer votre expresse défense.
Mais...

MASCARILLE.

Hé bien! oui, c'est moi; le grand mal que voilà!

LUCILE.

Est-il une imposture égale à celle-là?
Vous l'osez soutenir en ma présence même,
Et pensez m'obtenir par ce beau stratagème?
O le plaisant amant, dont la galante ardeur
Veut blesser mon honneur au défaut de mon cœur
Et que mon père, ému de l'éclat d'un sot conte,
Paye avec mon hymen qui me couvre de honte!
Quand tout contribuerait à votre passion,
Mon père, les destins, mon inclination,
On me verrait combattre, en ma juste colère,
Mon inclination, les destins et mon père,
Perdre même le jour, avant que de m'unir
A qui par ce moyen aurait cru m'obtenir.
Allez; et si mon sexe, avecque bienséance,
Se pouvait emporter à quelque violence,
Je vous apprendrais bien à me traiter ainsi.

VALÈRE, à Mascarille.

C'en est fait, son courroux ne peut être adouci.

MASCARILLE.

Laissez-moi lui parler. Hé! madame, de grâce,
A quoi bon maintenant toute cette grimace?
Quelle est votre pensée? et quel bourru transport
Contre vos propres vœux vous fait roidir si fort?
Si monsieur votre père était homme farouche,
Passe; mais il permet que la raison le touche;
Et lui-même m'a dit qu'une confession
Vous va tout obtenir de son affection.

Vous sentez, je crois bien, quelque petite honte
A faire un libre aveu de l'amour qui vous dompte;
Mais, s'il vous a fait prendre un peu de liberté,
Par un bon mariage on voit tout rajusté;
Et, quoi que l'on reproche au feu qui vous consomme,
Le mal n'est pas si grand que de tuer un homme.
On sait que la chair est fragile quelquefois,
Et qu'une fille, enfin, n'est ni caillou, ni bois.
Vous n'avez pas été sans doute la première,
Et vous ne serez pas, que je crois, la dernière.

LUCILE.

Quoi! vous pouvez ouïr ces discours effrontés,
Et vous ne dites mot à ces indignités?

ALBERT.

Que veux-tu que je die? Une telle aventure
Me met tout hors de moi.

MASCARILLE.

Madame, je vous jure
Que déjà vous devriez avoir tout confessé.

LUCILE.

Et quoi donc confesser?

MASCARILLE.

Quoi? ce qui s'est passé
Entre mon maître et vous. La belle raillerie!

LUCILE.

Et que s'est-il passé, monstre d'effronterie,
Entre ton maître et moi?

MASCARILLE.

Vous devez, que je croi,
En savoir un peu plus de nouvelles que moi;
Et pour vous cette nuit fut trop douce pour croire

Que vous puissiez si vite en perdre la mémoire.
LUCILE.
C'est trop souffrir, mon père, un impudent valet.
(Elle lui donne un soufflet.)

SCÈNE X.

ALBERT, VALÈRE, MASCARILLE.

MASCARILLE.
Je crois qu'elle me vient de donner un soufflet.
ALBERT.
Va, coquin, scélérat, sa main vient sur ta joue
De faire une action dont son père la loue.
MASCARILLE.
Et nonobstant cela, qu'un diable en cet instant
M'emporte, si j'ai dit rien que de très-constant !
ALBERT.
Et nonobstant cela, qu'on me coupe une oreille,
Si tu portes fort loin une audace pareille !
MASCARILLE.
Voulez-vous deux témoins qui me justifieront?
ALBERT.
Veux-tu deux de mes gens qui te bâtonneront?
MASCARILLE.
Leur rapport doit au mien donner toute créance.
ALBERT.
Leurs bras peuvent du mien réparer l'impuissance.
MASCARILLE.
Je vous dis que Lucile agit par honte ainsi.
ALBERT.
Je te dis que j'aurai raison de tout ceci.

MASCARILLE.

Connaissez-vous Ormin, ce gros notaire habile?

ALBERT.

Connais-tu bien Grimpant[1], le bourreau de la ville?

MASCARILLE.

Et Simon le tailleur, jadis si recherché?

ALBERT.

Et la potence mise au milieu du marché?

MASCARILLE.

Vous verrez confirmer par eux cet hyménée.

ALBERT.

Tu verras achever par eux ta destinée.

MASCARILLE.

Ce sont eux qu'ils ont pris pour témoins de leur foi.

ALBERT.

Ce sont eux qui dans peu me vengeront de toi.

MASCARILLE.

Et ces yeux les ont vus s'entre-donner parole.

ALBERT.

Et ces yeux te verront faire la capriole[2].

MASCARILLE.

Et, pour signe, Lucile avait un voile noir.

ALBERT.

Et, pour signe, ton front nous le fait assez voir[3].

MASCARILLE.

O l'obstiné vieillard!

ALBERT.

O le fourbe damnable!

---

[1] *Grimpant*, nom du bourreau dans quelques vieux *mystères*, faisant allusion à l'échelle dont il se sert pour conduire le patient au haut du gibet.

[2] *Capriole*, saut de chèvre (*capra, capreolus*), culbute.

[3] *Ton front*, ton impudence, ton effronterie.

Va, rends grâce à mes ans, qui me font incapable
De punir sur-le-champ l'affront que tu me fais;
Tu n'en perds que l'attente, et je te le promets.

SCÈNE XI.

VALÈRE, MASCARILLE.

VALÈRE.

Hé bien! ce beau succès que tu devais produire...

MASCARILLE.

J'entends à demi-mot ce que vous voulez dire :
Tout s'arme contre moi; pour moi de tous côtés
Je vois coups de bâton et gibets apprêtés.
Aussi, pour être en paix dans ce désordre extrême,
Je me vais d'un rocher précipiter moi-même,
Si, dans le désespoir dont mon cœur est outré,
Je puis en rencontrer d'assez haut à mon gré.
Adieu, monsieur.

VALÈRE.

Non, non, ta fuite est superflue;
Si tu meurs, je prétends que ce soit à ma vue.

MASCARILLE.

Je ne saurais mourir quand je suis regardé,
Et mon trépas ainsi se verrait retardé.

VALÈRE.

Suis-moi, traître, suis-moi; mon amour en furie
Te fera voir si c'est matière à raillerie.

MASCARILLE, seul.

Malheureux Mascarille, à quels maux aujourd'hui
Te vois-tu condamner pour le péché d'autrui!

FIN DU TROISIÈME ACTE.

ACTE QUATRIÈME.

SCÈNE I.

ASCAGNE, FROSINE.

FROSINE.

L'aventure est fâcheuse.

ASCAGNE.

Ah! ma chère Frosine,
Le sort absolument a conclu la ruine.
Cette affaire, venue au point où la voilà,
N'est pas assurément pour en demeurer là;
Il faut qu'elle passe outre : et Lucile et Valère,
Surpris des nouveautés d'un semblable mystère,
Voudront chercher un jour, dans ces obscurités,
Par qui tous mes projets se verront avortés.
Car enfin, soit qu'Albert ait part au stratagème,
Ou qu'avec tout le monde on l'ait trompé lui-même,
S'il arrive une fois que mon sort éclairci
Mette ailleurs tout le bien dont le sien a grossi,
Jugez s'il aura lieu de souffrir ma présence :
Son intérêt détruit me laisse à ma naissance;
C'est fait de sa tendresse. Et quelque sentiment
Où pour ma fourbe alors pût être mon amant,

ACTE IV. SCÈNE I.

Voudra-t-il avouer pour épouse une fille
Qu'il verra sans appui de biens et de famille?

FROSINE.

Je trouve que c'est là raisonner comme il faut;
Mais ces réflexions devaient venir plus tôt.
Qui vous a jusqu'ici caché cette lumière?
Il ne fallait pas être une grande sorcière
Pour voir, dès le moment de vos desseins pour lui,
Tout ce que votre esprit ne voit que d'aujourd'hui:
L'action le disait; et, dès que je l'ai sue,
Je n'en ai prévu guère une meilleure issue.

ASCAGNE.

Que dois-je faire enfin? Mon trouble est sans pareil:
Mettez-vous en ma place et me donnez conseil.

FROSINE.

Ce doit être à vous-même, en prenant votre place,
A me donner conseil dessus cette disgrâce:
Car je suis maintenant vous, et vous êtes moi:
Conseillez-moi, Frosine; au point où je me voi,
Quel remède trouver? Dites, je vous en prie.

ASCAGNE.

Hélas! ne traitez point ceci de raillerie;
C'est prendre peu de part à mes cuisants ennuis
Que de rire, et de voir les termes où j'en suis.

FROSINE.

Non vraiment, tout de bon votre ennui m'est sensible,
Et pour vous en tirer je ferais mon possible.
Mais que puis-je, après tout? Je vois fort peu de jour
A tourner cette affaire au gré de votre amour.

ASCAGNE.

Si rien ne peut m'aider, il faut donc que je meure.

FROSINE.

Ah! pour cela toujours il est assez bonne heure:

La mort est un remède à trouver quand on veut :
Et l'on s'en doit servir le plus tard que l'on peut.

ASCAGNE.

Non, non, Frosine, non; si vos conseils propices
Ne conduisent mon sort parmi ces précipices,
Je m'abandonne toute aux traits du désespoir.

FROSINE.

Savez-vous ma pensée? Il faut que j'aille voir
La... Mais Éraste vient, qui pourrait nous distraire.
Nous pourrons en marchant parler de cette affaire.
Allons, retirons-nous.

SCÈNE II.

ÉRASTE, GROS-RENÉ.

ÉRASTE.

Encore rebuté?

GROS-RENÉ.

Jamais ambassadeur ne fut moins écouté.
A peine ai-je voulu lui porter la nouvelle
Du moment d'entretien que vous souhaitiez d'elle,
Qu'elle m'a répondu, tenant son quant-à-moi :
« Va, va, je fais état de lui comme de toi;
Dis-lui qu'il se promène; » et, sur ce beau langage,
Pour suivre son chemin, m'a tourné le visage,
Et Marinette aussi, d'un dédaigneux museau
Lâchant un : « Laisse-nous, beau valet de carreau, »
M'a planté là comme elle; et mon sort et le vôtre
N'ont rien à se pouvoir reprocher l'un à l'autre.

ÉRASTE.

L'ingrate! recevoir avec tant de fierté
Le prompt retour d'un cœur justement emporté!

Quoi! le premier transport d'un amour qu'on abuse
Sous tant de vraisemblance est indigne d'excuse?
Et ma plus vive ardeur, en ce moment fatal,
Devait être insensible au bonheur d'un rival?
Tout autre n'eût pas fait même chose en ma place,
Et se fût moins laissé surprendre à tant d'audace?
De mes justes soupçons suis-je sorti trop tard?
Je n'ai point attendu de serments de sa part ;
Et, lorsque tout le monde encor ne sait qu'en croire,
Ce cœur impatient lui rend toute sa gloire,
Il cherche à s'excuser; et le sien voit si peu
Dans ce profond respect la grandeur de mon feu!
Loin d'assurer une âme et lui fournir des armes
Contre ce qu'un rival lui veut donner d'alarmes,
L'ingrate m'abandonne à mon jaloux transport,
Et rejette de moi message, écrit, abord!
Ah! sans doute un amour a peu de violence,
Qu'est capable d'éteindre une si faible offense;
Et ce dépit si prompt à s'armer de rigueur
Découvre assez pour moi tout le fond de son cœur,
Et de quel prix doit être à présent à mon âme
Tout ce dont son caprice a pu flatter ma flamme.
Non, je ne prétends plus demeurer engagé
Pour un cœur où je vois le peu de part que j'ai ;
Et, puisque l'on témoigne une froideur extrême
A conserver les gens, je veux faire de même.

GROS-RENÉ.

Et moi de même aussi. Soyons tous deux fâchés,
Et mettons notre amour au rang des vieux péchés.
Il faut apprendre à vivre à ce sexe volage,
Et lui faire sentir que l'on a du courage.
Qui souffre ses mépris les veut bien recevoir.
Si nous avions l'esprit de nous faire valoir,
Les femmes n'auraient pas la parole si haute.
Oh! qu'elles nous sont bien fières par notre faute!

Je veux être pendu si nous ne les verrions
Sauter à notre cou plus que nous ne voudrions,
Sans tous ces vils devoirs dont la plupart des hommes
Les gâtent tous les jours dans le siècle où nous sommes.

ÉRASTE.

Pour moi, sur toute chose, un mépris me surprend;
Et, pour punir le sien par un autre aussi grand,
Je veux mettre en mon cœur une nouvelle flamme.

GROS-RENÉ.

Et moi, je ne veux plus m'embarrasser de femme;
A toutes je renonce, et crois, en bonne foi,
Que vous feriez fort bien de faire comme moi.
Car, voyez-vous, la femme est, comme on dit, mon maître,
Un certain animal difficile à connaître,
Et de qui la nature est fort encline au mal :
Et comme un animal est toujours animal,
Et ne sera jamais qu'animal, quand sa vie
Durerait cent mille ans; aussi, sans repartie,
La femme est toujours femme, et jamais ne sera
Que femme, tant qu'entier le monde durera :
D'où vient qu'un certain Grec dit que sa tête passe
Pour un sable mouvant. Car, goûtez bien, de grâce,
Ce raisonnement-ci, lequel est des plus forts :
Ainsi que la tête est comme le chef du corps,
Et que le corps sans chef est pire qu'une bête;
Si le chef n'est pas bien d'accord avec la tête,
Que tout ne soit pas bien réglé par le compas,
Nous voyons arriver de certains embarras;
La partie brutale alors veut prendre empire
Dessus la sensitive, et l'on voit que l'un tire
A dia, l'autre à hurhaut; l'un demande du mou,
L'autre du dur, enfin tout va sans savoir où :
Pour montrer qu'ici-bas, ainsi qu'on l'interprète,
La tête d'une femme est comme la girouette

Au haut d'une maison, qui tourne au premier vent.
C'est pourquoi le cousin Aristote souvent
La compare à la mer; d'ou vient qu'on dit qu'au monde
On ne peut rien trouver de si stable que l'onde.
Or, par comparaison (car la comparaison
Nous fait distinctement comprendre une raison,
Et nous aimons bien mieux, nous autres gens d'étude,
Une comparaison qu'une similitude),
Par comparaison donc, mon maître, s'il vous plaît,
Comme on voit que la mer, quand l'orage s'accroît,
Vient à se courroucer, le vent souffle et ravage,
Les flots contre les flots font un remu-ménage
Horrible; et le vaisseau, malgré le nautonier,
Va tantôt à la cave et tantôt au grenier :
Ainsi, quand une femme a sa tête fantasque,
On voit une tempête en forme de bourrasque,
Qui veut compétiter par de certains... propos;
Et lors un... certain vent, qui, par... de certains flots,
De... certaine façon, ainsi qu'un banc de sable...
Quand... Les femmes enfin ne valent pas le diable.

ÉRASTE.

C'est fort bien raisonner.

GROS-RENÉ.

Assez bien, Dieu merci.
Mais je les vois, monsieur, qui passent par ici.
Tenez-vous ferme, au moins.

ÉRASTE.

Ne te mets pas en peine.

GROS-RENÉ.

J'ai bien peur que ses yeux resserrent votre chaîne.

SCÈNE III.

LUCILE, ÉRASTE, MARINETTE, GROS-RENÉ.

MARINETTE.

Je l'aperçois encor, mais ne vous rendez point.
LUCILE.
Ne me soupçonne pas d'être faible à ce point.
MARINETTE.
Il vient à nous.
ÉRASTE.
    Non, non, ne croyez pas, madame,
Que je revienne encor vous parler de ma flamme.
C'en est fait; je me veux guérir, et connais bien
Ce que de votre cœur a possédé le mien.
Un courroux si constant pour l'ombre d'une offense
M'a trop bien éclairé de votre indifférence,
Et je dois vous montrer que les traits du mépris
Sont sensibles surtout aux généreux esprits.
Je l'avouerai, mes yeux observaient dans les vôtres
Des charmes qu'ils n'ont point trouvés dans tous les autres,
Et le ravissement où j'étais de mes fers
Les aurait préférés à des sceptres offerts.
Oui, mon amour pour vous, sans doute, était extrême;
Je vivais tout en vous; et, je l'avouerai même,
Peut-être qu'après tout j'aurai, quoique outragé,
Assez de peine encore à m'en voir dégagé :
Possible que, malgré la cure qu'elle essaie,
Mon âme saignera longtemps de cette plaie,
Et qu'affranchi d'un joug qui faisait tout mon bien,
Il faudra se résoudre à n'aimer jamais rien.
Mais enfin il n'importe; et puisque votre haine

ACTE IV. SCÈNE III.

Chasse un cœur tant de fois que l'amour vous ramène,
C'est la dernière ici des importunités
Que vous aurez jamais de mes vœux rebutés.

LUCILE.

Vous pouvez faire aux miens la grâce tout entière,
Monsieur, et m'épargner encor cette dernière.

ÉRASTE.

Hé bien! madame, hé bien! ils seront satisfaits.
Je romps avecque vous, et j'y romps pour jamais,
Puisque vous le voulez. Que je perde la vie
Lorsque de vous parler je reprendrai l'envie!

LUCILE.

Tant mieux : c'est m'obliger.

ÉRASTE.

Non, non, n'ayez pas peur
Que je fausse parole; eussé-je un faible cœur
Jusques à n'en pouvoir effacer votre image,
Croyez que vous n'aurez jamais cet avantage
De me voir revenir.

LUCILE.

Ce serait bien en vain.

ÉRASTE.

Moi-même de cent coups je percerais mon sein,
Si j'avais jamais fait cette bassesse insigne
De vous revoir après ce traitement indigne.

LUCILE.

Soit; n'en parlons donc plus.

ÉRASTE.

Oui, oui, n'en parlons plus;
Et, pour trancher ici tous propos superflus
Et vous donner, ingrate, une preuve certaine
Que je veux, sans retour, sortir de votre chaîne,
Je ne veux rien garder qui puisse retracer
Ce que de mon esprit il me faut effacer.
Voici votre portrait : il présente à la vue

Cent charmes merveilleux dont vous êtes pourvue ;
Mais il cache sous eux cent défauts aussi grands,
Et c'est un imposteur enfin que je vous rends.

GROS-RENÉ.

Bon.

LUCILE.

Et moi, pour vous suivre au dessein de tout rendre,
Voilà le diamant que vous m'aviez fait prendre.

MARINETTE.

Fort bien.

ÉRASTE.

Il est à vous encor, ce bracelet.

LUCILE.

Et cette agate à vous, qu'on fit mettre en cachet.

ÉRASTE lit :

« Vous m'aimez d'une amour extrême,
» Éraste, et de mon cœur voulez être éclairci :
 » Si je n'aime Éraste de même,
» Au moins aimé-je fort qu'Éraste m'aime ainsi.
                                    « LUCILE. »

Vous m'assuriez par là d'agréer mon service ;
C'est une fausseté digne de ce supplice.

(Il déchire la lettre.)

LUCILE lit :

« J'ignore le destin de mon amour ardente,
 » Et jusqu'à quand je souffrirai ;
 » Mais je sais, ô beauté charmante !
 » Que toujours je vous aimerai
                              » ÉRASTE. »

Voilà qui m'assurait à jamais de vos feux ;
Et la main et la lettre ont menti toutes deux.

(Elle déchire la lettre.)

GROS-RENÉ.

Poussez.

ÉRASTE.

Elle est de vous. Suffit, même fortune.

ACTE IV. SCÈNE III.

MARINETTE, à Lucile.

Ferme.

LUCILE.

J'aurais regret d'en épargner aucune.

GROS-RENÉ, à Éraste.

N'ayez pas le dernier.

MARINETTE, à Lucile.

Tenez bon jusqu'au bout.

LUCILE.

Enfin voilà le reste.

ÉRASTE.

Et, grâce au ciel, c'est tout.
Que sois-je exterminé, si je ne tiens parole!

LUCILE.

Me confonde le ciel, si la mienne est frivole!

ÉRASTE.

Adieu donc.

LUCILE.

Adieu donc.

MARINETTE, à Lucile.

Voilà qui va des mieux.

GROS-RENÉ, à Éraste.

Vous triomphez.

MARINETTE, à Lucile.

Allons, ôtez-vous de ses yeux.

GROS-RENÉ, à Éraste.

Retirez-vous après cet effort de courage.

MARINETTE, à Lucile.

Qu'attendez-vous encor?

GROS-RENÉ, à Éraste.

Que faut-il davantage?

ÉRASTE.

Ah! Lucile, Lucile, un cœur comme le mien
Se fera regretter; et je le sais fort bien.

LUCILE.

Éraste, Éraste, un cœur fait comme est fait le vôtre
Se peut facilement réparer par un autre.

ÉRASTE.

Non, non; cherchez partout, vous n'en aurez jamais
De si passionné pour vous, je vous promets.
Je ne dis pas cela pour vous rendre attendrie;
J'aurais tort d'en former encore quelque envie.
Mes plus ardents respects n'ont pu vous obliger;
Vous avez voulu rompre; il n'y faut plus songer :
Mais personne, après moi, quoi qu'on vous fasse entendre,
N'aura jamais pour vous de passion si tendre.

LUCILE.

Quand on aime les gens, on les traite autrement;
On fait de leur personne un meilleur jugement.

ÉRASTE.

Quand on aime les gens, on peut, de jalousie,
Sur beaucoup d'apparence, avoir l'âme saisie;
Mais alors qu'on les aime, on ne peut en effet
Se résoudre à les perdre; et vous, vous l'avez fait.

LUCILE.

La pure jalousie est plus respectueuse.

ÉRASTE.

On voit d'un œil plus doux une offense amoureuse.

LUCILE.

Non; votre cœur, Éraste, était mal enflammé.

ÉRASTE.

Non, Lucile, jamais vous ne m'avez aimé.

LUCILE.

Hé! je crois que cela faiblement vous soucie.
Peut-être en serait-il beaucoup mieux pour ma vie,
Si je... Mais laissons là ces discours superflus;
Je ne dis point quels sont mes pensers là-dessus.

ÉRASTE.

Pourquoi?

LUCILE.

Par la raison que nous rompons ensemble,
Et que cela n'est plus de saison, ce me semble.

ÉRASTE.

Nous rompons?

LUCILE.

Oui, vraiment : quoi! n'en est-ce pas fait?

ÉRASTE.

Et vous voyez cela d'un esprit satisfait?

LUCILE.

Comme vous.

ÉRASTE.

Comme moi?

LUCILE.

Sans doute. C'est faiblesse
De faire voir aux gens que leur perte nous blesse.

ÉRASTE.

Mais, cruelle, c'est vous qui l'avez bien voulu.

LUCILE.

Moi? point du tout. C'est vous qui l'avez résolu.

ÉRASTE.

Moi? je vous ai cru là faire un plaisir extrême.

LUCILE.

Point; vous avez voulu vous contenter vous-même.

ÉRASTE.

Mais si mon cœur encor revoulait sa prison;
Si, tout fâché qu'il est, il demandait pardon?...

LUCILE.

Non, non, n'en faites rien ; ma faiblesse est trop grande:
J'aurais peur d'accorder trop tôt votre demande.

ÉRASTE.

Ah! vous ne pouvez pas trop tôt me l'accorder,
Ni moi sur cette peur trop tôt le demander :

Consentez-y, madame ; une flamme si belle
Doit, pour votre intérêt, demeurer immortelle.
Je le demande, enfin ; me l'accorderez-vous,
Ce pardon obligeant?

LUCILE.

Remenez-moi chez nous.

SCÈNE IV.

MARINETTE, GROS-RENÉ.

MARINETTE.

O la lâche personne!

GROS-RENÉ.

Ah! le faible courage!

MARINETTE.

J'en rougis de dépit.

GROS-RENÉ.

J'en suis gonflé de rage.
Ne t'imagine pas que je me rende ainsi.

MARINETTE.

Et ne pense pas, toi, trouver ta dupe aussi.

GROS-RENÉ.

Viens, viens frotter ton nez auprès de ma colère.

MARINETTE.

Tu nous prends pour une autre, et tu n'as pas affaire
A ma sotte maîtresse. Ardez le beau museau[1],
Pour nous donner envie encore de sa peau!
Moi, j'aurais de l'amour pour ta chienne de face?
Moi, je te chercherais? Ma foi! l'on t'en fricasse
Des filles comme nous.

---

[1] *Ardez*, pour regardez. Ancienne forme populaire.

GROS-RENÉ.

Oui! tu le prends par là?
Tiens, tiens, sans y chercher tant de façon, voilà
Ton beau galand de neige[1], avec ta nonpareille[2];
Il n'aura plus l'honneur d'être sur mon oreille.

MARINETTE.

Et toi, pour te montrer que tu m'es à mépris,
Voilà ton demi-cent d'épingles de Paris,
Que tu me donnas hier avec tant de fanfare.

GROS-RENÉ.

Tiens encor ton couteau. La pièce est riche et rare;
Il te coûta six blancs lorsque tu m'en fis don.

MARINETTE.

Tiens tes ciseaux avec ta chaîne de laiton.

GROS-RENÉ.

J'oubliais d'avant-hier ton morceau de fromage,
Tiens. Je voudrais pouvoir rejeter le potage
Que tu me fis manger, pour n'avoir rien à toi.

MARINETTE.

Je n'ai point maintenant de tes lettres sur moi;
Mais j'en ferai du feu jusques à la dernière.

GROS-RENÉ.

Et des tiennes tu sais ce que j'en saurai faire.

MARINETTE.

Prends garde à ne venir jamais me reprier.

GROS-RENÉ.

Pour couper tout chemin à nous rapatrier,
Il faut rompre la paille. Une paille rompue
Rend, entre gens d'honneur, une affaire conclue.
Ne fais point les doux yeux; je veux être fâché.

---

[1] *Galand*, nœud de rubans.
[2] La nonpareille était un petit ruban qui attachait le galand.

MARINETTE.

Ne me lorgne point, toi, j'ai l'esprit trop touché.

GROS-RENÉ[1].

Romps : voilà le moyen de ne s'en plus dédire;
Romps. Tu ris, bonne bête!

MARINETTE.

Oui, car tu me fais rire.

GROS-RENÉ.

La peste soit ton ris! Voilà tout mon courroux
Déjà dulcifié. Qu'en dis-tu? romprons-nous,
Ou ne romprons-nous pas?

MARINETTE.

Vois.

GROS-RENÉ.

Vois, toi.

MARINETTE.

Vois, toi-même.

GROS-RENÉ.

Est-ce que tu consens que jamais je ne t'aime?

MARINETTE.

Moi? ce que tu voudras.

GROS-RENÉ.

Ce que tu voudras, toi.
Dis.

MARINETTE.

Je ne dirai rien.

GROS-RENÉ.

Ni moi non plus.

MARINETTE.

Ni moi[2].

---

[1] Gros-René s'approche avec un long brin de paille à la main.
[2] Gros-René et Marinette se trouvent l'un près de l'autre et dos à dos; ils se jettent un coup d'œil à la dérobée.

GROS-RENÉ.

Ma foi, nous ferons mieux de quitter la grimace.
Touche, je te pardonne.

MARINETTE.

Et moi, je te fais grâce.

GROS-RENÉ.

Mon Dieu! qu'à tes appas je suis acoquiné!

MARINETTE.

Que Marinette est sotte après son Gros-René!

FIN DU QUATRIÈME ACTE.

ACTE CINQUIÈME.

SCÈNE I.

MASCARILLE, seul.

« Dès que l'obscurité régnera dans la ville,
Je me veux introduire au logis de Lucile;
Va vite de ce pas préparer pour tantôt,
Et la lanterne sourde et les armes qu'il faut. »
Quand il m'a dit ces mots, il m'a semblé d'entendre :
Va vitement chercher un licou pour te pendre.
Venez çà, mon patron ; car, dans l'étonnement
Où m'a jeté d'abord un tel commandement,
Je n'ai pas eu le temps de vous pouvoir répondre;
Mais je vous veux ici parler, et vous confondre :
Défendez-vous donc bien, et raisonnons sans bruit.
Vous voulez, dites-vous, aller voir cette nuit
Lucile? « Oui, Mascarille. » Et que pensez-vous faire?
« Une action d'amant qui se veut satisfaire. »
Une action d'un homme à fort petit cerveau,
Que d'aller sans besoin risquer ainsi sa peau.
« Mais tu sais quel motif à ce dessein m'appelle :
Lucile est irritée. » Eh bien ! tant pis pour elle.

« Mais l'amour veut que j'aille apaiser son esprit. »
Mais l'amour est un sot qui ne sait ce qu'il dit.
Nous garantira-t-il, cet amour, je vous prie,
D'un rival, ou d'un père, ou d'un frère en furie?
« Penses-tu qu'aucun d'eux songe à nous faire mal? »
Oui, vraiment, je le pense; et surtout ce rival.
« Mascarille, en tout cas, l'espoir où je me fonde,
Nous irons bien armés; et si quelqu'un nous gronde,
Nous nous chamaillerons. » Oui? voilà justement
Ce que votre valet ne prétend nullement.
Moi, chamailler, bon Dieu! Suis-je un Roland, mon maître,
Ou quelque Ferragu[1]? C'est fort mal me connaître.
Quand je viens à songer, moi, qui me suis si cher,
Qu'il ne faut que deux doigts d'un misérable fer
Dans le corps, pour vous mettre un humain dans la bière,
Je suis scandalisé d'une étrange manière.
« Mais tu seras armé de pied en cap. » Tant pis,
J'en serai moins léger à gagner le taillis;
Et de plus, il n'est point d'armure si bien jointe
Où ne puisse glisser une vilaine pointe.
« Oh! tu seras ainsi tenu pour un poltron! »
Soit, pourvu que toujours je branle le menton[2].
A table comptez-moi, si vous voulez, pour quatre;
Mais comptez-moi pour rien s'il s'agit de se battre.
Enfin, si l'autre monde a des charmes pour vous,
Pour moi, je trouve l'air de celui-ci fort doux.
Je n'ai pas grande faim de mort ni de blessure,
Et vous ferez le sot tout seul, je vous assure.

---

[1] *Roland* et *Ferragus*, héros des poëmes de l'Arioste.
[2] *Je branle le menton*, c'est-à-dire je mange.

SCÈNE II.

VALÈRE, MASCARILLE.

VALÈRE.

Je n'ai jamais trouvé de jour plus ennuyeux.
Le soleil semble s'être oublié dans les cieux ;
Et jusqu'au lit qui doit recevoir sa lumière
Je vois rester encore une telle carrière,
Que je crois que jamais il ne l'achèvera,
Et que de sa lenteur mon âme enragera.

MASCARILLE.

Et cet empressement pour s'en aller dans l'ombre
Pêcher vite à tâtons quelque sinistre encombre...
Vous voyez que Lucile, entière en ses rebuts...

VALÈRE.

Ne me fais point ici de contes superflus.
Quand j'y devrais trouver cent embûches mortelles,
Je sens de son courroux des gênes trop cruelles ;
Et je veux l'adoucir ou terminer mon sort.
C'est un point résolu.

MASCARILLE.

J'approuve ce transport ;
Mais le mal est, monsieur, qu'il faudra s'introduire
En cachette.

VALÈRE.

Fort bien.

MASCARILLE.

Et j'ai peur de vous nuire.

VALÈRE.

Et comment ?

MASCARILLE.

Une toux me tourmente à mourir,
Dont le bruit importun vous fera découvrir;

(Il tousse.)

De moment en moment... Vous voyez le supplice.

VALÈRE.

Ce mal te passera, prends du jus de réglisse.

MASCARILLE.

Je ne crois pas, monsieur, qu'il se veuille passer.
Je serais ravi, moi, de ne vous point laisser;
Mais j'aurais un regret mortel, si j'étais cause
Qu'il fût à mon cher maître arrivé quelque chose.

SCÈNE III.

VALÈRE, LA RAPIÈRE, MASCARILLE.

LA RAPIÈRE.

Monsieur, de bonne part, je viens d'être informé
Qu'Éraste est contre vous fortement animé,
Et qu'Albert parle aussi de faire pour sa fille
Rouer jambes et bras à votre Mascarille.

MASCARILLE.

Moi! je ne suis pour rien dans tout cet embarras.
Qu'ai-je fait pour me voir rouer jambes et bras?
Suis-je donc gardien, pour employer ce style,
De la virginité des filles de la ville?
Sur la tentation ai-je quelque crédit?
Et puis-je mais, chétif, si le cœur leur en dit?

VALÈRE.

Oh! qu'ils ne seront pas si méchants qu'ils le disent!
Et, quelque belle ardeur que ses feux lui produisent,
Éraste n'aura pas si bon marché de nous.

LA RAPIÈRE.

S'il vous faisait besoin, mon bras est tout à vous.
Vous savez de tout temps que je suis un bon frère.

VALÈRE.

Je vous suis obligé, monsieur de la Rapière.

LA RAPIÈRE.

J'ai deux amis encor que je vous puis donner,
Qui contre tous venants sont gens à dégaîner,
Et sur qui vous pourrez prendre toute assurance.

MASCARILLE.

Acceptez-les, monsieur.

VALÈRE.

C'est trop de complaisance.

LA RAPIÈRE.

Le petit Gille encore eût pu nous assister,
Sans le triste accident qui vient de nous l'ôter.
Monsieur, le grand dommage! et l'homme de service!
Vous avez su le tour que lui fit la justice;
Il mourut en César; et, lui cassant les os,
Le bourreau ne lui put faire lâcher deux mots.

VALÈRE.

Monsieur de la Rapière, un homme de la sorte
Doit être regretté; mais, quant à votre escorte,
Je vous rends grâces.

LA RAPIÈRE.

Soit; mais soyez averti
Qu'il vous cherche, et vous peut faire un mauvais parti.

VALÈRE.

Et moi, pour vous montrer combien je l'appréhende,
Je lui veux, s'il me cherche, offrir ce qu'il demande,
Et par toute la ville aller présentement,
Sans être accompagné que de lui seulement.

SCÈNE IV.

VALÈRE, MASCARILLE.

MASCARILLE.

Quoi! monsieur, vous voulez tenter Dieu? Quelle audace!
Las! vous voyez tous deux comme l'on nous menace;
Combien de tous côtés...

VALÈRE.

      Que regardes-tu là?

MASCARILLE.

C'est qu'il sent le bâton du côté que voilà.
Enfin, si maintenant ma prudence en est crue,
Ne nous obstinons point à rester dans la rue;
Allons nous renfermer.

VALÈRE.

      Nous renfermer, faquin!
Tu m'oses proposer un acte de coquin?
Sus, sans plus de discours, résous-toi de me suivre.

MASCARILLE.

Hé! monsieur mon cher maître, il est si doux de vivre!
On ne meurt qu'une fois, et c'est pour si longtemps!

VALÈRE.

Je m'en vais t'assommer de coups, si je t'entends.
Ascagne vient ici, laissons-le; il faut attendre
Quel parti de lui-même il résoudra de prendre.
Cependant avec moi viens prendre à la maison
Pour nous frotter...

MASCARILLE.

      Je n'ai nulle démangeaison.

Que maudit soit l'amour, et les filles maudites
Qui veulent en tâter, puis font les chatemites !

SCÈNE V.

ASCAGNE, FROSINE.

ASCAGNE.

Est-il bien vrai, Frosine, et ne rêvé-je point?
De grâce, contez-moi bien tout de point en point.

FROSINE.

Vous en saurez assez le détail, laissez faire.
Ces sortes d'incidents ne sont, pour l'ordinaire,
Que redits trop de fois de moment en moment.
Suffit que vous sachiez qu'après ce testament
Qui voulait un garçon pour tenir sa promesse,
De la femme d'Albert la dernière grossesse
N'accoucha que de vous, et que lui, dessous main,
Ayant depuis longtemps concerté son dessein,
Fit son fils de celui d'Ignès la bouquetière,
Qui vous donna pour sienne à nourrir à ma mère.
La mort ayant ravi ce petit innocent
Quelque dix mois après, Albert étant absent,
La crainte d'un époux et l'amour maternelle
Firent l'événement d'une ruse nouvelle.
Sa femme en secret lors se rendit son vrai sang;
Vous devîntes celui qui tenait votre rang;
Et la mort de ce fils, mis dans votre famille,
Se couvrit pour Albert de celle de sa fille.
Voilà de votre sort un mystère éclairci,
Que votre feinte mère a caché jusqu'ici;
Elle en dit des raisons, et peut en avoir d'autres,
Par qui ses intérêts n'étaient pas tous les vôtres.

Enfin cette visite, où j'espérais si peu,
Plus qu'on ne pouvait croire a servi votre feu.
Cette Ignès vous relâche; et, par votre autre affaire,
L'éclat de son secret devenu nécessaire,
Nous en avons nous deux votre père informé.
Un billet de sa femme a le tout confirmé :
Et, poussant plus avant encore notre pointe,
Quelque peu de fortune à notre adresse jointe,
Aux intérêts d'Albert, de Polidore, après,
Nous avons ajusté si bien les intérêts,
Si doucement à lui déplié ces mystères,
Pour n'effaroucher pas d'abord trop les affaires ;
Enfin, pour dire tout, mené si prudemment
Son esprit pas à pas à l'accommodement,
Qu'autant que votre père il montre de tendresse
A confirmer les nœuds qui font votre allégresse.

ASCAGNE.

Ah! Frosine, la joie où vous m'acheminez...
Et que ne dois-je point à vos soins fortunés!

FROSINE.

Au reste, le bon homme est en humeur de rire,
Et pour son fils encor nous défend de rien dire.

SCÈNE VI.

POLIDORE, ASCAGNE, FROSINE.

POLIDORE.

Approchez-vous, ma fille : un tel nom m'est permis,
Et j'ai su le secret que cachaient ces habits.
Vous avez fait un trait qui, dans sa hardiesse,
Fait briller tant d'esprit et tant de gentillesse,
Que je vous en excuse, et tiens mon fils heureux

Quand il saura l'objet de ses soins amoureux.
Vous valez tout un monde, et c'est moi qui l'assure.
Mais le voici ; prenons plaisir de l'aventure.
Allez faire venir tous vos gens promptement.

ASCAGNE.

Vous obéir sera mon premier compliment.

SCÈNE VII.

POLIDORE, VALÈRE, MASCARILLE.

MASCARILLE, à Valère.

Les disgrâces souvent sont du ciel révélées.
J'ai songé cette nuit de perles défilées
Et d'œufs cassés ; monsieur, un tel songe m'abat.

VALÈRE.

Chien de poltron !

POLIDORE.

Valère, il s'apprête un combat
Où toute ta valeur te sera nécessaire.
Tu vas avoir en tête un puissant adversaire.

MASCARILLE.

Et personne, monsieur, qui se veuille bouger
Pour retenir des gens qui se vont égorger !
Pour moi, je le veux bien ; mais au moins s'il arrive
Qu'un funeste accident de votre fils vous prive,
Ne m'en accusez point.

POLIDORE.

Non, non ; en cet endroit,
Je le pousse moi-même à faire ce qu'il doit.

MASCARILLE.

Père dénaturé !

VALÈRE.
Ce sentiment, mon père,
Est d'un homme de cœur, et je vous en révère.
J'ai dû vous offenser, et je suis criminel
D'avoir fait tout ceci sans l'aveu paternel ;
Mais, à quelque dépit que ma faute vous porte,
La nature toujours se montre la plus forte,
Et votre honneur fait bien, quand il ne veut pas voir
Que le transport d'Éraste ait de quoi m'émouvoir.

POLIDORE.
On me faisait tantôt redouter sa menace;
Mais les choses depuis ont bien changé de face;
Et, sans le pouvoir fuir, d'un ennemi plus fort
Tu vas être attaqué.

MASCARILLE.
Point de moyen d'accord?

VALÈRE.
Moi, le fuir! Dieu m'en garde! Et qui donc pourrait-ce être?

POLIDORE.
Ascagne.

VALÈRE.
Ascagne?

POLIDORE.
Oui, tu le vas voir paraître.

VALÈRE.
Lui, qui de me servir m'avait donné sa foi!

POLIDORE.
Oui, c'est lui qui prétend avoir affaire à toi,
Et qui veut, dans le champ où l'honneur vous appelle,
Qu'un combat seul à seul vide votre querelle.

MASCARILLE.
C'est un brave homme; il sait que les cœurs généreux
Ne mettent point les gens en compromis pour eux.

POLIDORE.
Enfin, d'une imposture ils te rendent coupable,

Dont le ressentiment m'a paru raisonnable ;
Si bien qu'Albert et moi sommes tombés d'accord
Que tu satisferais Ascagne sur ce tort,
Mais aux yeux d'un chacun, et sans nulles remises,
Dans les formalités en pareil cas requises.

VALÈRE.

Et Lucile, mon père, a, d'un cœur endurci...

POLIDORE.

Lucile épouse Éraste, et te condamne aussi;
Et, pour convaincre mieux tes discours d'injustice,
Veut qu'à tes propres yeux cet hymen s'accomplisse.

VALÈRE.

Ah! c'est une impudence à me mettre en fureur.
Elle a donc perdu sens, foi, conscience, honneur !

SCÈNE VIII.

ALBERT, POLIDORE, LUCILE, ÉRASTE, VALÈRE,
MASCARILLE.

ALBERT.

Hé bien! les combattants? On amène le nôtre.
Avez-vous disposé le courage du vôtre?

VALÈRE.

Oui, oui, me voilà prêt, puisqu'on m'y veut forcer;
Et, si j'ai pu trouver sujet de balancer,
Un reste de respect en pouvait être cause,
Et non pas la valeur du bras que l'on m'oppose.
Mais c'est trop me pousser, ce respect est à bout,
A toute extrémité mon esprit se résout ;
Et l'on fait voir un trait de perfidie étrange

Dont il faut hautement que mon amour se venge.
(A Lucile.)
Non pas que cet amour prétende encore à vous,
Tout son feu se résout en ardeur de courroux;
Et, quand j'aurai rendu votre honte publique,
Votre coupable hymen n'aura rien qui me pique.
Allez, ce procédé, Lucile, est odieux :
A peine en puis-je croire au rapport de mes yeux;
C'est de toute pudeur se montrer ennemie,
Et vous devriez mourir d'une telle infamie.

LUCILE.

Un semblable discours me pourrait affliger,
Si je n'avais en main qui m'en saura venger.
Voici venir Ascagne : il aura l'avantage
De vous faire changer bien vite de langage,
Et sans beaucoup d'effort.

SCÈNE IX.

ALBERT, POLIDORE, ASCAGNE, LUCILE, ÉRASTE,
VALÈRE, FROSINE, MARINETTE, GROS-RENÉ,
MASCARILLE.

VALÈRE.

Il ne le fera pas,
Quand il joindrait au sien encor vingt autres bras.
Je le plains de défendre une sœur criminelle;
Mais, puisque son erreur me veut faire querelle,
Nous le satisferons, et vous, mon brave, aussi.

ÉRASTE.

Je prenais intérêt tantôt à tout ceci :
Mais enfin, comme Ascagne a pris sur lui l'affaire,
Je ne veux plus en prendre, et je le laisse faire.

VALÈRE.

C'est bien fait; la prudence est toujours de saison.
Mais...

ÉRASTE.

Il saura pour tous vous mettre à la raison.

VALÈRE.

Lui?

POLIDORE.

Ne t'y trompe pas, tu ne sais pas encore
Quel étrange garçon est Ascagne.

ALBERT.

Il l'ignore;
Mais il pourra dans peu le lui faire savoir[1].

VALÈRE.

Sus donc, que maintenant il me le fasse voir!

MARINETTE.

Aux yeux de tous?

GROS-RENÉ.

Cela ne serait pas honnête.

VALÈRE.

Se moque-t-on de moi? Je casserai la tête
A quelqu'un des rieurs. Enfin, voyons l'effet.

ASCAGNE.

Non, non, je ne suis pas si méchant qu'on me fait.
Et, dans cette aventure où chacun m'intéresse[2],
Vous allez voir plutôt éclater ma faiblesse,
Connaître que le ciel, qui dispose de nous,
Ne me fit pas un cœur pour tenir contre vous,
Et qu'il vous réservait, pour victoire facile,

---

[1] Il l'ignore, mais il pourra dans peu le lui faire savoir. Le premier *il* signifie : Valère; le second : Ascagne.
[2] C'est-à-dire : où chacun me fait jouer un rôle.

De finir le destin du frère de Lucile.
Oui, bien loin de vanter le pouvoir de mon bras,
Ascagne va pour vous recevoir le trépas;
Mais il veut bien mourir, si sa mort nécessaire
Peut avoir maintenant de quoi vous satisfaire,
En vous donnant pour femme, en présence de tous,
Celle qui justement ne peut être qu'à vous.

VALÈRE.

Non, quand toute la terre, après sa perfidie
Et les traits effrontés...

ASCAGNE.

Ah! souffrez que je die,
Valère, que le cœur qui vous est engagé
D'aucun crime envers vous ne peut être chargé;
Sa flamme est toujours pure et sa constance extrême,
Et j'en prends à témoin votre père lui-même.

POLIDORE.

Oui, mon fils, c'est assez rire de ta fureur,
Et je vois qu'il est temps de te tirer d'erreur.
Celle à qui par serment ton âme est attachée
Sous l'habit que tu vois à tes yeux est cachée;
Un intérêt de bien, dès ses plus jeunes ans,
Fit ce déguisement qui trompe tant de gens;
Et, depuis peu, l'amour en a su faire un autre
Qui t'abusa, joignant leur famille à la nôtre.
Ne va point regarder à tout le monde aux yeux,
Je te fais maintenant un discours sérieux.
Oui, c'est elle, en un mot, dont l'adresse subtile,
La nuit, reçut ta foi sous le nom de Lucile,
Et qui, par ce ressort qu'on ne comprenait pas,
A semé parmi vous un si grand embarras.
Mais, puisque Ascagne ici fait place à Dorothée,
Il faut voir de vos feux toute imposture ôtée,
Et qu'un nœud plus sacré donne force au premier.

ALBERT.

Et c'est là justement ce combat singulier
Qui devait envers nous réparer votre offense,
Et pour qui les Édits n'ont point fait de défense.

POLIDORE.

Un tel événement rend tes esprits confus,
Mais en vain tu voudrais balancer là-dessus.

VALÈRE.

Non, non, je ne veux pas songer à m'en défendre,
Et si cette aventure a lieu de me surprendre,
La surprise me flatte et je m'en sens saisir
De merveille[1] à la fois, d'amour et de plaisir.
Se peut-il que ces yeux?...

ALBERT.

Cet habit, cher Valère,
Souffre mal les discours que vous lui pourriez faire.
Allons lui faire en prendre un autre, et cependant
Vous saurez le détail de tout cet incident.

VALÈRE.

Vous, Lucile, pardon, si mon âme abusée...

LUCILE.

L'oubli de cette injure est une chose aisée.

ALBERT.

Allons, ce compliment se fera bien chez nous,
Et nous aurons loisir de nous en faire tous.

ÉRASTE.

Mais vous ne songez pas, en tenant ce langage,
Qu'il reste encore ici des sujets de carnage.
Voilà bien à tous deux notre amour couronné;
Mais de son Mascarille et de mon Gros-René,
Par qui doit Marinette être ici possédée?
Il faut que par le sang l'affaire soit vidée.

---

[1] *Merveille*, dans le sens d'étonnement, d'admiration.

MASCARILLE.

Nenni, nenni, mon sang dans mon corps sied trop bien :
Qu'il l'épouse en repos, cela ne me fait rien.
De l'humeur que je sais la chère Marinette,
L'hymen ne ferme pas la porte à la fleurette.

MARINETTE.

Et tu crois que de toi je ferais mon galant?
Un mari, passe encor; tel qu'il est, on le prend;
On n'y va pas chercher tant de cérémonie :
Mais il faut qu'un galant soit fait à faire envie.

GROS-RENÉ.

Écoute : quand l'hymen aura joint nos deux peaux,
Je prétends qu'on soit sourde à tous les damoiseaux.

MASCARILLE.

Tu crois te marier pour toi tout seul, compère?

GROS-RENÉ.

Bien entendu : je veux une femme sévère,
Ou je ferai beau bruit.

MASCARILLE.

    Hé! mon Dieu! tu feras
Comme les autres font, et tu t'adouciras.
Ces gens, avant l'hymen si fâcheux et critiques,
Dégénèrent souvent en maris pacifiques.

MARINETTE.

Va, va, petit mari, ne crains rien de ma foi;
Les douceurs ne feront que blanchir contre moi[1];
Et je te dirai tout.

MASCARILLE.

    O la fine pratique!
Un mari confident!

---

[1] Les douceurs seront sans effet sur moi.

MARINETTE.

Taisez-vous, as de pique.

ALBERT.

Pour la troisième fois, allons-nous-en chez nous
Poursuivre en liberté des entretiens si doux.

FIN DU DÉPIT AMOUREUX.

LES

PRÉCIEUSES RIDICULES.

COMÉDIE EN UN ACTE.

18 novembre 1659.

PRÉFACE.

C'est une chose étrange qu'on imprime les gens malgré eux. Je ne vois rien de si injuste, et je pardonnerais toute autre violence plutôt que celle-là.

Ce n'est pas que je veuille faire ici l'auteur modeste, et mépriser par honneur ma comédie. J'offenserais mal à propos tout Paris, si je l'accusais d'avoir pu applaudir à une sottise : comme le public est le juge absolu de ces sortes d'ouvrages, il y aurait de l'impertinence à moi de le démentir; et, quand j'aurais eu la plus mauvaise opinion du monde de mes *Précieuses ridicules* avant leur représentation, je dois croire maintenant qu'elles valent quelque chose, puisque tant de gens ensemble en ont dit du bien. Mais, comme une grande partie des grâces qu'on y a trouvées dépendent de l'action et du ton de voix, il m'importait qu'on ne les dépouillât pas de ces ornements; et je trouvais que le succès qu'elles avaient eu dans la représentation était assez beau pour en demeurer là. J'avais résolu, dis-je, de ne les faire voir qu'à la chandelle, pour ne point donner lieu à quelqu'un de dire le proverbe; et je ne voulais pas qu'elles sautassent du théâtre de Bourbon dans la Galerie du Palais. Cependant je n'ai pu l'éviter, et je suis tombé dans la disgrâce de voir une copie dérobée de ma pièce entre les mains des libraires, accompagnée d'un privilége obtenu par surprise. J'ai eu beau crier : O temps, ô mœurs ! on m'a fait voir une nécessité pour moi d'être imprimé, ou d'avoir un procès; et le dernier mal est encore pire que le premier. Il faut donc se laisser aller à la destinée, et consentir à une chose qu'on ne laisserait pas de faire sans moi.

Mon Dieu ! l'étrange embarras qu'un livre à mettre au jour ! et qu'un auteur est neuf la première fois qu'on l'imprime ! Encore si l'on m'avait donné du temps, j'aurais pu mieux songer à moi, et j'aurais pris toutes les précautions que messieurs les auteurs, à présent mes confrères, ont coutume de prendre en semblables occasions. Outre quelque grand seigneur que j'aurais été prendre malgré lui pour protecteur de mon ouvrage, et dont j'aurais tenté la libéralité par une épître dédicatoire bien fleurie, j'aurais tâché de faire une belle et docte préface; et je ne manque point de livres qui m'auraient fourni tout ce qu'on peut dire de savant sur la tragédie et la comédie, l'étymologie de toutes deux, leur origine, leur définition, et le reste.

J'aurais parlé aussi à mes amis, qui, pour la recommandation de ma pièce, ne m'auraient pas refusé ou des vers français, ou des vers latins. J'en ai même qui m'auraient loué en grec; et l'on n'ignore pas qu'une louange en grec est d'une merveilleuse efficace à la tête d'un livre. Mais on me met au jour sans me donner le

PRÉFACE.   211

loisir de me reconnaître; et je ne puis même obtenir
la liberté de dire deux mots pour justifier mes intentions
sur le sujet de cette comédie. J'aurais voulu faire voir
qu'elle se tient partout dans les bornes de la satire honnête et permise; que les plus excellentes choses sont
sujettes à être copiées par de mauvais singes qui méritent d'être bernés; que ces vicieuses imitations de ce
qu'il y a de plus parfait ont été de tout temps la matière
de la comédie; et que, par la même raison que les véritables savants et les vrais braves ne se sont point
encore avisés de s'offenser du Docteur de la comédie
et du Capitan[1]; non plus que les juges, les princes et
les rois de voir Trivelin ou quelque autre, sur le
théâtre, faire ridiculement le juge, le prince ou le roi :
aussi les véritables précieuses auraient tort de se piquer
lorsqu'on joue les ridicules qui les imitent mal. Mais
enfin, comme j'ai dit, on ne me laisse pas le temps de
respirer, et M. de Luyne[2] veut m'aller relier de ce pas :
à la bonne heure, puisque Dieu l'a voulu.

---

[1] Le *Docteur* et le *Capitan* étaient des personnages traditionnels de la
comédie italienne.
[2] Libraire à la Galerie du Palais, qui publia la première édition de
cette pièce.

PERSONNAGES.

LA GRANGE, } amants rebutés.
DU CROISY,

GORGIBUS, bon bourgeois.

MADELON, fille de Gorgibus, } précieuses ridicules.
CATHOS, nièce de Gorgibus,

MAROTTE, servante des précieuses ridicules.

ALMANZOR, laquais des précieuses ridicules.

LE MARQUIS DE MASCARILLE, valet de la Grange.

LE VICOMTE DE JODELET, valet de du Croisy.

DEUX PORTEURS DE CHAISE.

VOISINES.

VIOLONS.

Noms des acteurs qui ont joué d'original dans *les Précieuses ridicules*.

LA GRANGE.	La Grange.
DU CROISY.	Du Croisy.
GORGIBUS.	L'Épy.
MADELON.	Mlle Debrie.
CATHOS.	Mlle Duparc.
MAROTTE.	Madeleine Béjart.
MASCARILLE.	Molière.
JODELET.	Geoffrin, dit Jodelet.

Le lieu de la scène est indiqué à la scène VII; c'est une salle basse de la maison de Gorgibus.

LES PRÉCIEUSES RIDICULES.

SCÈNE I.

LA GRANGE, DU CROISY.

DU CROISY.

Seigneur la Grange.

LA GRANGE.

Quoi?

DU CROISY.

Regardez-moi un peu sans rire.

LA GRANGE.

Hé bien!

DU CROISY.

Que dites-vous de notre visite? En êtes-vous fort satisfait?

LA GRANGE.

A votre avis, avons-nous sujet de l'être tous deux?

DU CROISY.

Pas tout à fait, à dire vrai.

LA GRANGE.

Pour moi, je vous avoue que j'en suis tout scandalisé. A-t-on jamais vu, dites-moi, deux pecques[1] provinciales

---

[1] *Pecque* a la même origine et le même sens que pécore.

faire plus les renchéries que celles-là, et deux hommes traités avec plus de mépris que nous? A peine ont-elles pu se résoudre à nous faire donner des siéges. Je n'ai jamais vu tant parler à l'oreille qu'elles ont fait entre elles, tant bâiller, tant se frotter les yeux, et demander tant de fois : Quelle heure est-il? Ont-elles répondu que oui et non à tout ce que nous avons pu leur dire? et ne m'avouerez-vous pas enfin que, quand nous aurions été les dernières personnes du monde, on ne pouvait nous faire pis qu'elles ont fait?

DU CROISY.

Il me semble que vous prenez la chose fort à cœur.

LA GRANGE.

Sans doute, je l'y prends, et de telle façon que je veux me venger de cette impertinence. Je connais ce qui nous a fait mépriser. L'air précieux n'a pas seulement infecté Paris, il s'est aussi répandu dans les provinces, et nos donzelles ridicules en ont humé leur bonne part. En un mot, c'est un ambigu de précieuse et de coquette que leur personne. Je vois ce qu'il faut être pour en être bien reçu; et si vous m'en croyez, nous leur jouerons tous deux une pièce qui leur fera voir leur sottise, et pourra leur apprendre à connaître un peu mieux leur monde.

DU CROISY.

Et comment encore?

LA GRANGE.

J'ai un certain valet, nommé Mascarille, qui passe, au sentiment de beaucoup de gens, pour une manière de bel esprit; car il n'y a rien à meilleur marché que le bel esprit maintenant. C'est un extravagant qui s'est mis dans la tête de vouloir faire l'homme de condition. Il se pique ordinairement de galanterie et de vers, et dédaigne les autres valets, jusqu'à les appeler brutaux.

DU CROISY.

Hé bien! qu'en prétendez-vous faire?

LA GRANGE.

Ce que j'en prétends faire? Il faut... Mais sortons d'ici auparavant.

SCÈNE II.

GORGIBUS, DU CROISY, LA GRANGE.

GORGIBUS[1].

Hé bien! vous avez vu ma nièce et ma fille? Les affaires iront-elles bien? Quel est le résultat de cette visite?

LA GRANGE.

C'est une chose que vous pourrez mieux apprendre d'elles que de nous. Tout ce que nous pouvons vous dire, c'est que nous vous rendons grâce de la faveur que vous nous avez faite, et demeurons vos très-humbles serviteurs.

DU CROISY.

Vos très-humbles serviteurs.

GORGIBUS, seul.

Ouais! il semble qu'ils sortent mal satisfaits d'ici. D'où pourrait venir leur mécontentement? Il faut savoir un peu ce que c'est. Holà!

SCÈNE III.

GORGIBUS, MAROTTE.

MAROTTE.

Que désirez-vous, monsieur?

---

[1] *Gorgibus* était le nom d'un emploi de l'ancienne comédie.

GORGIBUS.

Où sont vos maîtresses?

MAROTTE.

Dans leur cabinet.

GORGIBUS.

Que font-elles?

MAROTTE.

De la pommade pour les lèvres.

GORGIBUS.

C'est trop pommadé; dites-leur qu'elles descendent.

SCÈNE IV.

GORGIBUS, seul.

Ces pendardes-là, avec leur pommade, ont, je pense, envie de me ruiner. Je ne vois partout que blancs d'œufs, lait virginal, et mille autres brimborions que je ne connais point. Elles ont usé, depuis que nous sommes ici, le lard d'une douzaine de cochons, pour le moins; et quatre valets vivraient tous les jours des pieds de mouton qu'elles emploient.

SCÈNE V.

MADELON, CATHOS, GORGIBUS.

GORGIBUS.

Il est bien nécessaire vraiment de faire tant de dépense pour vous graisser le museau! Dites-moi un peu ce que vous avez fait à ces messieurs, que je les vois sortir avec tant de froideur? Vous avais-je pas commandé de les recevoir comme des personnes que je voulais vous donner pour maris?

MADELON.

Et quelle estime, mon père, voulez-vous que nous fassions du procédé irrégulier de ces gens-là?

CATHOS.

Le moyen, mon oncle, qu'une fille un peu raisonnable se pût accommoder de leur personne?

GORGIBUS.

Et qu'y trouvez-vous à redire?

MADELON.

La belle galanterie que la leur! Quoi! débuter d'abord par le mariage?

GORGIBUS.

Et par où veux-tu donc qu'ils débutent? par le concubinage? N'est-ce pas un procédé dont vous avez sujet de vous louer toutes deux aussi bien que moi? Est-il rien de plus obligeant que cela? Et ce lien sacré où ils aspirent n'est-il pas un témoignage de l'honnêteté de leurs intentions?

MADELON.

Ah! mon père, ce que vous dites là est du dernier bourgeois. Cela me fait honte de vous ouïr parler de la sorte, et vous devriez un peu vous faire apprendre le bel air des choses.

GORGIBUS.

Je n'ai que faire ni d'air ni de chanson. Je te dis que le mariage est une chose sainte et sacrée, et que c'est faire en honnêtes gens que de débuter par là.

MADELON.

Mon Dieu! que si tout le monde vous ressemblait, un roman serait bientôt fini! La belle chose que ce serait, si d'abord Cyrus épousait Mandane, et qu'Aronce de plain-pied fût marié à Clélie!

GORGIBUS.

Que me vient conter celle-ci?

MADELON.

Mon père, voilà ma cousine qui vous dira aussi bien que moi que le mariage ne doit jamais arriver qu'après les autres aventures. Il faut qu'un amant, pour être agréable, sache débiter les beaux sentiments, pousser le doux, le tendre et le passionné, et que sa recherche soit dans les formes. Premièrement, il doit voir au temple, ou à la promenade, ou dans quelque cérémonie publique, la personne dont il devient amoureux; ou bien être conduit fatalement chez elle par un parent ou un ami, et sortir de là tout rêveur et mélancolique. Il cache un temps sa passion à l'objet aimé, et cependant lui rend plusieurs visites, où l'on ne manque jamais de mettre sur le tapis une question galante qui exerce les esprits de l'assemblée. Le jour de la déclaration arrive, qui se doit faire ordinairement dans une allée de quelque jardin, tandis que la compagnie s'est un peu éloignée : et cette déclaration est suivie d'un prompt courroux, qui paraît à notre rougeur, et qui, pour un temps, bannit l'amant de notre présence. Ensuite il trouve moyen de nous apaiser, de nous accoutumer insensiblement au discours de sa passion, et de tirer de nous cet aveu qui fait tant de peine. Après cela viennent les aventures, les rivaux qui se jettent à la traverse d'une inclination établie, les persécutions des pères, les jalousies conçues sur de fausses apparences, les plaintes, les désespoirs, les enlèvements, et ce qui s'ensuit. Voilà comme les choses se traitent dans les belles manières; et ce sont des règles dont, en bonne galanterie, on ne saurait se dispenser[1]. Mais en venir de but en blanc à l'union conjugale, ne faire l'amour qu'en faisant le contrat de mariage, et prendre justement le roman par la queue; encore un coup, mon père, il ne se peut rien de plus marchand que ce procédé; et j'ai mal au cœur de la seule vision que cela me fait.

[1] C'est là une analyse des romans de Mlle de Scudéry.

GORGIBUS.

Quel diable de jargon entends-je ici? Voici bien du haut style.

CATHOS.

En effet, mon oncle, ma cousine donne dans le vrai de la chose. Le moyen de bien recevoir des gens qui sont tout à fait incongrus en galanterie! Je m'en vais gager qu'ils n'ont jamais vu la carte de Tendre, et que Billets-Doux, Petits-Soins, Billets-Galants et Jolis-Vers, sont des terres inconnues pour eux[1]. Ne voyez-vous pas que toute leur personne marque cela, et qu'ils n'ont point cet air qui donne d'abord bonne opinion des gens? Venir en visite amoureuse avec une jambe tout unie, un chapeau désarmé de plumes, une tête irrégulière en cheveux, et un habit qui souffre une indigence de rubans; mon Dieu! quels amants sont-ce là! Quelle frugalité d'ajustement, et quelle sécheresse de conversation! On n'y dure point, on n'y tient pas. J'ai remarqué encore que leurs rabats ne sont pas de la bonne faiseuse, et qu'il s'en faut plus d'un grand demi-pied que leurs hauts-de-chausses ne soient assez larges.

GORGIBUS.

Je pense qu'elles sont folles toutes deux, et je ne puis rien comprendre à ce baragouin. Cathos, et vous, Madelon...

MADELON.

Eh! de grâce, mon père, défaites-vous de ces noms étranges, et nous appelez autrement.

GORGIBUS.

Comment, ces noms étranges? Ne sont-ce pas vos noms de baptême?

---

[1] On trouve la carte de Tendre dans la première partie du roman de *Clélie*; *Billets-Doux*, *Billets-Galants*, *Petits-Soins* et *Jolis-Vers* sont des villages qu'on y voit inscrits.

MADELON.

Mon Dieu! que vous êtes vulgaire! Pour moi, un de mes étonnements, c'est que vous ayez pu faire une fille si spirituelle que moi. A-t-on jamais parlé dans le beau style de Cathos ni de Madelon, et ne m'avouerez-vous pas que ce serait assez d'un de ces noms pour décrier le plus beau roman du monde?

CATHOS.

Il est vrai, mon oncle, qu'une oreille un peu délicate pâtit furieusement à entendre prononcer ces mots-là; et le nom de Polixène que ma cousine a choisi, et celui d'Aminte que je me suis donné, ont une grâce dont il faut que vous demeuriez d'accord[1].

GORGIBUS.

Écoutez : il n'y a qu'un mot qui serve. Je n'entends point que vous ayez d'autres noms que ceux qui vous ont été donnés par vos parrains et marraines; et pour ces messieurs dont il est question, je connais leurs familles et leurs biens, et je veux résolûment que vous vous disposiez à les recevoir pour maris. Je me lasse de vous avoir sur les bras, et la garde de deux filles est une charge un peu trop pesante pour un homme de mon âge.

CATHOS.

Pour moi, mon oncle, tout ce que je puis vous dire, c'est que je trouve le mariage une chose tout à fait choquante. Comment est-ce qu'on peut souffrir la pensée de coucher contre un homme vraiment nu?

MADELON.

Souffrez que nous prenions un peu haleine parmi le beau monde de Paris, où nous ne faisons que d'arriver. Laissez-

---

[1] C'était un usage parmi les précieuses de changer de nom et d'en prendre un poétique et romanesque. Catherine de Vivonne, marquise de Rambouillet, avait donné l'exemple en adoptant le nom d'Arthenice (anagramme de Catherine), sous lequel elle fut célébrée par Malherbe.

nous faire à loisir le tissu de notre roman, et n'en pressez point tant la conclusion.

GORGIBUS, à part.

Il n'en faut point douter, elles sont achevées[1]. (Haut.) Encore un coup, je n'entends rien à toutes ces balivernes : je veux être maître absolu; et, pour trancher toutes sortes de discours, ou vous serez mariées toutes deux avant qu'il soit peu, ou, ma foi, vous serez religieuses; j'en fais un bon serment.

SCÈNE VI.

CATHOS, MADELON.

CATHOS.

Mon Dieu, ma chère, que ton père a la forme enfoncée dans la matière! que son intelligence est épaisse, et qu'il fait sombre dans son âme!

MADELON.

Que veux-tu, ma chère? J'en suis en confusion pour lui. J'ai peine à me persuader que je puisse être véritablement sa fille, et je crois que quelque aventure un jour me viendra développer une naissance plus illustre.

CATHOS.

Je le croirais bien; oui, il y a toutes les apparences du monde; et, pour moi, quand je me regarde aussi...

---

[1] *Achevées*, complétement folles.

SCÈNE VII.

CATHOS, MADELON, MAROTTE.

MAROTTE.

Voilà un laquais qui demande si vous êtes au logis, et dit que son maître vous veut venir voir.

MADELON.

Apprenez, sotte, à vous énoncer moins vulgairement. Dites : Voilà un nécessaire qui demande si vous êtes en commodité d'être visibles[1].

MAROTTE.

Dame! je n'entends point le latin; et je n'ai pas appris, comme vous, la filofie dans le grand Cyre[2].

MADELON.

L'impertinente! le moyen de souffrir cela! Et qui est-il le maître de ce laquais?

MAROTTE.

Il me l'a nommé le marquis de Mascarille.

MADELON.

Ah! ma chère, un marquis! Oui, allez dire qu'on nous peut voir. C'est sans doute un bel esprit qui aura ouï parler de nous.

CATHOS.

Assurément, ma chère.

MADELON.

Il faut le recevoir dans cette salle basse, plutôt qu'en notre chambre. Ajustons un peu nos cheveux au moins, et soute-

---

[1] On trouve dans le *Dictionnaire* de Somaize la justification de toutes ces tournures forcées de langage.

[2] *Artamène ou le Grand Cyrus.*

nons notre réputation. Vite, venez nous tendre ici dedans le conseiller des grâces.

MAROTTE.

Par ma foi, je ne sais point quelle bête c'est là; il faut parler chrétien, si vous voulez que je vous entende.

CATHOS.

Apportez-nous le miroir, ignorante que vous êtes, et gardez-vous bien d'en salir la glace par la communication de votre image.

(Elles sortent.)

SCÈNE VIII.

MASCARILLE, DEUX PORTEURS.

MASCARILLE [1].

Holà! porteurs, holà! Là, là, là, là, là, là. Je pense que ces marauds-là ont dessein de me briser à force de heurter contre les murailles et les pavés.

PREMIER PORTEUR.

Dame! c'est que la porte est étroite. Vous avez voulu aussi que nous soyons entrés jusqu'ici.

MASCARILLE.

Je le crois bien. Voudriez-vous, faquins, que j'exposasse l'embonpoint de mes plumes aux inclémences de la saison pluvieuse, et que j'allasse imprimer mes souliers en boue. Allez, ôtez votre chaise d'ici.

DEUXIÈME PORTEUR.

Payez-nous donc, s'il vous plaît, monsieur?

MASCARILLE.

Hein?

---

[1] Molière jouait ce personnage.

DEUXIÈME PORTEUR.

Je dis, monsieur, que vous nous donniez de l'argent, s'il vous plaît.

MASCARILLE, lui donnant un soufflet.

Comment, coquin, demander de l'argent à une personne de ma qualité!

DEUXIÈME PORTEUR.

Est-ce ainsi qu'on paie les pauvres gens? et votre qualité nous donne-t-elle à dîner?

MASCARILLE.

Ah! ah! je vous apprendrai à vous connaître! Ces canailles-là s'osent jouer à moi!

PREMIER PORTEUR, prenant un des bâtons de sa chaise.

Çà, payez-nous vitement.

MASCARILLE.

Quoi?

PREMIER PORTEUR.

Je dis que je veux avoir de l'argent tout à l'heure.

MASCARILLE.

Il est raisonnable.

PREMIER PORTEUR.

Vite donc!

MASCARILLE.

Oui-da! tu parles comme il faut, toi; mais l'autre est un coquin qui ne sait ce qu'il dit. Tiens, es-tu content?

PREMIER PORTEUR.

Non, je ne suis pas content; vous avez donné un soufflet à mon camarade, et... (Levant son bâton.)

MASCARILLE.

Doucement; tiens, voilà pour le soufflet. On obtient tout de moi quand on s'y prend de la bonne façon. Allez, venez me reprendre tantôt pour aller au Louvre, au petit coucher.

SCÈNE IX.

MAROTTE, MASCARILLE.

MAROTTE.

Monsieur, voilà mes maîtresses qui vont venir tout à l'heure.

MASCARILLE.

Qu'elles ne se pressent point; je suis ici posté commodément pour attendre.

MAROTTE.

Les voici.

SCÈNE X.

MADELON, CATHOS, MASCARILLE, ALMANZOR.

MASCARILLE, après avoir salué.

Mesdames, vous serez surprises sans doute de l'audace de ma visite; mais votre réputation vous attire cette méchante affaire, et le mérite a pour moi des charmes si puissants, que je cours partout après lui.

MADELON.

Si vous poursuivez le mérite, ce n'est pas sur nos terres que vous devez chasser.

CATHOS.

Pour voir chez nous le mérite, il a fallu que vous l'y ayez amené.

MASCARILLE.

Ah! je m'inscris en faux contre vos paroles. La renommée accuse juste en contant ce que vous valez; et vous allez faire pic, repic et capot tout ce qu'il y a de galant dans Paris.

MADELON.

Votre complaisance pousse un peu trop avant la libéralité de ses louanges; et nous n'avons garde, ma cousine et moi, de donner de notre sérieux dans le doux de votre flatterie.

CATHOS.

Ma chère, il faudrait faire donner des siéges.

MADELON.

Holà! Almanzor.

ALMANZOR.

Madame.

MADELON.

Vite, voiturez-nous ici les commodités de la conversation.

MASCARILLE.

Mais, au moins, y a-t-il sûreté ici pour moi?

(Almanzor sort.)

CATHOS.

Que craignez-vous?

MASCARILLE.

Quelque vol de mon cœur, quelque assassinat de ma franchise [1]. Je vois ici des yeux qui ont la mine d'être de fort mauvais garçons, de faire insulte aux libertés, et de traiter une âme de Turc à More. Comment diable! D'abord qu'on les approche, ils se mettent sur leur garde meurtrière. Ah! par ma foi, je m'en défie! et je m'en vais gagner au pied, ou je veux caution bourgeoise qu'ils ne me feront point de mal.

MADELON.

Ma chère, c'est le caractère enjoué.

---

[1] *Franchise*, dans le sens de liberté.

SCÈNE X.

CATHOS.

Je vois bien que c'est un Amilcar[1].

MADELON.

Ne craignez rien : nos yeux n'ont point de mauvais desseins, et votre cœur peut dormir en assurance sur leur prud'homie.

CATHOS.

Mais, de grâce, monsieur, ne soyez pas inexorable à ce fauteuil qui vous tend les bras il y a un quart d'heure : contentez un peu l'envie qu'il a de vous embrasser.

MASCARILLE, après s'être peigné et avoir ajusté ses canons [2].

Eh bien! mesdames, que dites-vous de Paris?

MADELON.

Hélas! qu'en pourrions-nous dire? Il faudrait être l'antipode de la raison, pour ne pas confesser que Paris est le grand bureau des merveilles, le centre du bon goût, du bel esprit et de la galanterie.

MASCARILLE.

Pour moi, je tiens que hors de Paris il n'y a point de salut pour les honnêtes gens.

CATHOS.

C'est une vérité incontestable.

MASCARILLE.

Il y fait un peu crotté; mais nous avons la chaise[3].

MADELON.

Il est vrai que la chaise est un retranchement merveilleux contre les insultes de la boue et du mauvais temps.

---

[1] *Amilcar* est un personnage du roman de *Clélie*.
[2] Les canons étaient une large bande d'étoffe que l'on attachait au-dessus du genou et qui couvrait la moitié de la jambe.
[3] Les chaises à porteurs étaient alors du meilleur ton. La mode en avait été apportée d'Angleterre.

MASCARILLE.

Vous recevez beaucoup de visites? Quel bel esprit est des vôtres?

MADELON.

Hélas! nous ne sommes pas encore connues; mais nous sommes en passe de l'être; et nous avons une amie particulière qui nous a promis d'amener ici tous ces messieurs du Recueil des pièces choisies.

CATHOS.

Et certains autres qu'on nous a nommés aussi pour être les arbitres souverains des belles choses.

MASCARILLE.

C'est moi qui ferai votre affaire mieux que personne; ils me rendent tous visite; et je puis dire que je ne me lève jamais sans une demi-douzaine de beaux esprits.

MADELON.

Hé! mon Dieu! nous vous serons obligées de la dernière obligation, si vous nous faites cette amitié; car enfin il faut avoir la connaissance de tous ces messieurs-là, si l'on veut être du beau monde. Ce sont ceux qui donnent le branle à la réputation dans Paris; et vous savez qu'il y en a tel dont il ne faut que la seule fréquentation pour vous donner bruit de connaisseuse, quand il n'y aurait rien autre chose que cela. Mais, pour moi, ce que je considère particulièrement, c'est que, par le moyen de ces visites spirituelles, on est instruite de cent choses qu'il faut savoir de nécessité, et qui sont de l'essence d'un bel esprit. On apprend par là chaque jour les petites nouvelles galantes, les jolis commerces de prose et de vers. On sait à point nommé : un tel a composé la plus jolie pièce du monde sur un tel sujet; une telle a fait des paroles sur un tel air : celui-ci a fait un madrigal sur une jouissance; celui-là a composé des stances sur une infidélité : monsieur un tel écrivit hier au soir un sixain à mademoiselle une telle, dont elle lui a envoyé la réponse ce matin sur les huit heures; un tel auteur a fait un tel dessein; celui-là est à la troisième partie de son roman; cet autre met ses ouvrages sous la presse. C'est là ce qui vous fait valoir dans les compagnies; et si l'on ignore ces choses, je ne donnerais pas un clou de tout l'esprit qu'on peut avoir.

CATHOS.

En effet, je trouve que c'est renchérir sur le ridicule, qu'une personne se pique d'esprit, et ne sache pas jusqu'au moindre petit quatrain qui se fait chaque jour; et, pour moi, j'aurais toutes les hontes du monde s'il fallait qu'on vînt à me demander si j'aurais vu quelque chose de nouveau que je n'aurais pas vu.

MASCARILLE.

Il est vrai qu'il est honteux de n'avoir pas des premiers tout ce qui se fait; mais ne vous mettez pas en peine; je veux établir chez vous une académie de beaux esprits, et je vous promets qu'il ne se fera pas un bout de vers dans Paris que vous ne sachiez par cœur avant tous les autres. Pour moi, tel que vous me voyez, je m'en escrime un peu quand je veux; et vous verrez courir de ma façon, dans les belles ruelles de Paris, deux cents chansons, autant de sonnets, quatre cents épigrammes et plus de mille madrigaux, sans compter les énigmes et les portraits.

MADELON.

Je vous avoue que je suis furieusement pour les portraits : je ne vois rien de si galant que cela.

MASCARILLE.

Les portraits sont difficiles, et demandent un esprit profond : vous en verrez de ma manière qui ne vous déplairont pas.

CATHOS.

Pour moi, j'aime terriblement les énigmes.

MASCARILLE.

Cela exerce l'esprit, et j'en ai fait quatre encore ce matin, que je vous donnerai à deviner.

MADELON.

Les madrigaux sont agréables, quand ils sont bien tournés.

MASCARILLE.

C'est mon talent particulier; et je travaille à mettre en madrigaux toute l'histoire romaine.

MADELON.

Ah! certes, cela sera du dernier beau; j'en retiens un exemplaire au moins, si vous le faites imprimer.

MASCARILLE.

Je vous en promets à chacune un, et des mieux reliés. Cela est au-dessous de ma condition; mais je le fais seulement pour donner à gagner aux libraires, qui me persécutent.

MADELON.

Je m'imagine que le plaisir est grand de se voir imprimé.

MASCARILLE.

Sans doute. Mais, à propos, il faut que je vous die un impromptu que je fis hier chez une duchesse de mes amies que je fus visiter; car je suis diablement fort sur les impromptus.

CATHOS.

L'impromptu est justement la pierre de touche de l'esprit.

MASCARILLE.

Écoutez donc.

MADELON.

Nous y sommes de toutes nos oreilles.

MASCARILLE.

Oh! oh! je n'y prenais pas garde :
Tandis que, sans songer à mal, je vous regarde,
Votre œil en tapinois me dérobe mon cœur !
Au voleur ! au voleur ! au voleur ! au voleur !

SCÈNE X.

CATHOS.

Ah! mon Dieu! voilà qui est poussé dans le dernier galant.

MASCARILLE.

Tout ce que je fais a l'air cavalier; cela ne sent point le pédant.

MADELON.

Il en est éloigné de plus de deux mille lieues.

MASCARILLE.

Avez-vous remarqué ce commencement? *Oh! oh!* voilà qui est extraordinaire, *oh! oh!* comme un homme qui s'avise tout d'un coup, *oh! oh!* La surprise, *oh! oh!*

MADELON.

Oui, je trouve ce *oh! oh!* admirable.

MASCARILLE.

Il semble que cela ne soit rien.

CATHOS.

Ah! mon Dieu! que dites-vous? Ce sont là de ces sortes de choses qui ne se peuvent payer.

MADELON.

Sans doute; et j'aimerais mieux avoir fait ce *oh! oh!* qu'un poëme épique.

MASCARILLE.

Tudieu! vous avez le goût bon.

MADELON.

Eh! je ne l'ai pas tout à fait mauvais.

MASCARILLE.

Mais n'admirez-vous pas aussi *je n'y prenais pas garde?* *je n'y prenais pas garde,* je ne m'apercevais pas de cela; façon de parler naturelle, *je n'y prenais pas garde.* *Tandis que, sans songer à mal,* tandis qu'innocemment, sans malice, comme un pauvre mouton, *je vous regarde,* c'est-à-dire je m'amuse à vous considérer, je vous observe, je vous contemple; *votre œil en tapinois...* Que vous semble de ce mot *tapinois?* n'est-il pas bien choisi?

CATHOS.

Tout à fait bien.

MASCARILLE.

Tapinois, en cachette; il semble que ce soit un chat qui vient de prendre une souris, *tapinois*.

MADELON.

Il ne se peut rien de mieux.

MASCARILLE.

Me dérobe mon cœur, me l'emporte, me le ravit; au voleur! au voleur! au voleur! au voleur! Ne diriez-vous pas que c'est un homme qui crie et court après un voleur pour le faire arrêter? *Au voleur! au voleur! au voleur! au voleur!*

MADELON.

Il faut avouer que cela a un tour spirituel et galant.

MASCARILLE.

Je veux vous dire l'air que j'ai fait dessus.

CATHOS.

Vous avez appris la musique?

MASCARILLE.

Moi? Point du tout.

CATHOS.

Et comment donc cela se peut-il?

MASCARILLE.

Les gens de qualité savent tout sans avoir jamais rien appris.

MADELON.

Assurément, ma chère.

MASCARILLE.

Écoutez si vous trouverez l'air à votre goût: *hem, hem, la, la, la, la, la*. La brutalité de la saison a furieusement outragé la délicatesse de ma voix; mais il n'importe, c'est à la cavalière. (Il chante.)

Oh! oh! je n'y prenais pas garde, etc.

CATHOS.

Ah! que voilà un air qui est passionné! Est-ce qu'on n'en meurt point?

MADELON.

Il y a de la chromatique là-dedans.

MASCARILLE.

Ne trouvez-vous pas la pensée bien exprimée dans le chant? *Au voleur!* Et puis, comme si l'on criait bien fort, *au, au, au, au, au, au voleur!* Et tout d'un coup, comme une personne essoufflée, *au voleur!*

MADELON.

C'est là savoir le fin des choses, le grand fin, le fin du fin. Tout est merveilleux, je vous assure; je suis enthousiasmée de l'air et des paroles.

CATHOS.

Je n'ai encore rien vu de cette force-là.

MASCARILLE.

Tout ce que je fais me vient naturellement, c'est sans étude.

MADELON.

La nature vous a traité en vraie mère passionnée, et vous en êtes l'enfant gâté.

MASCARILLE.

A quoi donc passez-vous le temps?

CATHOS.

A rien du tout.

MADELON.

Nous avons été jusqu'ici dans un jeûne effroyable de divertissements.

MASCARILLE.

Je m'offre à vous mener l'un de ces jours à la comédie, si vous voulez; aussi bien on en doit jouer une nouvelle que je serai bien aise que nous voyions ensemble.

MADELON.

Cela n'est pas de refus.

MASCARILLE.

Mais je vous demande d'applaudir comme il faut, quand nous serons là; car je me suis engagé de faire valoir la pièce, et l'auteur m'en est venu prier encore ce matin. C'est la coutume ici, qu'à nous autres gens de condition, les auteurs viennent lire leurs pièces nouvelles, pour nous engager à les trouver belles et leur donner de la réputation; et je vous laisse à penser si, quand nous disons quelque chose, le parterre ose nous contredire! Pour moi, j'y suis fort exact; et quand j'ai promis à quelque poëte, je crie toujours : Voilà qui est beau! devant que les chandelles soient allumées.

MADELON.

Ne m'en parlez point : c'est un admirable lieu que Paris; il s'y passe cent choses tous les jours, qu'on ignore dans les provinces, quelque spirituelle qu'on puisse être.

CATHOS.

C'est assez; puisque nous sommes instruites, nous ferons notre devoir de nous écrier comme il faut sur tout ce qu'on dira.

MASCARILLE.

Je ne sais si je me trompe; mais vous avez toute la mine d'avoir fait quelque comédie.

MADELON.

Eh! il pourrait être quelque chose de ce que vous dites.

MASCARILLE.

Ah! ma foi, il faudra que nous la voyions. Entre nous, j'en ai composé une que je veux faire représenter.

CATHOS.

Eh! à quels comédiens la donnerez-vous?

MASCARILLE.

Belle demande! Aux grands comédiens : il n'y a qu'eux qui soient capables de faire valoir les choses; les autres sont des ignorants qui récitent comme l'on parle; ils ne savent pas faire ronfler les vers et s'arrêter au bel endroit; et le moyen de connaître où est le beau vers, si le comédien ne s'y arrête et ne nous avertit par là qu'il faut faire le brouhaha?

CATHOS.

En effet, il y a manière de faire sentir aux auditeurs les beautés d'un ouvrage; et les choses ne valent que ce qu'on les fait valoir.

MASCARILLE.

Que vous semble de ma petite oie[1]? La trouvez-vous congruente à l'habit?

CATHOS.

Tout à fait.

MASCARILLE.

Le ruban est bien choisi.

MADELON.

Furieusement bien. C'est Perdrigeon[2] tout pur.

MASCARILLE.

Que dites-vous de mes canons?

MADELON.

Ils ont tout à fait bon air.

MASCARILLE.

Je puis me vanter au moins qu'ils ont un grand quartier plus que tous ceux qu'on fait.

MADELON.

Il faut avouer que je n'ai jamais vu porter si haut l'élégance de l'ajustement.

MASCARILLE.

Attachez un peu sur ces gants la réflexion de votre odorat.

MADELON.

Ils sentent terriblement bon.

---

[1] On appelait *petite oie* les rubans qui ornaient le chapeau, les gants, les bas, etc.

[2] Fameux marchand mercier de ce temps-là.

CATHOS.

Je n'ai jamais respiré une odeur mieux conditionnée.

MASCARILLE.

Et celle-là ? (Il donne à sentir les cheveux poudrés de sa perruque.)

MADELON.

Elle est tout à fait de qualité; le sublime en est touché délicieusement.

MASCARILLE.

Vous ne me dites rien de mes plumes, comment les trouvez-vous?

CATHOS.

Effroyablement belles.

MASCARILLE.

Savez-vous que le brin me coûte un louis d'or? Pour moi, j'ai cette manie de vouloir donner généralement sur tout ce qu'il y a de plus beau.

MADELON.

Je vous assure que nous sympathisons, vous et moi. J'ai une délicatesse furieuse pour tout ce que je porte; et jusqu'à mes chaussettes, je ne puis rien souffrir qui ne soit de la bonne ouvrière.

MASCARILLE, s'écriant brusquement.

Ahi! ahi! ahi! doucement. Dieu me damne, mesdames, c'est fort mal en user; j'ai à me plaindre de votre procédé, cela n'est pas honnête.

CATHOS.

Qu'est-ce donc? qu'avez-vous?

MASCARILLE.

Quoi! toutes deux contre mon cœur en même temps! M'attaquer à droite et à gauche! ah! c'est contre le droit des gens : la partie n'est pas égale, et je m'en vais crier au meurtre.

CATHOS.

Il faut avouer qu'il dit les choses d'une manière particulière.

MADELON.

Il a un tour admirable dans l'esprit.

CATHOS.

Vous avez plus de peur que de mal, et votre cœur crie avant qu'on l'écorche.

MASCARILLE.

Comment diable! il est écorché depuis la tête jusqu'aux pieds.

SCÈNE XI.

CATHOS, MADELON, MASCARILLE, MAROTTE.

MAROTTE.

Madame, on demande à vous voir.

MADELON.

Qui?

MAROTTE.

Le vicomte de Jodelet.

MASCARILLE.

Le vicomte de Jodelet?

MAROTTE.

Oui, monsieur.

CATHOS.

Le connaissez-vous?

MASCARILLE.

C'est mon meilleur ami.

MADELON.

Faites entrer vitement.

MASCARILLE.

Il y a quelque temps que nous ne nous sommes vus, et je suis ravi de cette aventure.

CATHOS.

Le voici.

SCÈNE XII.

CATHOS, MADELON, JODELET, MASCARILLE, MAROTTE, ALMANZOR.

MASCARILLE.

Ah! vicomte!

JODELET, s'embrassant l'un l'autre.

Ah! marquis!

MASCARILLE.

Que je suis aise de te rencontrer!

JODELET.

Que j'ai de joie de te voir ici!

MASCARILLE.

Baise-moi donc encore un peu, je te prie.

MADELON, à Cathos.

Ma toute bonne, nous commençons d'être connues; voilà le beau monde qui prend le chemin de nous venir voir.

MASCARILLE.

Mesdames, agréez que je vous présente ce gentilhomme-ci : sur ma parole, il est digne d'être connu de vous.

JODELET.

Il est juste de venir vous rendre ce qu'on vous doit; et vos attraits exigent leurs droits seigneuriaux sur toutes sortes de personnes.

MADELON.

C'est pousser vos civilités jusqu'aux derniers confins de la flatterie.

SCÈNE XII.

CATHOS.

Cette journée doit être marquée dans notre almanach comme une journée bienheureuse.

MADELON, à Almanzor.

Allons, petit garçon, faut-il toujours vous répéter les choses? Voyez-vous pas qu'il faut le surcroît d'un fauteuil?

MASCARILLE.

Ne vous étonnez pas de voir le vicomte de la sorte; il ne fait que sortir d'une maladie qui lui a rendu le visage pâle comme vous le voyez.

JODELET.

Ce sont fruits des veilles de la cour et des fatigues de la guerre.

MASCARILLE.

Savez-vous, mesdames, que vous voyez dans le vicomte un des vaillants hommes du siècle? C'est un brave à trois poils.

JODELET.

Vous ne m'en devez rien, marquis, et nous savons ce que vous savez faire aussi.

MASCARILLE.

Il est vrai que nous nous sommes vus tous deux dans l'occasion.

JODELET.

Et dans des lieux où il faisait fort chaud.

MASCARILLE, regardant Cathos et Madelon.

Oui, mais non pas si chaud qu'ici. Hai, hai, hai!

JODELET.

Notre connaissance s'est faite à l'armée, et la première fois que nous nous vîmes, il commandait un régiment de cavalerie sur les galères de Malte.

MASCARILLE.

Il est vrai: mais vous étiez pourtant dans l'emploi avant que j'y fusse, et je me souviens que je n'étais que petit officier encore, que vous commandiez deux mille chevaux.

JODELET.

La guerre est une belle chose; mais, ma foi, la cour récompense bien mal aujourd'hui les gens de service comme nous.

MASCARILLE.

C'est ce qui fait que je veux pendre l'épée au croc.

CATHOS.

Pour moi, j'ai un furieux tendre pour les hommes d'épée.

MADELON.

Je les aime aussi; mais je veux que l'esprit assaisonne la bravoure.

MASCARILLE.

Te souvient-il, vicomte, de cette demi-lune que nous emportâmes sur les ennemis au siége d'Arras [1]?

JODELET.

Que veux-tu dire avec ta demi-lune? C'était bien une lune tout entière.

MASCARILLE.

Je pense que tu as raison.

JODELET.

Il m'en doit bien souvenir, ma foi! j'y fus blessé à la jambe d'un coup de grenade dont je porte encore les marques. Tâtez un peu, de grâce : vous sentirez quel coup c'était là.

CATHOS, après avoir touché l'endroit.

Il est vrai que la cicatrice est grande.

MASCARILLE.

Donnez-moi un peu votre main, et tâtez celui-ci, là, justement au derrière de la tête. Y êtes-vous?

MADELON.

Oui, je sens quelque chose.

---

[1] Le siége d'Arras avait eu lieu en 1654; Turenne avait fait lever ce siége au prince de Condé, qui servait dans l'armée espagnole.

SCÈNE XII.

MASCARILLE.

C'est un coup de mousquet que je reçus, la dernière campagne que j'ai faite.

JODELET, découvrant sa poitrine.

Voici un autre coup qui me perça de part en part à l'attaque de Gravelines[1].

MASCARILLE, mettant la main sur le bouton de son haut-de-chausses.

Je vais vous montrer une furieuse plaie.

MADELON.

Il n'est pas nécessaire : nous le croyons sans y regarder.

MASCARILLE.

Ce sont des marques honorables qui font voir ce qu'on est.

CATHOS.

Nous ne doutons point de ce que vous êtes.

MASCARILLE.

Vicomte, as-tu là ton carrosse?

JODELET.

Pourquoi?

MASCARILLE.

Nous mènerions promener ces dames hors des portes, et leur donnerions un cadeau.

MADELON.

Nous ne saurions sortir aujourd'hui.

MASCARILLE.

Ayons donc les violons pour danser.

JODELET.

Ma foi! c'est bien avisé.

MADELON.

Pour cela, nous y consentons : mais il faut donc quelque surcroît de compagnie.

---

[1] En 1658 le maréchal de la Ferté avait pris cette ville sur les Espagnols.

MASCARILLE.

Holà! Champagne, Picard, Bourguignon, Cascaret, Basque, la Verdure, Lorrain, Provençal, la Violette! Au diable soient tous les laquais! Je ne pense pas qu'il y ait gentilhomme en France plus mal servi que moi. Ces canailles me laissent toujours seul.

MADELON.

Almanzor, dites aux gens de monsieur qu'ils aillent querir des violons, et nous faites venir ces messieurs et ces dames d'ici près, pour peupler la solitude de notre bal.

(Almanzor sort.)

MASCARILLE.

Vicomte, que dis-tu de ces yeux?

JODELET.

Mais toi-même, marquis, que t'en semble?

MASCARILLE.

Moi, je dis que nos libertés auront peine à sortir d'ici les braies nettes. Au moins, pour moi, je reçois d'étranges secousses, et mon cœur ne tient qu'à un filet.

MADELON.

Que tout ce qu'il dit est naturel! Il tourne les choses le plus agréablement du monde.

CATHOS.

Il est vrai qu'il fait une furieuse dépense en esprit.

MASCARILLE.

Pour vous montrer que je suis véritable, je veux faire un impromptu là-dessus. (Il médite.)

CATHOS.

Eh! je vous en conjure de toute la dévotion de mon cœur, que nous ayons quelque chose qu'on ait fait pour nous.

JODELET.

J'aurais envie d'en faire autant; mais je me trouve un peu incommodé de la veine poétique, pour la quantité des saignées que j'y ai faites ces jours passés.

MASCARILLE.

Que diable est-ce là? Je fais toujours bien le premier vers; mais j'ai peine à faire les autres. Ma foi, ceci est un peu trop pressé; je vous ferai un impromptu à loisir, que vous trouverez le plus beau du monde.

JODELET.

Il a de l'esprit comme un démon.

MADELON.

Et du galant, et du bien tourné.

MASCARILLE.

Vicomte, dis-moi un peu, y a-t-il longtemps que tu n'as vu la comtesse?

JODELET.

Il y a plus de trois semaines que je ne lui ai rendu visite.

MASCARILLE.

Sais-tu bien que le duc m'est venu voir ce matin, et m'a voulu mener à la campagne courir un cerf avec lui?

MADELON.

Voici nos amies qui viennent.

SCÈNE XIII.

LUCILE, CÉLIMÈNE, CATHOS, MADELON, MASCARILLE, JODELET, MAROTTE, ALMANZOR,
VIOLONS.

MADELON.

Mon Dieu! mes chères, nous vous demandons pardon. Ces messieurs ont eu fantaisie de nous donner les âmes des pieds; et nous vous avons envoyé querir pour remplir les vides de notre assemblée.

LUCILE.

Vous nous avez obligées sans doute.

MASCARILLE.

Ce n'est ici qu'un bal à la hâte; mais, l'un de ces jours, nous vous en donnerons un dans les formes. Les violons sont-ils venus?

ALMANZOR.

Oui, monsieur; ils sont ici.

CATHOS.

Allons donc, mes chères, prenez place.

MASCARILLE, dansant lui seul comme par prélude.

La, la, la, la, la, la, la, la.

MADELON.

Il a tout à fait la taille élégante.

CATHOS.

Et a la mine de danser proprement.

MASCARILLE, ayant pris Madelon pour danser.

Ma franchise va danser la courante aussi bien que mes pieds. En cadence, violons; en cadence. Oh! quels ignorants! il n'y a pas moyen de danser avec eux. Le diable vous emporte! ne sauriez vous jouer en mesure? La, la, la, la, la, la, la, la. Ferme. O violons de village!

JODELET, dansant ensuite.

Holà! ne pressez pas si fort la cadence : je ne fais que sortir de maladie.

SCÈNE XIV.

DU CROISY, LA GRANGE, CATHOS, MADELON, LUCILE, CÉLIMÈNE, JODELET, MASCARILLE, MAROTTE, violons.

LA GRANGE, un bâton à la main.

Ah! ah! coquins! que faites-vous ici? Il y a trois heures que nous vous cherchons.

MASCARILLE, se sentant battre.

Ahi! ahi! ahi! vous ne m'aviez pas dit que les coups en seraient aussi.

JODELET.

Ahi! ahi! ahi!

LA GRANGE.

C'est bien à vous, infâme que vous êtes, à vouloir faire l'homme d'importance!

DU CROISY.

Voilà qui vous apprendra à vous connaître.

SCÈNE XV.

CATHOS, MADELON, LUCILE, CÉLIMÈNE, MASCARILLE, JODELET, MAROTTE, violons.

MADELON.

Que veut donc dire ceci?

JODELET.

C'est une gageure.

CATHOS.

Quoi! vous laisser battre de la sorte.

MASCARILLE.

Mon Dieu! je n'ai pas voulu faire semblant de rien; car je suis violent, et je me serais emporté.

MADELON.

Endurer un affront comme celui-là en notre présence!

MASCARILLE.

Ce n'est rien : ne laissons pas d'achever. Nous nous connaissons il y a longtemps; et, entre amis, on ne va pas se piquer pour si peu de chose.

SCÈNE XVI.

DU CROISY, LA GRANGE, MADELON, CATHOS, CÉLIMÈNE, LUCILE, MASCARILLE, JODELET, MAROTTE,

VIOLONS.

LA GRANGE.

Ma foi, marauds, vous ne vous rirez pas de nous, je vous le promets. Entrez, vous autres.

(Trois ou quatre spadassins entrent.)

MADELON.

Quelle est donc cette audace, de venir nous troubler de la sorte dans notre maison?

DU CROISY.

Comment, mesdames! nous endurerons que nos laquais soient mieux reçus que nous; qu'ils viennent vous faire l'amour à nos dépens, et vous donnent le bal?

MADELON.

Vos laquais!

LA GRANGE.

Oui, nos laquais : et cela n'est ni beau ni honnête de nous les débaucher comme vous faites.

MADELON.

O ciel! quelle insolence!

LA GRANGE.

Mais ils n'auront pas l'avantage de se servir de nos habits pour vous donner dans la vue; et si vous les voulez aimer, ce sera, ma foi, pour leurs beaux yeux. Vite, qu'on le dépouille sur-le-champ.

JODELET.

Adieu notre braverie[1].

MASCARILLE.

Voilà le marquisat et la vicomté à-bas.

DU CROISY.

Ah! ah! coquins, vous avez l'audace d'aller sur nos brisées! Vous irez chercher autre part de quoi vous rendre agréables aux yeux de vos belles, je vous en assure.

LA GRANGE.

C'est trop que de nous supplanter, et de nous supplanter avec nos propres habits.

MASCARILLE.

O fortune! quelle est ton inconstance!

DU CROISY.

Vite, qu'on leur ôte jusqu'à la moindre chose.

LA GRANGE.

Qu'on emporte toutes ces hardes, dépêchez. Maintenant, mesdames, en l'état qu'ils sont, vous pouvez continuer vos amours avec eux tant qu'il vous plaira; nous vous laissons toute sorte de liberté pour cela, et nous vous protestons, monsieur et moi, que nous n'en serons aucunement jaloux.

---

[1] *Braverie*, dans le sens de parure, beaux habits.

SCÈNE XVII.

MADELON, CATHOS, JODELET, MASCARILLE, VIOLONS.

CATHOS.

Ah! quelle confusion!

MADELON.

Je crève de dépit.

UN DES VIOLONS, à Mascarille.

Qu'est-ce donc que ceci? Qui nous paiera, nous autres?

MASCARILLE.

Demandez à monsieur le vicomte.

UN DES VIOLONS, à Jodelet.

Qui est-ce qui nous donnera de l'argent?

JODELET.

Demandez à monsieur le marquis.

SCÈNE XVIII.

GORGIBUS, MADELON, CATHOS, JODELET, MASCARILLE, VIOLONS.

GORGIBUS.

Ah! coquines que vous êtes, vous nous mettez dans de beaux draps blancs, à ce que je vois; et je viens d'apprendre de belles affaires, vraiment, de ces messieurs qui sortent.

MADELON.

Ah! mon père, c'est une pièce sanglante qu'ils nous ont faite.

GORGIBUS.

Oui, c'est une pièce sanglante, mais qui est un effet de votre impertinence, infâmes! Ils se sont ressentis du traitement que vous leur avez fait, et cependant, malheureux que je suis, il faut que je boive l'affront.

MADELON.

Ah! je jure que nous en serons vengées, ou que je mourrai en la peine. Et vous, marauds, osez-vous vous tenir ici après votre insolence?

MASCARILLE.

Traiter comme cela un marquis! Voilà ce que c'est que du monde, la moindre disgrâce nous fait mépriser de ceux qui nous chérissaient. Allons, camarade, allons chercher fortune autre part; je vois bien qu'on n'aime ici que la vaine apparence, et qu'on n'y considère point la vertu toute nue.

(Ils sortent tous deux.)

SCÈNE XIX.

GORGIBUS, MADELON, CATHOS, VIOLONS.

UN DES VIOLONS.

Monsieur, nous entendons que vous nous contentiez, à leur défaut, pour ce que nous avons joué ici.

GORGIBUS, les battant.

Oui, oui, je vous vais contenter; et voici la monnaie dont je vous veux payer. Et vous, pendardes, je ne sais qui me tient que je ne vous en fasse autant. Nous allons servir de fable et de risée à tout le monde; et voilà ce que vous vous êtes attiré par vos extravagances. Allez vous cacher, vilaines ; allez vous cacher pour jamais. (Seul.) Et vous, qui êtes cause de leur folie, sottes billevesées, pernicieux amusements des esprits oisifs, romans, vers, chansons, sonnets et sonnettes, puissiez-vous être à tous les diables !

FIN DES PRÉCIEUSES RIDICULES.

SGANARELLE

ou

LE COCU IMAGINAIRE.

COMÉDIE EN UN ACTE.

28 mai 1660.

PERSONNAGES.

GORGIBUS, bourgeois de Paris.
CÉLIE, sa fille.
LÉLIE, amant de Célie.
GROS-RENÉ, valet de Lélie.
SGANARELLE, bourgeois de Paris.
LA FEMME DE SGANARELLE.
VILLEBREQUIN, père de Valère.
LA SUIVANTE DE CÉLIE.
UN PARENT DE LA FEMME DE SGANARELLE.

Noms des acteurs qui ont joué d'original dans *Sganarelle* :

GORGIBUS.	L'Épy.
CÉLIE.	Mlle Duparc.
LÉLIE.	La Grange.
GROS-RENÉ.	Duparc.
SGANARELLE.	Molière.
LA FEMME DE SGANARELLE.	Mlle Debrie.
VILLEBREQUIN.	Debrie.
LA SUIVANTE DE CÉLIE.	Mlle Béjart.

La scène est à Paris[1].

---

[1] Le lieu de la scène est le carrefour traditionnel dont nous avons parlé à propos de *l'Étourdi* et du *Dépit amoureux*.

SGANARELLE

ou

LE COCU IMAGINAIRE.

SCÈNE I.

GORGIBUS, CÉLIE, LA SUIVANTE DE CÉLIE.

CÉLIE, *sortant tout éplorée, et son père la suivant.*
Ah! n'espérez jamais que mon cœur y consente.
GORGIBUS.
Que marmottez-vous là, petite impertinente?
Vous prétendez choquer ce que j'ai résolu?
Je n'aurai pas sur vous un pouvoir absolu?
Et par sottes raisons, votre jeune cervelle
Voudrait régler ici la raison paternelle?
Qui de nous deux à l'autre a droit de faire loi?
A votre avis, qui mieux, ou de vous, ou de moi,
O sotte! peut juger ce qui vous est utile?
Par la corbleu! gardez d'échauffer trop ma bile;
Vous pourriez éprouver, sans beaucoup de longueur
Si mon bras sait encor montrer quelque vigueur.
Votre plus court sera, madame la mutine,
D'accepter sans façons l'époux qu'on vous destine.

J'ignore, dites-vous, de quelle humeur il est,
Et dois auparavant consulter s'il vous plaît :
Informé du grand bien qui lui tombe en partage,
Dois-je prendre le soin d'en savoir davantage?
Et cet époux, ayant vingt mille bons ducats,
Pour être aimé de vous, doit-il manquer d'appas?
Allez, tel qu'il puisse être, avecque cette somme
Je vous suis caution qu'il est très-honnête homme.

CÉLIE.

Hélas!

GORGIBUS.

Hé bien, hélas! Que veut dire ceci?
Voyez le bel hélas qu'elle nous donne ici!
Hé! que si la colère une fois me transporte,
Je vous ferai chanter, hélas, de belle sorte!
Voilà, voilà le fruit de ces empressements
Qu'on vous voit nuit et jour à lire vos romans;
De quolibets d'amour votre tête est remplie,
Et vous parlez de Dieu bien moins que de Clélie.
Jetez-moi dans le feu tous ces méchants écrits
Qui gâtent tous les jours tant de jeunes esprits;
Lisez-moi, comme il faut, au lieu de ces sornettes,
Les Quatrains de Pibrac, et les doctes Tablettes
Du conseiller Matthieu : ouvrage de valeur
Et plein de beaux dictons à réciter par cœur.
La Guide des pécheurs est encore un bon livre[1];
C'est là qu'en peu de temps on apprend à bien vivre;
Et si vous n'aviez lu que ces moralités,
Vous sauriez un peu mieux suivre mes volontés.

CÉLIE.

Quoi! vous prétendez donc, mon père, que j'oublie
La constante amitié que je dois à Lélie?

---

[1] *La Guide des pécheurs*, ouvrage ascétique composé par Louis de Grenade, dominicain espagnol.

J'aurais tort, si, sans vous, je disposais de moi ;
Mais vous-même à ses vœux engageâtes ma foi.

GORGIBUS.

Lui fût-elle engagée encore davantage,
Un autre est survenu, dont le bien l'en dégage.
Lélie est fort bien fait ; mais apprends qu'il n'est rien
Qui ne doive céder au soin d'avoir du bien ;
Que l'or donne aux plus laids certain charme pour plaire,
Et que sans lui le reste est une triste affaire.
Valère, je crois bien, n'est pas de toi chéri ;
Mais, s'il ne l'est amant, il le sera mari.
Plus que l'on ne le croit, ce nom d'époux engage ;
Et l'amour est souvent un fruit du mariage.
Mais suis-je pas bien fat de vouloir raisonner
Où de droit absolu j'ai pouvoir d'ordonner ?
Trêve donc, je vous prie, à vos impertinences :
Que je n'entende plus vos sottes doléances.
Ce gendre doit venir vous visiter ce soir ;
Manquez un peu, manquez à le bien recevoir ;
Si je ne vous lui vois faire fort bon visage,
Je vous... Je ne veux pas en dire davantage.

SCÈNE II.

CÉLIE, LA SUIVANTE DE CÉLIE.

LA SUIVANTE.

Quoi ! refuser, madame, avec cette rigueur,
Ce que tant d'autres gens voudraient de tout leur cœur !
A des offres d'hymen répondre par des larmes,
Et tarder tant à dire un oui si plein de charmes !
Hélas ! que ne veut-on aussi me marier !
Ce ne serait pas moi qui se ferait prier ;

Et, loin qu'un pareil oui me donnât de la peine,
Croyez que j'en dirais bien vite une douzaine.
Le précepteur qui fait répéter la leçon
A votre jeune frère a fort bonne raison
Lorsque, nous discourant des choses de la terre,
Il dit que la femelle est ainsi que le lierre,
Qui croît beau, tant qu'à l'arbre il se tient bien serré,
Et ne profite point s'il en est séparé.
Il n'est rien de plus vrai, ma très-chère maîtresse,
Et je l'éprouve en moi, chétive pécheresse!
Le bon Dieu fasse paix à mon pauvre Martin!
Mais j'avais, lui vivant, le teint d'un chérubin,
L'embonpoint merveilleux, l'œil gai, l'âme contente;
Et je suis maintenant ma commère dolente.
Pendant cet heureux temps, passé comme un éclair,
Je me couchais sans feu dans le fort de l'hiver;
Sécher même les draps me semblait ridicule :
Et je tremble à présent dedans la canicule.
Enfin il n'est rien tel, madame, croyez-moi,
Que d'avoir un mari la nuit auprès de soi,
Ne fût-ce que pour l'heur d'avoir qui vous salue
D'un Dieu vous soit en aide! alors qu'on éternue.

CÉLIE.

Peux-tu me conseiller de commettre un forfait,
D'abandonner Lélie, et prendre ce mal fait?

LA SUIVANTE.

Votre Lélie aussi n'est, ma foi, qu'une bête,
Puisque si hors de temps son voyage l'arrête;
Et la grande longueur de son éloignement
Me le fait soupçonner de quelque changement.

CÉLIE, lui montrant le portrait de Lélie.

Ah! ne m'accable point par ce triste présage.
Vois attentivement les traits de ce visage;
Ils jurent à mon cœur d'éternelles ardeurs :
Je veux croire, après tout, qu'ils ne sont pas menteurs,

Et, comme c'est celui que l'art y représente,
Il conserve à mes feux une amitié constante.

LA SUIVANTE.

Il est vrai que ces traits marquent un digne amant,
Et que vous avez lieu de l'aimer tendrement.

CÉLIE.

Et cependant il faut... Ah! soutiens-moi.

(Laissant tomber le portrait de Lélie.)

LA SUIVANTE.

Madame,
D'où vous pourrait venir... Ah! bons dieux! elle pâme!
Hé! vite, holà! quelqu'un.

SCÈNE III.

CÉLIE, SGANARELLE, LA SUIVANTE DE CÉLIE.

SGANARELLE.

Qu'est-ce donc? me voilà!

LA SUIVANTE.

Ma maîtresse se meurt.

SGANARELLE.

Quoi! n'est-ce que cela?
Je croyais tout perdu, de crier de la sorte.
Mais approchons pourtant. Madame, êtes-vous morte?
Hays! Elle ne dit mot.

LA SUIVANTE.

Je vais faire venir
Quelqu'un pour l'emporter ; veuillez la soutenir.

SCÈNE IV.

CÉLIE, SGANARELLE, LA FEMME DE SGANARELLE.

SGANARELLE, en passant la main sur le sein de Célie.

Elle est froide partout, et je ne sais qu'en dire.
Approchons-nous pour voir si sa bouche respire.
Ma foi, je ne sais pas; mais j'y trouve encor, moi,
Quelque signe de vie.

LA FEMME DE SGANARELLE, regardant par la fenêtre.

Ah! qu'est-ce que je vois?
Mon mari dans ses bras... Mais je m'en vais descendre;
Il me trahit sans doute, et je veux le surprendre.

SGANARELLE.

Il faut se dépêcher de l'aller secourir,
Certes, elle aurait tort de se laisser mourir.
Aller en l'autre monde est très-grande sottise,
Tant que dans celui-ci l'on peut être de mise.

(Il la porte chez elle avec un homme que la suivante amène.)

SCÈNE V.

LA FEMME DE SGANARELLE.

Il s'est subitement éloigné de ces lieux,
Et sa fuite a trompé mon désir curieux;
Mais de sa trahison je ne fais plus de doute,
Et le peu que j'ai vu me la découvre toute.
Je ne m'étonne plus de l'étrange froideur
Dont je le vois répondre à ma pudique ardeur

Il réserve, l'ingrat, ses caresses à d'autres,
Et nourrit leurs plaisirs par le jeûne des nôtres.
Voilà de nos maris le procédé commun ;
Ce qui leur est permis leur devient importun.
Dans les commencements ce sont toutes merveilles,
Ils témoignent pour nous des ardeurs nonpareilles ;
Mais les traîtres bientôt se lassent de nos feux,
Et portent autre part ce qu'ils doivent chez eux.
Ah ! que j'ai de dépit que la loi n'autorise
A changer de mari comme on fait de chemise !
Cela serait commode ; et j'en sais telle ici
Qui, comme moi, ma foi, le voudrait bien aussi.

(En ramassant le portrait que Célie avait laissé tomber.)

Mais quel est ce bijou que le sort me présente ?
L'émail en est fort beau, la gravure charmante.
Ouvrons.

SCÈNE VI.

SGANARELLE, LA FEMME DE SGANARELLE.

SGANARELLE, se croyant seul.

On la croyait morte, et ce n'était rien.
Il n'en faut plus qu'autant, elle se porte bien.
Mais j'aperçois ma femme.

LA FEMME DE SGANARELLE, se croyant seule.

O ciel ! c'est miniature !
Et voilà d'un bel homme une vive peinture !

SGANARELLE, à part, et regardant par-dessus l'épaule de sa femme.

Que considère-t-elle avec attention ?
Ce portrait, mon honneur, ne nous dit rien de bon.
D'un fort vilain soupçon je me sens l'âme émue.

LA FEMME DE SGANARELLE, sans apercevoir son mari.

Jamais rien de plus beau ne s'offrit à ma vue;
Le travail plus que l'or s'en doit encor priser.
Hon! que cela sent bon!

SGANARELLE, à part.

Quoi! peste, le baiser!

Ah! j'en tiens!

LA FEMME DE SGANARELLE poursuit.

Avouons qu'on doit être ravie
Quand d'un homme ainsi fait on se peut voir servie,
Et que, s'il en contait avec attention,
Le penchant serait grand à la tentation.
Ah! que n'ai-je un mari d'une aussi bonne mine!
Au lieu de mon pelé, de mon rustre...

SGANARELLE, lui arrachant le portrait.

Ah! mâtine!

Nous vous y surprenons en faute contre nous,
En diffamant l'honneur de votre cher époux.
Donc, à votre calcul, ô ma trop digne femme,
Monsieur, tout bien compté, ne vaut pas bien madame?
Et, de par Belzébut, qui vous puisse emporter!
Quel plus rare parti pourriez-vous souhaiter?
Qui peut trouver en moi quelque chose à redire?
Cette taille, ce port que tout le monde admire,
Ce visage, si propre à donner de l'amour,
Pour qui mille beautés soupirent nuit et jour;
Bref, en tout et partout, ma personne charmante
N'est donc pas un morceau dont vous soyez contente?
Et, pour rassasier votre appétit gourmand,
Il faut joindre au mari le ragoût d'un galant?

LA FEMME DE SGANARELLE.

J'entends à demi-mot où va la raillerie.
Tu crois par ce moyen...

SGANARELLE.

A d'autres, je vous prie:

La chose est avérée, et je tiens dans mes mains
Un bon certificat du mal dont je me plains.

LA FEMME DE SGANARELLE.

Mon courroux n'a déjà que trop de violence,
Sans le charger encor d'une nouvelle offense.
Écoute, ne crois pas retenir mon bijou;
Et songe un peu...

SGANARELLE.

Je songe à te rompre le cou.
Que ne puis-je, aussi bien que je tiens la copie,
Tenir l'original!

LA FEMME DE SGANARELLE.

Pourquoi?

SGANARELLE.

Pour rien, ma mie.
Doux objet de mes vœux, j'ai grand tort de crier,
Et mon front de vos dons vous doit remercier.

(Regardant le portrait de Lélie.)

Le voilà, le beau fils, le mignon de couchette,
Le malheureux tison de ta flamme secrète,
Le drôle avec lequel...

LA FEMME DE SGANARELLE.

Avec lequel... Poursuis.

SGANARELLE.

Avec lequel, te dis-je... et j'en crève d'ennuis.

LA FEMME DE SGANARELLE.

Que me veut donc conter par là ce maître ivrogne?

SGANARELLE.

Tu ne m'entends que trop, madame la carogne.
Sganarelle est un nom qu'on ne me dira plus,
Et l'on va m'appeler seigneur Cornelius.
J'en suis pour mon honneur; mais à toi, qui me l'ôtes,
Je t'en ferai du moins pour un bras ou deux côtes.

LA FEMME DE SGANARELLE.

Et tu m'oses tenir de semblables discours?

SGANARELLE.
Et tu m'oses jouer de ces diables de tours?
LA FEMME DE SGANARELLE.
Et quels diables de tours? Parle donc sans rien feindre.
SGANARELLE.
Ah! cela ne vaut pas la peine de se plaindre!
D'un panache de cerf sur le front me pourvoir :
Hélas! voilà vraiment un beau venez-y voir.
LA FEMME DE SGANARELLE.
Donc, après m'avoir fait la plus sensible offense
Qui puisse d'une femme exciter la vengeance,
Tu prends d'un feint courroux le vain amusement
Pour prévenir l'effet de mon ressentiment?
D'un pareil procédé l'insolence est nouvelle!
Celui qui fait l'offense est celui qui querelle.
SGANARELLE.
Eh! la bonne effrontée! A voir ce fier maintien,
Ne la croirait-on pas une femme de bien?
LA FEMME DE SGANARELLE.
Va, poursuis ton chemin, cajole tes maîtresses,
Adresse-leur tes vœux, et fais-leur des caresses;
Mais rends-moi mon portrait sans te jouer de moi.
(Elle lui arrache le portrait, et s'enfuit.)
SGANARELLE, courant après elle.
Oui, tu crois m'échapper; je l'aurai malgré toi.

SCÈNE VII.

LÉLIE, GROS-RENÉ.

GROS-RENÉ.
Enfin nous y voici. Mais, monsieur, si je l'ose,
Je voudrais vous prier de me dire une chose.

LÉLIE.

Eh bien ! parle.

GROS-RENÉ.

Avez-vous le diable dans le corps,
Pour ne pas succomber à de pareils efforts?
Depuis huit jours entiers, avec vos longues traites,
Nous sommes à piquer de chiennes de mazettes,
De qui le train maudit nous a tant secoués,
Que je m'en sens, pour moi, tous les membres roués ;
Sans préjudice encor d'un accident bien pire,
Qui m'afflige un endroit que je ne veux pas dire :
Cependant, arrivé, vous sortez bien et beau,
Sans prendre de repos, ni manger un morceau.

LÉLIE.

Ce grand empressement n'est pas digne de blâme ;
De l'hymen de Célie on alarme mon âme :
Tu sais que je l'adore ; et je veux être instruit,
Avant tout autre soin, de ce funeste bruit.

GROS-RENÉ.

Oui, mais un bon repas vous serait nécessaire
Pour s'aller éclaircir, monsieur, de cette affaire ;
Et votre cœur, sans doute, en deviendrait plus fort
Pour pouvoir résister aux attaques du sort :
J'en juge par moi-même, et la moindre disgrâce,
Lorsque je suis à jeun, me saisit, me terrasse ;
Mais, quand j'ai bien mangé, mon âme est ferme à tout,
Et les plus grands revers n'en viendraient pas à bout.
Croyez-moi, bourrez-vous, et sans réserve aucune,
Contre les coups que peut vous porter la fortune ;
Et, pour fermer chez vous l'entrée à la douleur,
De vingt verres de vin entourez votre cœur.

LÉLIE.

Je ne saurais manger.

GROS-RENÉ, bas, à part.

Si ferai bien, je meure!

(Haut.)

Votre dîner pourtant serait prêt tout à l'heure.

LÉLIE.

Tais-toi, je te l'ordonne.

GROS-RENÉ.

Ah! quel ordre inhumain!

LÉLIE.

J'ai de l'inquiétude et non pas de la faim.

GROS-RENÉ.

Et moi, j'ai de la faim, et de l'inquiétude
De voir qu'un sot amour fait toute votre étude.

LÉLIE.

Laisse-moi m'informer de l'objet de mes vœux,
Et, sans m'importuner, va manger si tu veux.

GROS-RENÉ.

Je ne réplique point à ce qu'un maître ordonne.

SCÈNE VIII.

LÉLIE, seul.

Non, non, à trop de peur mon âme s'abandonne;
Le père m'a promis, et la fille a fait voir
Des preuves d'un amour qui soutient mon espoir.

SCÈNE IX.

SGANARELLE, LÉLIE.

SGANARELLE, sans voir Lélie, et tenant dans ses mains le portrait.

Nous l'avons, et je puis voir à l'aise la trogne
Du malheureux pendard qui cause ma vergogne.
Il ne m'est point connu.

LÉLIE, à part.

Dieux! qu'aperçois-je ici?
Et, si c'est mon portrait, que dois-je croire aussi?

SGANARELLE continue, sans voir Lélie.

Ah! pauvre Sganarelle! à quelle destinée
Ta réputation est-elle condamnée!
Faut...

(Apercevant Lélie qui le regarde, il se tourne d'un autre côté.)

LÉLIE, à part.

Ce gage ne peut, sans alarmer ma foi,
Être sorti des mains qui le tenaient de moi.

SGANARELLE, à part.

Faut-il que désormais à deux doigts l'on te montre,
Qu'on te mette en chansons, et qu'en toute rencontre
On te rejette au nez le scandaleux affront
Qu'une femme mal née imprime sur ton front?

LÉLIE, à part.

Me trompé-je?

SGANARELLE, à part.

Ah! truande, as-tu bien le courage
De m'avoir fait cocu dans la fleur de mon âge?
Et, femme d'un mari qui peut passer pour beau,

Faut-il qu'un marmouset, un maudit étourneau...

LÉLIE, à part, et regardant encore le portrait que tient Sganarelle.

Je ne m'abuse point, c'est mon portrait lui-même.

SGANARELLE lui tourne le dos.

Cet homme est curieux.

LÉLIE, à part.

Ma surprise est extrême!

SGANARELLE, à part.

A qui donc en a-t-il?

LÉLIE, à part.

Je le veux accoster.

(Haut.) (Sganarelle veut s'éloigner.)

Puis-je?... Eh! de grâce, un mot.

SGANARELLE, à part, s'éloignant encore.

Que me veut-il conter?

LÉLIE.

Puis-je obtenir de vous de savoir l'aventure
Qui fait dedans vos mains trouver cette peinture?

SGANARELLE, à part.

D'où lui vient ce désir? Mais je m'avise ici...

(Il examine Lélie et le portrait qu'il tient.)

Ah! ma foi, me voilà de son trouble éclairci!
Sa surprise à présent n'étonne plus mon âme;
C'est mon homme; ou plutôt, c'est celui de ma femme.

LÉLIE.

Retirez-moi de peine, et dites d'où vous vient...

SGANARELLE.

Nous savons, Dieu merci, le souci qui vous tient.
Ce portrait qui vous fâche est votre ressemblance;
Il était en des mains de votre connaissance;
Et ce n'est pas un fait qui soit secret pour nous
Que les douces ardeurs de la dame et de vous.
Je ne sais pas si j'ai, dans sa galanterie,
L'honneur d'être connu de Votre Seigneurie;

Mais faites-moi celui de cesser désormais
Un amour qu'un mari peut trouver fort mauvais;
Et songez que les nœuds du sacré mariage...

LÉLIE.

Quoi! celle, dites-vous, dont vous tenez ce gage...

SGANARELLE.

Est ma femme, et je suis son mari.

LÉLIE.

Son mari?

SGANARELLE.

Oui, son mari, vous dis-je, et mari très-marri;
Vous en savez la cause, et je m'en vais l'apprendre
Sur l'heure à ses parents.

SCÈNE X.

LÉLIE, seul.

Ah! que viens-je d'entendre!
On me l'avait bien dit, et que c'était de tous
L'homme le plus mal fait qu'elle avait pour époux.
Ah! quand mille serments de ta bouche infidèle
Ne m'auraient pas promis une flamme éternelle,
Le seul mépris d'un choix si bas et si honteux
Devait bien soutenir l'intérêt de mes feux,
Ingrate! et quelque bien... Mais ce sensible outrage,
Se mêlant aux travaux d'un assez long voyage,
Me donne tout à coup un choc si violent,
Que mon cœur devient faible et mon corps chancelant.

SCÈNE XI.

LÉLIE, LA FEMME DE SGANARELLE.

LA FEMME DE SGANARELLE, se croyant seule.
(Apercevant Lélie.)

Malgré moi, mon perfide... Hélas! quel mal vous presse?
Je vous vois prêt, monsieur, à tomber en faiblesse.

LÉLIE.

C'est un mal qui m'a pris assez subitement.

LA FEMME DE SGANARELLE.

Je crains ici pour vous l'évanouissement;
Entrez dans cette salle, en attendant qu'il passe.

LÉLIE.

Pour un moment ou deux j'accepte cette grâce.

SCÈNE XII.

SGANARELLE, UN PARENT DE LA FEMME DE SGANARELLE.

LE PARENT.

D'un mari sur ce point j'approuve le souci;
Mais c'est prendre la chèvre[1] un peu bien vite aussi;
Et tout ce que de vous je viens d'ouïr contre elle
Ne conclut point, parent, qu'elle soit criminelle.
C'est un point délicat, et de pareils forfaits,
Sans les bien avérer, ne s'imputent jamais.

---

[1] *Prendre la chèvre,* pour s'alarmer, se fâcher, expression proverbiale hors d'usage.

SGANARELLE.

C'est-à-dire qu'il faut toucher au doigt la chose.

LE PARENT.

Le trop de promptitude à l'erreur nous expose.
Qui sait comme en ses mains ce portrait est venu,
Et si l'homme, après tout, lui peut être connu?
Informez-vous-en donc, et, si c'est ce qu'on pense,
Nous serons les premiers à punir son offense.

SCÈNE XIII.

SGANARELLE, seul.

On ne peut pas mieux dire; en effet, il est bon
D'aller tout doucement. Peut-être sans raison
Me suis-je en tête mis ces visions cornues;
Et les sueurs au front m'en sont trop tôt venues.
Par ce portrait enfin, dont je suis alarmé,
Mon déshonneur n'est pas tout à fait confirmé.
Tâchons donc par nos soins...

SCÈNE XIV.

SGANARELLE, LA FEMME DE SGANARELLE, sur la porte de sa maison, reconduisant Lélie; LÉLIE.

SGANARELLE, à part, les voyant.

Ah! que vois-je? Je meure!
Il n'est plus question de portrait à cette heure;
Voici, ma foi, la chose en propre original.

LA FEMME DE SGANARELLE.

C'est par trop vous hâter, monsieur ; et votre mal,
Si vous sortez si tôt, pourra bien vous reprendre.

LÉLIE.

Non, non, je vous rends grâce, autant qu'on puisse rendre,
De l'obligeant secours que vous m'avez prêté.

SGANARELLE, à part.

La masque[1] encore après lui fait civilité !

(La femme de Sganarelle rentre dans sa maison.)

SCÈNE XV.

SGANARELLE, LÉLIE.

SGANARELLE, à part.

Il m'aperçoit ; voyons ce qu'il me pourra dire.

LÉLIE, à part.

Ah ! mon âme s'émeut, et cet objet m'inspire...
Mais je dois condamner cet injuste transport,
Et n'imputer mes maux qu'aux rigueurs de mon sort.
Envions seulement le bonheur de sa flamme.

(Passant auprès de Sganarelle et le regardant.)

Oh ! trop heureux d'avoir une si belle femme !

---

[1] *La masque*, la trompeuse, la perfide.

SCÈNE XVI.

SGANARELLE, CÉLIE, à sa fenêtre, voyant Lélie qui s'en va.

SGANARELLE, seul.

Ce n'est point s'expliquer en termes ambigus.
Cet étrange propos me rend aussi confus
Que s'il m'était venu des cornes à la tête !
(Il se tourne du côté par où Lélie est sorti.)
Allez, ce procédé n'est point du tout honnête.

CÉLIE, à part, en entrant.

Quoi ! Lélie a paru tout à l'heure à mes yeux !
Qui pourrait me cacher son retour en ces lieux ?
(Célie approche peu à peu de Sganarelle et attend, pour lui parler, que son transport soit fini.)

SGANARELLE poursuit, sans voir Célie.

Oh ! trop heureux d'avoir une si belle femme !
Malheureux bien plutôt de l'avoir, cette infâme,
Dont le coupable feu, trop bien vérifié,
Sans respect ni demi nous a cocufié !
Mais je le laisse aller après un tel indice,
Et demeure les bras croisés comme un jocrisse !
Ah ! je devais du moins lui jeter son chapeau,
Lui ruer quelque pierre ou crotter son manteau,
Et sur lui hautement, pour contenter ma rage,
Faire au larron d'honneur crier le voisinage.

CÉLIE, à Sganarelle.

Celui qui maintenant devers vous est venu,
Et qui vous a parlé, d'où vous est-il connu ?

SGANARELLE.

Hélas ! ce n'est pas moi qui le connais, madame ;
C'est ma femme.

CÉLIE.

Quel trouble agite ainsi votre âme?

SGANARELLE.

Ne me condamnez point d'un deuil hors de saison,
Et laissez-moi pousser des soupirs à foison.

CÉLIE.

D'où vous peuvent venir ces douleurs non communes?

SGANARELLE.

Si je suis affligé, ce n'est pas pour des prunes,
Et je le donnerais à bien d'autres qu'à moi,
De se voir sans chagrin au point où je me vois.
Des maris malheureux vous voyez le modèle :
On dérobe l'honneur au pauvre Sganarelle;
Mais c'est peu que l'honneur dans mon affliction,
L'on me dérobe encor la réputation.

CÉLIE.

Comment!

SGANARELLE.

Ce damoiseau, parlant par révérence,
Me fait cocu, madame, avec toute licence;
Et j'ai su par mes yeux avérer aujourd'hui
Le commerce secret de ma femme et de lui.

CÉLIE.

Celui qui maintenant...

SGANARELLE.

Oui, oui, me déshonore
Il adore ma femme, et ma femme l'adore.

CÉLIE.

Ah! j'avais bien jugé que ce secret retour
Ne pouvait me couvrir que quelque lâche tour,
Et j'ai tremblé d'abord, en le voyant paraître,
Par un pressentiment de ce qui devait être.

SCÈNE XVI.

SGANARELLE.

Vous prenez ma défense avec trop de bonté :
Tout le monde n'a pas la même charité;
Et plusieurs qui tantôt ont appris mon martyre,
Bien loin d'y prendre part, n'en ont rien fait que rire.

CÉLIE.

Est-il rien de plus noir que ta lâche action?
Et peut-on lui trouver une punition?
Dois-tu ne te pas croire indigne de la vie,
Après t'être souillé de cette perfidie?
O ciel! est-il possible?

SGANARELLE.

Il est trop vrai pour moi.

CÉLIE.

Ah! traître, scélérat, âme double et sans foi!

SGANARELLE.

La bonne âme!

CÉLIE.

Non, non, l'enfer n'a point de gêne[1]
Qui ne soit pour ton crime une trop douce peine.

SGANARELLE.

Que voilà bien parler!

CÉLIE.

Avoir ainsi traité
Et la même innocence et la même bonté!

SGANARELLE *soupire haut*.

Hai!

CÉLIE.

Un cœur qui jamais n'a fait la moindre chose
A mériter l'affront où ton mépris l'expose!

---

[1] *Gêne*, dans le sens de torture, de supplice, *gehenna*.

MOLIÈRE T. I.

SGANARELLE.[1]

Il est vrai.

CÉLIE.

Qui bien loin... Mais c'est trop, et ce cœur
Ne saurait y songer sans mourir de douleur.

SGANARELLE.

Ne vous fâchez pas tant, ma très-chère madame ;
Mon mal vous touche trop, et vous me percez l'âme.

CÉLIE.

Mais ne t'abuse pas jusqu'à te figurer
Qu'à des plaintes sans fruit j'en veuille demeurer :
Mon cœur, pour se venger, sait ce qu'il te faut faire,
Et j'y cours de ce pas ; rien ne m'en peut distraire.

SCÈNE XVII.

SGANARELLE, seul.

Que le ciel la préserve à jamais de danger !
Voyez quelle bonté de vouloir me venger !
En effet, son courroux, qu'excite ma disgrâce,
M'enseigne hautement ce qu'il faut que je fasse ;
Et l'on ne doit jamais souffrir sans dire mot
De semblables affronts, à moins qu'être un vrai sot.
Courons donc le chercher, cependant qu'il m'affronte :
Montrons notre courage à venger notre honte.
Vous apprendrez, maroufle, à rire à nos dépens,
Et, sans aucun respect, faire cocus les gens.

(Il revient après avoir fait quelques pas.

Doucement, s'il vous plaît ; cet homme a bien la mine
D'avoir le sang bouillant et l'âme un peu mutine ;
Il pourrait bien, mettant affront dessus affront,
Charger de bois mon dos, comme il a fait mon front.

Je hais de tout mon cœur les esprits colériques,
Et porte un grand amour aux hommes pacifiques;
Je ne suis point battant, de peur d'être battu,
Et l'humeur débonnaire est ma grande vertu.
Mais mon honneur me dit que d'une telle offense
Il faut absolument que je prenne vengeance :
Ma foi, laissons-le dire autant qu'il lui plaira;
Au diantre qui pourtant rien du tout en fera!
Quand j'aurai fait le brave, et qu'un fer, pour ma peine,
M'aura d'un vilain coup transpercé la bedaine,
Que par la ville ira le bruit de mon trépas,
Dites-moi, mon honneur, en serez-vous plus gras?
La bière est un séjour par trop mélancolique,
Et trop malsain pour ceux qui craignent la colique.
Et quant à moi, je trouve, ayant tout compassé,
Qu'il vaut mieux être encor cocu que trépassé.
Quel mal cela fait-il? La jambe en devient-elle
Plus tortue, après tout, et la taille moins belle?
Peste soit qui premier trouva l'invention
De s'affliger l'esprit de cette vision,
Et d'attacher l'honneur de l'homme le plus sage
Aux choses que peut faire une femme volage!
Puisqu'on tient, à bon droit, tout crime personnel,
Que fait là notre honneur pour être criminel?
Des actions d'autrui l'on nous donne le blâme.
Si nos femmes sans nous ont un commerce infâme,
Il faut que tout le mal tombe sur notre dos :
Elles font la sottise, et nous sommes les sots.
C'est un vilain abus, et les gens de police
Nous devraient bien régler une telle injustice.
N'avons-nous pas assez des autres accidents
Qui nous viennent happer en dépit de nos dents?
Les querelles, procès, faim, soif et maladie,
Troublent-ils pas assez le repos de la vie,
Sans s'aller, de surcroît, aviser sottement

De se faire un chagrin qui n'a nul fondement?
Moquons-nous de cela, méprisons les alarmes,
Et mettons sous nos pieds les soupirs et les larmes.
Si ma femme a failli, qu'elle pleure bien fort;
Mais pourquoi, moi, pleurer, puisque je n'ai point tort?
En tout cas, ce qui peut m'ôter ma fâcherie,
C'est que je ne suis pas seul de ma confrérie.
Voir cajoler sa femme, et n'en témoigner rien,
Se pratique aujourd'hui par force gens de bien.
N'allons donc point chercher à faire une querelle
Pour un affront qui n'est que pure bagatelle.
L'on m'appellera sot de ne me venger pas;
Mais je le serais fort de courir au trépas.

(Mettant la main sur sa poitrine.)

Je me sens là pourtant remuer une bile
Qui veut me conseiller quelque action virile.
Oui, le courroux me prend; c'est trop être poltron :
Je veux résolûment me venger du larron.
Déjà pour commencer, dans l'ardeur qui m'enflamme,
Je vais dire partout qu'il couche avec ma femme.

SCÈNE XVIII.

GORGIBUS, CÉLIE, LA SUIVANTE DE CÉLIE.

CÉLIE.

Oui, je veux bien subir une si juste loi :
Mon père, disposez de mes vœux et de moi;
Faites, quand vous voudrez, signer cet hyménée :
A suivre mon devoir je suis déterminée;
Je prétends gourmander mes propres sentiments,
Et me soumettre en tout à vos commandements.

GORGIBUS.

Ah! voilà qui me plaît, de parler de la sorte.
Parbleu! si grande joie à l'heure me transporte,
Que mes jambes sur l'heure en cabrioleraient,
Si nous n'étions point vus de gens qui s'en riraient!
Approche-toi de moi; viens çà, que je t'embrasse.
Une telle action n'a pas mauvaise grâce :
Un père, quand il veut, peut sa fille baiser,
Sans que l'on ait sujet de s'en scandaliser.
Va, le contentement de te voir si bien née
Me fera rajeunir de dix fois une année.

SCÈNE XIX.

CÉLIE, LA SUIVANTE DE CÉLIE.

LA SUIVANTE.

Ce changement m'étonne.

CÉLIE.

                Et lorsque tu sauras
Par quels motifs j'agis, tu m'en estimeras.

LA SUIVANTE.

Cela pourrait bien être.

CÉLIE.

              Apprends donc que Lélie
A pu blesser mon cœur par une perfidie;
Qu'il était en ces lieux sans...

LA SUIVANTE.

             Mais il vient à nous.

SCÈNE XX.

LÉLIE, CÉLIE, LA SUIVANTE DE CÉLIE

LÉLIE.
Avant que pour jamais je m'éloigne de vous,
Je veux vous reprocher au moins en cette place...
CÉLIE.
Quoi! me parler encore! Avez-vous cette audace?
LÉLIE.
Il est vrai qu'elle est grande; et votre choix est tel
Qu'à vous rien reprocher je serais criminel.
Vivez, vivez contente, et bravez ma mémoire
Avec le digne époux qui vous comble de gloire.
CÉLIE.
Oui, traître, j'y veux vivre; et mon plus grand désir
Ce serait que ton cœur en eût du déplaisir.
LÉLIE.
Qui rend donc contre moi ce courroux légitime?
CÉLIE.
Quoi! tu fais le surpris, et demandes ton crime?

SCÈNE XXI.

CÉLIE, LÉLIE, SGANARELLE, armé de pied en cap.
LA SUIVANTE DE CÉLIE.

SGANARELLE.
Guerre, guerre mortelle à ce larron d'honneur
Qui, sans miséricorde, a souillé notre honneur!

SCÈNE XXI.

CÉLIE, à Lélie, lui montrant Sganarelle.

Tourne, tourne les yeux sans me faire répondre.

LÉLIE.

Ah! je vois...

CÉLIE.

Cet objet suffit pour te confondre.

LÉLIE.

Mais pour vous obliger bien plutôt à rougir.

SGANARELLE, à part.

Ma colère à présent est en état d'agir;
Dessus ses grands chevaux est monté mon courage;
Et si je le rencontre, on verra du carnage.
Oui, j'ai juré sa mort; rien ne peut m'empêcher :
Où je le trouverai, je le veux dépêcher.

(Tirant son épée à demi, il approche de Lélie.)

Au beau milieu du cœur il faut que je lui donne...

LÉLIE, se retournant.

A qui donc en veut-on?

SGANARELLE.

Je n'en veux à personne.

LÉLIE.

Pourquoi ces armes-là?

SGANARELLE.

C'est un habillement
(A part.)
Que j'ai pris pour la pluie. Ah! quel contentement
J'aurais à le tuer! Prenons-en le courage.

LÉLIE, se retournant encore.

Hai?

SGANARELLE.

Je ne parle pas.

part, après s'être donné des coups de poing sur l'estomac et des soufflets pour s'exciter.)

Ah! poltron! dont j'enrage;
Lâche! vrai cœur de poule!

CÉLIE, à Lélie.

Il t'en doit dire assez,
Cet objet dont tes yeux nous paraissent blessés.

LÉLIE.

Oui, je connais par là que vous êtes coupable
De l'infidélité la plus inexcusable
Qui jamais d'un amant puisse outrager la foi.

SGANARELLE, à part.

Que n'ai-je un peu de cœur!

CÉLIE.

Ah! cesse devant moi,
Traître, de ce discours l'insolence cruelle!

SGANARELLE, à part.

Sganarelle, tu vois qu'elle prend ta querelle :
Courage, mon enfant, sois un peu vigoureux.
Là, hardi! tâche à faire un effort généreux,
En le tuant tandis qu'il tourne le derrière.

LÉLIE, faisant deux ou trois pas sans dessein, fait retourner Sganarelle, qui s'approchait pour le tuer.

Puisqu'un pareil discours émeut votre colère,
Je dois de votre cœur me montrer satisfait,
Et l'applaudir ici du beau choix qu'il a fait.

CÉLIE.

Oui, oui, mon choix est tel qu'on n'y peut rien reprendre.

LÉLIE.

Allez, vous faites bien de le vouloir défendre.

SGANARELLE.

Sans doute, elle fait bien de défendre mes droits.
Cette action, monsieur, n'est point selon les lois :
J'ai raison de m'en plaindre; et, si je n'étais sage,
On verrait arriver un étrange carnage.

SCÈNE XXI.

LÉLIE.

D'où vous naît cette plainte, et quel chagrin brutal?..

SGANARELLE.

Suffit. Vous savez bien où le bois[1] me fait mal;
Mais votre conscience et le soin de votre âme
Vous devraient mettre aux yeux que ma femme est ma femme;
Et vouloir, à ma barbe, en faire votre bien,
Que ce n'est pas du tout agir en bon chrétien.

LÉLIE.

Un semblable soupçon est bas et ridicule.
Allez, dessus ce point n'ayez aucun scrupule.
Je sais qu'elle est à vous; et, bien loin de brûler...

CÉLIE.

Ah! qu'ici tu sais bien, traître, dissimuler!

LÉLIE.

Quoi! me soupçonnez-vous d'avoir une pensée
De qui son âme ait lieu de se croire offensée?
De cette lâcheté voulez-vous me noircir?

CÉLIE.

Parle, parle à lui-même, il pourra t'éclaircir.

SGANARELLE, à Célie.

Vous me défendez mieux que je ne saurais faire,
Et du biais qu'il faut vous prenez cette affaire.

---

[1] L'édition de 1682 porte le mot : bât, au lieu de : bois.

SCÈNE XXII.

CÉLIE, LÉLIE, SGANARELLE, LA FEMME DE SGANARELLE, LA SUIVANTE DE CÉLIE.

LA FEMME DE SGANARELLE.

Je ne suis point d'humeur à vouloir contre vous
Faire éclater, madame, un esprit trop jaloux ;
Mais je ne suis point dupe, et vois ce qui se passe :
Il est de certains feux de fort mauvaise grâce ;
Et votre âme devrait prendre un meilleur emploi,
Que de séduire un cœur qui doit n'être qu'à moi.

LÉLIE.

La déclaration est assez ingénue.

SGANARELLE, à sa femme.

L'on ne demandait pas, carogne, ta venue :
Tu la viens quereller lorsqu'elle me défend,
Et tu trembles de peur qu'on t'ôte ton galant.

CÉLIE.

Allez, ne croyez pas que l'on en ait envie.
(Se tournant vers Lélie.)
Tu vois si c'est mensonge ; et j'en suis fort ravie.

LÉLIE.

Que me veut-on conter ?

LA SUIVANTE.

        Ma foi, je ne sais pas
Quand on verra finir ce galimatias ;
Déjà depuis longtemps je tâche à le comprendre,
Et si[1], plus je l'écoute, et moins je puis l'entendre.

---

[1] *Si*, particule affirmative.

SCÈNE XXII.

Je vois bien à la fin que je m'en dois mêler.
(Elle se met entre Lélie et sa maîtresse.)
Répondez-moi par ordre, et me laissez parler.
(A Lélie.)
Vous, qu'est-ce qu'à son cœur peut reprocher le vôtre?

LÉLIE.

Que l'infidèle a pu me quitter pour un autre ;
Que, lorsque, sur le bruit de son hymen fatal,
J'accours tout transporté d'un amour sans égal
Dont l'ardeur résistait à se croire oubliée,
Mon abord en ces lieux la trouve mariée.

LA SUIVANTE.

Mariée? à qui donc?

LÉLIE, montrant Sganarelle.

A lui.

LA SUIVANTE.

Comment, à lui?

LÉLIE.

Oui-da.

LA SUIVANTE.

Qui vous l'a dit?

LÉLIE.

C'est lui-même, aujourd'hui.

LA SUIVANTE, à Sganarelle.

Est-il vrai?

SGANARELLE.

Moi? J'ai dit que c'était à ma femme
Que j'étais marié.

LÉLIE.

Dans un grand trouble d'âme
Tantôt de mon portrait je vous ai vu saisi.

SGANARELLE.

Il est vrai : le voilà.

LÉLIE, à Sganarelle.

Vous m'avez dit aussi
Que celle aux mains de qui vous avez pris ce gage

Était liée à vous des nœuds du mariage.

SGANARELLE.

(Montrant sa femme.)

Sans doute. Et je l'avais de ses mains arraché ;
Et n'eusse pas sans lui découvert son péché.

LA FEMME DE SGANARELLE.

Que me viens-tu conter par ta plainte importune?
Je l'avais sous mes pieds rencontré par fortune;
Et même, quand, après ton injuste courroux,

(Montrant Lélie.)

J'ai fait, dans sa faiblesse, entrer monsieur chez nous,
Je n'ai pas reconnu les traits de sa peinture.

CÉLIE.

C'est moi qui du portrait ai causé l'aventure ;
Et je l'ai laissé choir en cette pâmoison

(A Sganarelle.)

Qui m'a fait par vos soins remettre à la maison.

LA SUIVANTE.

Vous voyez que sans moi vous y seriez encore ;
Et vous aviez besoin de mon peu d'ellébore[1].

SGANARELLE, à part.

Prendrons-nous tout ceci pour de l'argent comptant?
Mon front l'a, sur mon âme, eu bien chaude pourtant[2].

LA FEMME DE SGANARELLE.

Ma crainte, toutefois, n'est pas trop dissipée,
Et, doux que soit le mal, je crains d'être trompée.

SGANARELLE, à sa femme.

Hé! mutuellement, croyons-nous gens de bien ;
Je risque plus du mien que tu ne fais du tien ;
Accepte sans façon le marché qu'on propose.

---

[1] L'*ellébore* eut longtemps, comme on sait, la réputation de guérir la folie.

[2] Dans cette locution, le mot *alarme* est sous-entendu.

LA FEMME DE SGANARELLE.

Soit. Mais gare le bois, si j'apprends quelque chose!

CÉLIE, à Lélie, après avoir parlé bas ensemble.

Ah! dieux! s'il est ainsi, qu'est-ce donc que j'ai fait?
Je dois de mon courroux appréhender l'effet.
Oui, vous croyant sans foi, j'ai pris, pour ma vengeance,
Le malheureux secours de mon obéissance;
Et, depuis un moment, mon cœur vient d'accepter
Un hymen que toujours j'eus lieu de rebuter.
J'ai promis à mon père; et ce qui me désole...
Mais je le vois venir.

LÉLIE.

Il me tiendra parole.

SCÈNE XXIII.

GORGIBUS, CÉLIE, LÉLIE, SGANARELLE,
LA FEMME DE SGANARELLE, LA SUIVANTE DE CÉLIE.

LÉLIE.

Monsieur, vous me voyez en ces lieux de retour,
Brûlant des mêmes feux, et mon ardente amour
Verra, comme je crois, la promesse accomplie
Qui me donna l'espoir de l'hymen de Célie.

GORGIBUS.

Monsieur, que je revois en ces lieux de retour,
Brûlant des mêmes feux, et dont l'ardente amour
Verra, que vous croyez, la promesse accomplie
Qui vous donna l'espoir de l'hymen de Célie,
Très-humble serviteur à Votre Seigneurie.

LÉLIE.

Quoi! monsieur, est-ce ainsi qu'on trahit mon espoir?

GORGIBUS.

Oui, monsieur, c'est ainsi que je fais mon devoir :
Ma fille en suit les lois.

CÉLIE.

Mon devoir m'intéresse,
Mon père, à dégager vers lui votre promesse.

GORGIBUS.

Est-ce répondre en fille à mes commandements?
Tu te démens bientôt de tes bons sentiments!
Pour Valère tantôt... Mais j'aperçois son père :
Il vient assurément pour conclure l'affaire.

SCÈNE XXIV.

VILLEBREQUIN, GORGIBUS, CÉLIE, LÉLIE, SGANARELLE, LA FEMME DE SGANARELLE, LA SUIVANTE DE CÉLIE.

GORGIBUS.

Qui vous amène ici, seigneur Villebrequin?

VILLEBREQUIN.

Un secret important que j'ai su ce matin,
Qui rompt absolument ma parole donnée.
Mon fils, dont votre fille acceptait l'hyménée,
Sous des liens cachés trompant les yeux de tous,
Vit depuis quatre mois avec Lise en époux;
Et, comme des parents le bien et la naissance
M'ôtent tout le pouvoir d'en casser l'alliance,
Je vous viens...

GORGIBUS.

Brisons là. Si, sans votre congé,
Valère votre fils ailleurs s'est engagé,

Je ne puis vous celér que ma fille Célie
Dès longtemps par moi-même est promise à Lélie;
Et que, riche en vertus, son retour aujourd'hui
M'empêche d'agréer un autre époux que lui.

VILLEBREQUIN.

Un tel choix me plaît fort.

LÉLIE.

Et cette juste envie
D'un bonheur éternel va couronner ma vie...

GORGIBUS.

Allons choisir le jour pour se donner la foi.

SGANARELLE, seul.

A-t-on mieux cru jamais être cocu que moi?
Vous voyez qu'en ce fait la plus forte apparence
Peut jeter dans l'esprit une fausse créance.
De cet exemple-ci ressouvenez-vous bien;
Et, quand vous verriez tout, ne croyez jamais rien.

FIN DE SGANARELLE.

DON GARCIE DE NAVARRE

ou

LE PRINCE JALOUX.

COMÉDIE HÉROÏQUE EN CINQ ACTES.

4 février 1661.

PERSONNAGES.

DON GARCIE, prince de Navarre, amant de done Elvire.

DONE ELVIRE, princesse de Léon.

DON ALPHONSE, prince de Léon, cru prince de Castille, sous le nom de don Sylve.

DONE IGNÈS, comtesse, amante de don Sylve, aimée par Mauregat, usurpateur de l'État de Léon.

ÉLISE, confidente de done Elvire.

DON ALVAR, confident de don Garcie, amant d'Élise.

DON LOPE, autre confident de don Garcie, amant d'Élise.

DON PÈDRE, écuyer d'Ignès.

UN PAGE de done Elvire.

Noms des acteurs qui ont joué d'original dans *don Garcie de Navarre :*

DON GARCIE.	Molière.
DONE ELVIRE.	Mlle Duparc.
DON ALPHONSE.	La Grange.
ÉLISE.	Mlle Béjart.

La scène est dans Astorgue, ville d'Espagne dans le royaume de Léon.

DON GARCIE DE NAVARRE

ou

LE PRINCE JALOUX.

ACTE PREMIER.

SCÈNE I.

ELVIRE, ÉLISE.

DONE ELVIRE.
Non, ce n'est point un choix qui, pour ces deux amants,
Sut régler de mon cœur les secrets sentiments;
Et le prince n'a point, dans tout ce qu'il peut être,
Ce qui fit préférer l'amour qu'il fait paraître.
Don Sylve, comme lui, fit briller à mes yeux
Toutes les qualités d'un héros glorieux :
Même éclat de vertu, joint à même naissance,
Me parlait en tous deux pour cette préférence;
Et je serais encore à nommer le vainqueur,
Si le mérite seul prenait droit sur un cœur;
Mais ces chaînes du ciel qui tombent sur nos âmes
Décidèrent en moi le destin de leurs flammes;
Et toute mon estime, égale entre les deux,
Laissa vers don Garcie entraîner tous mes vœux.

ÉLISE.

Cet amour que pour lui votre astre vous inspire
N'a sur vos actions pris que bien peu d'empire,
Puisque nos yeux, madame, ont pu longtemps douter
Qui de ces deux amants vous vouliez mieux traiter.

DONE ELVIRE.

De ces nobles rivaux l'amoureuse poursuite
A de fâcheux combats, Élise, m'a réduite.
Quand je regardais l'un, rien ne me reprochait
Le tendre mouvement où mon âme penchait ;
Mais je me l'imputais à beaucoup d'injustice,
Quand de l'autre à mes yeux s'offrait le sacrifice :
Et don Sylve, après tout, dans ses soins amoureux,
Me semblait mériter un destin plus heureux.
Je m'opposais encore ce qu'au sang de Castille
Du feu roi de Léon semble devoir la fille ;
Et la longue amitié qui, d'un étroit lien,
Joignit les intérêts de son père et du mien.
Ainsi, plus dans mon âme un autre prenait place,
Plus de tous ses respects je plaignais la disgrâce :
Ma pitié, complaisante à ses brûlants soupirs,
D'un dehors favorable amusait ses désirs,
Et voulait réparer, par ce faible avantage,
Ce qu'au fond de mon cœur je lui faisais d'outrage.

ÉLISE.

Mais son premier amour, que vous avez appris,
Doit de cette contrainte affranchir vos esprits ;
Et, puisque avant ces soins, où pour vous il s'engage,
Done Ignès de son cœur avait reçu l'hommage,
Et que, par des liens aussi fermes que doux,
L'amitié vous unit, cette comtesse et vous,
Son secret révélé vous est une matière
A donner à vos vœux liberté tout entière ;
Et vous pouvez sans crainte, à cet amant confus,
D'un devoir d'amitié couvrir tous vos refus.

DONE ELVIRE.

Il est vrai que j'ai lieu de chérir la nouvelle
Qui m'apprit que don Sylve était un infidèle,
Puisque par ses ardeurs mon cœur tyrannisé
Contre elles à présent se voit autorisé;
Qu'il en peut justement combattre les hommages,
Et, sans scrupule, ailleurs donner tous ses suffrages.
Mais enfin quelle joie en peut prendre ce cœur,
Si d'une autre contrainte il souffre la rigueur;
Si d'un prince jaloux l'éternelle faiblesse
Reçoit indignement les soins de ma tendresse,
Et semble préparer, dans mon juste courroux,
Un éclat à briser tout commerce entre nous?

ÉLISE.

Mais si de votre bouche il n'a point su sa gloire,
Est-ce un crime pour lui que de n'oser la croire?
Et ce qui d'un rival a pu flatter les feux
L'autorise-t-il pas à douter de vos vœux?

DONE ELVIRE.

Non, non, de cette sombre et lâche jalousie
Rien ne peut excuser l'étrange frénésie;
Et, par mes actions, je l'ai trop informé
Qu'il peut bien se flatter du bonheur d'être aimé.
Sans employer la langue, il est des interprètes
Qui parlent clairement des atteintes secrètes.
Un soupir, un regard, une simple rougeur,
Un silence est assez pour expliquer un cœur.
Tout parle dans l'amour; et, sur cette matière,
Le moindre jour doit être une grande lumière,
Puisque chez notre sexe, où l'honneur est puissant,
On ne montre jamais tout ce que l'on ressent.
J'ai voulu, je l'avoue, ajuster ma conduite,
Et voir d'un œil égal l'un et l'autre mérite :
Mais que contre ses vœux on combat vainement,

Et que la différence est connue aisément
De toutes ces faveurs qu'on fait avec étude,
A celles où du cœur fait pencher l'habitude!
Dans les unes toujours on paraît se forcer;
Mais les autres, hélas! se font sans y penser :
Semblables à ces eaux si pures et si belles,
Qui coulent sans effort des sources naturelles.
Ma pitié pour don Sylve avait beau l'émouvoir,
J'en trahissais les soins sans m'en apercevoir;
Et mes regards au prince, en un pareil martyre,
En disaient toujours plus que je n'en voulais dire.

ÉLISE.

Enfin, si les soupçons de cet illustre amant,
Puisque vous le voulez, n'ont point de fondement,
Pour le moins font-ils foi d'une âme bien atteinte,
Et d'autres chériraient ce qui fait votre plainte.
De jaloux mouvements doivent être odieux,
S'ils partent d'un amour qui déplaise à nos yeux :
Mais tout ce qu'un amant nous peut montrer d'alarmes
Doit, lorsque nous l'aimons, avoir pour nous des charmes;
C'est par là que son feu se peut mieux exprimer;
Et plus il est jaloux, plus nous devons l'aimer.
Ainsi, puisqu'en votre âme un prince magnanime...

DONE ELVIRE.

Ah! ne m'avancez point cette étrange maxime!
Partout la jalousie est un monstre odieux :
Rien n'en peut adoucir les traits injurieux;
Et plus l'amour est cher qui lui donne naissance,
Plus on doit ressentir les coups de cette offense.
Voir un prince emporté, qui perd à tous moments
Le respect que l'amour inspire aux vrais amants;
Qui, dans les soins jaloux où son âme se noie,
Querelle également mon chagrin et ma joie,
Et dans tous mes regards ne peut rien remarquer

Qu'en faveur d'un rival il ne veuille expliquer!
Non, non, par ces soupçons je suis trop offensée,
Et sans déguisement je te dis ma pensée.
Le prince don Garcie est cher à mes désirs;
Il peut d'un cœur illustre échauffer les soupirs;
Au milieu de Léon on a vu son courage
Me donner de sa flamme un noble témoignage,
Braver en ma faveur des périls les plus grands,
M'enlever aux desseins de nos lâches tyrans,
Et, dans ces murs forcés, mettre ma destinée
A couvert des horreurs d'un indigne hyménée;
Et je ne cèle point que j'aurais de l'ennui
Que la gloire en fût due à quelque autre qu'à lui;
Car un cœur amoureux prend un plaisir extrême
A se voir redevable, Élise, à ce qu'il aime;
Et sa flamme timide ose mieux éclater
Lorsqu'en favorisant elle croit s'acquitter.
Oui, j'aime qu'un secours qui hasarde sa tête
Semble à sa passion donner droit de conquête;
J'aime que mon péril m'ait jetée en ses mains;
Et si les bruits communs ne sont pas des bruits vains,
Si la bonté du ciel nous ramène mon frère,
Les vœux les plus ardents que mon cœur puisse faire,
C'est que son bras encor sur un perfide sang
Puisse aider à ce frère à reprendre son rang,
Et, par d'heureux succès d'une haute vaillance,
Mériter tous les soins de sa reconnaissance :
Mais, avec tout cela, s'il pousse mon courroux,
S'il ne purge ses feux de leurs transports jaloux,
Et ne les range aux lois que je lui veux prescrire,
C'est inutilement qu'il prétend donc Elvire :
L'hymen ne peut nous joindre, et j'abhorre des nœuds
Qui deviendraient sans doute un enfer pour tous deux.

ÉLISE.

Bien que l'on pût avoir des sentiments tout autres,

C'est au prince, madame, à se régler aux vôtres;
Et dans votre billet ils sont si bien marqués,
Que quand il les verra de la sorte expliqués...

DONE ELVIRE.

Je n'y veux point, Élise, employer cette lettre;
C'est un soin qu'à ma bouche il me vaut mieux commettre
La faveur d'un écrit laisse aux mains d'un amant
Des témoins trop constants de notre attachement :
Ainsi donc empêchez qu'au prince on ne la livre.

ÉLISE.

Toutes vos volontés sont des lois qu'on doit suivre.
J'admire cependant que le ciel ait jeté
Dans le goût des esprits tant de diversité,
Et que ce que les uns regardent comme outrage
Soit vu par d'autres yeux sous un autre visage.
Pour moi, je trouverais mon sort tout à fait doux,
Si j'avais un amant qui pût être jaloux;
Je saurais m'applaudir de son inquiétude;
Et ce qui pour mon âme est souvent un peu rude,
C'est de voir don Alvar ne prendre aucun souci.

DONE ELVIRE.

Nous ne le croyions pas si proche; le voici.

SCÈNE II.

DONE ELVIRE, DON ALVAR, ÉLISE.

DONE ELVIRE.

Votre retour surprend : qu'avez-vous à m'apprendre?
Don Alphonse vient-il? A-t-on lieu de l'attendre?

DON ALVAR.

Oui, madame; et ce frère en Castille élevé

ACTE I. SCÈNE II.

De rentrer dans ses droits voit le temps arrivé.
Jusqu'ici don Louis, qui vit à sa prudence
Par le feu roi mourant commettre son enfance,
A caché ses destins aux yeux de tout l'État,
Pour l'ôter aux fureurs du traître Mauregat;
Et, bien que le tyran, depuis sa lâche audace,
L'ait souvent demandé pour lui rendre sa place,
Jamais son zèle ardent n'a pris de sûreté
A l'appât dangereux de sa fausse équité :
Mais, les peuples émus par cette violence
Que vous a voulu faire une injuste puissance,
Ce généreux vieillard a cru qu'il était temps
D'éprouver le succès d'un espoir de vingt ans :
Il a tenté Léon, et ses fidèles trames
Des grands, comme du peuple, ont pratiqué les âmes,
Tandis que la Castille armait dix mille bras
Pour redonner ce prince aux vœux de ses États;
Il fait auparavant semer sa renommée,
Et ne veut le montrer qu'en tête d'une armée,
Que tout prêt à lancer le foudre unisseur
Sous qui doit succomber un lâche ravisseur.
On investit Léon, et don Sylve en personne
Commande le secours que son père vous donne

DONE ELVIRE.

Un secours si puissant doit flatter notre espoir;
Mais je crains que mon frère y puisse trop devoir.

DON ALVAR.

Mais, madame, admirez que, malgré la tempête
Que votre usurpateur oit gronder sur sa tête,
Tous les bruits de Léon annoncent pour certain
Qu'à la comtesse Ignès il va donner la main.

DONE ELVIRE.

Il cherche dans l'hymen de cette illustre fille
L'appui du grand crédit où se voit sa famille;
Je ne reçois rien d'elle, et j'en suis en souci.

Mais son cœur au tyran fut toujours endurci.

ÉLISE.

De trop puissants motifs d'honneur et de tendresse
Opposent ses refus aux nœuds dont on la presse,
Pour...

DON ALVAR.

    Le prince entre ici.

SCÈNE III.

DON GARCIE, DONE ELVIRE, DON ALVAR, ÉLISE.

DON GARCIE.

                Je viens m'intéresser,
Madame, au doux espoir qu'il vous vient d'annoncer.
Ce frère, qui menace un tyran plein de crimes,
Flatte de mon amour les transports légitimes :
Son sort offre à mon bras des périls glorieux
Dont je puis faire hommage à l'éclat de vos yeux,
Et par eux m'acquérir, si le ciel m'est propice,
La gloire d'un revers que vous doit sa justice,
Qui va faire à vos pieds choir l'infidélité,
Et rendre à votre sang toute sa dignité.
Mais ce qui plus me plaît d'une attente si chère,
C'est que pour être roi, le ciel vous rend ce frère;
Et qu'ainsi mon amour peut éclater au moins
Sans qu'à d'autres motifs on impute ses soins,
Et qu'il soit soupçonné que dans votre personne
Il cherche à me gagner les droits d'une couronne.
Oui, tout mon cœur voudrait montrer aux yeux de tous
Qu'il ne regarde en vous autre chose que vous;
Et cent fois, si je puis le dire sans offense,

ACTE I. SCÈNE III.

Ses vœux se sont armés contre votre naissance:
Leur chaleur indiscrète a d'un destin plus bas
Souhaité le partage à vos divins appas;
Afin que de ce cœur le noble sacrifice
Pût du ciel envers vous réparer l'injustice,
Et votre sort tenir des mains de mon amour
Tout ce qu'il doit au sang dont vous tenez le jour.
Mais puisque enfin les cieux, de tout ce juste hommage
A mes feux prévenus dérobent l'avantage,
Trouvez bon que ces feux prennent un peu d'espoir
Sur la mort que mon bras s'apprête à faire voir,
Et qu'ils osent briguer, par d'illustres services,
D'un frère et d'un État les suffrages propices.

DONE ELVIRE.

Je sais que vous pouvez, prince, en vengeant nos droits,
Faire pour votre amour parler cent beaux exploits :
Mais ce n'est pas assez, pour le prix qu'il espère,
Que l'aveu d'un État et la faveur d'un frère.
Done Elvire n'est pas au bout de cet effort,
Et je vous vois à vaincre un obstacle plus fort.

DON GARCIE.

Oui, madame, j'entends ce que vous voulez dire.
Je sais bien que pour vous mon cœur en vain soupire;
Et l'obstacle puissant qui s'oppose à mes feux,
Sans que vous le nommiez, n'est pas secret pour eux.

DONE ELVIRE.

Souvent on entend mal ce qu'on croit bien entendre;
Et par trop de chaleur, prince, on se peut méprendre.
Mais, puisqu'il faut parler, désirez-vous savoir
Quand vous pourrez me plaire, et prendre quelque espoir?

DON GARCIE.

Ce me sera, madame, une faveur extrême.

DONE ELVIRE.

Quand vous saurez m'aimer comme il faut que l'on aime.

DON GARCIE.

Eh! que peut-on, hélas! observer sous les cieux
Qui ne cède à l'ardeur que m'inspirent vos yeux?

DONE ELVIRE.

Quand votre passion ne fera rien paraître
Dont se puisse indigner celle qui l'a fait naître.

DON GARCIE.

C'est là son plus grand soin.

DONE ELVIRE.

Quand tous ses mouvements
Ne prendront point de moi de trop bas sentiments.

DON GARCIE.

Ils vous révèrent trop.

DONE ELVIRE.

Quand d'un injuste ombrage
Votre raison saura me réparer l'outrage,
Et que vous bannirez enfin ce monstre affreux,
Qui de son noir venin empoisonne vos feux,
Cette jalouse humeur dont l'importun caprice
Aux vœux que vous m'offrez rend un mauvais office,
S'oppose à leur attente, et contre eux, à tous coups,
Arme les mouvements de mon juste courroux.

DON GARCIE.

Ah! madame, il est vrai, quelque effort que je fasse,
Qu'un peu de jalousie en mon cœur trouve place,
Et qu'un rival, absent de vos divins appas,
Au repos de ce cœur vient livrer des combats.
Soit caprice ou raison, j'ai toujours la croyance
Que votre âme en ces lieux souffre de son absence,
Et que, malgré mes soins, vos soupirs amoureux
Vont trouver à tous coups ce rival trop heureux.
Mais si de tels soupçons ont de quoi vous déplaire,
Il vous est bien facile, hélas! de m'y soustraire;
Et leur bannissement, dont j'accepte la loi,
Dépend bien plus de vous qu'il ne dépend de moi.

ACTE I. SCÈNE III.

Oui, c'est vous qui pouvez, par deux mots pleins de flamme,
Contre la jalousie armer toute mon âme,
Et, des pleines clartés d'un glorieux espoir,
Dissiper les horreurs que ce monstre y fait choir.
Daignez donc étouffer le doute qui m'accable,
Et faites qu'un aveu d'une bouche adorable
Me donne l'assurance, au fort de tant d'assauts,
Que je ne puis trouver dans le peu que je vaux.

DONE ELVIRE.

Prince, de vos soupçons la tyrannie est grande :
Au moindre mot qu'il dit, un cœur veut qu'on l'entende,
Et n'aime pas ces feux dont l'importunité
Demande qu'on s'explique avec tant de clarté.
Le premier mouvement qui découvre notre âme
Doit d'un amant discret satisfaire la flamme;
Et c'est à s'en dédire autoriser nos vœux,
Que vouloir plus avant pousser de tels aveux.
Je ne dis point quel choix, s'il m'était volontaire,
Entre don Sylve et vous mon âme pourrait faire;
Mais vouloir vous contraindre à n'être point jaloux
Aurait dit quelque chose à tout autre que vous;
Et je croyais cet ordre un assez doux langage
Pour n'avoir pas besoin d'en dire davantage.
Cependant votre amour n'est pas encor content;
Il demande un aveu qui soit plus éclatant;
Pour l'ôter de scrupule, il me faut à vous-même,
En des termes exprès, dire que je vous aime;
Et peut-être qu'encor, pour vous en assurer,
Vous vous obstineriez à m'en faire jurer.

DON GARCIE.

Hé bien! madame, hé bien! je suis trop téméraire :
De tout ce qui vous plaît je dois me satisfaire.
Je ne demande point de plus grande clarté;
Je crois que vous avez pour moi quelque bonté,
Que d'un peu de pitié mon feu vous sollicite,

Et je me vois heureux plus que je ne mérite.
C'en est fait, je renonce à mes soupçons jaloux ;
L'arrêt qui les condamne est un arrêt bien doux,
Et je reçois la loi qu'il daigne me prescrire,
Pour affranchir mon cœur de leur injuste empire.

DONE ELVIRE.

Vous promettez beaucoup, prince ; et je doute fort
Si vous pourrez sur vous faire ce grand effort.

DON GARCIE.

Ah ! madame, il suffit, pour me rendre croyable,
Que ce qu'on vous promet doit être inviolable ;
Et que l'heur d'obéir à sa divinité
Ouvre aux plus grands efforts trop de facilité.
Que le ciel me déclare une éternelle guerre,
Que je tombe à vos pieds d'un éclat de tonnerre ;
Ou, pour périr encor par de plus rudes coups,
Puissé-je voir sur moi fondre votre courroux,
Si jamais mon amour descend à la faiblesse
De manquer au devoir d'une telle promesse ;
Si jamais dans mon âme aucun jaloux transport
Fait...

SCÈNE IV.

DONE ELVIRE, DON GARCIE, DON ALVAR, ÉLISE,
UN PAGE présentant un billet à done Elvire.

DONE ELVIRE.

J'en étais en peine, et tu m'obliges fort.
Que le courrier attende.

SCÈNE V.

DONE ELVIRE, DON GARCIE, DON ALVAR, ÉLISE.

DONE ELVIRE, bas, à part.

A ces regards qu'il jette,
Vois-je pas que déjà cet écrit l'inquiète?
Prodigieux effet de son tempérament!
(Haut.)
Qui vous arrête, prince, au milieu du serment?

DON GARCIE.

J'ai cru que vous aviez quelque secret ensemble,
Et je ne voulais pas l'interrompre.

DONE ELVIRE.

Il me semble
Que vous me répondez d'un ton fort altéré.
Je vous vois tout à coup le visage égaré.
Ce changement soudain a lieu de me surprendre :
D'où peut-il provenir? le pourrait-on apprendre?

DON GARCIE.

D'un mal qui tout à coup vient d'attaquer mon cœur.

DONE ELVIRE.

Souvent plus qu'on ne croit ces maux ont de rigueur,
Et quelque prompt secours vous serait nécessaire.
Mais encor, dites-moi, vous prend-il d'ordinaire?

DON GARCIE.

Parfois...

DONE ELVIRE.

Ah! prince faible! Hé bien! par cet écrit,
Guérissez-le, ce mal; il n'est que dans l'esprit.

DON GARCIE.

Par cet écrit, madame? Ah! ma main le refuse!

Je vois votre pensée, et de quoi l'on m'accuse.
Si...

DONE ELVIRE.

Lisez-le, vous dis-je, et satisfaites-vous.

DON GARCIE.

Pour me traiter après de faible, de jaloux?
Non, non. Je dois ici vous rendre un témoignage
Qu'à mon cœur cet écrit n'a point donné d'ombrage;
Et, bien que vos bontés m'en laissent le pouvoir,
Pour me justifier, je ne veux point le voir.

DONE ELVIRE.

Si vous vous obstinez à cette résistance,
J'aurais tort de vouloir vous faire violence;
Et c'est assez enfin de vous avoir pressé
De voir de quelle main ce billet m'est tracé.

DON GARCIE.

Ma volonté toujours vous doit être soumise :
Si c'est votre plaisir que pour vous je le lise,
Je consens volontiers à prendre cet emploi.

DONE ELVIRE.

Oui, oui, prince, tenez, vous le lirez pour moi.

DON GARCIE.

C'est pour vous obéir, au moins; et je puis dire...

DONE ELVIRE.

C'est ce que vous voudrez : dépêchez-vous de lire.

DON GARCIE.

Il est de done Ignès, à ce que je connoi.

DONE ELVIRE.

Oui. Je m'en réjouis et pour vous et pour moi.

DON GARCIE lit.

« Malgré l'effort d'un long mépris,
» Le tyran toujours m'aime; et, depuis votre absence,
» Vers moi, pour me porter au dessein qu'il a pris,
» Il semble avoir tourné toute sa violence,
    » Dont il poursuivait l'alliance

ACTE I. SCÈNE V.

» De vous et de son fils.
» Ceux qui sur moi peuvent avoir empire,
» Par de lâches motifs qu'un faux honneur inspire,
» Approuvent tous cet indigne lien.
» J'ignore encor par où finira mon martyre;
» Mais je mourrai plutôt que de consentir rien.
    » Puissiez-vous jouir, belle Elvire,
    » D'un destin plus doux que le mien!
                            » DONE IGNÈS. »
Dans la haute vertu son âme est affermie.

DONE ELVIRE.

Je vais faire réponse à cette illustre amie.
Cependant apprenez, prince, à vous mieux armer
Contre ce qui prend droit de vous trop alarmer.
J'ai calmé votre trouble avec cette lumière,
Et la chose a passé d'une douce manière;
Mais, à n'en point mentir, il serait des moments
Où je pourrais entrer dans d'autres sentiments.

DON GARCIE.

Hé quoi! vous croyez donc?...

DONE ELVIRE.

Je crois ce qu'il faut croire.
Adieu. De mes avis conservez la mémoire;
Et s'il est vrai pour moi que votre amour soit grand,
Donnez-en à mon cœur les preuves qu'il prétend.

DON GARCIE.

Croyez que désormais c'est toute mon envie,
Et qu'avant qu'y manquer je veux perdre la vie.

FIN DU PREMIER ACTE.

ACTE DEUXIÈME.

SCÈNE I.

ÉLISE, DON LOPE.

ÉLISE.

Tout ce que fait le prince, à parler franchement,
N'est pas ce qui me donne un grand étonnement;
Car que d'un noble amour une âme bien saisie
En pousse les transports jusqu'à la jalousie;
Que de doutes fréquents ses vœux soient traversés,
Il est fort naturel, et je l'approuve assez :
Mais ce qui me surprend, don Lope, c'est d'entendre
Que vous lui préparez les soupçons qu'il doit prendre,
Que votre âme les forme, et qu'il n'est en ces lieux
Fâcheux que par vos soins, jaloux que par vos yeux.
Encore un coup, don Lope, une âme bien éprise,
Des soupçons qu'elle prend ne me rend point surprise;
Mais qu'on ait sans amour tous les soins d'un jaloux,
C'est une nouveauté qui n'appartient qu'à vous.

DON LOPE.

Que sur cette conduite à son aise l'on glose,
Chacun règle la sienne au but qu'il se propose;
Et, rebuté par vous des soins de mon amour,

Je songe auprès du prince à bien faire ma cour.
ÉLISE.
Mais savez-vous qu'enfin il fera mal la sienne,
S'il faut qu'en cette humeur votre esprit l'entretienne?
DON LOPE.
Et quand, charmante Élise, a-t-on vu, s'il vous plaît,
Qu'on cherche auprès des grands que son propre intérêt?
Qu'un parfait courtisan veuille charger leur suite
D'un censeur des défauts qu'on trouve en leur conduite,
Et s'aille inquiéter si son discours leur nuit,
Pourvu que sa fortune en tire quelque fruit?
Tout ce qu'on fait ne va qu'à se mettre en leur grâce;
Par la plus courte voie on y cherche une place;
Et les plus prompts moyens de gagner leur faveur,
C'est de flatter toujours le faible de leur cœur,
D'applaudir en aveugle à ce qu'ils veulent faire,
Et n'appuyer jamais ce qui peut leur déplaire :
C'est là le vrai secret d'être bien auprès d'eux.
Les utiles conseils font passer pour fâcheux,
Et vous laissent toujours hors de la confidence,
Où vous jette d'abord l'adroite complaisance.
Enfin, on voit partout que l'art des courtisans
Ne tend qu'à profiter des faiblesses des grands,
A nourrir leurs erreurs, et jamais dans leur âme
Ne porter les avis des choses qu'on y blâme.
ÉLISE.
Ces maximes un temps leur peuvent succéder;
Mais il est des revers qu'on doit appréhender;
Et dans l'esprit des grands, qu'on tâche de surprendre,
Un rayon de lumière à la fin peut descendre,
Qui sur tous ces flatteurs venge équitablement
Ce qu'a fait à leur gloire un long aveuglement.
Cependant je dirai que votre âme s'explique
Un peu bien librement sur votre politique;
Et ces nobles motifs, au prince rapportés,

Serviraient assez mal vos assiduités.
DON LOPE.
Outre que je pourrais désavouer sans blâme
Ces libres vérités sur quoi s'ouvre mon âme,
Je sais fort bien qu'Élise a l'esprit trop discret
Pour aller divulguer cet entretien secret.
Qu'ai-je dit, après tout, que sans moi l'on ne sache?
Et dans mon procédé que faut-il que je cache?
On peut craindre une chute avec quelque raison,
Quand on met en usage ou ruse ou trahison;
Mais qu'ai-je à redouter, moi qui partout n'avance
Que les soins approuvés d'un peu de complaisance,
Et qui suis seulement par d'utiles leçons
La pente qu'a le prince à de jaloux soupçons?
Son âme semble en vivre, et je mets mon étude
A trouver des raisons à son inquiétude,
A voir de tous côtés s'il ne se passe rien
A fournir le sujet d'un secret entretien;
Et quand je puis venir, enflé d'une nouvelle,
Donner à son repos une atteinte mortelle,
C'est lors que plus il m'aime; et je vois sa raison
D'une audience avide avaler ce poison,
Et m'en remercier comme d'une victoire
Qui comblerait ses jours de bonheur et de gloire.
Mais mon rival paraît, je vous laisse tous deux;
Et, bien que je renonce à l'espoir de vos vœux,
J'aurais un peu de peine à voir qu'en ma présence
Il reçût des effets de quelque préférence;
Et je veux, si je puis, m'épargner ce souci.
ÉLISE.
Tout amant de bon sens en doit user ainsi.

SCÈNE II.

DON ALVAR, ÉLISE.

DON ALVAR.

Enfin nous apprenons que le roi de Navarre
Pour les désirs du prince aujourd'hui se déclare,
Et qu'un nouveau renfort de troupes nous attend
Pour le fameux service où son amour prétend.
Je suis surpris, pour moi, qu'avec tant de vitesse
On ait fait avancer... Mais...

SCÈNE III.

DON GARCIE, ÉLISE, DON ALVAR.

DON GARCIE.
        Que fait la princesse?
ÉLISE.
Quelques lettres, seigneur; je le présume ainsi.
Mais elle va savoir que vous êtes ici.
DON GARCIE.
J'attendrai qu'elle ait fait.

SCÈNE IV.

DON GARCIE, seul.

Près de souffrir sa vue,
D'un trouble tout nouveau je me sens l'âme émue;
Et la crainte, mêlée à mon ressentiment,
Jette par tout mon corps un soudain tremblement.
Prince, prends garde au moins qu'un aveugle caprice
Ne te conduise ici dans quelque précipice,
Et que de ton esprit les désordres puissants
Ne donnent un peu trop au rapport de tes sens :
Consulte ta raison, prends sa clarté pour guide;
Vois si de tes soupçons l'apparence est solide :
Ne démens pas leur voix; mais aussi garde bien
Que, pour les croire trop, ils ne t'imposent rien;
Qu'à tes premiers transports ils n'osent trop permettre;
Et relis posément cette moitié de lettre.
Ah! qu'est-ce que mon cœur, trop digne de pitié,
Ne voudrait pas donner pour son autre moitié!
Mais, après tout, que dis-je? Il suffit bien de l'une,
Et n'en voilà que trop pour voir mon infortune.

« Quoique votre rival...
» Vous devez toutefois vous...
» Et vous avez en vous à...
» L'obstacle le plus grand...

» Je chéris tendrement ce...
» Pour me tirer des mains de...
» Son amour, ses devoirs...
» Mais il m'est odieux avec...

» Otez donc à vos feux ce...
» Méritez les regards que l'on...
» Et, lorsqu'on vous oblige...
» Ne vous obstinez point à... »

Oui, mon sort par ces mots est assez éclairci ;
Son cœur, comme sa main, se fait connaître ici ;
Et les sens imparfaits de cet écrit funeste,
Pour s'expliquer à moi n'ont pas besoin du reste.
Toutefois, dans l'abord agissons doucement.
Couvrons à l'infidèle un vif ressentiment ;
Et, de ce que je tiens ne donnant point d'indice,
Confondons son esprit par son propre artifice.
La voici. Ma raison, renferme mes transports,
Et rends-toi pour un temps maîtresse du dehors.

SCÈNE V.

DONE ELVIRE, DON GARCIE.

DONE ELVIRE.

Vous avez bien voulu que je vous fisse attendre ?

DON GARCIE, bas, à part.

Ah ! qu'elle cache bien...

DONE ELVIRE.

          On vient de nous apprendre
Que le roi votre père approuve vos projets,
Et veut bien que son fils nous rende nos sujets ;
Et mon âme en a pris une allégresse extrême.

DON GARCIE.

Oui, madame, et mon cœur s'en réjouit de même ;
Mais...

DONE ELVIRE.

Le tyran sans doute aura peine à parer
Les foudres que partout il entend murmurer;
Et j'ose me flatter que le même courage
Qui put bien me soustraire à sa brutale rage,
Et, dans les murs d'Astorgue arraché de ses mains,
Me faire un sûr asile à braver ses desseins,
Pourra, de tout Léon achevant la conquête,
Sous ses nobles efforts faire choir cette tête.

DON GARCIE.

Le succès en pourra parler dans quelques jours.
Mais, de grâce, passons à quelque autre discours.
Puis-je, sans trop oser, vous prier de me dire
A qui vous avez pris, madame, soin d'écrire,
Depuis que le destin nous a conduits ici?

DONE ELVIRE.

Pourquoi cette demande, et d'où vient ce souci?

DON GARCIE.

D'un désir curieux de pure fantaisie.

DONE ELVIRE.

La curiosité naît de la jalousie.

DON GARCIE.

Non, ce n'est rien du tout de ce que vous pensez;
Vos ordres de ce mal me défendent assez.

DONE ELVIRE.

Sans chercher plus avant quel intérêt vous presse,
J'ai deux fois à Léon écrit à la comtesse,
Et deux fois au marquis don Louis à Burgos.
Avec cette réponse êtes-vous en repos?

DON GARCIE.

Vous n'avez point écrit à quelque autre personne,
Madame?

DONE ELVIRE.

Non, sans doute; et ce discours m'étonne.

ACTE II. SCÈNE V.

DON GARCIE.

De grâce, songez bien, avant que d'assurer.
En manquant de mémoire, on peut se parjurer.

DONE ELVIRE.

Ma bouche, sur ce point, ne peut être parjure.

DON GARCIE.

Elle a dit toutefois une haute imposture.

DONE ELVIRE.

Prince !

DON GARCIE.

Madame !

DONE ELVIRE.

O ciel ! quel est ce mouvement?
Avez-vous, dites-moi, perdu le jugement?

DON GARCIE.

Oui, oui, je l'ai perdu, lorsque dans votre vue
J'ai pris, pour mon malheur, le poison qui me tue,
Et que j'ai cru trouver quelque sincérité
Dans les traîtres appas dont je fus enchanté.

DONE ELVIRE.

De quelle trahison pouvez-vous donc vous plaindre?

DON GARCIE.

Ah ! que ce cœur est double, et sait bien l'art de feindre !
Mais tous moyens de fuir lui vont être soustraits.
Jetez ici les yeux, et connaissez vos traits :
Sans avoir vu le reste, il m'est assez facile
De découvrir pour qui vous employez ce style.

DONE ELVIRE.

Voilà donc le sujet qui vous trouble l'esprit?

DON GARCIE.

Vous ne rougissez pas en voyant cet écrit?

DONE ELVIRE.

L'innocence à rougir n'est point accoutumée.

DON GARCIE.

Il est vrai qu'en ces lieux on la voit opprimée.

Ce billet démenti pour n'avoir point de seing...
DONE ELVIRE.
Pourquoi le démentir, puisqu'il est de ma main?
DON GARCIE.
Encore est-ce beaucoup que, de franchise pure,
Vous demeuriez d'accord que c'est votre écriture;
Mais ce sera sans doute, et j'en serais garant,
Un billet qu'on envoie à quelque indifférent;
Ou du moins ce qu'il a de tendresse évidente
Sera pour une amie, ou pour quelque parente.
DONE ELVIRE.
Non, c'est pour un amant que ma main l'a formé;
Et j'ajoute de plus, pour un amant aimé.
DON GARCIE.
Et je puis, ô perfide!...
DONE ELVIRE.
    Arrêtez, prince indigne,
De ce lâche transport l'égarement insigne.
Bien que de vous mon cœur ne prenne point de loi,
Et ne doive en ces lieux aucun compte qu'à soi,
Je veux bien me purger, pour votre seul supplice,
Du crime que m'impose un insolent caprice.
Vous serez éclairci, n'en doutez nullement.
J'ai ma défense prête en ce même moment.
Vous allez recevoir une pleine lumière :
Mon innocence ici paraîtra tout entière;
Et je veux, vous mettant juge en votre intérêt,
Vous faire prononcer vous-même votre arrêt.
DON GARCIE.
Ce sont propos obscurs qu'on ne saurait comprendre.
DONE ELVIRE.
Bientôt à vos dépens vous me pourrez entendre.
Élise, holà!

SCÈNE VI.

DON GARCIE, DONE ELVIRE, ÉLISE.

ÉLISE.

Madame?

DONE ELVIRE, à don Garcie.

Observez bien au moins
Si j'ose à vous tromper employer quelques soins;
Si, par un seul coup d'œil ou geste qui l'instruise,
Je cherche de ce coup à parer la surprise.

(A Élise.)

Le billet que tantôt ma main avait tracé,
Répondez promptement, où l'avez-vous laissé?

ÉLISE.

Madame, j'ai sujet de m'avouer coupable.
Je ne sais comme il est demeuré sur ma table;
Mais on vient de m'apprendre en ce même moment
Que don Lope, venant dans mon appartement,
Par une liberté qu'on lui voit se permettre,
A fureté partout, et trouvé cette lettre.
Comme il la dépliait, Léonor a voulu
S'en saisir promptement, avant qu'il eût rien lu;
Et se jetant sur lui, la lettre contestée
En deux justes moitiés dans leurs mains est restée;
Et don Lope, aussitôt prenant un prompt essor,
A dérobé la sienne aux soins de Léonor.

DONE ELVIRE.

Avez-vous ici l'autre?

ÉLISE.

Oui, la voilà, madame.

DONE ELVIRE.

(A don Garcie.)

Donnez. Nous allons voir qui mérite le blâme.
Avec votre moitié rassemblez celle-ci,
Lisez, et hautement; je veux l'entendre aussi.

DON GARCIE.

Au prince don Garcie. Ah!

DONE ELVIRE.

Achevez de lire;
Votre âme pour ce mot ne doit pas s'interdire.

DON GARCIE lit.

« Quoique votre rival, prince, alarme votre âme,
» Vous devez toutefois vous craindre plus que lui;
» Et vous avez en vous à détruire aujourd'hui
» L'obstacle le plus grand que trouve votre flamme.

» Je chéris tendrement ce qu'a fait don Garcie,
» Pour me tirer des mains de nos fiers ravisseurs.
» Son amour, ses devoirs ont pour moi des douceurs;
» Mais il m'est odieux avec sa jalousie.

» Otez donc à vos feux ce qu'ils en font paraître,
» Méritez les regards que l'on jette sur eux;
» Et, lorsqu'on vous oblige à vous tenir heureux,
» Ne vous obstinez point à ne pas vouloir l'être. »

DONE ELVIRE.

Hé bien! que dites-vous?

DON GARCIE.

Ah! madame, je dis
Qu'à cet objet mes sens demeurent interdits;
Que je vois dans ma plainte une horrible injustice,
Et qu'il n'est point pour moi d'assez cruel supplice.

DONE ELVIRE.

Il suffit. Apprenez que si j'ai souhaité

Qu'à vos yeux cet écrit pût être présenté,
C'est pour le démentir, et cent fois me dédire
De tout ce que pour vous vous y venez de lire.
Adieu, prince.

DON GARCIE.

Madame, hélas! où fuyez-vous?

DONE ELVIRE.

Où vous ne serez point, trop odieux jaloux.

DON GARCIE.

Ah! madame, excusez un amant misérable,
Qu'un sort prodigieux a fait vers vous coupable,
Et qui, bien qu'il vous cause un courroux si puissant,
Eût été plus blâmable à rester innocent,
Car enfin, peut-il être une âme bien atteinte,
Dont l'espoir le plus doux ne soit mêlé de crainte?
Et pourriez-vous penser que mon cœur eût aimé,
Si ce billet fatal ne l'eût point alarmé;
S'il n'avait point frémi des coups de cette foudre,
Dont je me figurais tout mon bonheur en poudre?
Vous-même, dites-moi si cet événement
N'eût pas dans mon erreur jeté tout autre amant;
Si d'une preuve, hélas! qui me semblait si claire,
Je pouvais démentir...

DONE ELVIRE.

Oui, vous le pouviez faire;
Et dans mes sentiments, assez bien déclarés,
Vos doutes rencontraient des garants assurés :
Vous n'aviez rien à craindre; et d'autres, sur ce gage,
Auraient du monde entier bravé le témoignage.

DON GARCIE.

Moins on mérite un bien qu'on nous fait espérer,
Plus notre âme a de peine à pouvoir s'assurer.
Un sort trop plein de gloire à nos yeux est fragile,
Et nous laisse aux soupçons une pente facile.
Pour moi, qui crois si peu mériter vos bontés

J'ai douté du bonheur de mes témérités ;
J'ai cru que, dans ces lieux rangés sous ma puissance,
Votre âme se forçait à quelque complaisance ;
Que, déguisant pour moi votre sévérité...

DONE ELVIRE.

Et je pourrais descendre à cette lâcheté !
Moi, prendre le parti d'une honteuse feinte !
Agir par les motifs d'une servile crainte,
Trahir mes sentiments, et, pour être en vos mains,
D'un masque de faveur vous couvrir mes dédains !
La gloire sur mon cœur aurait si peu d'empire !
Vous pouvez le penser, et vous me l'osez dire ?
Apprenez que ce cœur ne sait point s'abaisser ;
Qu'il n'est rien sous les cieux qui puisse l'y forcer ;
Et, s'il vous a fait voir, par une erreur insigne,
Des marques de bonté dont vous n'étiez pas digne,
Qu'il saura bien montrer, malgré votre pouvoir,
La haine que pour vous il se résout d'avoir,
Braver votre furie et vous faire connaître
Qu'il n'a point été lâche, et ne veut jamais l'être.

DON GARCIE.

Hé bien ! je suis coupable, et ne m'en défends pas :
Mais je demande grâce à vos divins appas ;
Je la demande au nom de la plus vive flamme
Dont jamais deux beaux yeux aient fait brûler une âme.
Que si votre courroux ne peut être apaisé,
Si mon crime est trop grand pour se voir excusé,
Si vous ne regardez ni l'amour qui le cause,
Ni le vif repentir que mon cœur vous expose,
Il faut qu'un coup heureux, en me faisant mourir,
M'arrache à des tourments que je ne puis souffrir.
Non, ne présumez pas qu'ayant su vous déplaire,
Je puisse vivre une heure avec votre colère.
Déjà de ce moment la barbare longueur
Sous ses cuisants remords fait succomber mon cœur,

Et de mille vautours les blessures cruelles
N'ont rien de comparable à ses douleurs mortelles.
Madame, vous n'avez qu'à me le déclarer :
S'il n'est point de pardon que je doive espérer,
Cette épée, aussitôt, par un coup favorable,
Va percer, à vos yeux, le cœur d'un misérable;
Ce cœur, ce traître cœur, dont les perplexités
Ont si fort outragé vos extrêmes bontés :
Trop heureux, en mourant, si ce coup légitime
Efface en votre esprit l'image de mon crime,
Et ne laisse aucuns traits de votre aversion
Au faible souvenir de mon affection !
C'est l'unique faveur que demande ma flamme.

DONE ELVIRE.

Ah ! prince trop cruel !

DON GARCIE.

Dites, parlez, madame.

DONE ELVIRE.

Faut-il encor pour vous conserver des bontés,
Et vous voir m'outrager par tant d'indignités?

DON GARCIE.

Un cœur ne peut jamais outrager quand il aime;
Et ce que fait l'amour, il l'excuse lui-même.

DONE ELVIRE.

L'amour n'excuse point de tels emportements.

DON GARCIE.

Tout ce qu'il a d'ardeur passe en ses mouvements;
Et plus il devient fort, plus il trouve de peine...

DONE ELVIRE.

Non, ne m'en parlez point, vous méritez ma haine.

DON GARCIE.

Vous me haïssez donc?

DONE ELVIRE.

J'y veux tâcher, au moins.
Mais, hélas! je crains bien que j'y perde mes soins,

Et que tout le courroux qu'excite votre offense
Ne puisse jusque-là faire aller ma vengeance.

DON GARCIE.

D'un supplice si grand ne tentez point l'effort,
Puisque pour vous venger je vous offre ma mort.
Prononcez-en l'arrêt, et j'obéis sur l'heure.

DONE ELVIRE.

Qui ne saurait haïr ne peut vouloir qu'on meure.

DON GARCIE.

Et moi, je ne puis vivre, à moins que vos bontés
Accordent un pardon à mes témérités.
Résolvez l'un des deux : de punir ou d'absoudre.

DONE ELVIRE.

Hélas ! j'ai trop fait voir ce que je puis résoudre.
Par l'aveu d'un pardon n'est-ce pas se trahir,
Que dire au criminel qu'on ne le peut haïr?

DON GARCIE.

Ah ! c'en est trop ; souffrez, adorable princesse...

DONE ELVIRE.

Laissez : je me veux mal d'une telle faiblesse.

DON GARCIE, seul.

Enfin je suis...

SCÈNE VII.

DON GARCIE, DON LOP.

DON LOPE.

Seigneur, je viens vous informer
D'un secret dont vos feux ont droit de s'alarmer.

DON GARCIE.

Ne me viens point parler de secret ni d'alarme,

Dans les doux mouvements du transport qui me charme.
Après ce qu'à mes yeux on vient de présenter,
Il n'est point de soupçons que je doive écouter ;
Et d'un divin objet la bonté sans pareille
A tous ces vains rapports doit fermer mon oreille :
Ne m'en fais plus.

DON LOPE.

Seigneur, je veux ce qu'il vous plaît ;
Mes soins en tout ceci n'ont que votre intérêt.
J'ai cru que le secret que je viens de surprendre
Méritait bien qu'en hâte on vous le vînt apprendre ;
Mais puisque vous voulez que je n'en touche rien,
Je vous dirai, seigneur, pour changer d'entretien,
Que déjà dans Léon on voit chaque famille
Lever le masque au bruit des troupes de Castille,
Et que surtout le peuple y fait pour son vrai roi
Un éclat à donner au tyran de l'effroi.

DON GARCIE.

La Castille du moins n'aura pas la victoire,
Sans que nous essayions d'en partager la gloire ;
Et nos troupes aussi peuvent être en état
D'imprimer quelque crainte au cœur de Mauregat.
Mais quel est ce secret dont tu voulais m'instruire ?
Voyons un peu.

DON LOPE.

Seigneur, je n'ai rien à vous dire.

DON GARCIE.

Va, va, parle ; mon cœur t'en donne le pouvoir.

DON LOPE.

Vos paroles, seigneur, m'en ont trop fait savoir ;
Et, puisque mes avis ont de quoi vous déplaire,
Je saurai désormais trouver l'art de me taire.

DON GARCIE.

Enfin, je veux savoir la chose absolument.

DON LOPE.

Je ne réplique point à ce commandement.
Mais, seigneur, en ce lieu le devoir de mon zèle
Trahirait le secret d'une telle nouvelle.
Sortons pour vous l'apprendre; et, sans rien embrasser,
Vous-même vous verrez ce qu'on en doit penser.

FIN DU DEUXIÈME ACTE.

ACTE TROISIÈME.

SCÈNE I.

DONE ELVIRE, ÉLISE.

DONE ELVIRE.
Élise, que dis-tu de l'étrange faiblesse
Que vient de témoigner le cœur d'une princesse?
Que dis-tu de me voir tomber si promptement
De toute la chaleur de mon ressentiment?
Et, malgré tant d'éclat, relâcher mon courage
Au pardon trop honteux d'un si cruel outrage?
ÉLISE.
Moi, je dis que d'un cœur que nous pouvons chérir
Une injure sans doute est bien dure à souffrir;
Mais que, s'il n'en est point qui davantage irrite,
Il n'en est point aussi qu'on pardonne si vite;
Et qu'un coupable aimé triomphe à nos genoux
De tous les prompts transports du plus bouillant courroux,
D'autant plus aisément, madame, quand l'offense
Dans un excès d'amour peut trouver sa naissance.
Ainsi, quelque dépit que l'on vous ait causé,
Je ne m'étonne point de le voir apaisé;
Et je sais quel pouvoir, malgré votre menace,
A de pareils forfaits donnera toujours grâce.

DONE ELVIRE.

Ah! sache, quelque ardeur qui m'impose des lois,
Que mon front a rougi pour la dernière fois ;
Et que, si désormais on pousse ma colère,
Il n'est point de retour qu'il faille qu'on espère.
Quand je pourrais reprendre un tendre sentiment,
C'est assez contre lui que l'éclat d'un serment;
Car enfin, un esprit qu'un peu d'orgueil inspire
Trouve beaucoup de honte à se pouvoir dédire;
Et souvent, aux dépens d'un pénible combat,
Fait sur ses propres vœux un illustre attentat,
S'obstine par honneur, et n'a rien qu'il n'immole
A la noble fierté de tenir sa parole.
Ainsi, dans le pardon que l'on vient d'obtenir,
Ne prends point de clartés pour régler l'avenir;
Et, quoi qu'à mes destins la fortune prépare
Crois que je ne puis être au prince de Navarre,
Que de ces noirs accès qui troublent sa raison
Il n'ait fait éclater l'entière guérison,
Et réduit tout mon cœur, que ce mal persécute,
A n'en plus redouter l'affront d'une rechute.

ÉLISE.

Mais quel affront nous fait le transport d'un jaloux?

DONE ELVIRE.

En est-il un qui soit plus digne de courroux?
Et puisque notre cœur fait un effort extrême
Lorsqu'il se peut résoudre à confesser qu'il aime,
Puisque l'honneur du sexe, en tout temps rigoureux,
Oppose un fort obstacle à de pareils aveux,
L'amant qui voit pour lui franchir un tel obstacle
Doit-il impunément douter de cet oracle?
Et n'est-il pas coupable, alors qu'il ne croit pas
Ce qu'on ne dit jamais qu'après de grands combats?

ÉLISE.

Moi, je tiens que toujours un peu de défiance

En ces occasions n'a rien qui nous offense ;
Et qu'il est dangereux qu'un cœur qu'on a charmé
Soit trop persuadé, madame, d'être aimé,
Si...

DONE ELVIRE.

N'en disputons plus. Chacun a sa pensée.
C'est un scrupule enfin dont mon âme est blessée ;
Et, contre mes désirs, je sens je ne sais quoi
Me prédire un éclat entre le prince et moi,
Qui, malgré ce qu'on doit aux vertus dont il brille...
Mais, ô ciel ! en ces lieux don Sylve de Castille !

SCÈNE II.

DONE ELVIRE, DON ALPHONSE, cru don Sylve; ÉLISE.

DONE ELVIRE.

Ah ! seigneur, par quel sort vous vois-je maintenant ?

DON ALPHONSE.

Je sais que mon abord, madame, est surprenant,
Et qu'être sans éclat entré dans cette ville,
Dont l'ordre d'un rival rend l'accès difficile ;
Qu'avoir pu me soustraire aux yeux de ses soldats,
C'est un événement que vous n'attendiez pas.
Mais si j'ai dans ces lieux franchi quelques obstacles,
L'ardeur de vous revoir peut bien d'autres miracles ;
Tout mon cœur a senti par de trop rudes coups
Le rigoureux destin d'être éloigné de vous,
Et je n'ai pu nier[1] au tourment qui le tue
Quelques moments secrets d'une si chère vue.

---

[1] *Nier* dans le sens de *refuser*.

Je viens vous dire donc que je rends grâce aux cieux
De vous voir hors des mains d'un tyran odieux.
Mais, parmi les douceurs d'une telle aventure,
Ce qui m'est un sujet d'éternelle torture,
C'est de voir qu'à mon bras les rigueurs de mon sort
Ont envié l'honneur de cet illustre effort,
Et fait à mon rival, avec trop d'injustice,
Offrir les doux périls d'un si fameux service.
Oui, madame, j'avais, pour rompre vos liens,
Des sentiments sans doute aussi beaux que les siens;
Et je pouvais pour vous gagner cette victoire,
Si le ciel n'eût voulu m'en dérober la gloire.

DONE ELVIRE.

Je sais, seigneur, je sais que vous avez un cœur
Qui des plus grands périls vous peut rendre vainqueur;
Et je ne doute point que ce généreux zèle,
Dont la chaleur vous pousse à venger ma querelle,
N'eût, contre les efforts d'un indigne projet,
Pu faire en ma faveur tout ce qu'un autre a fait.
Mais, sans cette action dont vous étiez capable,
Mon sort à la Castille est assez redevable.
On sait ce qu'en ami plein d'ardeur et de foi,
Le comte votre père a fait pour le feu roi :
Après l'avoir aidé jusqu'à l'heure dernière,
Il donne en ses États un asile à mon frère;
Quatre lustres entiers il y cache son sort
Aux barbares fureurs de quelque lâche effort;
Et, pour rendre à son front l'éclat d'une couronne,
Contre nos ravisseurs vous marchez en personne.
N'êtes-vous pas content? et ces soins généreux
Ne m'attachent-ils point par d'assez puissants nœuds?
Quoi! votre âme, seigneur, serait-elle obstinée
A vouloir asservir toute ma destinée?
Et faut-il que jamais il ne tombe sur nous
L'ombre d'un seul bienfait, qu'il ne vienne de vous?

Ah! souffrez, dans les maux où mon destin m'expose,
Qu'au soin d'un autre aussi je doive quelque chose;
Et ne vous plaignez point de voir un autre bras
Acquérir de la gloire où le vôtre n'est pas.

DON ALPHONSE.

Oui, madame, mon cœur doit cesser de s'en plaindre;
Avec trop de raison vous voulez m'y contraindre;
Et c'est injustement qu'on se plaint d'un malheur,
Quand un autre plus grand s'offre à notre douleur.
Ce secours d'un rival m'est un cruel martyre;
Mais, hélas! de mes maux ce n'est pas là le pire :
Le coup, le rude coup dont je suis atterré,
C'est de me voir par vous ce rival préféré.
Oui, je ne vois que trop que ses feux pleins de gloire
Sur les miens dans votre âme emportent la victoire;
Et cette occasion de servir vos appas,
Cet avantage offert de signaler son bras,
Cet éclatant exploit qui vous fut salutaire,
N'est que le pur effet du bonheur de vous plaire,
Que le secret pouvoir d'un astre merveilleux,
Qui fait tomber la gloire où s'attachent vos vœux.
Ainsi tous mes efforts ne seront que fumée.
Contre vos fiers tyrans je conduis une armée;
Mais je marche en tremblant à cet illustre emploi,
Assuré que vos vœux ne seront pas pour moi;
Et que, s'ils sont suivis, la fortune prépare
L'heur des plus beaux succès aux soins de la Navarre.
Ah! madame, faut-il me voir précipité
De l'espoir glorieux dont je m'étais flatté?
Et ne puis-je savoir quels crimes on m'impute,
Pour avoir mérité cette effroyable chute?

DONE ELVIRE.

Ne me demandez rien avant que regarder
Ce qu'à mes sentiments vous devez demander;
Et, sur cette froideur qui semble vous confondre,

Répondez-vous, seigneur, ce que je puis répondre :
Car enfin tous vos soins ne sauraient ignorer
Quels secrets de votre âme on m'a su déclarer;
Et je la crois, cette âme, et trop noble et trop haute,
Pour vouloir m'obliger à commettre une faute.
Vous-même, dites-vous s'il est de l'équité
De me voir couronner une infidélité;
Si vous pouviez m'offrir, sans beaucoup d'injustice,
Un cœur à d'autres yeux offert en sacrifice;
Vous plaindre avec raison, et blâmer mes refus,
Lorsqu'ils veulent d'un crime affranchir vos vertus.
Oui, seigneur, c'est un crime; et les premières flammes
Ont des droits si sacrés sur les illustres âmes,
Qu'il faut perdre grandeurs et renoncer au jour,
Plutôt que de pencher vers un second amour.
J'ai pour vous cette ardeur que peut prendre l'estime
Pour un courage haut, pour un cœur magnanime :
Mais n'exigez de moi que ce que je vous dois,
Et soutenez l'honneur de votre premier choix.
Malgré vos feux nouveaux, voyez quelle tendresse
Vous conserve le cœur de l'aimable comtesse;
Ce que pour un ingrat, car vous l'êtes, seigneur,
Elle a d'un choix constant refusé de bonheur!
Quel mépris généreux, dans son ardeur extrême,
Elle a fait de l'éclat que donne un diadème!
Voyez combien d'efforts pour vous elle a bravés!
Et rendez à son cœur ce que vous lui devez.

DON ALPHONSE.

Ah! madame, à mes yeux n'offrez point son mérite :
Il n'est que trop présent à l'ingrat qui la quitte,
Et si mon cœur vous dit ce que pour elle il sent,
J'ai peur qu'il ne soit pas envers vous innocent.
Oui, ce cœur l'ose plaindre, et ne suit pas sans peine
L'impérieux effort de l'amour qui l'entraîne :
Aucun espoir pour vous n'a flatté mes désirs,

Qui ne m'ait arraché pour elle des soupirs ;
Qui n'ait dans ses douceurs fait jeter à mon âme
Quelques tristes regards vers sa première flamme ;
Se reprocher l'effet de vos divins attraits,
Et mêler des remords à mes plus chers souhaits.
J'ai fait plus que cela, puisqu'il vous faut tout dire :
Oui, j'ai voulu sur moi vous ôter votre empire,
Sortir de votre chaîne, et rejeter mon cœur
Sous le joug innocent de son premier vainqueur.
Mais, après mes efforts, ma constance abattue
Voit un cours nécessaire à ce mal qui me tue ;
Et, dût être mon sort à jamais malheureux,
Je ne puis renoncer à l'espoir de mes vœux.
Je ne saurais souffrir l'épouvantable idée
De vous voir par un autre à mes yeux possédée ;
Et le flambeau du jour, qui m'offre vos appas,
Doit avant cet hymen éclairer mon trépas.
Je sais que je trahis une princesse aimable ;
Mais, madame, après tout, mon cœur est-il coupable ?
Et le fort ascendant que prend votre beauté
Laisse-t-il aux esprits aucune liberté ?
Hélas ! je suis ici bien plus à plaindre qu'elle :
Son cœur, en me perdant, ne perd qu'un infidèle ;
D'un pareil déplaisir on se peut consoler :
Mais moi, par un malheur qui ne peut s'égaler,
J'ai celui de quitter une aimable personne,
Et tous les maux encor que mon amour me donne.

DONE ELVIRE.

Vous n'avez que les maux que vous voulez avoir,
Et toujours notre cœur est en notre pouvoir.
Il peut bien quelquefois montrer quelque faiblesse ;
Mais enfin sur nos sens la raison, la maîtresse...

SCÈNE III.

DON GARCIE, DONE ELVIRE, DON ALPHONSE,
cru don Sylve.

DON GARCIE.

Madame, mon abord, comme je connais bien,
Assez mal à propos trouble votre entretien ;
Et mes pas en ce lieu, s'il faut que je le die,
Ne croyaient pas trouver si bonne compagnie.

DONE ELVIRE.

Cette vue, en effet, surprend au dernier point ;
Et, de même que vous, je ne l'attendais point.

DON GARCIE.

Oui, madame, je crois que de cette visite,
Comme vous l'assurez, vous n'étiez point instruite.
(A don Sylve.)
Mais, seigneur, vous deviez nous faire au moins l'honneur
De nous donner avis de ce rare bonheur,
Et nous mettre en état, sans nous vouloir surprendre,
De vous rendre en ces lieux ce qu'on voudrait vous rendre.

DON ALPHONSE.

Les héroïques soins vous occupent si fort,
Que de vous en tirer, seigneur, j'aurais eu tort ;
Et des grands conquérants les sublimes pensées
Sont aux civilités avec peine abaissées.

DON GARCIE.

Mais les grands conquérants, dont on vante les soins,
Loin d'aimer le secret, affectent les témoins ;
Leur âme, dès l'enfance à la gloire élevée,
Les fait dans leurs projets aller tête levée ;
Et, s'appuyant toujours sur des hauts sentiments,

ACTE III. SCÈNE III.

Ne s'abaisse jamais à des déguisements.
Ne commettez-vous point vos vertus héroïques,
En passant dans ces lieux par des sourdes pratiques;
Et ne craignez-vous point qu'on puisse, aux yeux de tous,
Trouver cette action trop indigne de vous?

DON ALPHONSE.

Je ne sais si quelqu'un blâmera ma conduite,
Au secret que j'ai fait d'une telle visite;
Mais je sais qu'aux projets qui veulent la clarté,
Prince, je n'ai jamais cherché l'obscurité;
Et quand j'aurai sur vous à faire une entreprise,
Vous n'aurez pas sujet de blâmer la surprise :
Il ne tiendra qu'à vous de vous en garantir,
Et l'on prendra le soin de vous en avertir.
Cependant, demeurons aux termes ordinaires,
Remettons nos débats après d'autres affaires;
Et, d'un sang un peu chaud réprimant les bouillons,
N'oublions pas tous deux devant qui nous parlons.

DONE ELVIRE, à don Garcie.

Prince, vous avez tort, et sa visite est telle
Que vous...

DON GARCIE.

Ah! c'en est trop que prendre sa querelle,
Madame; et votre esprit devrait feindre un peu mieux,
Lorsqu'il veut ignorer sa venue en ces lieux.
Cette chaleur si prompte à vouloir la défendre
Persuade assez mal qu'elle ait pu vous surprendre.

DONE ELVIRE.

Quoi que vous soupçonniez, il m'importe si peu,
Que j'aurais du regret d'en faire un désaveu.

DON GARCIE.

Poussez donc jusqu'au bout cet orgueil héroïque,
Et que, sans hésiter, tout votre cœur s'explique :
C'est au déguisement donner trop de crédit.
Ne désavouez rien, puisque vous l'avez dit.

Tranchez, tranchez le mot, forcez toute contrainte;
Dites que de ses feux vous ressentez l'atteinte,
Que pour vous sa présence a des charmes si doux...
DONE ELVIRE.
Et si je veux l'aimer, m'en empêcherez-vous?
Avez-vous sur mon cœur quelque empire à prétendre?
Et, pour régler mes vœux, ai-je votre ordre à prendre?
Sachez que trop d'orgueil a pu vous décevoir,
Si votre cœur sur moi s'est cru quelque pouvoir;
Et que mes sentiments sont d'une âme trop grande
Pour vouloir les cacher, lorsqu'on me les demande.
Je ne vous dirai point si le comte est aimé;
Mais apprenez de moi qu'il est fort estimé;
Que ses hautes vertus, pour qui je m'intéresse,
Méritent mieux que vous les vœux d'une princesse;
Que je garde aux ardeurs, aux soins qu'il me fait voir,
Tout le ressentiment qu'une âme puisse avoir[1];
Et que, si des destins la fatale puissance
M'ôte la liberté d'être sa récompense,
Au moins est-il en moi de promettre à ses vœux
Qu'on ne me verra point le butin de vos feux.
Et, sans vous amuser d'une attente frivole,
C'est à quoi je m'engage, et je tiendrai parole.
Voilà mon cœur ouvert, puisque vous le voulez,
Et mes vrais sentiments à vos yeux étalés.
Êtes-vous satisfait? et mon âme attaquée
S'est-elle, à votre avis, assez bien expliquée?
Voyez, pour vous ôter tout lieu de soupçonner,
S'il reste quelque jour encore à vous donner.
(à don Sylve.)
Cependant, si vos soins s'attachent à me plaire,
Songez que votre bras, comte, m'est nécessaire;
Et, d'un capricieux quels que soient les transports,

---

[1] *Ressentiment.* Ce mot exprimait le souvenir d'un bienfait comme celui d'une offense.

Qu'à punir nos tyrans il doit tous ses efforts.
Fermez l'oreille enfin à toute sa furie ;
Et, pour vous y porter, c'est moi qui vous en prie.

SCÈNE IV.

DON GARCIE, DON ALPHONSE, cru don Sylve.

DON GARCIE.

Tout vous rit, et votre âme, en cette occasion,
Jouit superbement de ma confusion.
Il vous est doux de voir un aveu plein de gloire
Sur les feux d'un rival marquer votre victoire :
Mais c'est à votre joie un surcroît sans égal,
D'en avoir pour témoins les yeux de ce rival ;
Et mes prétentions, hautement étouffées,
A vos vœux triomphants sont d'illustres trophées.
Goûtez à pleins transports ce bonheur éclatant ;
Mais sachez qu'on n'est pas encore où l'on prétend.
La fureur qui m'anime a de trop justes causes,
Et l'on verra peut-être arriver bien des choses.
Un désespoir va loin quand il est échappé,
Et tout est pardonnable à qui se voit trompé.
Si l'ingrate, à mes yeux, pour flatter votre flamme,
A jamais n'être à moi vient d'engager son âme,
Je saurai bien trouver, dans mon juste courroux,
Les moyens d'empêcher qu'elle ne soit à vous.

DON ALPHONSE.

Cet obstacle n'est pas ce qui me met en peine.
Nous verrons quelle attente en tous cas sera vaine ;
Et chacun de ses feux pourra, par sa valeur,
Ou défendre la gloire, ou venger le malheur.
Mais comme, entre rivaux, l'âme la plus posée

A des termes d'aigreur trouve une pente aisée,
Et que je ne veux point qu'un pareil entretien
Puisse trop échauffer votre esprit et le mien,
Prince, affranchissez-moi d'une gêne secrète,
Et me donnez moyen de faire ma retraite.

DON GARCIE.

Non, non, ne craignez point qu'on pousse votre esprit
A violer ici l'ordre qu'on vous prescrit.
Quelque juste fureur qui me presse et vous flatte,
Je sais, comte, je sais quand il faut qu'elle éclate.
Ces lieux vous sont ouverts : oui, sortez-en, sortez,
Glorieux des douceurs que vous en remportez;
Mais, encore une fois, apprenez que ma tête
Peut seule dans vos mains mettre votre conquête.

DON ALPHONSE.

Quand nous en serons là, le sort en notre bras
De tous nos intérêts videra les débats.

FIN DU TROISIÈME ACTE.

ACTE QUATRIÈME.

SCÈNE I.

DONE ELVIRE, DON ALVAR.

DONE ELVIRE.
Retournez, don Alvar, et perdez l'espérance
De me persuader l'oubli de cette offense.
Cette plaie en mon cœur ne saurait se guérir,
Et les soins qu'on en prend ne font rien que l'aigrir.
A quelques faux respects croit-il que je défère?
Non, non : il a poussé trop avant ma colère;
Et son vain repentir, qui porte ici vos pas,
Sollicite un pardon que vous n'obtiendrez pas.

DON ALVAR.
Madame, il fait pitié. Jamais cœur, que je pense,
Par un plus vif remords n'expia son offense;
Et si dans sa douleur vous le considériez,
Il toucherait votre âme, et vous l'excuseriez.
On sait bien que le prince est dans un âge à suivre
Les premiers mouvements où son âme se livre,
Et qu'en un sang bouillant, toutes les passions
Ne laissent guère place à des réflexions.
Don Lope, prévenu d'une fausse lumière,
De l'erreur de son maître a fourni la matière.

Un bruit assez confus, dont le zèle indiscret
A de l'abord du comte éventé le secret,
Vous avait mise aussi de cette intelligence
Qui, dans ces lieux gardés, a donné sa présence.
Le prince a cru l'avis, et son amour séduit
Sur une fausse alarme a fait tout ce grand bruit;
Mais d'une telle erreur son âme est revenue :
Votre innocence enfin lui vient d'être connue,
Et don Lope qu'il chasse est un visible effet
Du vif remords qu'il sent de l'éclat qu'il a fait.

DONE ELVIRE.

Ah! c'est trop promptement qu'il croit mon innocence,
Il n'en a pas encore une entière assurance :
Dites-lui, dites-lui qu'il doit bien tout peser,
Et ne se hâter point, de peur de s'abuser.

DON ALVAR.

Madame, il sait trop bien...

DONE ELVIRE.

Mais, don Alvar, de grâce,
N'étendons pas plus loin un discours qui me lasse :
Il réveille un chagrin qui vient, à contre-temps,
En troubler dans mon cœur d'autres plus importants.
Oui, d'un trop grand malheur la surprise me presse ;
Et le bruit du trépas de l'illustre comtesse
Doit s'emparer si bien de tout mon déplaisir,
Qu'aucun autre souci n'a droit de me saisir.

DON ALVAR.

Madame, ce peut être une fausse nouvelle ;
Mais mon retour au prince en porte une cruelle.

DONE ELVIRE.

De quelque grand ennui qu'il puisse être agité,
Il en aura toujours moins qu'il n'a mérité.

SCÈNE II.

DONE ELVIRE, ÉLISE.

ÉLISE.

J'attendais qu'il sortît, madame, pour vous dire
Ce qui veut maintenant que votre âme respire,
Puisque votre chagrin, dans un moment d'ici,
Du sort de done Ignès peut se voir éclairci.
Un inconnu, qui vient pour cette confidence,
Vous fait, par un des siens, demander audience.

DONE ELVIRE.

Élise, il faut le voir; qu'il vienne promptement.

ÉLISE.

Mais il veut n'être vu que de vous seulement;
Et par cet envoyé, madame, il sollicite
Qu'il puisse sans témoins vous rendre sa visite.

DONE ELVIRE.

Hé bien! nous serons seuls; et je vais l'ordonner,
Tandis que tu prendras le soin de l'amener.
Que mon impatience en ce moment est forte!
O destin! est-ce joie ou douleur qu'on m'apporte?

SCÈNE III.

DON PÈDRE, ÉLISE.

ÉLISE.

Où?...

DON PÈDRE.

Si vous me cherchez, madame, me voici.

ÉLISE.

En quel lieu votre maître?

DON PÈDRE.

Il est proche d'ici.
Le ferai-je venir?

ÉLISE.

Dites-lui qu'il s'avance,
Assuré qu'on l'attend avec impatience,
Et qu'il ne se verra d'aucuns yeux éclairé[1].

(Seule.)
Je ne sais quel secret en doit être auguré.
Tant de précaution qu'il affecte de prendre...
Mais le voici déjà.

SCÈNE IV.

DONE IGNÈS, déguisée en homme; ÉLISE.

ÉLISE.

Seigneur, pour vous attendre
On a fait... Mais que vois-je? Ah! madame, mes yeux...

DONE IGNÈS.

Ne me découvrez point, Élise, dans ces lieux,
Et laissez respirer ma triste destinée
Sous une feinte mort que je me suis donnée.
C'est elle qui m'arrache à tous mes fiers tyrans,
Car je puis sous ce nom comprendre mes parents.
J'ai par elle évité cet hymen redoutable
Pour qui j'aurais souffert une mort véritable.
Et, sous cet équipage et le bruit de ma mort,
Il faut cacher à tous le secret de mon sort,

---

[1] *Éclairé*, épié.

Pour me voir à l'abri de l'injuste poursuite
Qui pourrait dans ces lieux persécuter ma fuite.

ÉLISE.

Ma surprise en public eût trahi vos désirs.
Mais allez là dedans étouffer des soupirs,
Et, des charmants transports d'une pleine allégresse,
Saisir à votre aspect le cœur de la princesse ;
Vous la trouverez seule : elle-même a pris soin
Que votre abord fût libre et n'eût aucun témoin.

SCÈNE V.

DON ALVAR, ÉLISE.

ÉLISE.

Vois-je pas don Alvar ?

DON ALVAR.

Le prince me renvoie
Vous prier que pour lui votre crédit s'emploie.
De ses jours, belle Élise, on doit n'espérer rien,
S'il n'obtient par vos soins un moment d'entretien ;
Son âme a des transports... Mais le voici lui-même.

SCÈNE VI.

DON GARCIE, DON ALVAR, ÉLISE.

DON GARCIE.

Ah ! sois un peu sensible à ma disgrâce extrême,
Élise, et prends pitié d'un cœur infortuné,
Qu'aux plus vives douleurs tu vois abandonn

ÉLISE.

C'est avec d'autres yeux que ne fait la princesse,
Seigneur, que je verrais le tourment qui vous presse;
Mais nous avons du ciel, ou du tempérament,
Que nous jugeons de tout chacun diversement :
Et, puisqu'elle vous blâme et que sa fantaisie
Lui fait un monstre affreux de votre jalousie,
Je serais complaisant, et voudrais m'efforcer
De cacher à ses yeux ce qui peut les blesser.
Un amant suit sans doute une utile méthode,
S'il fait qu'à notre humeur la sienne s'accommode ;
Et cent devoirs font moins que ces ajustements,
Qui font croire en deux cœurs les mêmes sentiments.
L'art de ces deux rapports fortement les assemble,
Et nous n'aimons rien tant que ce qui nous ressemble.

DON GARCIE.

Je le sais ; mais, hélas ! les destins inhumains
S'opposent à l'effet de ces justes desseins,
Et, malgré tous mes soins, viennent toujours me tendre
Un piége dont mon cœur ne saurait se défendre.
Ce n'est pas que l'ingrate, aux yeux de mon rival,
N'ait fait contre mes feux un aveu trop fatal,
Et témoigné pour lui des excès de tendresse
Dont le cruel objet me reviendra sans cesse :
Mais, comme trop d'ardeur enfin m'avait séduit,
Quand j'ai cru qu'en ces lieux elle l'ait introduit,
D'un trop cuisant ennui je sentirais l'atteinte
A lui laisser sur moi quelque sujet de plainte.
Oui, je veux faire au moins, si je m'en vois quitté,
Que ce soit de son cœur pure infidélité,
Et, venant m'excuser d'un trait de promptitude,
Dérober tout prétexte à son ingratitude.

ÉLISE.

Laissez un peu de temps à son ressentiment,

Et ne la voyez point, seigneur, si promptement.
DON GARCIE.
Ah! si tu me chéris, obtiens que je la voie;
C'est une liberté qu'il faut qu'elle m'octroie;
Je ne pars point d'ici qu'au moins son fier dédain...
ÉLISE.
De grâce, différez l'effet de ce dessein.
DON GARCIE.
Non, ne m'oppose point une excuse frivole.
ÉLISE, à part.
Il faut que ce soit elle, avec une parole,
Qui trouve les moyens de le faire en aller.
(A don Garcie.)
Demeurez donc, seigneur; je m'en vais lui parler.
DON GARCIE.
Dis-lui que j'ai d'abord banni de ma présence
Celui dont les avis ont causé mon offense;
Que don Lope jamais...

SCÈNE VII.

DON GARCIE, DON ALVAR.

DON GARCIE, regardant par la porte qu'Élise a laissée entr'ouverte.
Que vois-je? ô justes cieux!
Faut-il que je m'assure au rapport de mes yeux?
Ah! sans doute ils me sont des témoins trop fidèles!
Voilà le comble affreux de mes peines mortelles!
Voici le coup fatal qui devait m'accabler!
Et quand par des soupçons je me sentais troubler,
C'était, c'était le ciel dont la sourde menace
Présageait à mon cœur cette horrible disgrâce.

DON ALVAR.

Qu'avez-vous vu, seigneur, qui vous puisse émouvoir?

DON GARCIE.

J'ai vu ce que mon âme a peine à concevoir;
Et le renversement de toute la nature
Ne m'étonnerait pas comme cette aventure.
C'en est fait... le destin... Je ne saurais parler.

DON ALVAR.

Seigneur, que votre esprit tâche à se rappeler.

DON GARCIE.

J'ai vu... Vengeance! ô ciel!

DON ALVAR.

Quelle atteinte soudaine?...

DON GARCIE.

J'en mourrai, don Alvar, la chose est bien certaine.

DON ALVAR.

Mais, seigneur, qui pourrait?...

DON GARCIE.

Ah! tout est ruiné;
Je suis, je suis trahi, je suis assassiné:
Un homme (sans mourir te le puis-je bien dire?)
Un homme dans les bras de l'infidèle Elvire!

DON ALVAR.

Ah! seigneur, la princesse est vertueuse au point...

DON GARCIE.

Ah! sur ce que j'ai vu ne me contestez point,
Don Alvar: c'en est trop que soutenir sa gloire,
Lorsque mes yeux font foi d'une action si noire.

DON ALVAR.

Seigneur, nos passions nous font prendre souvent
Pour chose véritable un objet décevant;
Et de croire qu'une âme à la vertu nourrie
Se puisse...

DON GARCIE.

Don Alvar, laissez-moi, je vous prie:

Un conseiller me choque en cette occasion,
Et je ne prends avis que de ma passion.
DON ALVAR, à part.
Il ne faut rien répondre à cet esprit farouche.
DON GARCIE.
Ah! que sensiblement cette atteinte me touche!
Mais il faut voir qui c'est, et de ma main punir...
La voici. Ma fureur, te peux-tu retenir?

SCÈNE VIII.

DONE ELVIRE, DON GARCIE, DON ALVAR.

DONE ELVIRE.
Hé bien! que voulez-vous? et quel espoir de grâce,
Après vos procédés, peut flatter votre audace?
Osez-vous à mes yeux encor vous présenter?
Et que me direz-vous que je doive écouter?
DON GARCIE.
Que toutes les horreurs dont une âme est capable
A vos déloyautés n'ont rien de comparable;
Que le sort, les démons, et le ciel en courroux,
N'ont jamais rien produit de si méchant que vous.
DONE ELVIRE.
Ah! vraiment, j'attendais l'excuse d'un outrage;
Mais, à ce que je vois, c'est un autre langage.
DON GARCIE.
Oui, oui, c'en est un autre, et vous n'attendiez pas
Que j'eusse découvert le traître dans vos bras;
Qu'un funeste hasard, par la porte entr'ouverte,
Eût offert à mes yeux votre honte et ma perte.
Est-ce l'heureux amant sur ses pas revenu,
Ou quelque autre rival qui m'était inconnu?

O ciel! donne à mon cœur des forces suffisantes
Pour pouvoir supporter des douleurs si cuisantes!
Rougissez maintenant, vous en avez raison,
Et le masque est levé de votre trahison.
Voilà ce que marquaient les troubles de mon âme;
Ce n'était pas en vain que s'alarmait ma flamme;
Par ces fréquents soupçons qu'on trouvait odieux,
Je cherchais le malheur qu'ont rencontré mes yeux;
Et, malgré tous vos soins et votre adresse à feindre,
Mon astre me disait ce que j'avais à craindre.
Mais ne présumez pas que, sans être vengé,
Je souffre le dépit de me voir outragé.
Je sais que sur les vœux on n'a point de puissance;
Que l'amour veut partout naître sans dépendance;
Que jamais par la force on n'entra dans un cœur,
Et que toute âme est libre à nommer son vainqueur :
Aussi ne trouverais-je aucun sujet de plainte,
Si pour moi votre bouche avait parlé sans feinte;
Et, son arrêt livrant mon espoir à la mort,
Mon cœur n'aurait eu droit de s'en prendre qu'au sort.
Mais d'un aveu trompeur voir ma flamme applaudie,
C'est une trahison, c'est une perfidie
Qui ne saurait trouver de trop grands châtiments;
Et je puis tout permettre à mes ressentiments.
Non, non, n'espérez rien après un tel outrage;
Je ne suis plus à moi, je suis tout à la rage.
Trahi de tous côtés, mis dans un triste état,
Il faut que mon amour se venge avec éclat;
Qu'ici j'immole tout à ma fureur extrême,
Et que mon désespoir achève par moi-même.

DONE ELVIRE.

Assez paisiblement vous a-t-on écouté?
Et pourrai-je à mon tour parler en liberté?

DON GARCIE.

Et par quels beaux discours, que l'artifice inspire...

DONE ELVIRE.

Si vous avez encor quelque chose à me dire,
Vous pouvez l'ajouter, je suis prête à l'ouïr;
Sinon, faites au moins que je puisse jouir
De deux ou trois moments de paisible audience.

DON GARCIE.

Hé bien! j'écoute. O ciel! quelle est ma patience!

DONE ELVIRE.

Je force ma colère, et veux, sans nulle aigreur,
Répondre à ce discours si rempli de fureur.

DON GARCIE.

C'est que vous voyez bien...

DONE ELVIRE.

     Ah! j'ai prêté l'oreille
Autant qu'il vous a plu; rendez-moi la pareille.
J'admire mon destin, et jamais sous les cieux
Il ne fut rien, je crois, de si prodigieux,
Rien dont la nouveauté soit plus inconcevable,
Et rien que la raison rende moins supportable.
Je me vois un amant qui, sans se rebuter,
Applique tous ses soins à me persécuter;
Qui, dans tout cet amour que sa bouche m'exprime,
Ne conserve pour moi nul sentiment d'estime;
Rien, au fond de ce cœur qu'ont pu blesser mes yeux,
Qui fasse droit au sang que j'ai reçu des cieux,
Et de mes actions défende l'innocence
Contre le moindre effort d'une fausse apparence.
Oui, je vois...

   (Don Garcie montre de l'impatience pour parler.)

     Ah! surtout ne m'interrompez point.
Je vois, dis-je, mon sort malheureux à ce point,
Qu'un cœur qui dit qu'il m'aime, et qui doit faire croire
Que, quand tout l'univers douterait de ma gloire,
Il voudrait contre tous en être le garant,
Est celui qui s'en fait l'ennemi le plus grand.

On ne voit échapper aux soins que prend sa flamme
Aucune occasion de soupçonner mon âme ;
Mais c'est peu des soupçons, il en fait des éclats
Que, sans être blessé, l'amour ne souffre pas.
Loin d'agir en amant qui, plus que la mort même,
Appréhende toujours d'offenser ce qu'il aime,
Qui se plaint doucement, et cherche avec respect
A pouvoir s'éclaircir de ce qu'il croit suspect,
A toute extrémité dans ses doutes il passe ;
Et ce n'est que fureur, qu'injure, et que menace.
Cependant aujourd'hui je veux fermer les yeux
Sur tout ce qui devrait me le rendre odieux,
Et lui donner moyen, par une bonté pure,
De tirer son salut d'une nouvelle injure.
Ce grand emportement qu'il m'a fallu souffrir
Part de ce qu'à vos yeux le hasard vient d'offrir.
J'aurais tort de vouloir démentir votre vue,
Et votre âme sans doute a dû paraître émue.

DON GARCIE.

Et n'est-ce pas...

DONE ELVIRE.

Encore un peu d'attention,
Et vous allez savoir ma résolution.
Il faut que de nous deux le destin s'accomplisse :
Vous êtes maintenant sur un grand précipice,
Et ce que votre cœur pourra délibérer
Va vous y faire choir, ou bien vous en tirer.
Si, malgré cet objet qui vous a pu surprendre,
Prince, vous me rendez ce que vous devez rendre,
Et ne demandez point d'autre preuve que moi,
Pour condamner l'erreur du trouble où je vous voi ;
Si de vos sentiments la prompte déférence
Veut sur ma seule foi croire mon innocence,
Et de tous vos soupçons démentir le crédit,
Pour croire aveuglément ce que mon cœur vous dit,

Cette soumission, cette marque d'estime,
Du passé dans ce cœur efface tout le crime ;
Je rétracte à l'instant ce qu'un juste courroux
M'a fait, dans la chaleur, prononcer contre vous;
Et si je puis un jour choisir ma destinée,
Sans choquer les devoirs du rang où je suis née,
Mon honneur, satisfait par ce respect soudain,
Promet à votre amour et mes vœux et ma main.
Mais prêtez bien l'oreille à ce que je vais dire :
Si cette offre sur vous obtient si peu d'empire,
Que vous me refusiez de me faire entre nous
Un sacrifice entier de vos soupçons jaloux;
S'il ne vous suffit pas de toute l'assurance
Que vous peuvent donner mon cœur et ma naissance,
Et que de votre esprit les ombrages puissants
Forcent mon innocence à convaincre vos sens,
Et porter à vos yeux l'éclatant témoignage
D'une vertu sincère à qui l'on fait outrage;
Je suis prête à le faire, et vous serez content :
Mais il vous faut de moi détacher à l'instant,
A mes vœux pour jamais renoncer de vous-même;
Et j'atteste du ciel la puissance suprême,
Que, quoi que le destin puisse ordonner de nous,
Je choisirai plutôt d'être à la mort qu'à vous.
Voilà dans ces deux choix de quoi vous satisfaire :
Avisez maintenant celui qui peut vous plaire.

DON GARCIE.

Juste ciel! jamais rien peut-il être inventé
Avec plus d'artifice et de déloyauté?
Tout ce que des enfers la malice étudie
A-t-il rien de si noir que cette perfidie?
Et peut-elle trouver dans toute sa rigueur
Un plus cruel moyen d'embarrasser un cœur?
Ah! que vous savez bien ici contre moi-même,
Ingrate, vous servir de ma faiblesse extrême,

Et ménager pour vous l'effort prodigieux
De ce fatal amour né de vos traîtres yeux!
Parce qu'on est surprise, et qu'on manque d'excuse,
D'une offre de pardon on emprunte la ruse :
Votre feinte douceur forge un amusement,
Pour divertir l'effet de mon ressentiment ;
Et, par le nœud subtil du choix qu'elle embarrasse,
Veut soustraire un perfide au coup qui le menace.
Oui, vos dextérités veulent me détourner
D'un éclaircissement qui vous doit condamner ;
Et votre âme, feignant une innocence entière,
Ne s'offre à m'en donner une pleine lumière
Qu'à des conditions, qu'après d'ardents souhaits
Vous pensez que mon cœur n'acceptera jamais ;
Mais vous serez trompée en me croyant surprendre.
Oui, oui, je prétends voir ce qui doit vous défendre,
Et quel fameux prodige, accusant ma fureur,
Peut de ce que j'ai vu justifier l'horreur.

DONE ELVIRE.

Songez que par ce choix vous allez vous prescrire
De ne plus rien prétendre au cœur de done Elvire.

DON GARCIE.

Soit. Je souscris à tout ; et mes vœux, aussi bien,
En l'état où je suis, ne prétendent plus rien.

DONE ELVIRE.

Vous vous repentirez de l'éclat que vous faites.

DON GARCIE.

Non, non, tous ces discours sont de vaines défaites ;
Et c'est moi bien plutôt qui dois vous avertir
Que quelque autre dans peu se pourra repentir :
Le traître, quel qu'il soit, n'aura pas l'avantage
De dérober sa vie à l'effort de ma rage.

DONE ELVIRE.

Ah ! c'est trop en souffrir, et mon cœur irrité

Ne doit plus conserver une sotte bonté;
Abandonnons l'ingrat à son propre caprice;
Et, puisqu'il veut périr, consentons qu'il périsse.

(A don Garcie.)

Élise... A cet éclat vous voulez me forcer;
Mais je vous apprendrai que c'est trop m'offenser.

SCÈNE IX.

DONE ELVIRE, DON GARCIE, ÉLISE, DON ALVAR.

DONE ELVIRE, à Élise.

Faites un peu sortir la personne chérie...
Allez, vous m'entendez; dites que je l'en prie.

DON GARCIE.

Et je puis...

DONE ELVIRE.

Attendez, vous serez satisfait.

ÉLISE, à part, en sortant.

Voici, de son jaloux, sans doute, un nouveau trait.

DONE ELVIRE.

Prenez garde qu'au moins cette noble colère
Dans la même fierté jusqu'au bout persévère;
Et surtout désormais songez bien à quel prix
Vous avez voulu voir vos soupçons éclaircis.

SCÈNE X.

DONE ELVIRE, DON GARCIE,
DONE IGNÈS, déguisée en homme; ÉLISE, DON ALVAR.

DONE ELVIRE, à don Garcie, en lui montrant done Ignès.

Voici, grâces au ciel, ce qui les a fait naître
Ces soupçons obligeants que l'on me fait paraître ;
Voyez bien ce visage, et si de done Ignès
Vos yeux au même instant n'y connaissent les traits.

DON GARCIE.

O ciel!

DONE ELVIRE.

Si la fureur dont votre âme est émue
Vous trouble jusque-là l'usage de la vue,
Vous avez d'autres yeux à pouvoir consulter,
Qui ne vous laisseront aucun lieu de douter.
Sa mort est une adresse au besoin inventée
Pour fuir l'autorité qui l'a persécutée;
Et sous un tel habit elle cachait son sort,
Pour mieux jouir du fruit de cette feinte mort.

(A done Ignès.)

Madame, pardonnez s'il faut que je consente
A trahir vos secrets et tromper votre attente ;
Je me vois exposée à sa témérité ;
Toutes mes actions n'ont plus de liberté,
Et mon honneur, en butte aux soupçons qu'il peut prendre,
Est réduit à toute heure aux soins de se défendre.
Nos doux embrassements, qu'a surpris ce jaloux,

De cent indignités m'ont fait souffrir les coups.
Oui, voilà le sujet d'une fureur si prompte,
Et l'assuré témoin qu'on produit de ma honte.
(A don Garcie.)
Jouissez à cette heure, en tyran absolu,
De l'éclaircissement que vous avez voulu;
Mais sachez que j'aurai sans cesse la mémoire
De l'outrage sanglant qu'on a fait à ma gloire;
Et, si je puis jamais oublier mes serments,
Tombent sur moi du ciel les plus grands châtiments!
Qu'un tonnerre éclatant mette ma tête en poudre,
Lorsqu'à souffrir vos feux je pourrai me résoudre!
Allons, madame, allons, ôtons-nous de ces lieux
Qu'infectent les regards d'un monstre furieux;
Fuyons-en promptement l'atteinte envenimée,
Évitons les effets de sa rage animée,
Et ne faisons des vœux, dans nos justes desseins,
Que pour nous voir bientôt affranchir de ses mains.

DONE IGNÈS, à don Garcie.

Seigneur, de vos soupçons l'injuste violence
A la même vertu vient de faire une offense.

SCÈNE XI.

DON GARCIE, DON ALVAR.

DON GARCIE.

Quelles tristes clartés, dissipant mon erreur,
Enveloppent mes sens d'une profonde horreur,
Et ne laissent plus voir à mon âme abattue
Que l'effroyable objet d'un remords qui me tue!
Ah! don Alvar, je vois que vous avez raison;

Mais l'enfer dans mon cœur a soufflé son poison;
Et, par un trait fatal d'une rigueur extrême,
Mon plus grand ennemi se rencontre en moi-même.
Que me sert-il d'aimer du plus ardent amour
Qu'une âme consumée ait jamais mis au jour,
Si, par ces mouvements qui font toute ma peine,
Cet amour à tout coup se rend digne de haine?
Il faut, il faut venger par mon juste trépas
L'outrage que j'ai fait à ses divins appas;
Aussi bien quels conseils aujourd'hui puis-je suivre?
Ah! j'ai perdu l'objet pour qui j'aimais à vivre.
Si j'ai pu renoncer à l'espoir de ses vœux,
Renoncer à la vie est beaucoup moins fâcheux.

DON ALVAR.

Seigneur...

DON GARCIE.

Non, don Alvar, ma mort est nécessaire,
Il n'est soins ni raisons qui m'en puissent distraire;
Mais il faut que mon sort, en se précipitant,
Rende à cette princesse un service éclatant;
Et je veux me chercher, dans cette illustre envie,
Les moyens glorieux de sortir de la vie;
Faire, par un grand coup qui signale ma foi,
Qu'en expirant pour elle, elle ait regret à moi;
Et qu'elle puisse dire, en se voyant vengée :
« C'est par son trop d'amour qu'il m'avait outragée. »
Il faut que de ma main un illustre attentat
Porte une mort trop due au sein de Mauregat;
Que j'aille prévenir, par une belle audace,
Le coup dont la Castille avec bruit le menace;
Et j'aurai des douceurs dans mon instant fatal,
De ravir cette gloire à l'espoir d'un rival.

DON ALVAR.

Un service, seigneur, de cette conséquence

Aurait bien le pouvoir d'effacer votre offense;
Mais hasarder...

DON GARCIE.

Allons, par un juste devoir,
Faire à ce noble effort servir mon désespoir.

FIN DU QUATRIÈME ACTE.

ACTE CINQUIÈME.

SCÈNE I.

DON ALVAR, ÉLISE.

DON ALVAR.
Oui, jamais il ne fut de si rude surprise.
Il venait de former cette haute entreprise;
A l'avide désir d'immoler Mauregat,
De son prompt désespoir il tournait tout l'éclat;
Ses soins précipités voulaient à son courage
De cette juste mort assurer l'avantage,
Y chercher son pardon, et prévenir l'ennui
Qu'un rival partageât cette gloire avec lui.
Il sortait de ces murs, quand un bruit trop fidèle
Est venu lui porter la fâcheuse nouvelle
Que ce même rival, qu'il voulait prévenir,
A remporté l'honneur qu'il pensait obtenir,
L'a prévenu lui-même en immolant le traître,
Et poussé dans ce jour don Alphonse à paraître,
Qui d'un si prompt succès va goûter la douceur
Et vient prendre en ces lieux la princesse sa sœur.
Et, ce qui n'a pas peine à gagner la croyance,
On entend publier que c'est la récompense
Dont il prétend payer le service éclatant

Du bras qui lui fait jour au trône qui l'attend.
ÉLISE.
Oui, done Elvire a su ces nouvelles semées,
Et du vieux don Louis les trouve confirmées,
Qui vient de lui mander que Léon, dans ce jour,
De don Alphonse et d'elle attend l'heureux retour;
Et que c'est là qu'on doit, par un revers prospère,
Lui voir prendre un époux de la main de ce frère.
Dans ce peu qu'il en dit, il donne assez à voir
Que don Sylve est l'époux qu'elle doit recevoir.
DON ALVAR.
Ce coup au cœur du prince...
ÉLISE.
Est sans doute bien rude,
Et je le trouve à plaindre en son inquiétude.
Son intérêt pourtant, si j'en ai bien jugé,
Est encor cher au cœur qu'il a tant outragé;
Et je n'ai point connu qu'à ce succès qu'on vante,
La princesse ait fait voir une âme fort contente
De ce frère qui vient, et de la lettre aussi;
Mais...

SCÈNE II.

DONE ELVIRE, DONE IGNÈS, déguisée en homme, ÉLISE, DON ALVAR.

DONE ELVIRE.
Faites, don Alvar, venir le prince ici.
(Don Alvar sort.)
Souffrez que devant vous je lui parle, madame,
Sur cet événement dont on surprend mon âme;
Et ne m'accusez point d'un trop prompt changement,
Si je perds contre lui tout mon ressentiment.

Sa disgrâce imprévue a pris droit de l'éteindre;
Sans lui laisser ma haine, il est assez à plaindre;
Et le ciel, qui l'expose à ce trait de rigueur,
N'a que trop bien servi les serments de mon cœur.
Un éclatant arrêt de ma gloire outragée
A jamais n'être à lui me tenait engagée;
Mais quand par les destins il est exécuté,
J'y vois pour son amour trop de sévérité;
Et le triste succès de tout ce qu'il m'adresse
M'efface son offense, et lui rend ma tendresse :
Oui, mon cœur, trop vengé par de si rudes coups,
Laisse à leur cruauté désarmer son courroux,
Et cherche maintenant, par un soin pitoyable,
A consoler le sort d'un amant misérable;
Et je crois que sa flamme a bien pu mériter
Cette compassion que je lui veux prêter.

DONE IGNÈS.

Madame, on aurait tort de trouver à redire
Aux tendres sentiments qu'on voit qu'il vous inspire;
Ce qu'il a fait pour vous... Il vient, et sa pâleur
De ce coup surprenant marque assez la douleur.

SCÈNE III.

DON GARCIE, DONE ELVIRE, DONE IGNÈS, déguisée en homme;
ÉLISE.

DON GARCIE.

Madame, avec quel front faut-il que je m'avance,
Quand je viens vous offrir l'odieuse présence...

DONE ELVIRE.

Prince, ne parlons plus de mon ressentiment.

Votre sort dans mon âme a fait du changement;
Et, par le triste état où sa rigueur vous jette,
Ma colère est éteinte, et notre paix est faite.
Oui, bien que votre amour ait mérité les coups
Que fait sur lui du ciel éclater le courroux,
Bien que ces noirs soupçons aient offensé ma gloire
Par des indignités qu'on aurait peine à croire,
J'avouerai toutefois que je plains son malheur
Jusqu'à voir nos succès avec quelque douleur;
Que je hais les faveurs de ce fameux service,
Lorsqu'on veut de mon cœur lui faire un sacrifice,
Et voudrais bien pouvoir racheter les moments
Où le sort contre vous n'armait que mes serments :
Mais enfin vous savez comme nos destinées
Aux intérêts publics sont toujours enchaînées,
Et que l'ordre des cieux, pour disposer de moi,
Dans mon frère qui vient me va montrer mon roi.
Cédez comme moi, prince, à cette violence
Où la grandeur soumet celles de ma naissance;
Et si de votre amour les déplaisirs sont grands,
Qu'il se fasse un secours de la part que j'y prends,
Et ne se serve point, contre un coup qui l'étonne,
Du pouvoir qu'en ces lieux votre valeur vous donne :
Ce vous serait, sans doute, un indigne transport
De vouloir dans vos maux lutter contre le sort;
Et lorsque c'est en vain qu'on s'oppose à sa rage,
La soumission prompte est grandeur de courage.
Ne résistez donc point à ses coups éclatants,
Ouvrez les murs d'Astorgue au frère que j'attends,
Laissez-moi rendre aux droits qu'il peut sur moi prétendre
Ce que mon triste cœur a résolu de rendre;
Et ce fatal hommage, où mes vœux sont forcés,
Peut-être n'ira pas si loin que vous pensez.

DON GARCIE.

C'est faire voir, madame, une bonté trop rare,

Que vouloir adoucir le coup qu'on me prépare :
Sur moi sans de tels soins vous pouvez laisser choir
Le foudre rigoureux de tout votre devoir.
En l'état où je suis je n'ai rien à vous dire.
J'ai mérité du sort tout ce qu'il a de pire ;
Et je sais, quelques maux qu'il me faille endurer,
Que je me suis ôté le droit d'en murmurer.
Par où pourrais-je, hélas! dans ma vaste disgrâce,
Vers vous de quelque plainte autoriser l'audace?
Mon amour s'est rendu mille fois odieux,
Il n'a fait qu'outrager vos attraits glorieux ;
Et, lorsque par un juste et fameux sacrifice
Mon bras à votre sang cherche à rendre un service,
Mon astre m'abandonne au déplaisir fatal
De me voir prévenu par le bras d'un rival.
Madame, après cela je n'ai rien à prétendre,
Je suis digne du coup que l'on me fait attendre ;
Et je le vois venir, sans oser contre lui
Tenter de votre cœur le favorable appui.
Ce qui peut me rester dans mon malheur extrême,
C'est de chercher alors mon remède en moi-même,
Et faire que ma mort, propice à mes désirs,
Affranchisse mon cœur de tous ses déplaisirs.
Oui, bientôt dans ces lieux don Alphonse doit être,
Et déjà mon rival commence de paraître ;
De Léon vers ces murs il semble avoir volé
Pour recevoir le prix du tyran immolé.
Ne craignez point du tout qu'aucune résistance
Fasse valoir ici ce que j'ai de puissance :
Il n'est effort humain que, pour vous conserver,
Si vous y consentiez, je ne pusse braver ;
Mais ce n'est pas à moi, dont on hait la mémoire,
A pouvoir espérer cet aveu plein de gloire ;
Et je ne voudrais pas, par des efforts trop vains,
Jeter le moindre obstacle à vos justes desseins.

Non, je ne contrains point vos sentiments, madame;
Je vais en liberté laisser toute votre âme,
Ouvrir les murs d'Astorgue à cet heureux vainqueur,
Et subir de mon sort la dernière rigueur.

SCÈNE IV.

DONE ELVIRE, DONE IGNÈS, déguisée en homme; ÉLISE.

DONE ELVIRE.

Madame, au désespoir où son destin l'expose
De tous mes déplaisirs n'imputez pas la cause.
Vous me rendrez justice en croyant que mon cœur
Fait de vos intérêts sa plus vive douleur;
Que bien plus que l'amour l'amitié m'est sensible,
Et que, si je me plains d'une disgrâce horrible,
C'est de voir que du ciel le funeste courroux
Ait pris chez moi les traits qu'il lance contre vous,
Et rendu mes regards coupables d'une flamme
Qui traite indignement les bontés de votre âme.

DONE IGNÈS.

C'est un événement dont, sans doute, vos yeux
N'ont point pour moi, madame, à quereller les cieux.
Si les faibles attraits qu'étale mon visage
M'exposaient au destin de souffrir un volage,
Le ciel ne pouvait mieux m'adoucir de tels coups,
Quand, pour m'ôter ce cœur, il s'est servi de vous;
Et mon front ne doit point rougir d'une inconstance
Qui de vos traits aux miens marque la différence.
Si pour ce changement je pousse des soupirs,
Ils viennent de le voir fatal à vos désirs;
Et, dans cette douleur que l'amitié m'excite,

Je m'accuse pour vous de mon peu de mérite,
Qui n'a pu retenir un cœur dont les tributs
Causent un si grand trouble à vos vœux combattus.

DONE ELVIRE.

Accusez-vous plutôt de l'injuste silence
Qui m'a de vos deux cœurs caché l'intelligence.
Ce secret, plus tôt su, peut-être à toutes deux
Nous aurait épargné des troubles si fâcheux;
Et mes justes froideurs, des désirs d'un volage
Au point de leur naissance ayant banni l'hommage,
Eussent pu renvoyer...

DONE IGNÈS.

Madame, le voici.

DONE ELVIRE.

Sans rencontrer ses yeux vous pouvez être ici;
Ne sortez point, madame, et, dans un tel martyre,
Veuillez être témoin de ce que je vais dire.

DONE IGNÈS.

Madame, j'y consens, quoique je sache bien
Qu'on fuirait en ma place un pareil entretien.

DONE ELVIRE.

Son succès, si le ciel seconde ma pensée,
Madame, n'aura rien dont vous soyez blessée.

SCÈNE V.

DON ALPHONSE, cru don Sylve; DONE ELVIRE,
DONE IGNÈS, déguisée en homme; ÉLISE.

DONE ELVIRE.

Avant que vous parliez, je demande instamment
Que vous daigniez, seigneur, m'écouter un moment.

Déjà la renommée a jusqu'à nos oreilles
Porté de votre bras les soudaines merveilles,
Et j'admire avec tous comme en si peu de temps
Il donne à nos destins ces succès éclatants.
Je sais bien qu'un bienfait de cette conséquence
Ne saurait demander trop de reconnaissance,
Et qu'on doit toute chose à l'exploit immortel
Qui replace mon frère au trône paternel.
Mais, quoi que de son cœur vous offrent les hommages,
Usez en généreux de tous vos avantages,
Et ne permettez pas que ce coup glorieux
Jette sur moi, seigneur, un joug impérieux;
Que votre amour, qui sait quel intérêt m'anime,
S'obstine à triompher d'un refus légitime,
Et veuille que ce frère où l'on va m'exposer[1]
Commence d'être roi pour me tyranniser.
Léon a d'autres prix dont, en cette occurrence,
Il peut mieux honorer votre haute vaillance;
Et c'est à vos vertus faire un présent trop bas,
Que vous donner un cœur qui ne se donne pas.
Peut-on être jamais satisfait en soi-même,
Lorsque par la contrainte on obtient ce qu'on aime?
C'est un triste avantage, et l'amant généreux
A ces conditions refuse d'être heureux;
Il ne veut rien devoir à cette violence
Qu'exercent sur nos cœurs les droits de la naissance,
Et pour l'objet qu'il aime est toujours trop zélé
Pour souffrir qu'en victime il lui soit immolé.
Ce n'est pas que ce cœur, au mérite d'un autre,
Prétende réserver ce qu'il refuse au vôtre;
Non, seigneur, j'en réponds, et vous donne ma foi
Que personne jamais n'aura pouvoir sur moi;
Qu'une sainte retraite à toute autre poursuite...

---

[1] *Où* l'on va m'exposer, pour *à qui* l'on va m'exposer.

DON ALPHONSE.

J'ai de votre discours assez souffert la suite,
Madame; et par deux mots je vous l'eusse épargné,
Si votre fausse alarme eût sur vous moins gagné.
Je sais qu'un bruit commun, qui partout se fait croire,
De la mort du tyran me veut donner la gloire;
Mais le seul peuple enfin, comme on nous fait savoir,
Laissant par don Louis échauffer son devoir,
A remporté l'honneur de cet acte héroïque
Dont mon nom est chargé par la rumeur publique;
Et ce qui d'un tel bruit a fourni le sujet,
C'est que, pour appuyer son illustre projet,
Don Louis fit semer, par une feinte utile,
Que, secondé des miens, j'avais saisi la ville;
Et, par cette nouvelle, il a poussé les bras
Qui d'un usurpateur ont hâté le trépas.
Par son zèle prudent il a su tout conduire,
Et c'est par un des siens qu'il vient de m'en instruire;
Mais dans le même instant un secret m'est appris,
Qui va vous étonner autant qu'il m'a surpris.
Vous attendez un frère, et Léon, son vrai maître;
A vos yeux maintenant le ciel le fait paraître :
Oui, je suis don Alphonse; et mon sort conservé
Et sous le nom du sang de Castille élevé
Est un fameux effet de l'amitié sincère
Qui fut entre son prince et le roi notre père.
Don Louis du secret a toutes les clartés,
Et doit aux yeux de tous prouver ces vérités.
D'autres soins maintenant occupent ma pensée :
Non qu'à votre sujet elle soit traversée,
Que ma flamme querelle un tel événement,
Et qu'en mon cœur le frère importune l'amant.
Mes feux par ce secret ont reçu sans murmure
Le changement qu'en eux a prescrit la nature;
Et le sang qui nous joint m'a si bien détaché

De l'amour dont pour vous mon cœur était touché,
Qu'il ne respire plus, pour faveur souveraine,
Que les chères douceurs de sa première chaîne,
Et le moyen de rendre à l'adorable Ignès
Ce que de ses bontés a mérité l'excès :
Mais son sort incertain rend le mien misérable;
Et, si ce qu'on en dit se trouvait véritable,
En vain Léon m'appelle et le trône m'attend ;
La couronne n'a rien à me rendre content,
Et je n'en veux l'éclat que pour goûter la joie
D'en couronner l'objet où le ciel me renvoie,
Et pouvoir réparer, par ces justes tributs,
L'outrage que j'ai fait à ses rares vertus.
Madame, c'est de vous que j'ai raison d'attendre
Ce que de son destin mon âme peut apprendre;
Instruisez-m'en, de grâce; et, par votre discours,
Hâtez mon désespoir ou le bien de mes jours.

DONE ELVIRE.

Ne vous étonnez pas si je tarde à répondre,
Seigneur; ces nouveautés ont droit de me confondre.
Je n'entreprendrai point de dire à votre amour
Si done Ignès est morte ou respire le jour;
Mais, par ce cavalier, l'un de ses plus fidèles,
Vous en pourrez sans doute apprendre des nouvelles.

DON ALPHONSE, reconnaissant done Ignès.

Ah! madame, il m'est doux en ces perplexités
De voir ici briller vos célestes beautés.
Mais vous, avec quels yeux verrez-vous un volage
Dont le crime...

DONE IGNÈS.

        Ah! gardez de me faire un outrage,
Et de vous hasarder à dire que vers moi
Un cœur dont je fais cas ait pu manquer de foi.
J'en refuse l'idée, et l'excuse me blesse;

Rien n'a pu m'offenser auprès de la princesse;
Et tout ce que d'ardeur elle vous a causé
Par un si haut mérite est assez excusé.
Cette flamme vers moi ne vous rend point coupable;
Et, dans le noble orgueil dont je me sens capable,
Sachez, si vous l'étiez, que ce serait en vain
Que vous présumeriez de fléchir mon dédain ;
Et qu'il n'est repentir ni suprême puissance,
Qui gagnât sur mon cœur d'oublier cette offense.

DONE ELVIRE.

Mon frère, d'un tel nom souffrez-moi la douceur,
De quel ravissement comblez-vous une sœur!
Que j'aime votre choix, et bénis l'aventure
Qui vous fait couronner une amitié si pure!
Et de deux nobles cœurs que j'aime tendrement...

SCÈNE VI.

DON GARCIE, DONE ELVIRE, DONE IGNÈS, déguisée en homme; DON ALPHONSE, cru don Sylve; ÉLISE.

DON GARCIE.

De grâce, cachez-moi votre contentement,
Madame, et me laissez mourir dans la croyance
Que le devoir vous fait un peu de violence.
Je sais que de vos vœux vous pouvez disposer,
Et mon dessein n'est pas de leur rien opposer;
Vous le voyez assez, et quelle obéissance
De vos commandements m'arrache la puissance;
Mais je vous avouerai que cette gaieté
Surprend au dépourvu toute ma fermeté,

Et qu'un pareil objet dans mon âme fait naître
Un transport dont j'ai peur que je ne sois pas maître;
Et je me punirais, s'il m'avait pu tirer
De ce respect soumis où je veux demeurer.
Oui, vos commandements ont prescrit à mon âme
De souffrir sans éclat le malheur de ma flamme :
Cet ordre sur mon cœur doit être tout-puissant,
Et je prétends mourir en vous obéissant;
Mais, encore une fois, la joie où je vous treuve
M'expose à la rigueur d'une trop rude épreuve,
Et l'âme la plus sage, en ces occasions,
Répond malaisément de ses émotions.
Madame, épargnez-moi cette cruelle atteinte;
Donnez-moi, par pitié, deux moments de contrainte;
Et, quoi que d'un rival vous inspirent les soins,
N'en rendez pas mes yeux les malheureux témoins :
C'est la moindre faveur qu'on peut, je crois, prétendre,
Lorsque dans ma disgrâce un amant peut descendre.
Je ne l'exige pas, madame, pour longtemps,
Et bientôt mon départ rendra vos vœux contents :
Je vais où de ses feux mon âme consumée
N'apprendra votre hymen que par la renommée.
Ce n'est pas un spectacle où je doive courir :
Madame, sans le voir, j'en saurai bien mourir.

DONE IGNÈS.

Seigneur, permettez-moi de blâmer votre plainte.
De vos maux la princesse a su paraître atteinte;
Et cette joie encor, de quoi vous murmurez,
Ne lui vient que des biens qui vous sont préparés.
Elle goûte un succès à vos désirs prospère,
Et dans votre rival elle trouve son frère;
C'est don Alphonse, enfin, dont on a tant parlé,
Et ce fameux secret vient d'être dévoilé.

DON ALPHONSE.

Mon cœur, grâces au ciel, après un long martyre,

Seigneur, sans vous rien prendre, a tout ce qu'il désire,
Et goûte d'autant mieux son bonheur en ce jour,
Qu'il se voit en état de servir votre amour.

DON GARCIE.

Hélas! cette bonté, seigneur, doit me confondre.
A mes plus chers désirs elle daigne répondre:
Le coup que je craignais, le ciel l'a détourné,
Et tout autre que moi se verrait fortuné :
Mais ces douces clartés d'un secret favorable
Vers l'objet adoré me découvrent coupable
Et tombé de nouveau dans ces traîtres soupçons,
Sur quoi l'on m'a tant fait d'inutiles leçons,
Et par qui mon ardeur, si souvent odieuse,
Doit perdre tout espoir d'être jamais heureuse.
Oui, l'on doit me haïr avec trop de raison;
Moi-même je me trouve indigne de pardon;
Et, quelque heureux succès que le sort me présente,
La mort, la seule mort est toute mon attente.

DONE ELVIRE.

Non! non! de ce transport le soumis mouvement,
Prince, jette en mon âme un plus doux sentiment.
Par lui de mes serments je me sens détachée;
Vos plaintes, vos respects, vos douleurs, m'ont touchée;
J'y vois partout briller un excès d'amitié,
Et votre maladie est digne de pitié.
Je vois, prince, je vois qu'on doit quelque indulgence
Aux défauts où du ciel fait pencher l'influence;
Et, pour tout dire enfin, jaloux ou non jaloux,
Mon roi, sans me gêner, peut me donner à vous.

DON GARCIE.

Ciel! dans l'excès des biens que cet aveu m'octroie,
Rends capable mon cœur de supporter sa joie!

DON ALPHONSE.

Je veux que cet hymen, après nos vains débats,

Seigneur, joigne à jamais nos cœurs et nos États.
Mais ici le temps presse, et Léon nous appelle;
Allons dans nos plaisirs satisfaire son zèle,
Et, par notre présence et nos soins différents,
Donner le dernier coup au parti des tyrans.

FIN DE DON GARCIE DE NAVARRE.

L'ÉCOLE DES MARIS.

COMÉDIE EN TROIS ACTES.

24 juin 1661.

A MONSEIGNEUR

LE DUC D'ORLÉANS

FRÈRE UNIQUE DU ROI.

Monseigneur,

Je fais voir ici à la France des choses bien peu proportionnées. Il n'est rien de si grand et de si superbe que le nom que je mets à la tête de ce livre, et rien de plus bas que ce qu'il contient. Tout le monde trouvera cet assemblage étrange; et quelques-uns pourront bien dire, pour en exprimer l'inégalité, que c'est poser une couronne de perles et de diamants sur une statue de terre, et faire entrer par des portiques magnifiques et des arcs triomphaux superbes dans une méchante cabane. Mais, Monseigneur, ce qui doit me servir d'excuse, c'est qu'en cette aventure je n'ai eu aucun choix à faire, et que l'honneur que j'ai d'être à Votre Altesse Royale[1] m'a imposé une nécessité absolue de lui dédier

---

[1] Molière était à cette époque chef de la troupe de Monsieur.

le premier ouvrage que je mets de moi-même au jour. Ce n'est pas un présent que je lui fais, c'est un devoir dont je m'acquitte ; et les hommages ne sont jamais regardés par les choses qu'ils portent. J'ai donc osé, Monseigneur, dédier une bagatelle à Votre Altesse Royale, parce que je n'ai pu m'en dispenser ; et si je me dispense ici de m'étendre sur les belles et glorieuses vérités qu'on pourrait dire d'elle, c'est par la juste appréhension que ces grandes idées ne fissent éclater encore davantage la bassesse de mon offrande. Je me suis imposé silence pour trouver un endroit plus propre à placer de si belles choses ; et tout ce que j'ai prétendu dans cette épître, c'est de justifier mon action à toute la France, et d'avoir cette gloire de vous dire à vous-même, Monseigneur, avec toute la soumission possible, que je suis,

De Votre Altesse Royale,

Le très-humble, très-obéissant et très-fidèle serviteur,

J. B. P. MOLIÈRE.

L'ÉCOLE DES MARIS.

COMÉDIE.

PERSONNAGES.

SGANARELLE, } frères.
ARISTE,

ISABELLE, } sœurs.
LÉONOR,

LISETTE, suivante de Léonor.
VALÈRE, amant d'Isabelle.
ERGASTE, valet de Valère.
LE COMMISSAIRE.
LE NOTAIRE.

Noms des acteurs qui ont joué d'original dans *l'École des Maris* :

SGANARELLE.	Molière.
ARISTE.	L'Épy.
ISABELLE.	Mlle Debrie.
LISETTE.	Madeleine Béjart.
VALÈRE.	La Grange.
ERGASTE.	Duparc.
LE COMMISSAIRE.	Debrie.

La scène est à Paris.

L'ÉCOLE DES MARIS.

ACTE PREMIER.

SCÈNE I.

SGANARELLE, ARISTE.

SGANARELLE.

Mon frère, s'il vous plaît, ne discourons point tant,
Et que chacun de nous vive comme il l'entend.
Bien que sur moi des ans vous ayez l'avantage,
Et soyez assez vieux pour devoir être sage,
Je vous dirai pourtant que mes intentions
Sont de ne prendre point de vos corrections;
Que j'ai pour tout conseil ma fantaisie à suivre,
Et me trouve fort bien de ma façon de vivre.

ARISTE[1].

Mais chacun la condamne.

SGANARELLE.

Oui, des fous comme vous,
Mon frère.

---

[1] Ariste, tiré du grec, veut dire le meilleur, le plus sage. Au théâtre, on a donné ce nom aux personnages chargés de représenter le bon sens et la raison.

ARISTE.

Grand merci, le compliment est doux.

SGANARELLE.

Je voudrais bien savoir, puisqu'il faut tout entendre,
Ce que ces beaux censeurs en moi peuvent reprendre?

ARISTE.

Cette farouche humeur, dont la sévérité
Fuit toutes les douceurs de la société,
A tous vos procédés inspire un air bizarre,
Et, jusques à l'habit, vous rend chez vous barbare.

SGANARELLE.

Il est vrai qu'à la mode il faut m'assujettir,
Et ce n'est pas pour moi que je me dois vêtir.
Ne voudriez-vous point, par vos belles sornettes,
Monsieur mon frère aîné, car, Dieu merci, vous l'êtes
D'une vingtaine d'ans, à ne nous rien celer,
Et cela ne vaut pas la peine d'en parler;
Ne voudriez-vous point, dis-je, sur ces matières
De vos jeunes muguets m'inspirer les manières?
M'obliger à porter de ces petits chapeaux
Qui laissent éventer leurs débiles cerveaux;
Et de ces blonds cheveux de qui la vaste enflure
Des visages humains offusque la figure?
De ces petits pourpoints sous les bras se perdants,
Et de ces grands collets jusqu'au nombril pendants?
De ces manches qu'à table on voit tâter les sauces,
Et de ces cotillons appelés hauts-de-chausses?
De ces souliers mignons, de rubans revêtus,
Qui vous font ressembler à des pigeons pattus?
Et de ces grands canons où, comme en des entraves,
On met, tous les matins, ses deux jambes esclaves,
Et par qui nous voyons ces messieurs les galants
Marcher écarquillés ainsi que des volants?
Je vous plairais sans doute équipé de la sorte;

Et je vous vois porter les sottises qu'on porte.
####### ARISTE.
Toujours au plus grand nombre on doit s'accommoder,
Et jamais il ne faut se faire regarder.
L'un et l'autre excès choque, et tout homme bien sage
Doit faire des habits ainsi que du langage,
N'y rien trop affecter, et, sans empressement,
Suivre ce que l'usage y fait de changement.
Mon sentiment n'est pas qu'on prenne la méthode.
De ceux qu'on voit toujours renchérir sur la mode,
Et qui, dans ses excès dont ils sont amoureux,
Seraient fâchés qu'un autre eût été plus loin qu'eux :
Mais je tiens qu'il est mal, sur quoi que l'on se fonde,
De fuir obstinément ce que suit tout le monde ;
Et qu'il vaut mieux souffrir d'être au nombre des fous,
Que du sage parti se voir seul contre tous.
####### SGANARELLE.
Cela sent son vieillard qui, pour en faire accroire,
Cache ses cheveux blancs d'une perruque noire.
####### ARISTE.
C'est un étrange fait du soin que vous prenez
A me venir toujours jeter mon âge au nez ;
Et qu'il faille qu'en moi sans cesse je vous voie
Blâmer l'ajustement, aussi bien que la joie :
Comme si, condamnée à ne plus rien chérir,
La vieillesse devait ne songer qu'à mourir,
Et d'assez de laideur n'est pas accompagnée,
Sans se tenir encor malpropre et rechignée.
####### SGANARELLE.
Quoi qu'il en soit, je suis attaché fortement
A ne démordre point de mon habillement.
Je veux une coiffure, en dépit de la mode,
Sous qui toute ma tête ait un abri commode ;
Un bon pourpoint bien long, et fermé comme il faut,
Qui, pour bien digérer, tienne l'estomac chaud ;

Un haut-de-chausses fait justement pour ma cuisse ;
Des souliers où mes pieds ne soient point au supplice,
Ainsi qu'en ont usé sagement nos aïeux :
Et qui me trouve mal n'a qu'à fermer les yeux.

SCÈNE II.

LÉONOR, ISABELLE, LISETTE,
ARISTE ET SGANARELLE, parlant bas ensemble sur le devant du théâtre, sans être aperçus.

LÉONOR, à Isabelle.

Je me charge de tout, en cas que l'on vous gronde.

LISETTE, à Isabelle.

Toujours dans une chambre à ne point voir le monde !

ISABELLE.

Il est ainsi bâti.

LÉONOR.

Je vous en plains, ma sœur.

LISETTE, à Léonor.

Bien vous prend que son frère ait tout une autre humeur,
Madame ; et le destin vous fut bien favorable
En vous faisant tomber aux mains du raisonnable.

ISABELLE.

C'est un miracle encor qu'il ne m'ait aujourd'hui
Enfermée à la clef, ou menée avec lui.

LISETTE.

Ma foi, je l'enverrais au diable avec sa fraise,
Et...

SGANARELLE, heurté par Lisette.

Où donc allez-vous, qu'il ne vous en déplaise?

LÉONOR.

Nous ne savons encore, et je pressais ma sœur
De venir du beau temps respirer la douceur :
Mais...

SGANARELLE, à Léonor.

Pour vous, vous pouvez aller où bon vous semble ;
(Montrant Lisette.)
Vous n'avez qu'à courir, vous voilà deux ensemble.
(A Isabelle.)
Mais vous, je vous défends, s'il vous plaît, de sortir.

ARISTE.

Hé! laissez-les, mon frère, aller se divertir.

SGANARELLE.

Je suis votre valet, mon frère.

ARISTE.

La jeunesse
Veut...

SGANARELLE.

La jeunesse est sotte, et parfois la vieillesse.

ARISTE.

Croyez-vous qu'elle est mal d'être avec Léonor?

SGANARELLE.

Non pas; mais avec moi je la crois mieux encor.

ARISTE.

Mais...

SGANARELLE.

Mais ses actions de moi doivent dépendre,
Et je sais l'intérêt enfin que j'y dois prendre.

ARISTE.

A celles de sa sœur ai-je un moindre intérêt?

SGANARELLE.

Mon Dieu! chacun raisonne et fait comme il lui plaît.
Elles sont sans parents, et notre ami leur père
Nous commit leur conduite à son heure dernière;

Et nous chargeant tous deux, ou de les épouser,
Ou, sur notre refus, un jour d'en disposer,
Sur elles, par contrat, nous sut, dès leur enfance,
Et de père et d'époux donner pleine puissance :
D'élever celle-là vous prîtes le souci,
Et moi je me chargeai du soin de celle-ci :
Selon vos volontés vous gouvernez la vôtre ;
Laissez-moi, je vous prie, à mon gré régir l'autre.

ARISTE.

Il me semble...

SGANARELLE.

Il me semble, et je le dis tout haut,
Que sur un tel sujet c'est parler comme il faut.
Vous souffrez que la vôtre aille leste et pimpante,
Je le veux bien : qu'elle ait et laquais et suivante,
J'y consens : qu'elle coure, aime l'oisiveté,
Et soit des damoiseaux fleurée en liberté,
J'en suis fort satisfait : mais j'entends que la mienne
Vive à ma fantaisie, et non pas à la sienne ;
Que d'une serge honnête elle ait son vêtement,
Et ne porte le noir qu'aux bons jours seulement ;
Qu'enfermée au logis, en personne bien sage,
Elle s'applique toute aux choses du ménage,
A recoudre mon linge aux heures de loisir,
Ou bien à tricoter quelques bas par plaisir ;
Qu'aux discours des muguets elle ferme l'oreille,
Et ne sorte jamais sans avoir qui la veille.
Enfin la chair est faible, et j'entends tous les bruits.
Je ne veux point porter de cornes, si je puis ;
Et comme à m'épouser sa fortune l'appelle,
Je prétends, corps pour corps, pouvoir répondre d'elle.

ISABELLE.

Vous n'avez pas sujet, que je crois...

SGANARELLE.

Taisez-vous.

Je vous apprendrai bien s'il faut sortir sans nous.
LÉONOR.
Quoi donc, monsieur...
SGANARELLE.
Mon Dieu, madame, sans langage,
Je ne vous parle pas, car vous êtes trop sage[1].
LÉONOR.
Voyez-vous Isabelle avec nous à regret?
SGANARELLE.
Oui, vous me la gâtez, puisqu'il faut parler net.
Vos visites ici ne font que me déplaire,
Et vous m'obligerez de ne nous en plus faire.
LÉONOR.
Voulez-vous que mon cœur vous parle net aussi?
J'ignore de quel œil elle voit tout ceci :
Mais je sais ce qu'en moi ferait la défiance,
Et, quoiqu'un même sang nous ait donné naissance,
Nous sommes bien peu sœurs, s'il faut que chaque jour
Vos manières d'agir lui donnent de l'amour.
LISETTE.
En effet, tous ces soins sont des choses infâmes.
Sommes-nous chez les Turcs pour renfermer les femmes?
Car on dit qu'on les tient esclaves en ce lieu,
Et que c'est pour cela qu'ils sont maudits de Dieu.
Notre honneur est, monsieur, bien sujet à faiblesse,
S'il faut qu'il ait besoin qu'on le garde sans cesse.
Pensez-vous, après tout, que ces précautions
Servent de quelque obstacle à nos intentions?
Et, quand nous nous mettons quelque chose à la tête,
Que l'homme le plus fin ne soit pas une bête?
Toutes ces gardes-là sont visions de fous;
Le plus sûr est, ma foi, de se fier en nous :

---

[1] *Sage* dans l'ancienne acception de ce mot : c'est-à-dire instruite, expérimentée, savante.

Qui nous gêne se met en un péril extrême,
Et toujours notre honneur veut se garder lui-même.
C'est nous inspirer presque un désir de pécher,
Que montrer tant de soins de nous en empêcher;
Et, si par un mari je me voyais contrainte,
J'aurais fort grande pente à confirmer sa crainte.

SGANARELLE, à Ariste.

Voilà, beau précepteur, votre éducation.
Et vous souffrez cela sans nulle émotion?

ARISTE.

Mon frère, son discours ne doit que faire rire :
Elle a quelque raison en ce qu'elle veut dire.
Leur sexe aime à jouir d'un peu de liberté;
On le retient fort mal par tant d'austérité;
Et les soins défiants, les verrous et les grilles
Ne font pas la vertu des femmes ni des filles :
C'est l'honneur qui les doit tenir dans le devoir,
Non la sévérité que nous leur faisons voir.
C'est une étrange chose, à vous parler sans feinte,
Qu'une femme qui n'est sage que par contrainte.
En vain sur tous ses pas nous prétendons régner;
Je trouve que le cœur est ce qu'il faut gagner;
Et je ne tiendrais, moi, quelque soin qu'on se donne,
Mon honneur guère sûr aux mains d'une personne
A qui, dans les désirs qui pourraient l'assaillir,
Il ne manquerait rien qu'un moyen de faillir.

SGANARELLE.

Chansons que tout cela.

ARISTE.

Soit; mais je tiens sans cesse
Qu'il nous faut en riant instruire la jeunesse,
Reprendre ses défauts avec grande douceur,
Et du nom de vertu ne lui point faire peur.
Mes soins pour Léonor ont suivi ces maximes;
Des moindres libertés je n'ai point fait des crimes,

A ses jeunes désirs j'ai toujours consenti,
Et je ne m'en suis point, grâce au ciel, repenti.
J'ai souffert qu'elle ait vu les belles compagnies,
Les divertissements, les bals, les comédies ;
Ce sont choses, pour moi, que je tiens de tout temps
Fort propres à former l'esprit des jeunes gens ;
Et l'école du monde, en l'air dont il faut vivre,
Instruit mieux, à mon gré, que ne fait aucun livre :
Elle aime à dépenser en habits, linge et nœuds ;
Que voulez-vous ? je tâche à contenter ses vœux ;
Et ce sont des plaisirs qu'on peut, dans nos familles,
Lorsque l'on a du bien, permettre aux jeunes filles.
Un ordre paternel l'oblige à m'épouser ;
Mais mon dessein n'est pas de la tyranniser.
Je sais bien que nos ans ne se rapportent guère,
Et je laisse à son choix liberté tout entière.
Si quatre mille écus de rente bien venants,
Une grande tendresse et des soins complaisants,
Peuvent, à son avis, pour un tel mariage,
Réparer entre nous l'inégalité d'âge,
Elle peut m'épouser ; sinon, choisir ailleurs.
Je consens que sans moi ses destins soient meilleurs ;
Et j'aime mieux la voir sous un autre hyménée,
Que si contre son gré sa main m'était donnée.

SGANARELLE.

Hé ! qu'il est doucereux ! c'est tout sucre et tout miel.

ARISTE.

Enfin, c'est mon humeur, et j'en rends grâce au ciel.
Je ne suivrais jamais ces maximes sévères
Qui font que les enfants comptent les jours des pères.

SGANARELLE.

Mais ce qu'en la jeunesse on prend de liberté
Ne se retranche pas avec facilité ;
Et tous ses sentiments suivront mal votre envie,

Quand il faudra changer sa manière de vie.

ARISTE.

Et pourquoi la changer?

SGANARELLE.

Pourquoi?

ARISTE.

Oui.

SGANARELLE.

Je ne sai.

ARISTE.

Y voit-on quelque chose où l'honneur soit blessé?

SGANARELLE.

Quoi! si vous l'épousez, elle pourra prétendre
Les mêmes libertés que fille on lui voit prendre?

ARISTE.

Pourquoi non?

SGANARELLE.

Vos désirs lui seront complaisants
Jusques à lui laisser et mouches et rubans?

ARISTE.

Sans doute.

SGANARELLE.

A lui souffrir, en cervelle troublée,
De courir tous les bals et les lieux d'assemblée?

ARISTE.

Oui, vraiment.

SGANARELLE.

Et chez vous iront les damoiseaux?

ARISTE.

Et quoi donc?

SGANARELLE.

Qui joueront et donneront cadeaux?

ARISTE.

D'accord.

SGANARELLE.

Et votre femme entendra les fleurettes ?
ARISTE.

Fort bien.

SGANARELLE.

Et vous verrez ces visites muguettes
D'un œil à témoigner de n'en être point soû ?
ARISTE.

Cela s'entend.

SGANARELLE.

Allez, vous êtes un vieux fou.
(A Isabelle.)
Rentrez, pour n'ouïr point cette pratique infâme.

SCÈNE III.

ARISTE, SGANARELLE, LÉONOR, LISETTE.

ARISTE.

Je veux m'abandonner à la foi de ma femme,
Et prétends toujours vivre ainsi que j'ai vécu.
SGANARELLE.
Que j'aurai de plaisir si l'on le fait cocu !
ARISTE.
J'ignore pour quel sort mon astre m'a fait naître ;
Mais je sais que pour vous, si vous manquez de l'être,
On ne vous en doit point imputer le défaut,
Car vos soins pour cela font bien tout ce qu'il faut.
SGANARELLE.
Riez donc, beau rieur ! Oh ! que cela doit plaire,
De voir un goguenard presque sexagénaire !
LÉONOR.
Du sort dont vous parlez je le garantis, moi,

S'il faut que par l'hymen il reçoive ma foi;
Il s'y peut assurer : mais sachez que mon âme
Ne répondrait de rien, si j'étais votre femme.
LISETTE.
C'est conscience à ceux qui s'assurent en nous :
Mais c'est pain bénit, certe, à des gens comme vous.
SGANARELLE.
Allez, langue maudite, et des plus mal apprises.
ARISTE.
Vous vous êtes, mon frère, attiré ces sottises.
Adieu. Changez d'humeur, et soyez averti
Que renfermer sa femme est le mauvais parti.
Je suis votre valet.
SGANARELLE.
Je ne suis pas le vôtre.

SCÈNE IV.

SGANARELLE, seul.

Oh! que les voilà bien tous formés l'un pour l'autre
Quelle belle famille! Un vieillard insensé
Qui fait le dameret dans un corps tout cassé;
Une fille maîtresse, et coquette suprême;
Des valets impudents : non, la sagesse même
N'en viendrait pas à bout, perdrait sens et raison
A vouloir corriger une telle maison.
Isabelle pourrait perdre dans ces hantises
Les semences d'honneur qu'avec nous elle a prises,
Et, pour l'en empêcher, dans peu nous prétendons
Lui faire aller revoir nos choux et nos dindons.

SCÈNE V.

VALÈRE, SGANARELLE, ERGASTE.

VALÈRE, dans le fond du théâtre.

Ergaste, le voilà, cet Argus que j'abhorre,
Le sévère tuteur de celle que j'adore.

SGANARELLE, se croyant seul.

N'est-ce pas quelque chose enfin de surprenant
Que la corruption des mœurs de maintenant?

VALÈRE.

Je voudrais l'accoster, s'il est en ma puissance,
Et tâcher de lier avec lui connaissance.

SGANARELLE, se croyant seul.

Au lieu de voir régner cette sévérité
Qui composait si bien l'ancienne honnêteté,
La jeunesse en ces lieux, libertine[1], absolue,
Ne prend...

(Valère salue Sganarelle de loin.)

VALÈRE.

Il ne voit pas que c'est lui qu'on salue.

ERGASTE.

Son mauvais œil peut-être est de ce côté-ci.
Passons du côté droit.

SGANARELLE, se croyant seul.

Il faut sortir d'ici.
Le séjour de la ville en moi ne peut produire
Que des...

VALÈRE, en s'approchant peu à peu.

Il faut chez lui tâcher de m'introduire.

---

[1] *Libertine*, c'est-à-dire : voulant sa liberté.

SGANARELLE, *entendant quelque bruit.*

Heu! j'ai cru qu'on parlait.

(*Se croyant seul.*)

Aux champs, grâces aux cieux
Les sottises du temps ne blessent point mes yeux.

ERGASTE, *à Valère.*

Abordez-le.

SGANARELLE, *entendant encore du bruit.*

Plaît-il?

(*N'entendant plus rien.*)

Les oreilles me cornent.

(*Se croyant seul.*)

Là, tous les passe-temps de nos filles se bornent...

(*Il aperçoit Valère qui le salue.*)

Est-ce à nous?

ERGASTE, *à Valère.*

Approchez.

SGANARELLE, *sans prendre garde à Valère.*

Là, nul godelureau

(*Valère le salue encore.*)

Ne vient... Que diable!

(*Il se retourne et voit Ergaste qui le salue de l'autre côté.*)

Encor! Que de coups de chapeau!

VALÈRE.

Monsieur, un tel abord vous interrompt peut-être?

SGANARELLE.

Cela se peut.

VALÈRE.

Mais quoi! l'honneur de vous connaître
Est un si grand bonheur, est un si doux plaisir,
Que de vous saluer j'avais un grand désir.

SGANARELLE.

Soit.

VALÈRE.

Et de vous venir, mais sans nul artifice,
Assurer que je suis tout à votre service.

SGANARELLE.

Je le crois.

VALÈRE.

J'ai le bien d'être de vos voisins,
Et j'en dois rendre grâce à mes heureux destins.

SGANARELLE.

C'est bien fait.

VALÈRE.

Mais, monsieur, savez-vous les nouvelles
Que l'on dit à la cour, et qu'on tient pour fidèles?

SGANARELLE.

Que m'importe!

VALÈRE.

Il est vrai; mais pour les nouveautés
On peut avoir parfois des curiosités.
Vous irez voir, monsieur, cette magnificence
Que de notre Dauphin prépare la naissance?

SGANARELLE.

Si je veux.

VALÈRE.

Avouons que Paris nous fait part
De cent plaisirs charmants qu'on n'a point autre part :
Les provinces auprès sont des lieux solitaires.
A quoi donc passez-vous le temps?

SGANARELLE.

A mes affaires.

VALÈRE.

L'esprit veut du relâche, et succombe parfois
Par trop d'attachement aux sérieux emplois.
Que faites-vous les soirs avant qu'on se retire?

SGANARELLE.

Ce qui me plaît.

VALÈRE.

Sans doute on ne peut pas mieux dire :
Cette réponse est juste, et le bon sens paraît

A ne vouloir jamais faire que ce qui plaît.
Si je ne vous croyais l'âme trop occupée,
J'irais parfois chez vous passer l'après-soupée.

SGANARELLE.

Serviteur.

SCÈNE VI.

VALÈRE, ERGASTE.

VALÈRE.

Que dis-tu de ce bizarre fou?

ERGASTE.

Il a le repart brusque et l'accueil loup-garou.

VALÈRE.

Ah! j'enrage.

ERGASTE.

Et de quoi?

VALÈRE.

De quoi c'est que j'enrage?
De voir celle que j'aime au pouvoir d'un sauvage,
D'un dragon surveillant, dont la sévérité
Ne lui laisse jouir d'aucune liberté.

ERGASTE.

C'est ce qui fait pour vous ; et sur ces conséquences
Votre amour doit fonder de grandes espérances.
Apprenez, pour avoir votre esprit raffermi,
Qu'une femme qu'on garde est gagnée à demi,
Et que les noirs chagrins des maris ou des pères
Ont toujours du galant avancé les affaires.
Je coquette fort peu, c'est mon moindre talent,
Et de profession je ne suis point galant :
Mais j'en ai servi vingt de ces chercheurs de proie,

ACTE I. SCÈNE VI.

Qui disaient fort souvent que leur plus grande joie
Était de rencontrer de ces maris fâcheux,
Qui jamais sans gronder ne reviennent chez eux;
De ces brutaux fieffés, qui, sans raison ni suite,
De leurs femmes en tout contrôlent la conduite;
Et, du nom de mari fièrement se parants,
Leur rompent en visière aux yeux des soupirants.
On en sait, disent-ils, prendre ses avantages;
Et l'aigreur de la dame à ces sortes d'outrages,
Dont la plaint doucement le complaisant témoin,
Est un champ à pousser les choses assez loin;
En un mot, ce vous est une attente assez belle
Que la sévérité du tuteur d'Isabelle.

VALÈRE.

Mais, depuis quatre mois que je l'aime ardemment,
Je n'ai pour lui parler pu trouver un moment.

ERGASTE.

L'amour rend inventif; mais vous ne l'êtes guère :
Et si j'avais été...

VALÈRE.

Mais qu'aurais-tu pu faire,
Puisque sans ce brutal on ne la voit jamais;
Et qu'il n'est là dedans servantes ni valets
Dont, par l'appât flatteur de quelque récompense,
Je puisse pour mes feux ménager l'assistance?

ERGASTE.

Elle ne sait donc pas encor que vous l'aimez?

VALÈRE.

C'est un point dont mes vœux ne sont point informés.
Partout où ce farouche a conduit cette belle,
Elle m'a toujours vu comme une ombre après elle,
Et mes regards aux siens ont tâché chaque jour
De pouvoir expliquer l'excès de mon amour.
Mes yeux ont fort parlé; mais qui me peut apprendre
Si leur langage enfin a pu se faire entendre?

ERGASTE.

Ce langage, il est vrai, peut être obscur parfois,
S'il n'a pour truchement l'écriture ou la voix.

VALÈRE.

Que faire pour sortir de cette peine extrême,
Et savoir si la belle a connu que je l'aime?
Dis-m'en quelque moyen.

ERGASTE.

C'est ce qu'il faut trouver :
Entrons un peu chez vous, afin d'y mieux rêver.

FIN DU PREMIER ACTE

ACTE DEUXIÈME.

SCÈNE I.

ISABELLE, SGANARELLE.

SGANARELLE.

Va, je sais la maison, et connais la personne
Aux marques seulement que ta bouche me donne.

ISABELLE, à part.

O ciel! sois-moi propice, et seconde en ce jour
Le stratagème adroit d'une innocente amour!

SGANARELLE.

Dis-tu pas qu'on t'a dit qu'il s'appelle Valère?

ISABELLE.

Oui.

SGANARELLE.

Va, sois en repos, rentre, et me laisse faire;
Je vais parler sur l'heure à ce jeune étourdi.

ISABELLE, en s'en allant.

Je fais, pour une fille, un projet bien hardi;
Mais l'injuste rigueur dont envers moi l'on use
Dans tout esprit bien fait me servira d'excuse.

SCÈNE II.

SGANARELLE, seul.

(Il va frapper à la porte de Valère.)
Ne perdons point de temps; c'est ici. Qui va là?
Bon, je rêve. Holà! dis-je, holà, quelqu'un! holà!
Je ne m'étonne pas, après cette lumière,
S'il y venait tantôt de si douce manière:
Mais je veux me hâter et de son fol espoir...

SCÈNE III.

VALÈRE, SGANARELLE, ERGASTE.

SGANARELLE, à Ergaste, qui est sorti brusquement.
Peste soit du gros bœuf, qui, pour me faire choir,
Se vient devant mes pas planter comme une perche!

VALÈRE.
Monsieur, j'ai du regret...

SGANARELLE.
     Ah! c'est vous que je cherche.

VALÈRE.
Moi, monsieur?

SGANARELLE.
   Vous. Valère est-il pas votre nom?

VALÈRE.
Oui.

SGANARELLE.
Je viens vous parler, si vous le trouvez bon.

ACTE II, SCÈNE III.

VALÈRE.

Puis-je être assez heureux pour vous rendre service?

SGANARELLE.

Non. Mais je prétends, moi, vous rendre un bon office;
Et c'est ce qui chez vous prend droit de m'amener.

VALÈRE.

Chez moi, monsieur?

SGANARELLE.

Chez vous. Faut-il tant s'étonner!

VALÈRE.

J'en ai bien du sujet; et mon âme ravie
De l'honneur...,

SGANARELLE.

Laissons là cet honneur, je vous prie.

VALÈRE.

Voulez-vous pas entrer?

SGANARELLE.

Il n'en est pas besoin.

VALÈRE.

Monsieur, de grâce.

SGANARELLE.

Non, je n'irai pas plus loin.

VALÈRE.

Tant que vous serez là, je ne puis vous entendre.

SGANARELLE.

Moi, je n'en veux bouger.

VALÈRE.

Hé bien! il faut se rendre:
Vite, puisque monsieur à cela se résout,
Donnez un siége ici.

SGANARELLE.

Je veux parler debout.

VALÈRE.

Vous souffrir de la sorte!...

SGANARELLE.

Ah! contrainte effroyable!

VALÈRE.

Cette incivilité serait trop condamnable.

SGANARELLE.

C'en est une que rien ne saurait égaler,
De n'ouïr pas les gens qui veulent nous parler.

VALÈRE.

Je vous obéis donc.

SGANARELLE.

Vous ne sauriez mieux faire.

(Ils font de grandes cérémonies pour se couvrir.)

Tant de cérémonie est fort peu nécessaire.
Voulez-vous m'écouter?

VALÈRE.

Sans doute, et de grand cœur.

SGANARELLE.

Savez-vous, dites-moi, que je suis le tuteur
D'une fille assez jeune, et passablement belle,
Qui loge en ce quartier, et qu'on nomme Isabelle?

VALÈRE.

Oui.

SGANARELLE.

Si vous le savez, je ne vous l'apprends pas.
Mais savez-vous aussi, lui trouvant des appas,
Qu'autrement qu'en tuteur sa personne me touche,
Et qu'elle est destinée à l'honneur de ma couche?

VALÈRE.

Non.

SGANARELLE.

Je vous l'apprends donc ; et qu'il est à propos
Que vos feux, s'il vous plaît, la laissent en repos.

VALÈRE.

Qui? moi, monsieur?

SGANARELLE.

Oui, vous. Mettons bas toute feinte.
VALÈRE.

Qui vous a dit que j'ai pour elle l'âme atteinte?
SGANARELLE.

Des gens à qui l'on peut donner quelque crédit.
VALÈRE.

Mais encore?
SGANARELLE.

Elle-même.
VALÈRE.

Elle?
SGANARELLE.

Elle. Est-ce assez dit?
Comme une fille honnête, et qui m'aime d'enfance,
Elle vient de m'en faire entière confidence;
Et de plus, m'a chargé de vous donner avis
Que, depuis que par vous tous ses pas sont suivis,
Son cœur, qu'avec excès votre poursuite outrage,
N'a que trop de vos yeux entendu le langage;
Que vos secrets désirs lui sont assez connus,
Et que c'est vous donner des soucis superflus
De vouloir davantage expliquer une flamme
Qui choque l'amitié que me garde son âme.
VALÈRE.

C'est elle, dites-vous, qui de sa part vous fait...
SGANARELLE.

Oui, vous venir donner cet avis franc et net;
Et qu'ayant vu l'ardeur dont votre âme est blessée,
Elle vous eût plus tôt fait savoir sa pensée,
Si son cœur avait eu, dans son émotion,
A qui pouvoir donner cette commission;
Mais qu'enfin les douleurs d'une contrainte extrême
L'ont réduite à vouloir se servir de moi-même,
Pour vous rendre averti, comme je vous ai dit,

Qu'à tout autre que moi son cœur est interdit,
Que vous avez assez joué de la prunelle,
Et que, si vous avez tant soit peu de cervelle,
Vous prendrez d'autres soins. Adieu, jusqu'au revoir,
Voilà ce que j'avais à vous faire savoir.

VALÈRE, bas.

Ergaste, que dis-tu d'une telle aventure?

SGANARELLE, bas, à part.

Le voilà bien surpris!

ERGASTE, bas, à Valère.

Selon ma conjecture,
Je tiens qu'elle n'a rien de déplaisant pour vous,
Qu'un mystère assez fin est caché là-dessous,
Et qu'enfin cet avis n'est pas d'une personne
Qui veuille voir cesser l'amour qu'elle vous donne.

SGANARELLE, à part.

Il en tient comme il faut.

VALÈRE, bas, à Ergaste.

Tu crois mystérieux...

ERGASTE, bas.

Oui... Mais il nous observe, ôtons-nous de ses yeux.

SCÈNE IV.

SGANARELLE, seul.

Que sa confusion paraît sur son visage!
Il ne s'attendait pas, sans doute, à ce message.
Appelons Isabelle : elle montre le fruit
Que l'éducation dans une âme produit.
La vertu fait ses soins, et son cœur s'y consomme
Jusques à s'offenser des seuls regards d'un homme.

SCÈNE V.

ISABELLE, SGANARELLE.

ISABELLE, *bas, en entrant*
J'ai peur que cet amant, plein de sa passion,
N'ait pas de mon avis compris l'intention ;
Et j'en veux, dans les fers où je suis prisonnière,
Hasarder un qui parle avec plus de lumière.

SGANARELLE.
Me voilà de retour.

ISABELLE.
Hé bien?

SGANARELLE.
Un plein effet
A suivi tes discours, et ton homme a son fait.
Il me voulait nier que son cœur fût malade ;
Mais lorsque de ta part j'ai marqué l'ambassade,
Il est resté d'abord et muet et confus,
Et je ne pense pas qu'il y revienne plus.

ISABELLE.
Ah ! que me dites-vous? J'ai bien peur du contraire,
Et qu'il ne nous prépare encor plus d'une affaire.

SGANARELLE.
Et sur quoi fondes-tu cette peur que tu dis?

ISABELLE.
Vous n'avez pas été plutôt hors du logis,
Qu'ayant, pour prendre l'air, la tête à ma fenêtre,
J'ai vu dans ce détour un jeune homme paraître,
Qui d'abord, de la part de cet impertinent,
Est venu me donner un bonjour surprenant,
Et m'a, droit dans ma chambre, une boîte jetée

Qui renferme une lettre en poulet cachetée.
J'ai voulu sans tarder lui rejeter le tout;
Mais ses pas de la rue avaient gagné le bout,
Et je m'en sens le cœur tout gros de fâcherie.

SGANARELLE.

Voyez un peu la ruse et la friponnerie!

ISABELLE.

Il est de mon devoir de faire promptement
Reporter boîte et lettre à ce maudit amant;
Et j'aurais pour cela besoin d'une personne;
Car d'oser à vous-même...

SGANARELLE.

Au contraire, mignonne,
C'est me faire mieux voir ton amour et ta foi,
Et mon cœur avec joie accepte cet emploi;
Tu m'obliges par là plus que je ne puis dire.

ISABELLE.

Tenez donc.

SGANARELLE.

Bon. Voyons ce qu'il a pu t'écrire.

ISABELLE.

Ah! ciel, gardez-vous bien de l'ouvrir.

SGANARELLE.

Et pourquoi?

ISABELLE.

Lui voulez-vous donner à croire que c'est moi?
Une fille d'honneur doit toujours se défendre
De lire les billets qu'un homme lui fait rendre.
La curiosité qu'on fait lors éclater
Marque un secret plaisir de s'en ouïr conter :
Et je trouve à propos que, toute cachetée,
Cette lettre lui soit promptement reportée,
Afin que d'autant mieux il connaisse aujourd'hui
Le mépris éclatant que mon cœur fait de lui;
Que ses feux désormais perdent toute espérance,

Et n'entreprennent plus pareille extravagance.
SGANARELLE.
Certes, elle a raison lorsqu'elle parle ainsi.
Va, ta vertu me charme, et ta prudence aussi :
Je vois que mes leçons ont germé dans ton âme,
Et tu te montres digne enfin d'être ma femme.
ISABELLE.
Je ne veux pas pourtant gêner votre désir.
La lettre est en vos mains, et vous pouvez l'ouvrir.
SGANARELLE.
Non, je n'ai garde; hélas! tes raisons sont trop bonnes,
Et je vais m'acquitter du soin que tu me donnes;
A quatre pas de là dire ensuite deux mots,
Et revenir ici te remettre en repos.

SCÈNE VI.

SGANARELLE, seul.

Dans quel ravissement est-ce que mon cœur nage,
Lorsque je vois en elle une fille si sage!
C'est un trésor d'honneur que j'ai dans ma maison
Prendre un regard d'amour pour une trahison,
Recevoir un poulet comme une injure extrême,
Et le faire au galant reporter par moi-même!
Je voudrais bien savoir, en voyant tout ceci,
Si celle de mon frère en userait ainsi.
Ma foi, les filles sont ce que l'on les fait être.
Holà!
(Il frappe à la porte de Valère.

SCÈNE VII.

SGANARELLE, ERGASTE.

ERGASTE.

Qu'est-ce?

SGANARELLE.

Tenez, dites à votre maître
Qu'il ne s'ingére pas d'oser écrire encor
Des lettres qu'il envoie avec des boîtes d'or,
Et qu'Isabelle en est puissamment irritée.
Voyez, on ne l'a pas au moins décachetée;
Il connaîtra l'état que l'on fait de ses feux,
Et quel heureux succès il doit espérer d'eux.

SCÈNE VIII.

VALÈRE, ERGASTE.

VALÈRE.

Que vient de te donner cette farouche bête?

ERGASTE.

Cette lettre, monsieur, qu'avecque cette boîte
On prétend qu'ait reçue Isabelle de vous,
Et dont elle est, dit-il, en un fort grand courroux.
C'est sans vouloir l'ouvrir qu'elle vous la fait rendre.
Lisez vite, et voyons si je me puis méprendre.

VALÈRE lit.

« Cette lettre vous surprendra sans doute, et l'on peut
» trouver bien hardi pour moi, et le dessein de vous

» l'écrire, et la manière de vous la faire tenir; mais je me
» vois dans un état à ne plus garder de mesures. La juste
» horreur d'un mariage dont je suis menacée dans six jours,
» me fait hasarder toutes choses; et, dans la résolution de
» m'en affranchir par quelque voie que ce soit, j'ai cru que
» je devais plutôt vous choisir que le désespoir. Ne croyez
» pas pourtant que vous soyez redevable de tout à ma mau-
» vaise destinée : ce n'est pas la contrainte où je me trouve
» qui a fait naître les sentiments que j'ai pour vous; mais
» c'est elle qui en précipite le témoignage, et qui me fait
» passer sur des formalités où la bienséance du sexe oblige.
» Il ne tiendra qu'à vous que je sois à vous bientôt, et j'at-
» tends seulement que vous m'ayez marqué les intentions
» de votre amour, pour vous faire savoir la résolution que
» j'ai prise; mais, surtout, songez que le temps presse, et
» que deux cœurs qui s'aiment doivent s'entendre à demi
» mot. »

ERGASTE.

Hé bien! monsieur, le tour est-il d'original ?
Pour une jeune fille elle n'en sait pas mal.
De ces ruses d'amour la croirait-on capable ?

VALÈRE.

Ah! je la trouve là tout à fait adorable.
Ce trait de son esprit et de son amitié
Accroît pour elle encor mon amour de moitié,
Et joint aux sentiments que sa beauté m'inspire...

ERGASTE.

La dupe vient; songez à ce qu'il vous faut dire.

SCÈNE IX.

SGANARELLE, VALÈRE, ERGASTE

SGANARELLE, se croyant seul.

Oh! trois et quatre fois béni soit cet édit
Par qui des vêtements le luxe est interdit!
Les peines des maris ne seront plus si grandes,
Et les femmes auront un frein à leurs demandes.
Oh! que je sais au roi bon gré de ces décris[1]!
Et que, pour le repos de ces mêmes maris,
Je voudrais bien qu'on fît de la coquetterie
Comme de la guipure et de la broderie!
J'ai voulu l'acheter, l'édit, expressément,
Afin que d'Isabelle il soit lu hautement;
Et ce sera tantôt, n'étant plus occupée,
Le divertissement de notre après-soupée.

(Apercevant Valère.)

Enverrez-vous encor, monsieur aux blonds cheveux,
Avec des boîtes d'or des billets amoureux?
Vous pensiez bien trouver quelque jeune coquette,
Friande de l'intrigue, et tendre à la fleurette?
Vous voyez de quel air on reçoit vos joyaux?
Croyez-moi, c'est tirer votre poudre aux moineaux.
Elle est sage, elle m'aime, et votre amour l'outrage;
Prenez visée ailleurs, et troussez-moi bagage.

VALÈRE.

Oui, oui, votre mérite, à qui chacun se rend,
Est à mes yeux, monsieur, un obstacle trop grand;

---

[1] On appelait ainsi le cri public par lequel on défendait soit le cours de quelque monnaie, soit la fabrication ou la vente de quelque marchandise.

ACTE II. SCÈNE IX.

Et c'est folie à moi, dans mon ardeur fidèle,
De prétendre avec vous à l'amour d'Isabelle.

SGANARELLE.

Il est vrai, c'est folie.

VALÈRE.

Aussi n'aurais-je pas
Abandonné mon cœur à suivre ses appas,
Si j'avais pu savoir que ce cœur misérable
Dût trouver un rival comme vous redoutable.

SGANARELLE.

Je le crois.

VALÈRE.

Je n'ai garde à présent d'espérer ;
Je vous cède, monsieur, et c'est sans murmurer.

SGANARELLE.

Vous faites bien.

VALÈRE.

Le droit de la sorte l'ordonne,
Et de tant de vertus brille votre personne,
Que j'aurais tort de voir d'un regard de courroux
Les tendres sentiments qu'Isabelle a pour vous.

SGANARELLE.

Cela s'entend.

VALÈRE.

Oui, oui, je vous quitte la place :
Mais je vous prie au moins, et c'est la seule grâce,
Monsieur, que vous demande un misérable amant
Dont vous seul aujourd'hui causez tout le tourment,
Je vous conjure donc d'assurer Isabelle
Que si depuis trois mois mon cœur brûle pour elle,
Cette amour est sans tache, et n'a jamais pensé
A rien dont son honneur ait lieu d'être offensé.

SGANARELLE.

Oui.

VALÈRE.

Que, ne dépendant que du choix de mon âme,
Tous mes desseins étaient de l'obtenir pour femme,
Si les destins, en vous qui captivez son cœur,
N'opposaient un obstacle à cette juste ardeur.

SGANARELLE.

Fort bien.

VALÈRE.

Que, quoi qu'on fasse, il ne lui faut pas croire
Que jamais ses appas sortent de ma mémoire;
Que, quelque arrêt des cieux qu'il me faille subir,
Mon sort est de l'aimer jusqu'au dernier soupir;
Et que, si quelque chose étouffe mes poursuites,
C'est le juste respect que j'ai pour vos mérites.

SGANARELLE.

C'est parler sagement; et je vais de ce pas
Lui faire ce discours, qui ne la choque pas :
Mais, si vous me croyez, tâchez de faire en sorte
Que de votre cerveau cette passion sorte.
Adieu.

ERGASTE, à Valère.

La dupe est bonne!

SCÈNE X.

SGANARELLE, seul.

Il me fait grand'pitié,
Ce pauvre malheureux tout rempli d'amitié;
Mais c'est un mal pour lui de s'être mis en tête
De vouloir prendre un fort qui se voit ma conquête.

(Sganarelle heurte à sa porte.)

SCÈNE XI.

SGANARELLE, ISABELLE.

SGANARELLE.

Jamais amant n'a fait tant de trouble éclater,
Au poulet renvoyé sans se décacheter :
Il perd toute espérance enfin, et se retire;
Mais il m'a tendrement conjuré de te dire
Que du moins en t'aimant il n'a jamais pensé
A rien dont ton honneur ait lieu d'être offensé,
Et que, ne dépendant que du choix de son âme,
Tous ses désirs étaient de t'obtenir pour femme,
Si les destins, en moi qui captive ton cœur,
N'opposaient un obstacle à cette juste ardeur;
Que, quoi qu'on puisse faire, il ne te faut pas croire
Que jamais tes appas sortent de sa mémoire;
Que, quelque arrêt des cieux qu'il lui faille subir,
Son sort est de t'aimer jusqu'au dernier soupir;
Et que si quelque chose étouffe sa poursuite,
C'est le juste respect qu'il a pour mon mérite.
Ce sont ses propres mots; et, loin de le blâmer,
Je le trouve honnête homme, et le plains de t'aimer.

ISABELLE, bas.

Ses feux ne trompent point ma secrète croyance,
Et toujours ses regards m'en ont dit l'innocence.

SGANARELLE.

Que dis-tu?

ISABELLE.

Qu'il m'est dur que vous plaigniez si fort
Un homme que je hais à l'égal de la mort;
Et que, si vous m'aimiez autant que vous le dites,

Vous sentiriez l'affront que me font les poursuites.

SGANARELLE.

Mais il ne savait pas tes inclinations ;
Et, par l'honnêteté de ses intentions,
Son amour ne mérite...

ISABELLE.

Est-ce les avoir bonnes,
Dites-moi, de vouloir enlever les personnes?
Est-ce être homme d'honneur, de former des desseins
Pour m'épouser de force en m'ôtant de vos mains?
Comme si j'étais fille à supporter la vie,
Après qu'on m'aurait fait une telle infamie!

SGANARELLE.

Comment?

ISABELLE.

Oui, oui, j'ai su que ce traître d'amant
Parle de m'obtenir par un enlèvement ;
Et j'ignore, pour moi, les pratiques secrètes
Qui l'ont instruit si tôt du dessein que vous faites
De me donner la main dans huit jours au plus tard,
Puisque ce n'est que d'hier que vous m'en fîtes part ;
Mais il veut prévenir, dit-on, cette journée
Qui doit à votre sort unir ma destinée.

SGANARELLE.

Voilà qui ne vaut rien.

ISABELLE.

Oh! que pardonnez-moi!
C'est un fort honnête homme, et qui ne sent pour moi...

SGANARELLE.

Il a tort; et ceci passe la raillerie.

ISABELLE.

Allez, votre douceur entretient sa folie ;
S'il vous eût vu tantôt lui parler vertement,
Il craindrait vos transports et mon ressentiment :

Car c'est encor depuis sa lettre méprisée,
Qu'il a dit ce dessein qui m'a scandalisée;
Et son amour conserve, ainsi que je l'ai su,
La croyance qu'il est dans mon cœur bien reçu,
Que je fuis votre hymen, quoi que le monde en croie,
Et me verrais tirer de vos mains avec joie.

SGANARELLE.

Il est fou.

ISABELLE.

Devant vous il sait se déguiser,
Et son intention est de vous amuser.
Croyez par ces beaux mots que le traître vous joue.
Je suis bien malheureuse, il faut que je l'avoue,
Qu'avecque tous mes soins pour vivre dans l'honneur,
Et rebuter les vœux d'un lâche suborneur,
Il faille être exposée aux fâcheuses surprises
De voir faire sur moi d'infâmes entreprises!

SGANARELLE.

Va, ne redoute rien.

ISABELLE.

Pour moi, je vous le di,
Si vous n'éclatez fort contre un trait si hardi,
Et ne trouvez bientôt moyen de me défaire
Des persécutions d'un pareil téméraire,
J'abandonnerai tout, et renonce à l'ennui
De souffrir les affronts que je reçois de lui.

SGANARELLE.

Ne t'afflige point tant; va, ma petite femme,
Je m'en vais le trouver, et lui chanter sa gamme.

ISABELLE.

Dites-lui bien au moins qu'il le nierait en vain,
Que c'est de bonne part qu'on m'a dit son dessein;
Et qu'après cet avis, quoi qu'il puisse entreprendre,
J'ose le défier de me pouvoir surprendre;
Enfin que, sans plus perdre et soupirs et moments,

Il doit savoir pour vous quels sont mes sentiments ;
Et que, si d'un malheur il ne veut être cause,
Il ne se fasse pas deux fois dire une chose.

SGANARELLE.

Je dirai ce qu'il faut.

ISABELLE.

Mais tout cela d'un ton
Qui marque que mon cœur lui parle tout de bon.

SGANARELLE.

Va, je n'oublierai rien, je t'en donne assurance.

ISABELLE.

J'attends votre retour avec impatience ;
Hâtez-le, s'il vous plaît, de tout votre pouvoir.
Je languis quand je suis un moment sans vous voir.

SGANARELLE.

Va, pouponne, mon cœur, je reviens tout à l'heure.

SCÈNE XII.

SGANARELLE, seul.

Est-il une personne et plus sage et meilleure ?
Ah ! que je suis heureux ! et que j'ai de plaisir
De trouver une femme au gré de mon désir !
Oui, voilà comme il faut que les femmes soient faites ;
Et non, comme j'en sais, de ces franches coquettes
Qui s'en laissent conter, et font dans tout Paris
Montrer au bout du doigt leurs honnêtes maris.

(Il frappe à la porte de Valère.)

Holà ! notre galant aux belles entreprises !

SCÈNE XIII.

VALÈRE, SGANARELLE, ERGASTE.

VALÈRE.
Monsieur, qui vous ramène en ces lieux?
SGANARELLE.
         Vos sottises.
VALÈRE.
Comment?

SGANARELLE.
 Vous savez bien de quoi je veux parler.
Je vous croyais plus sage, à ne vous rien celer.
Vous venez m'amuser de vos belles paroles,
Et conservez sous main des espérances folles.
Voyez-vous, j'ai voulu doucement vous traiter;
Mais vous m'obligerez à la fin d'éclater.
N'avez-vous point de honte, étant ce que vous êtes,
De faire en votre esprit les projets que vous faites?
De prétendre enlever une fille d'honneur,
Et troubler un hymen qui fait tout son bonheur?

VALÈRE.
Qui vous a dit, monsieur, cette étrange nouvelle?

SGANARELLE.
Ne dissimulons point, je la tiens d'Isabelle,
Qui vous mande par moi, pour la dernière fois;
Qu'elle vous a fait voir assez quel est son choix;
Que son cœur, tout à moi, d'un tel projet s'offense;
Qu'elle mourrait plutôt qu'en souffrir l'insolence;
Et que vous causerez de terribles éclats,
Si vous ne mettez fin à tout cet embarras.

VALÈRE.

S'il est vrai qu'elle ait dit ce que je viens d'entendre,
J'avouerai que mes feux n'ont plus rien à prétendre;
Par ces mots assez clairs je vois tout terminé,
Et je dois révérer l'arrêt qu'elle a donné.

SGANARELLE.

Si?... Vous en doutez donc, et prenez pour des feintes
Tout ce que de sa part je vous ai fait de plaintes?
Voulez-vous qu'elle-même elle explique son cœur?
J'y consens volontiers, pour vous tirer d'erreur.
Suivez-moi, vous verrez s'il est rien que j'avance,
Et si son jeune cœur entre nous deux balance.

(Il va frapper à sa porte.)

SCÈNE XIV.

ISABELLE, SGANARELLE, VALÈRE, ERGASTE.

ISABELLE.

Quoi! vous me l'amenez! Quel est votre dessein?
Prenez-vous contre moi ses intérêts en main?
Et voulez-vous, charmé de ses rares mérites,
M'obliger à l'aimer, et souffrir ses visites?

SGANARELLE.

Non, ma mie, et ton cœur pour cela m'est trop cher :
Mais il prend mes avis pour des contes en l'air,
Croit que c'est moi qui parle et te fais, par adresse,
Pleine pour lui de haine, et pour moi de tendresse;
Et par toi-même enfin j'ai voulu, sans retour,
Le tirer d'une erreur qui nourrit son amour.

ISABELLE, à Valère.

Quoi! mon âme à vos yeux ne se montre pas toute,
Et de mes vœux encor vous pouvez être en doute?

ACTE II. SCÈNE XIV.

VALÈRE.

Oui, tout ce que monsieur de votre part m'a dit,
Madame, a bien pouvoir de surprendre un esprit.
J'ai douté, je l'avoue; et cet arrêt suprême,
Qui décide du sort de mon amour extrême,
Doit m'être assez touchant, pour ne pas s'offenser
Que mon cœur par deux fois le fasse prononcer.

ISABELLE.

Non, non, un tel arrêt ne doit pas vous surprendre :
Ce sont mes sentiments qu'il vous a fait entendre;
Et je les tiens fondés sur assez d'équité,
Pour en faire éclater toute la vérité.
Oui, je veux bien qu'on sache, et j'en dois être crue,
Que le sort offre ici deux objets à ma vue,
Qui, m'inspirant pour eux différents sentiments,
De mon cœur agité font tous les mouvements.
L'un, par un juste choix où l'honneur m'intéresse,
A toute mon estime et toute ma tendresse;
Et l'autre, pour le prix de son affection,
A toute ma colère et mon aversion.
La présence de l'un m'est agréable et chère,
J'en reçois dans mon âme une allégresse entière;
Et l'autre, par sa vue, inspire dans mon cœur
De secrets mouvements et de haine et d'horreur.
Me voir femme de l'un est toute mon envie;
Et, plutôt qu'être à l'autre, on m'ôterait la vie.
Mais c'est assez montrer mes justes sentiments,
Et trop longtemps languir dans ces rudes tourments;
Il faut que ce que j'aime, usant de diligence,
Fasse à ce que je hais perdre toute espérance,
Et qu'un heureux hymen affranchisse mon sort
D'un supplice pour moi plus affreux que la mort.

SGANARELLE.

Oui, mignonne, je songe à remplir ton attente.

ISABELLE.

C'est l'unique moyen de me rendre contente.

SGANARELLE.

Tu la seras dans peu.

ISABELLE.

Je sais qu'il est honteux
Aux filles d'expliquer si librement leurs vœux...

SGANARELLE.

Point, point.

ISABELLE.

Mais, en l'état où sont mes destinées,
De telles libertés doivent m'être données;
Et je puis, sans rougir, faire un aveu si doux
A celui que déjà je regarde en époux.

SGANARELLE.

Oui, ma pauvre fanfan, pouponne de mon âme!

ISABELLE.

Qu'il songe donc, de grâce, à me prouver sa flamme!

SGANARELLE.

Oui, tiens, baise ma main.

ISABELLE.

Que sans plus de soupirs
Il conclue un hymen qui fait tous mes désirs,
Et reçoive en ce lieu la foi que je lui donne
De n'écouter jamais les vœux d'autre personne.

(Elle fait semblant d'embrasser Sganarelle, et donne sa main à baiser à Valère.)

SGANARELLE.

Hai, hai, mon petit nez, pauvre petit bouchon,
Tu ne languiras pas longtemps, je t'en répond.

(A Valère.)

Va, chut. Vous le voyez, je ne lui fais pas dire,
Ce n'est qu'après moi seul que son âme respire.

VALÈRE.

Hé bien! madame, hé bien! c'est s'expliquer assez;
Je vois par ce discours de quoi vous me pressez,

Et je saurai dans peu vous ôter la présence
De celui qui vous fait si grande violence.

ISABELLE.

Vous ne me sauriez faire un plus charmant plaisir ;
Car enfin cette vue est fâcheuse à souffrir,
Elle m'est odieuse ; et l'horreur est si forte...

SGANARELLE.

Eh ! eh !

ISABELLE.

Vous offensé-je en parlant de la sorte ?
Fais-je...

SGANARELLE.

Mon Dieu ! nenni, je ne dis pas cela ;
Mais je plains, sans mentir, l'état où le voilà ;
Et c'est trop hautement que ta haine se montre.

ISABELLE.

Je n'en puis trop montrer en pareille rencontre.

VALÈRE.

Oui, vous serez contente ; et, dans trois jours, vos yeux
Ne verront plus l'objet qui vous est odieux.

ISABELLE.

A la bonne heure. Adieu.

SGANARELLE, à Valère.

Je plains votre infortune ;
Mais...

VALÈRE.

Non, vous n'entendrez de mon cœur plainte aucune.
Madame assurément rend justice à tous deux,
Et je vais travailler à contenter ses vœux.
Adieu.

SGANARELLE.

Pauvre garçon ! sa douleur est extrême.
Tenez, embrassez-moi : c'est un autre elle-même.

(Il embrasse Valère.)

SCÈNE XV.

ISABELLE, SGANARELLE.

SGANARELLE.

Je le tiens fort à plaindre.

ISABELLE.

Allez, il ne l'est point.

SGANARELLE.

Au reste, ton amour me touche au dernier point,
Mignonnette, et je veux qu'il ait sa récompense.
C'est trop que de huit jours pour ton impatience;
Dès demain je t'épouse, et n'y veux appeler...

ISABELLE.

Dès demain?

SGANARELLE.

Par pudeur tu feins d'y reculer :
Mais je sais bien la joie où ce discours te jette,
Et tu voudrais déjà que la chose fût faite.

ISABELLE.

Mais...

SGANARELLE.

Pour ce mariage allons tout préparer.

ISABELLE, à part.

O ciel! inspire-moi ce qui peut le parer!

FIN DU DEUXIÈME ACTE.

ACTE TROISIÈME.

SCÈNE I.

ISABELLE, seule.

Oui, le trépas cent fois me semble moins à craindre
Que cet hymen fatal où l'on veut me contraindre;
Et tout ce que je fais pour en fuir les rigueurs
Doit trouver quelque grâce auprès de mes censeurs.
Le temps presse, il fait nuit; allons, sans crainte aucune,
A la foi d'un amant commettre ma fortune.

SCÈNE II.

SGANARELLE, ISABELLE.

SGANARELLE, parlant à ceux qui sont dans sa maison.
Je reviens, et l'on va pour demain de ma part...

ISABELLE.
O ciel!

SGANARELLE.
C'est toi, mignonne! Où vas-tu donc si tard?
Tu disais qu'en ta chambre, étant un peu lassée,

Tu t'allais renfermer, lorsque je t'ai laissée;
Et tu m'avais prié même que mon retour
T'y souffrît en repos jusques à demain jour.

ISABELLE.

Il est vrai; mais...

SGANARELLE.

Et quoi?

ISABELLE.

Vous me voyez confuse,
Et je ne sais comment vous en dire l'excuse.

SGANARELLE.

Quoi donc! que pourrait-ce être?

ISABELLE.

Un secret surprenant :
C'est ma sœur qui m'oblige à sortir maintenant,
Et qui, pour un dessein dont je l'ai fort blâmée,
M'a demandé ma chambre, où je l'ai renfermée.

SGANARELLE.

Comment?

ISABELLE.

L'eût-on pu croire? Elle aime cet amant
Que nous avons banni.

SGANARELLE.

Valère ?

ISABELLE.

Éperdument.
C'est un transport si grand, qu'il n'en est point de même;
Et vous pouvez juger de sa puissance extrême,
Puisque, seule, à cette heure, elle est venue ici
Me découvrir à moi son amoureux souci,
Me dire absolument qu'elle perdra la vie,
Si son âme n'obtient l'effet de son envie;
Que, depuis plus d'un an, d'assez vives ardeurs
Dans un secret commerce entretenaient leurs cœurs;
Et que même ils s'étaient, leur flamme étant nouvelle,

ACTE III. SCÈNE II. 419

Donné de s'épouser une foi mutuelle...
SGANARELLE.
La vilaine!
ISABELLE.
Qu'ayant appris le désespoir
Où j'ai précipité celui qu'elle aime à voir,
Elle vient me prier de souffrir que sa flamme
Puisse rompre un départ qui lui percerait l'âme :
Entretenir ce soir cet amant sous mon nom,
Par la petite rue où ma chambre répond;
Lui peindre, d'une voix qui contrefait la mienne,
Quelques doux sentiments dont l'appât le retienne,
Et ménager enfin pour elle adroitement
Ce que pour moi l'on sait qu'il a d'attachement.
SGANARELLE.
Et tu trouves cela...
ISABELLE.
Moi? j'en suis courroucée.
Quoi! ma sœur, ai-je dit, êtes-vous insensée?
Ne rougissez-vous point d'avoir pris tant d'amour
Pour ces sortes de gens qui changent chaque jour?
D'oublier votre sexe, et tromper l'espérance
D'un homme dont le ciel vous donnait l'alliance?
SGANARELLE.
Il le mérite bien; et j'en suis fort ravi.
ISABELLE.
Enfin de cent raisons mon dépit s'est servi
Pour lui bien reprocher des bassesses si grandes,
Et pouvoir cette nuit rejeter ses demandes;
Mais elle m'a fait voir de si pressants désirs,
A tant versé de pleurs, tant poussé de soupirs,
Tant dit qu'au désespoir je porterais son âme
Si je lui refusais ce qu'exige sa flamme,
Qu'à céder malgré moi mon cœur s'est vu réduit:
Et, pour justifier cette intrigue de nuit,

Où me faisait du sang relâcher la tendresse[1],
J'allais faire avec moi venir coucher Lucrèce,
Dont vous me vantez tant les vertus chaque jour :
Mais vous m'avez surprise avec ce prompt retour.

SGANARELLE.

Non, non, je ne veux point chez moi tout ce mystère.
J'y pourrais consentir à l'égard de mon frère;
Mais on peut être vu de quelqu'un de dehors;
Et celle que je dois honorer de mon corps
Non-seulement doit être et pudique et bien née,
Il ne faut pas que même elle soit soupçonnée.
Allons chasser l'infâme, et de sa passion...

ISABELLE.

Ah! vous lui donneriez trop de confusion;
Et c'est avec raison qu'elle pourrait se plaindre
Du peu de retenue où j'ai su me contraindre :
Puisque de son dessein je dois me départir,
Attendez que du moins je la fasse sortir.

SGANARELLE.

Hé bien! fais.

ISABELLE.

Mais surtout cachez-vous, je vous prie,
Et, sans lui dire rien, daignez voir sa sortie.

SGANARELLE.

Oui, pour l'amour de toi je retiens mes transports;
Mais, dès le même instant qu'elle sera dehors,
Je veux, sans différer, aller trouver mon frère :
J'aurai joie à courir lui dire cette affaire.

ISABELLE.

Je vous conjure donc de ne me point nommer.
Bonsoir; car tout d'un temps je vais me renfermer.

SGANARELLE, seul.

Jusqu'à demain, ma mie... En quelle impatience

---

[1] *Relâcher* est ici pour condescendre.

ACTE III. SCÈNE III.

Suis-je de voir mon frère, et lui conter sa chance!
Il en tient le bon homme, avec tout son phébus,
Et je n'en voudrais pas tenir vingt bons écus.

ISABELLE, dans la maison.

Oui, de vos déplaisirs l'atteinte m'est sensible;
Mais ce que vous voulez, ma sœur, m'est impossible;
Mon honneur, qui m'est cher, y court trop de hasard.
Adieu. Retirez-vous avant qu'il soit plus tard.

SGANARELLE.

La voilà qui, je crois, peste de belle sorte :
De peur qu'elle revînt, fermons à clef la porte.

ISABELLE, en sortant.

O ciel! dans mes desseins ne m'abandonnez pas!

SGANARELLE.

Où pourra-t-elle aller? suivons un peu ses pas.

ISABELLE, à part.

Dans mon trouble du moins la nuit me favorise.

SGANARELLE, à part.

Au logis du galant! quelle est son entreprise?

SCÈNE III.

VALÈRE, ISABELLE, SGANARELLE.

VALÈRE, sortant brusquement.

Oui, oui, je veux tenter quelque effort cette nuit
Pour parler... Qui va là?

ISABELLE, à Valère.

　　　　　Ne faites point de bruit,
Valère; on vous prévient, et je suis Isabelle.

SGANARELLE.

Vous en avez menti, chienne; ce n'est pas elle.
De l'honneur que tu fuis elle suit trop les lois;

Et tu prends faussement et son nom et sa voix.

ISABELLE, à Valère.

Mais à moins de vous voir par un saint hyménée...

VALÈRE.

Oui, c'est l'unique but où tend ma destinée ;
Et je vous donne ici ma foi que dès demain
Je vais où vous voudrez recevoir votre main.

SGANARELLE, à part.

Pauvre sot qui s'abuse !

VALÈRE.

Entrez en assurance :
De votre Argus dupé je brave la puissance ;
Et, devant qu'il vous pût ôter à mon ardeur,
Mon bras de mille coups lui percerait le cœur.

SCÈNE IV.

SGANARELLE, seul.

Ah ! je te promets bien que je n'ai pas envie
De te l'ôter, l'infâme à ses feux asservie ;
Que du don de ta foi je ne suis point jaloux ;
Et que, si j'en suis cru, tu seras son époux.
Oui, faisons-le surprendre avec cette effrontée :
La mémoire du père, à bon droit respectée,
Jointe au grand intérêt que je prends à la sœur,
Veut que du moins on tâche à lui rendre l'honneur.
Holà !

(Il frappe à la porte d'un commissaire.)

SCÈNE V.

SGANARELLE, LE COMMISSAIRE, LE NOTAIRE.
UN LAQUAIS avec un flambeau.

LE COMMISSAIRE.

Qu'est-ce ?

SGANARELLE.

Salut, monsieur le commissaire.
Votre présence en robe est ici nécessaire;
Suivez-moi, s'il vous plaît, avec votre clarté.

LE COMMISSAIRE.

Nous sortions...

SGANARELLE.

Il s'agit d'un fait assez hâté.

LE COMMISSAIRE.

Quoi?

SGANARELLE.

D'aller là dedans, et d'y surprendre ensemble
Deux personnes qu'il faut qu'un bon hymen assemble.
C'est une fille à nous, que, sous un don de foi[1],
Un Valère a séduite et fait entrer chez soi.
Elle sort de famille et noble et vertueuse,
Mais...

LE COMMISSAIRE.

Si c'est pour cela, la rencontre est heureuse,
Puisqu'ici nous avons un notaire.

SGANARELLE.

Monsieur?

LE NOTAIRE.

Oui, notaire royal.

---

[1] Sous prétexte de foi donnée.

LE COMMISSAIRE.

De plus, homme d'honneur.

SGANARELLE.

Cela s'en va sans dire. Entrez dans cette porte,
Et, sans bruit, ayez l'œil que personne n'en sorte :
Vous serez pleinement contentés de vos soins;
Mais ne vous laissez pas graisser la patte, au moins.

LE COMMISSAIRE.

Comment! vous croyez donc qu'un homme de justice...

SGANARELLE.

Ce que j'en dis n'est pas pour taxer votre office.
Je vais faire venir mon frère promptement :
Faites que le flambeau m'éclaire seulement.

(A part.)

Je vais le réjouir cet homme sans colère.
Holà!

(Il frappe à la porte d'Ariste.)

SCÈNE VI.

ARISTE, SGANARELLE.

ARISTE.

Qui frappe? Ah! ah! que voulez-vous, mon frère?

SGANARELLE.

Venez, beau directeur, suranné damoiseau :
On veut vous faire voir quelque chose de beau.

ARISTE.

Comment?

SGANARELLE.

Je vous apporte une bonne nouvelle.

ACTE III. SCÈNE VI.

ARISTE.

Quoi?

SGANARELLE.

Votre Léonor, où, je vous prie, est-elle?

ARISTE.

Pourquoi cette demande? Elle est, comme je crois,
Au bal chez son amie.

SGANARELLE.

     Eh! oui, oui; suivez-moi,
Vous verrez à quel bal la donzelle est allée.

ARISTE.

Que voulez-vous conter?

SGANARELLE.

      Vous l'avez bien stylée :
Il n'est pas bon de vivre en sévère censeur;
On gagne les esprits par beaucoup de douceur;
Et les soins défiants, les verrous et les grilles,
Ne font pas la vertu des femmes ni des filles;
Nous les portons au mal par tant d'austérité,
Et leur sexe demande un peu de liberté.
Vraiment elle en a pris tout son soûl, la rusée;
Et la vertu chez elle est fort humanisée.

ARISTE.

Où veut donc aboutir un pareil entretien?

SGANARELLE.

Allez, mon frère aîné, cela vous sied fort bien :
Et je ne voudrais pas pour vingt bonnes pistoles
Que vous n'eussiez ce fruit de vos maximes folles;
On voit ce qu'en deux sœurs nos leçons ont produit :
L'une fuit le galant, et l'autre le poursuit.

ARISTE.

Si vous ne me rendez cette énigme plus claire...

SGANARELLE.

L'énigme est que son bal est chez monsieur Valère;

Que, de nuit, je l'ai vue y conduire ses pas,
Et qu'à l'heure présente elle est entre ses bras.

ARISTE.

Qui?

SGANARELLE.

Léonor.

ARISTE.

Cessons de railler, je vous prie.

SGANARELLE.

Je raille... Il est fort bon avec sa raillerie.
Pauvre esprit! je vous dis, et vous redis encor
Que Valère chez lui tient votre Léonor,
Et qu'ils s'étaient promis une foi mutuelle
Avant qu'il eût songé de poursuivre Isabelle.

ARISTE.

Ce discours d'apparence est si fort dépourvu...

SGANARELLE.

Il ne le croira pas encore en l'ayant vu :
J'enrage. Par ma foi, l'âge ne sert de guère
Quand on n'a pas cela.

(Il met le doigt sur son front.)

ARISTE.

Quoi! vous voulez, mon frère...

SGANARELLE.

Mon Dieu, je ne veux rien. Suivez-moi seulement ;
Votre esprit tout à l'heure aura contentement ;
Vous verrez si j'impose, et si leur foi donnée
N'avait pas joint leurs cœurs depuis plus d'une année.

ARISTE.

L'apparence qu'ainsi, sans m'en faire avertir,
A cet engagement elle eût pu consentir?
Moi qui dans toute chose ai, depuis son enfance,
Montré toujours pour elle entière complaisance,
Et qui cent fois ai fait des protestations

De ne jamais gêner ses inclinations!
SGANARELLE.
Enfin vos propres yeux jugeront de l'affaire.
J'ai fait venir déjà commissaire et notaire;
Nous avons intérêt que l'hymen prétendu
Répare sur-le-champ l'honneur qu'elle a perdu;
Car je ne pense pas que vous soyez si lâche
De vouloir l'épouser avecque cette tache,
Si vous n'avez encor quelques raisonnements
Pour vous mettre au-dessus de tous les bernements.
ARISTE.
Moi, je n'aurai jamais cette faiblesse extrême
De vouloir posséder un cœur malgré lui-même.
Mais je ne saurais croire enfin...
SGANARELLE.
                      Que de discours!
Allons, ce procès-là continuerait toujours.

SCÈNE VII.

SGANARELLE, ARISTE, LE COMMISSAIRE, LE NOTAIRE.

LE COMMISSAIRE.
Il ne faut mettre ici nulle force en usage,
Messieurs; et si vos vœux ne vont qu'au mariage,
Vos transports en ce lieu se peuvent apaiser.
Tous deux également tendent à s'épouser;
Et Valère déjà, sur ce qui vous regarde,
A signé que pour femme il tient celle qu'il garde.
ARISTE.
La fille?...

LE COMMISSAIRE.

Est renfermée, et ne veut point sortir,
Que vos désirs aux leurs ne veuillent consentir.

SCÈNE VIII.

VALÈRE, LE COMMISSAIRE, LE NOTAIRE, SGANARELLE, ARISTE.

VALÈRE, à la fenêtre de sa maison.

Non, messieurs; et personne ici n'aura l'entrée,
Que cette volonté ne m'ait été montrée.
Vous savez qui je suis, et j'ai fait mon devoir
En vous signant l'aveu qu'on peut vous faire voir.
Si c'est votre dessein d'approuver l'alliance,
Votre main peut aussi m'en signer l'assurance;
Sinon, faites état de m'arracher le jour,
Plutôt que de m'ôter l'objet de mon amour.

SGANARELLE.

Non, nous ne songeons pas à vous séparer d'elle.
(Bas, à part.)
Il ne s'est point encor détrompé d'Isabelle;
Profitons de l'erreur.

ARISTE, à Valère.

Mais est-ce Léonor?

SGANARELLE, à Ariste.

Taisez-vous.

ARISTE.

Mais...

SGANARELLE.

Paix donc.

ARISTE.

Je veux savoir...

ACTE III. SCÈNE VIII.

SGANARELLE.

Encor?
Vous tairez-vous? vous dis-je.

VALÈRE.

Enfin, quoi qu'il avienne,
Isabelle a ma foi ; j'ai de même la sienne,
Et ne suis point un choix, à tout examiner,
Que vous soyez reçus à faire condamner.

ARISTE, à Sganarelle.

Ce qu'il dit là n'est pas...

SGANARELLE.

Taisez-vous, et pour cause;
(A Valère.)
Vous saurez le secret. Oui, sans dire autre chose,
Nous consentons tous deux que vous soyez l'époux
De celle qu'à présent on trouvera chez vous.

LE COMMISSAIRE.

C'est dans ces termes-là que la chose est conçue,
Et le nom est en blanc, pour ne l'avoir point vue.
Signez. La fille après vous mettra tous d'accord.

VALÈRE.

J'y consens de la sorte.

SGANARELLE.

Et moi, je le veux fort.
(A part.)   (Haut.)
Nous rirons bien tantôt. Là, signez donc, mon frère;
L'honneur vous appartient.

ARISTE.

Mais quoi! tout ce mystère...

SGANARELLE.

Diantre, que de façons! Signez, pauvre butor.

ARISTE.

Il parle d'Isabelle, et vous de Léonor.

SGANARELLE.

N'êtes-vous pas d'accord, mon frère, si c'est elle,

De les laisser tous deux à leur foi mutuelle?

ARISTE.

Sans doute.

SGANARELLE.

Signez donc; j'en fais de même aussi.

ARISTE.

Soit. Je n'y comprends rien.

SGANARELLE.

Vous serez éclairci.

LE COMMISSAIRE.

Nous allons revenir.

SGANARELLE, à Ariste.

Or çà, je vais vous dire
La fin de cette intrigue.

(Ils se retirent dans le fond du théâtre.)

SCÈNE IX.

LÉONOR, SGANARELLE, ARISTE, LISETTE.

LÉONOR.

O l'étrange martyre!
Que tous ces jeunes fous me paraissent fâcheux!
Je me suis dérobée au bal pour l'amour d'eux.

LISETTE.

Chacun d'eux près de vous veut se rendre agréable.

LÉONOR.

Et moi je n'ai rien vu de plus insupportable;
Et je préférerais le plus simple entretien
A tous les contes bleus de ces diseurs de rien.
Ils croyent que tout cède à leur perruque blonde,
Et pensent avoir dit le meilleur mot du monde,
Lorsqu'ils viennent d'un ton de mauvais goguenard;

Vous railler sottement sur l'amour d'un vieillard ;
Et moi, d'un tel vieillard je prise plus le zèle
Que tous les beaux transports d'une jeune cervelle.
Mais n'aperçois-je pas ?...

SGANARELLE, à Ariste.

Oui, l'affaire est ainsi.

(Apercevant Léonor.)

Ah ! je la vois paraître, et sa suivante aussi.

ARISTE.

Léonor, sans courroux, j'ai sujet de me plaindre.
Vous savez si jamais j'ai voulu vous contraindre,
Et si plus de cent fois je n'ai pas protesté
De laisser à vos vœux leur pleine liberté :
Cependant votre cœur, méprisant mon suffrage,
De foi comme d'amour à mon insu s'engage.
Je ne me repens pas de mon doux traitement ;
Mais votre procédé me touche assurément ;
Et c'est une action que n'a pas méritée
Cette tendre amitié que je vous ai portée.

LÉONOR.

Je ne sais pas sur quoi vous tenez ce discours ;
Mais croyez que je suis de même que toujours,
Que rien ne peut pour vous altérer mon estime,
Que toute autre amitié me paraîtrait un crime,
Et que, si vous voulez satisfaire mes vœux,
Un saint nœud dès demain nous unira tous deux.

ARISTE.

Dessus quel fondement venez-vous donc, mon frère ?...

SGANARELLE.

Quoi ! vous ne sortez pas du logis de Valère ?
Vous n'avez point conté vos amours aujourd'hui ?
Et vous ne brûlez pas depuis un an pour lui ?

LÉONOR.

Qui vous a fait de moi de si belles peintures,
Et prend soin de forger de telles impostures ?

SCÈNE X.

ISABELLE, VALERE, LÉONOR, ARISTE, SGANARELLE, LE COMMISSAIRE, LE NOTAIRE, LISETTE, ERGASTE.

ISABELLE.

Ma sœur, je vous demande un généreux pardon,
Si de mes libertés j'ai taché votre nom.
Le pressant embarras d'une surprise extrême
M'a tantôt inspiré ce honteux stratagème :
Votre exemple condamne un tel emportement;
Mais le sort nous traita nous deux diversement.
(A Sganarelle.)
Pour vous, je ne veux point, monsieur, vous faire excuse;
Je vous sers beaucoup plus que je ne vous abuse.
Le ciel pour être joints ne nous fit pas tous deux :
Je me suis reconnue indigne de vos vœux;
Et j'ai bien mieux aimé me voir aux mains d'un autre,
Que ne pas mériter un cœur comme le vôtre.

VALÈRE, à Sganarelle.

Pour moi, je mets ma gloire et mon bien souverain
A la pouvoir, monsieur, tenir de votre main.

ARISTE.

Mon frère, doucement il faut boire la chose :
D'une telle action vos procédés sont cause,
Et je vois votre sort malheureux à ce point,
Que, vous sachant dupé, l'on ne vous plaindra point.

LISETTE.

Par ma foi, je lui sais bon gré de cette affaire;
Et ce prix de ses soins est un trait exemplaire.

LÉONOR.

Je ne sais si ce trait se doit faire estimer;

Mais je sais bien qu'au moins je ne le puis blâmer.

ERGASTE.

Au sort d'être cocu son ascendant[1] l'expose;
Et ne l'être qu'en herbe est pour lui douce chose

SGANARELLE, sortant de l'accablement dans lequel il était plongé.

Non, je ne puis sortir de mon étonnement.
Cette déloyauté confond mon jugement;
Et je ne pense pas que Satan en personne
Puisse être si méchant qu'une telle friponne.
J'aurais pour elle au feu mis la main que voilà.
Malheureux qui se fie à femme après cela!
La meilleure est toujours en malice féconde;
C'est un sexe engendré pour damner tout le monde.
J'y renonce à jamais, à ce sexe trompeur,
Et je le donne tout au diable de bon cœur.

ERGASTE.

Bon.

ARISTE.

Allons tous chez moi. Venez, seigneur Valère;
Nous tâcherons demain d'apaiser sa colère.

LISETTE, au parterre.

Vous, si vous connaissez des maris loups-garous,
Envoyez-les au moins à l'école chez nous.

FIN DE L'ÉCOLE DES MARIS.

---

[1] Terme de l'astrologie judiciaire. On dirait maintenant : son étoile.

TABLE DES MATIÈRES.

	Pages
Notice sur Molière	I
L'Étourdi ou les Contre-temps, comédie en cinq actes	1
Le Dépit amoureux, comédie en cinq actes	111
Les Précieuses ridicules, comédie en un acte	207
Sganarelle, ou le Cocu imaginaire, comédie en un acte	251
Don Garcie de Navarre, ou le Prince jaloux, comédie héroïque en cinq actes	289
L'École des Maris, comédie en trois actes	369

LA BIBLIOTHÈQUE UNIVERSELLE DES FAMILLES

SE COMPOSE DE 500 BEAUX VOLUMES
CHOISIS PARMI LES MEILLEURS OUVRAGES ANCIENS ET MODERNES

Prix, par série, 2 francs le volume. — Séparément, 2 fr. 50 c.

Voici les Ouvrages compris dans la première Série, classés par ordre de matières :

RELIGION.

- **NOUVEAU TESTAMENT.** — Les Évangiles. — Les Actes des Apôtres. — Épîtres, etc. 2
- **L'IMITATION DE JÉSUS-CHRIST** . . . 1
- **LA VIE DE JÉSUS-CHRIST** . . . 1
- **BOSSUET.** — Traité de la Connaissance de Dieu et de soi-même. — Traité du libre arbitre. — Oraisons funèbres. — Élév. à Dieu sur les Myst. de la Relig. 3
- **BOURDALOUE.** — Avent. — Carême . . 3
- **FÉNELON.** — Traité de l'Existence de Dieu. — Lettres sur divers sujets de métaphysique et de religion . . . 1
- **SAINT FRANÇOIS DE SALES.** — Introduction à la vie dévote . . . 1
- **FLÉCHIER.** — Oraisons funèbres. — Sermons. — Discours de piété . . . 3
- **MASSILLON.** — Avent. — Carême. — Petit Carême. — Oraisons funèbres . . 5

MORALE.

- **LA ROCHEFOUCAULD.** — Maximes . . 1
- **LA BRUYÈRE.** — Caractères . . . 1
- **PASCAL.** — Pensées . . . 1
- **VAUVENARGUES.** — Pensées . . . 1

PHILOSOPHIE.

- **DESCARTES.** — Discours de la Méthode. — Les Méditations. — Réponses aux Objections. — Passions de l'Ame. 2
- **MALEBRANCHE.** — Recherche de la vérité. — Entretiens métaphysiques. — Méditations. — Traité de l'amour de Dieu. Entretiens d'un philosophe chrétien et d'un philosophe chinois . . . 2

HISTOIRE.

- **AMYOT.** — Vies des Hommes célèbres de Plutarque . . . 3
- **BOSSUET.** — Discours sur l'Hist. univ. 1
- **FLÉCHIER.** — Hist. de Théodose le Grand. 1
- **MONTESQUIEU.** — Considérations sur les Causes de la grandeur et de la décadence des Romains . . . 1
- **RETZ (CARDINAL DE).** — Mémoires. 2
- **VOLTAIRE.** — Siècle de Louis XIV. — Siècle de Louis XV. — Hist. de Charles XII 4

POÉSIE.

- **BOILEAU.** — Œuvres complètes . . . 3
- **CORNEILLE (PIERRE).** — Œuvres complètes. 7
- **CORNEILLE (THOMAS).** — Œuvres . . 1
- **CHÉNIER (ANDRÉ).** — Poésies . . . 1

POÉSIE.

- **DELILLE.** — L'Imagination. — Les Géorgiques. — Malheur et Pitié. — Les Jardins. — L'Homme des champs. — Pièces diverses . . . 4
- **MALHERBE.** — Œuvres . . . 1
- **MOLIÈRE.** — Œuvres complètes . . 5
- **RACINE (JEAN).** — Œuvres complètes . 4
- **RACINE (LOUIS).** — Poème de la Religion. — Poème de la Grâce. — Odes sacrées. — Pièces diverses . . . 1
- **REGNARD.** — Œuvres choisies . . . 1
- **VOLTAIRE.** — Théâtre choisi. — La Henriade. — Choix de poésies . . . 4

LITTÉRATURE.

- **BERNARDIN DE SAINT-PIERRE.** — Études de la nature . . . 2
- **CHATEAUBRIAND.** — Génie du Christianisme . . . 1
- **FÉNELON.** — Éducation des Filles. — Dialogues sur l'Éloquence. — Opuscules littéraires. — Poésies . . . 1
- **FONTENELLE.** — Entretiens sur la pluralité des mondes . . . 1
- **Mme DE SÉVIGNÉ.** — Œuvres complètes . 8
- **VOLTAIRE.** — Choix de Correspondance. 2

HISTOIRE NATURELLE.

- **BUFFON.** — Histoire de l'Homme. — Histoire des Mammifères . . . 2

ROMANS.

- **BERNARDIN DE SAINT-PIERRE.** — Paul et Virginie. — La Chaumière indienne. — Voyage à l'Ile de France . . . 1
- **FÉNELON.** — Télémaque . . . 1
- **Mme DE STAEL.** — Corinne. — Delphine . 3

FABLES.

- **LA FONTAINE.** — Fables . . . 1
- **FÉNELON.** — Fables . . . 1
- **FLORIAN.** — Fables . . . 1

VOYAGES.

- **BARTHÉLEMY.** — Voyage d'Anacharsis . 4
- **CHATEAUBRIAND.** — Voyages. — Itinéraire de Paris à Jérusalem . . . 2

DROIT PUBLIC.

- **D'AGUESSEAU.** — Mercuriales . . . 1
- **MONTESQUIEU.** — Esprit des lois . . 2

www.ingramcontent.com/pod-product-compliance
Lightning Source LLC
Chambersburg PA
CBHW071419230426
43669CB00010B/1595